普通高等教育工程造价类专业系列教材

公路工程计价与管理

主　编　李海凌　黄敬林
副主编　陈泽友　肖光朋
参　编　李　晓　周凤群　韩　瑗　赵　煊
郭李翔　李　彭　侯俊伊　李　萍
马春雨　冯　利　钟亚雯　汤　滔
王　丹
主　审　刘保县

机械工业出版社

本书依据交通运输部最新行业标准《公路工程建设项目投资估算编制办法》（JTG 3820—2018）、《公路工程建设项目概算预算编制办法》（JTG 3830—2018）及配套定额，详细完整地介绍了公路工程专业基础知识、计价原理、计价方法和造价管理，并给出了完整的公路工程造价编制实例，方便学生理论联系实际，熟悉和掌握公路工程造价文件编制的方法与技巧。

本书可作为高等院校工程造价、工程管理、道路桥梁与渡河工程等专业教材，也可供从事公路工程管理、科研、设计与施工的技术人员学习参考。

本书配有PPT电子课件，免费提供给选用本书作为教材的授课教师，需要者请登录机械工业出版社教育服务网（www. cmpedu. com）注册后下载。

图书在版编目（CIP）数据

公路工程计价与管理/李海凌，黄敬林主编. —北京：机械工业出版社，2020.4（2023.9 重印）
普通高等教育工程造价类专业系列教材
ISBN 978-7-111-64843-7

Ⅰ.①公… Ⅱ.①李… ②黄… Ⅲ.①道路工程-工程造价-高等学校-教材 Ⅳ.①U415.13

中国版本图书馆 CIP 数据核字（2020）第 033384 号

机械工业出版社（北京市百万庄大街 22 号 邮政编码 100037）
策划编辑：刘 涛 责任编辑：刘 涛 臧程程
责任校对：张 征 封面设计：马精明
责任印制：张 博
北京建宏印刷有限公司印刷
2023 年 9 月第 1 版第 3 次印刷
184mm×260mm · 21 印张 · 519 千字
标准书号：ISBN 978-7-111-64843-7
定价：59.80 元

电话服务
客服电话：010-88361066
010-88379833
010-68326294

网络服务
机 工 官 网：www. cmpbook. com
机 工 官 博：weibo. com/cmp1952
金 书 网：www. golden-book. com
机工教育服务网：www. cmpedu. com

普通高等教育工程造价类专业系列教材

编 审 委 员 会

前　言

工程造价的确定是现代化建设工程中一项重要的基础性工作，是规范建设市场秩序、提高投资效益的关键环节，具有很强的技术性、经济性、政策性。工程造价是项目决策的依据，是制订投资计划和控制投资的依据，是筹集建设资金的依据，是评价投资效果的重要指标，是利益合理分配和调节产业结构的手段。公路工程造价是建设工程造价的一个重要组成部分。“公路工程计价与管理”是工程造价专业、道路桥梁与渡河工程专业学生的一门专业必修课。

本书依据交通运输部最新行业标准《公路工程建设项目投资估算编制办法》（JTG 3820—2018）、《公路工程建设项目概算预算编制办法》（JTG 3830—2018）及配套定额编写，阐述了公路工程的计价原理及方法，分析了工程造价对公路工程建设程序各阶段的影响及动态管理。

本书共分8章。第1章为公路工程造价概述，第2章为公路工程造价计价依据，第3章介绍公路工程决策阶段计价与管理，第4章介绍公路工程设计阶段计价与管理，第5章介绍公路工程招标投标阶段计价与管理，第6章介绍公路工程施工阶段计价与管理，第7章介绍公路工程竣工阶段计价与管理，第8章提供了完整的公路工程造价编制实例。

本书结构体系完整，内容注重实用性，利于教学，并支持启发性和交互式教学。每章首先介绍基础知识，然后是计价方法，最后是造价管理。重点、难点配有例题指导、拓展思考。配套的电子课件，可以方便教学及帮助读者学习。本书可作为工程造价专业、工程管理专业、道路桥梁与渡河工程专业“公路工程计价与管理”或“公路工程造价管理”等课程的教材，也可供从事公路工程管理、科研、设计与施工的技术人员学习参考。

本书由西华大学李海凌、黄敬林担任主编。第1章由李海凌、郭李翔、李萍共同编写，第2章由周凤群编写，第3章由肖光朋和李彭共同编写，第4章由马春雨和赵煊共同编写，第5章由李晓和李海凌共同编写，第6章由韩瑷和侯俊伊共同编写，第7章由陈泽友和冯利共同编写，第8章由黄敬林、钟亚雯、汤滔、王丹共同编写。

成都工业学院刘保县教授担任本书主审。刘保县教授全面、认真地审阅了本书，并提出了修改意见和建议，作者在此表示衷心的感谢。

本书在编写过程中参考了许多相关文献及资料，主要参考文献列于书末，谨此向作者及资料提供者致以衷心感谢。

编者虽然努力，但疏漏难免，恳请广大读者批评指正！

编　者

目　录

1 第1章 公路工程造价概述

1.1 公路工程造价的含义

1.1.1 工程造价

在与市场经济相适应的建设项目管理体制下，建设工程造价针对建设市场的需求主体和供给主体有两种含义。

含义一：从投资者（业主）角度分析，工程造价是建设一项工程预期开支或实际开支的全部固定资产投资费用（Construction Project Cost）。

含义二：从市场交易的角度分析，工程造价是为建成一项工程，预计或实际在土地市场、设备市场、技术劳务市场、承包市场等交易活动中形成的建筑安装工程价格和建设工程总价格（Construction Project Price）。

工程造价的第一种含义是从投资方和项目法人进行投资管理的角度进行的定义。投资者选定一个投资项目，为了获得预期的收益，就要通过项目评估进行决策，然后进行勘察设计、施工，直至竣工验收等一系列投资管理活动。在投资活动中所支付的全部费用形成了固定资产、无形资产和其他资产。所有这些开支就构成了工程造价。从这个意义上说，工程造价就是工程投资费用，建设项目工程造价就是建设项目固定资产投资。

工程造价的第二种含义是从承包商、供应商、设计者的角度进行的定义。在市场经济条件下，工程造价以工程这种特定的商品形式作为交换对象，通过招标投标或其他发承包方式，在各方多次测算的基础上，最终由市场形成的价格。其交易的对象，可以是一个很大的建设项目，也可以是一个单项项目，甚至可以是整个建设工程中的某个阶段，如土地开发工程、建筑装饰工程、安装工程等。通常，工程造价的第二种含义被认定为工程承发包价格，是通过承发包市场，由需求主体投资者和供给主体承包商共同认可的价格。

工程造价的两种含义是从不同角度把握同一事物的本质。两种含义的主要区别在于需求主体和供给主体在市场追求的经济利益不同，因而理论基础、管理的性质和目标也不同。

（1）理论基础不同　第一种含义的工程造价，以投入产出、投资经济学为基础，讲究“多快好省”；第二种含义的工程造价，以价格学为基础，讲究交易活动的公平公正，通过市场有序竞争形成合理价格。

（2）管理性质不同　从管理性质上讲，第一种含义的工程造价属于投资管理范畴，第二种含义的工程造价属于价格管理范畴。

（3）管理目标不同　第一种含义的工程造价，业主追求的是降低工程造价；第二种含义的工程造价，承包商希望的是提高工程造价，但也希望自身施工成本降低。不同的管理目标反映不同的经济利益，但它们之间的矛盾正是市场的竞争机制和利益风险机制的必然反映。

正确理解工程造价的两种含义，不断发展和完善工程造价的管理内容，有助于提高工程造价的管理水平，更好地实现不同的管理目标，从而有利于推动经济全面的增长。

【拓展思考 1-1】 建设项目总投资与建设项目工程造价含义的区别。

建设项目投资是一种经济行为，具有明确的主体性和目标性，其主体是建设项目的业主，其目标是对投资形成的资产的保值增值。建设项目总投资包括固定资产投资和流动资产投资。

建设项目工程造价则只是表示建设项目所消耗资金的数量标准，工程造价的第一种含义与固定资产投资同量。如果是生产性项目，建设项目总投资除了固定资产投资（工程造价），还包括流动资产投资。如果是非生产性项目，建设项目总投资就只有固定资产投资（工程造价）部分。

工程造价涉及国民经济各部门、各行业，涉及社会再生产中的各个环节，也直接关系到人民群众的生活质量，所以它的作用范围和影响程度都很大。其作用主要表现在以下几方面。

1. 工程造价是项目决策的依据

工程造价决定着项目的一次投资费用。投资者是否有足够的财务能力支付这笔费用，是否认为值得支付这项费用，是项目决策中要考虑的主要问题，也是投资者必须首先解决的问题。因此，在项目决策阶段，建设工程造价就成为项目财务分析和经济评价的重要依据。

2. 工程造价是制订投资计划和控制投资的依据

投资计划是按照建设工期、工程进度和建设工程价格等逐年分月加以制订的。正确的投资计划有助于合理和有效地使用资金。工程造价在控制投资方面的作用非常明显。工程造价是通过多次预估，最终通过竣工决算确定下来的。每一次预估的过程就是对造价的控制过程，而每一次估算对下一次估算又都是对造价严格的控制。具体地讲，每一次估算都不能超过前一次估算的一定幅度，这种控制是在投资者财务能力的限度内为取得既定的投资效益所必需的。建设工程造价对投资的控制也表现在利用制定各类定额、标准、参数对建设工程造价的计算依据进行控制。在市场经济条件下，造价对投资的控制作用成为投资的内部约束机制。

3. 工程造价是筹措建设资金的依据

投资体制的改革和市场经济的建立，要求项目的投资者必须有很强的筹资能力，以保证工程建设有充足的资金供应。工程造价基本决定了建设资金的需要量，从而为筹措资金提供了比较准确的依据。当建设资金来源于金融机构的贷款时，金融机构在对项目的偿贷能力进行评估的基础上，也需要依据工程造价来确定给予投资者的贷款数额。

4. 工程造价是评价投资效果的重要指标

建设工程造价是一个包含着多层次造价的指标体系。就一个工程项目来说，它既是建设项目的总造价，又包含着单项工程造价和单位工程造价，同时也包含单位生产能力的造价或每公里造价等。它能够为评价投资效果提供出多种评价指标，并能够形成新的价格信息，为今后类似项目的投资提供参考。

5. 工程造价是合理进行利益分配和调节产业结构的手段

工程造价的高低，涉及国民经济各部门和企业间的利益分配。在市场经济中，工程造价受供求状况的影响，并在围绕价值的波动中实现对建设规模、产业结构和利益分配的调节，加上政府正确的宏观调控和价格政策导向，工程造价在这方面的作用得以充分发挥。

1.1.2　公路工程造价

公路工程造价指公路工程建设项目从筹建到竣工验收交付使用所需的全部费用。公路工程造价的编制，则是泛指投资估算、设计概算、施工图预算、标底或者最高投标限价、合同价、变更费用、竣工决算等造价文件的编审工作。工程造价编制工作与基本建设程序的对应关系如图 1-1 所示。

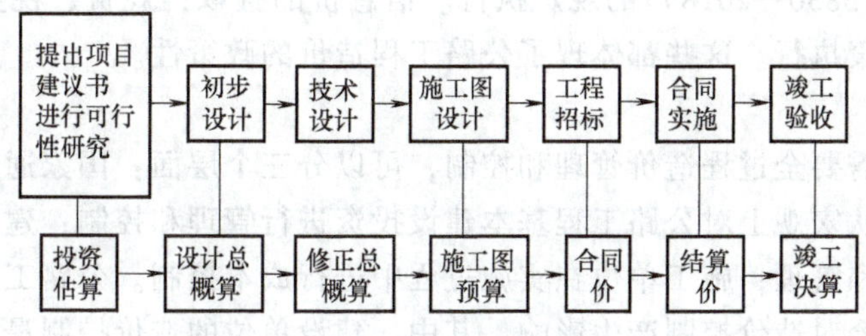

图 1-1　工程造价编制工作与基本建设程序的对应关系

公路工程造价具有下列特性。

1. 大额性

能够发挥投资效用的任意一项工程，不仅实物形体庞大，而且造价高昂。动辄数百万，数千万、数亿、十几亿，特大型工程项目的造价可达百亿、千亿元人民币。工程造价的大额性使其关系到有关各方面的重大经济利益，同时也会对宏观经济产生重大影响。这就决定了工程造价的特殊地位，也说明了造价管理的重要意义。

2. 个别性和差异性

任何一项工程都有特定的用途、功能和规模，每项工程所处地区、地段都不相同。因而不同工程的内容和实物形态都具有差异性，这就决定了工程造价的个别性差异。

3. 动态性

任何一项工程从决策到竣工交付使用，都有一个较长的建设期。在预计工期内，许多影响工程造价的动态因素，如工程变更、设备材料价格、工资标准、费率、利率、汇率等都可能会发生变化。这种变化必然会影响到造价的变动。所以，工程造价在整个建设期处于不确定状态，直至竣工决算后才能最终确定工程的实际造价。

4. 层次性

工程造价的层次性取决于工程的层次性。一个建设项目往往含有多个能够独立发挥设计效能的单项工程。一个单项工程又是由若干个能够发挥专业效能的单位工程组成。与工程的层次性相对应，工程造价也有三个层次，即建设项目总造价、单项工程造价和单位工程造价。如果专业分工更细，单位工程的组成部分——分部、分项工程也可以成为交换对象，这样工程造价的层次就增加分部工程和分项工程而成为五个层次。即使从造价的计算和工程管理的角度看，工程造价的层次性也是非常突出的。

5. 兼容性

工程造价的兼容性首先表现在它具有两种含义，其次表现在工程造价构成因素的广泛性和复杂性。在工程造价中，首先是成本因素非常复杂；其次为获得建设工程用地支出的费用、项目可行性研究和规划设计费用、与政府一定时期政策（特别是建筑产业政策和税收政策）相关的费用占有相当的份额；再次是赢利的构成也较为复杂，资金成本大。

6. 政策性

公路工程造价的费用构成、费用含义、费率取定、费用基数确定都需要按照现行的《公路工程建设项目投资估算编制办法》（JTG 3820—2018）或《公路工程建设项目概算预算编制办法》（JTG 3830—2018）的规定执行。信息价的查取，规费、税金的计算也都必须按照国家的相关政策执行。这些都体现了公路工程造价的政策性。

7. 全过程性

公路工程建设需要全过程造价管理和控制，可以分三个层面：国家通过制定基本建设计划和有关法律法规从宏观上对公路工程基本建设投资进行管理和控制；建设单位对项目的投资进行具体的控制和管理；施工单位在实施过程中进行成本控制。公路工程在整个建设寿命周期，不同主体都会对造价控制产生影响，其中，建设单位的造价控制最能体现全过程造价管理和控制。

1.2 公路工程造价费用构成

我国现行公路工程建设项目工程造价费用构成如图 1-2 所示。

公路工程建设项目工程造价即固定资产投资，包括建筑安装工程费、土地使用及拆迁补偿费、工程建设其他费、预备费和建设期贷款利息五个部分。

建筑安装工程费指建设单位支付给建筑安装工程施工单位的全部生产费用。

土地使用及拆迁补偿费包括永久占地费、临时占地费、拆迁补偿费、水土保持补偿费、其他费用。

工程建设其他费指根据国家有关规定应在投资中支付，并列入建设项目总造价或单项工程造价的费用。

预备费是为了保证工程项目的顺利实施，避免在难以预料的情况下造成投资不足而预先安排的费用。

建设期贷款利息指工程项目使用的贷款部分在建设期内应计取的贷款利息，包括各种金融机构贷款、建设债券和外汇贷款等的利息。

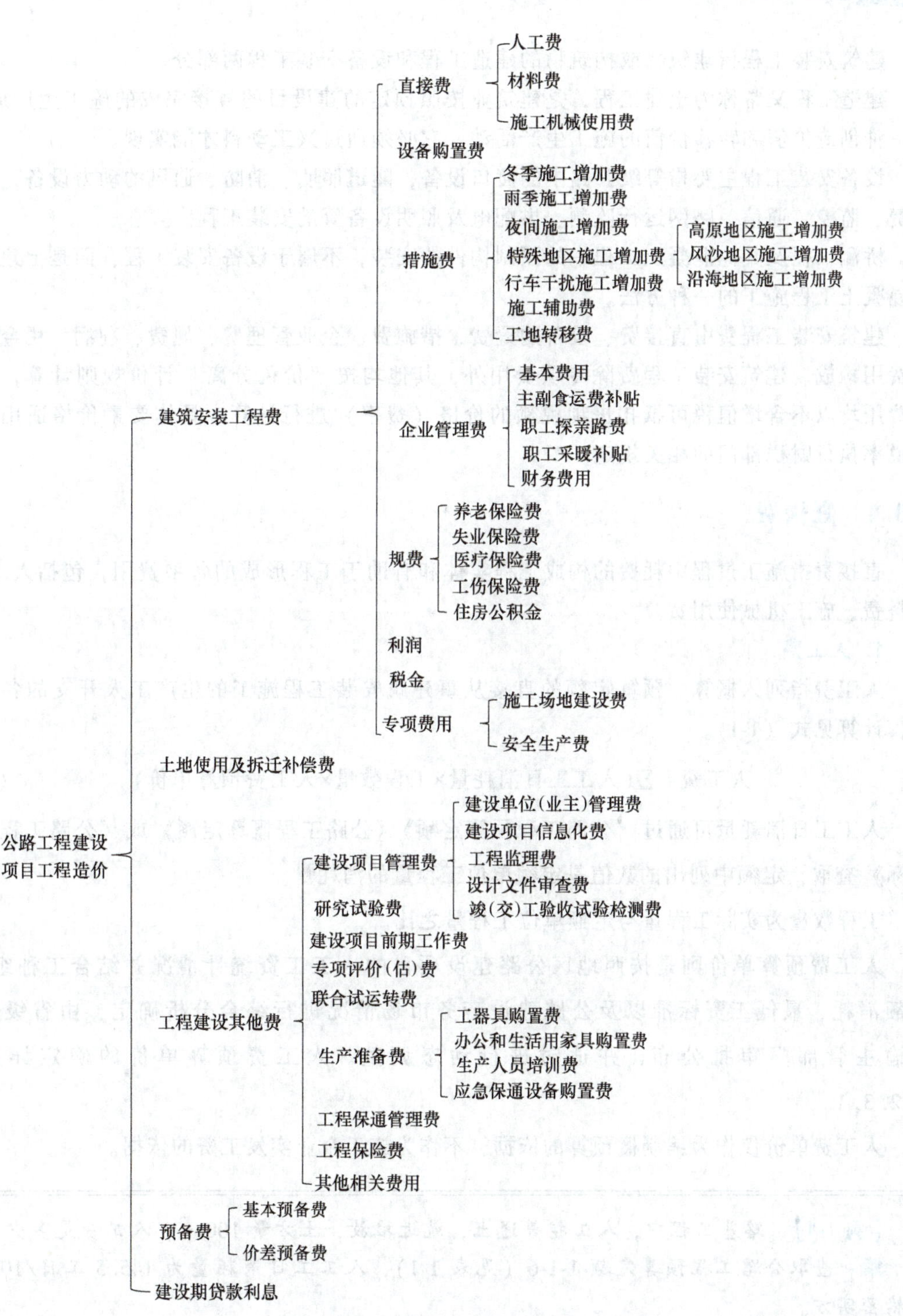

图 1-2 公路工程建设项目工程造价费用构成

1.3 建筑安装工程费

建筑安装工程指建筑物或构筑物的建造工程和设备安装工程两部分。

建造工程又常称为土建工程，是建筑业按照预定的建设目的直接完成的施工生产成果，是一种创造价值和转移价值的施工生产活动，它必须通过兴工动料才能实现。

设备安装工程主要指等级公路中的渡口设备，隧道照明、消防、通风的动力设备，公路收费、监控、通信、路网运行监测、供配电及照明设备等的安装工程。

桥涵工程及其他混凝土工程中的预制构件的安装，不属于设备安装工程，而是土建工程中混凝土工程施工的一种方法。

建筑安装工程费由直接费、设备购置费、措施费、企业管理费、规费、利润、税金和专项费用构成。建筑安装工程费除专项费用外，其他均按“价税分离”计价规则计算，即各项费用均以不含增值税可抵扣进项税额的价格（费率）进行计算，具体要素价格适用增值税税率执行财税部门的相关规定。

1.3.1 直接费

直接费指施工过程中耗费的构成工程实体和有助于工程形成的各项费用，包括人工费、材料费、施工机械使用费。

1. 人工费

人工费指列入概算、预算定额的直接从事建筑安装工程施工的生产工人开支的各项费用，计算见式（1-1）。

$$人工费=\sum(人工工日消耗量\times工程数量\times人工费预算单价) \tag{1-1}$$

人工工日消耗量可通过《公路工程预算定额》《公路工程概算定额》或《公路工程估算指标》查取，定额中列出的数值是定额单位工程量的消耗量。

工程数量为实际工程量与定额单位工程量之比。

人工费预算单价则是按照地区公路建设项目的人工工资统计情况并结合工种组成、定额消耗、最低工资标准以及公路建设劳务市场情况进行综合分析确定，由省级交通运输主管部门审批公布，并适时进行动态调整。人工费预算单价的确定详见本书2.3.1。

人工费单价仅作为编制概预算的依据，不作为施工企业实发工资的依据。

【例 1-1】 路基工程中，人工挖普通土，就近堆放，土方量 100m^3，人工费是多少？

解：查取公路工程预算定额 1-1-6（见表 1-1），人工工日消耗量为 145.5 工日/1000m^3 天然密实方。

人工预算单价查取省交通厅文件，本例按 106.28 元/工日计算。

人工费 $=145.5\times(100/1000)\times106.28$ 元 $=1546.37$ 元

表 1-1 公路工程预算定额 1-1-6

1-1-6 人工挖运土方，装运石方

工程内容 人工挖运土方：1）挖松；2）装土；3）运送；4）卸除；5）空回。

人工装运石方：1）装石方；2）运送；3）卸除；4）空回。

单位：1000m³ 天然密实方

顺序号	项目	单位	代号	挖运土方				装运石方			
				第一个 20m			手推车运土每增运 10m	第一个 20m			手推车运石箱增运 10m
				松土	普通土	硬土		软石	次坚石	坚石	
				1	2	3	4	5	6	7	8
1	人工	工日	1001001	113.7	145.5	174.6	5.9	167.6	192.8	221.7	7.7
2	基价	元	9999001	12084	15464	18556	627	17813	20491	23562	818

注：1. 当采用人工挖、装土方，机动翻斗车运输时，其挖、装所需的人工按第一个 20m 挖运定额减去 30.0 工日计算；当采用人工装石方，机动翻斗车运输时，其装石所需的人工按第一个 20m 装运定额减去 52.0 工日计算。

2. 当采用人工挖、装、卸土方，手扶拖拉机运输时，其挖、装、卸所需的人工按第一个 20m 挖运定额减去 18.0 工日计算；当采用人工装、卸石方，手扶拖拉机运输时，其装、卸所需的人工按第一个 20m 装运定额减去 32.0 工日计算。

3. 石方开炸按相应定额计算，本章定额只考虑爆破后的人工装运。

4. 当遇升降坡时，除按水平距离计算运距外，并按下表增加运距：

项　目	升降坡度	高度差	
		每升高 1m	每降低 1m
手推车运输	0%～5%	不增加	不增加
	5%～10%	15m	5m
	10%以上	25m	8m

2. 材料费

材料费指施工过程中耗用的构成工程实体的原材料、辅助材料、构（配）件、零件、半成品或成品等，按工程所在地的材料价格计算的费用。

材料费的计算见式（1-2）。

$$\text{材料费}=\sum\{[\sum(\text{材料消耗量}\times\text{材料预算价格})+\text{其他材料费}+\text{设备摊销费}]\times\text{工程数量}\} \tag{1-2}$$

材料消耗量、其他材料费和设备摊销费可通过《公路工程预算定额》《公路工程概算定额》或《公路工程估算指标》查取。

材料预算价格由材料原价、运杂费、场外运输损耗、采购及保管费组成。材料预算价格的确定详见本书 2.3.2。

【例 1-2】 挖掘机带破碎锤破碎石方（次坚石）1000m³，需要多少材料费？

解：查取公路工程预算定额 1-1-17（见表 1-2），需要破碎锤钢钎 0.21 根/100m³ 天然密实方，其他材料费 436.4 元/100m³ 天然密实方，设备摊销费 256.4 元/100m³ 天然密实方。

破碎锤钢钎 1500 元/根。

$$\text{材料费}=(0.21\times1500+436.4+256.4)\times(1000/100)\text{元}=10078.00\text{元}$$

3. 施工机械使用费

施工机械使用费指列入概预算定额的工程机械和工程仪器仪表台班数量，按相应的机械台班费用定额计算的费用。

施工机械使用费的计算见式（1-3）。

表 1-2 公路工程预算定额 1-1-17

1-1-17 挖掘机带破碎锤破碎石方

工程内容 1）准备工作；2）破碎石方；3）解小巨石；4）锤头保养及钢钎更换。

单位：$100m^3$ 天然密实方

顺序号	项目	单位	代号	挖掘机带破碎锤破碎石方		
				软石	次坚石	坚石
				1	2	3
1	人工	工日	1001001	2.9	3.2	4.1
2	破碎锤钢钎	根	2009039	0.11	0.21	0.32
3	其他材料费	元	7801001	280.9	436.4	722.4
4	设备摊销费	元	7901001	239.3	256.4	299.1
5	$2.0m^3$ 履带式液压单斗挖掘机	台班	8001030	1.11	1.85	2.35
6	基价	元	9999001	2739	4277	5696

$$施工机械使用费=\sum\{[\sum(机械台班消耗量\times机械台班预算价格)+小型机具使用费]\times工程数量\} \quad (1-3)$$

机械台班消耗量可通过《公路工程预算定额》《公路工程概算定额》或《公路工程估算指标》查取。

机械台班预算价格应按现行的交通运输部《公路工程机械台班费用定额》（JTG/T 3833—2018）计算，由不变费用和可变费用组成。机械台班预算价格的确定详见本书 2.3.3。

工程仪器仪表使用费指机电工程施工作业所发生的仪器仪表使用费，以施工仪器仪表台班耗用量乘以施工仪器仪表台班单价计算。

工程仪器仪表台班预算价格应按现行《公路工程机械台班费用定额》（JTG/T 3833—2018）计算，详见本书 2.3.3。

【例 1-3】 斗容量 $1.0m^3$ 的挖掘机挖装普通土 $1000m^3$，需要多少施工机械使用费？

解：查取公路工程预算定额 1-1-9（见表 1-3），需要 $1.0m^3$ 以内履带式液压单斗挖掘机 $1.98/1000m^3$ 天然密实方。

根据公路工程机械台班费用定额，$1.0m^3$ 以内履带式液压单斗挖掘机机械台班预算价格为 1195.01 元/台班。

$$施工机械使用费=(1.98\times1195.01)\times(1000/1000)元=2366.12元$$

表 1-3 公路工程预算定额 1-1-9

1-1-9 挖掘机挖装土、石方

工程内容 挖掘机就位，开辟工作面，挖土或爆破后石方，装车，移位，清理工作面。

单位：$1000m^3$ 天然密实方

顺序号	项目	单位	代号	挖装土方								
				斗容量(m^3)								
				0.6 以内			1.0 以内			2.0 以内		
				松土	普通土	硬土	松土	普通土	硬土	松土	普通土	硬土
				1	2	3	4	5	6	7	8	9
1	人工	工日	1001001	2.7	3.1	3.4	2.7	3.1	3.4	2.7	3.1	3.4

（续）

顺序号	项　目	单位	代号	挖装土方								
				斗容量(m^3)								
				0.6以内			1.0以内			2.0以内		
				松土	普通土	硬土	松土	普通土	硬土	松土	普通土	硬土
				1	2	3	4	5	6	7	8	9
2	0.6m^3以内履带式液压单斗挖掘机	台班	8001025	2.7	3.16	3.64	—	—	—	—	—	—
3	1.0m^3以内履带式液压单斗挖掘机	台班	8001027	—	—	—	1.7	1.98	2.26	—	—	—
4	2.0m^3以内履带式液压单斗挖掘机	台班	8001030	—	—	—	—	—	—	1.14	1.3	1.47
5	基价	元	9999001	2535	2960	3391	2318	2696	3062	1998	2281	2568

1.3.2　设备购置费

设备购置费指为满足公路初级运营、管理需要，购置的构成固定资产标准的设备和虽低于固定资产标准但属于设计明确列入设备清单的设备的费用，包括渡口设备，隧道照明、消防、通风的动力设备，公路收费、监控、通信、路网运行监测、供配电及照明设备等。

设备购置费应列出计划购置的清单（包括设备的规格、型号、数量），以设备预算价计入。

【拓展思考1-2】　为何要进行设备和材料的划分？

工程建设设备与材料的划分，直接关系到投资构成的合理划分、概预算的编制及施工产值的计算等方面。

为完成建筑、安装工程所需的经过工业加工的原料和在工艺生产过程中不起单元工艺生产作用的设备本体以外的零配件、附件、成品、半成品等均为材料。

工程建设设备算至设备购置费，而材料算至直接费中的材料费。当进行施工阶段发承包时，材料费包含在合同价内；设备购置费需要视发包范围而定，一般由发包人自行采购，未包含在合同价内。

【拓展思考1-3】　设备和材料的划分原则。

凡是经过加工制造，由多种材料和部件按各自用途组成的生产加工、动力、传送、储存、运输、科研等功能的机器、容器和其他机械、成套装置等均为设备。

设备一般包括以下各项：

1）各种设备的本体及随设备到货的配件、备件和附属于设备本体制作成型的梯子、平台、栏杆及管道等。

2）各种计量器、仪表及自动化控制装置、试验仪器及属于设备本体部分的仪器仪表等。

3）附属于设备本体的油类、化学药品等设备的组成部分。

4）用于生产或生活、附属于建筑物的水泵、锅炉及水处理设备、电气、通风设备等。

材料一般包括以下各项：

1）设备本体以外的不属于设备配套供货，需由施工企业进行加工制作或委托加工的平台、梯子、栏杆及其他金属构件等，以及成品、半成品形式供货的管道、管件、阀门、法兰等。

2）设备本体以外的各种行车轨道、滑触线、电梯的滑轨等均为材料。

【拓展思考 1-4】 公路建设项目一般包括哪些设备？

一般包括渡口设备，隧道照明、消防、通风的动力设备，公路收费、监控、通信、路网运行监控、供配电及照明设备。

1）通信系统：市内、长途电话交换机，程控电话交换机，微波、载波通信设备，电报和传真设备，中、短波通信设备及中、短波电视天馈线装置，移动通信设备，卫星地球站设备，通信电源设备，光纤通信数字设备，有线广播设备等各种生产及配套设备和随机附件等。

2）监控和收费系统：自动化控制装置、计算机及其终端、工业电视、检测控制装置、各种探测器、除尘设备、分析仪表、显示仪表、基地式仪表、单元组合仪表、变送器、传送器及调节阀、盘上安装器，压力、温度、流量、差压、物位仪表，成套供应的盘、箱、柜、屏（包括箱和已经安装就位的仪表、元件等）及随主机配套供应的仪表等。

3）电气系统：各种电力变压器、互感器、调压器、感应移相器、电抗器、高压断路器、高压熔断器、稳压器、电源调整器、高压隔离开关、装置式空气开关、电力电容器、蓄电池、磁力启动器、交直流报警器、成套箱式变电站、共箱母线、封闭式母线槽，成套供应的箱、盘、柜、屏及随设备带来的母线和支持瓷瓶等。

4）通风及管道系统：空气加热器、冷却器、各种空调机、风尘管、过滤器、制冷机组、空调机组、空调器、各类风机、除尘设备、风机盘管、净化工作台、风淋室、冷却塔、公称直径 300m 以上的人工阀门和电动阀门等。

5）房屋建筑：电梯、成套或散装到货的锅炉及其附属设备、汽轮发电机及其附属设备、电动机、污水处理装置、电子秤、地中衡、开水炉、冷藏箱，热力系统的除氧器水箱和疏水箱，工业水系统的工业水箱，油冷却系统的油箱，酸碱系统的酸碱储存槽，循环水系统的旋转滤网、启闭装置的启闭机等。

6）消防及安全系统：隔膜式气压水罐（气压罐）、泡沫发生器、比例混合器、报警控制器、报警信号前端传输设备、无线报警发送设备、报警信号接收机、可视对讲主机、联动控制器、报警联动一体机、重复显示器、远程控制器、消防广播控制柜、广播功放、录音机、广播分配器、消防通信电话交换机、消防报警备用电源、X 射线安全检查设备、金属武器探测门、摄像设备、监视器、镜头、云台、控制台、监视器柜、支台控制器、视频切换器、全电脑视频切换设备、音频分配器、视频分配器、脉冲分配器、视频补偿器、视频传输设备、汉字发生设备、录像录音设备、电源、CRT 显示终端、模拟盘等。

7）炉窑砌筑：装置在炉窑中的成品炉管、电机、鼓风机和炉窑传动、提升装置，属于炉窑本体的金属铸体、锻件、加工件及测温装置、仪器仪表、消烟装置、回收装置、除尘装置，随炉供应已安装就位的金具、耐火衬里、炉体金属预埋件等。

8）各种机动车辆。

9）各种工艺设备在试车时必须填充的一次性填充材料（如各种瓷环、钢环、塑料环、钢球等）、各种化学药品（如树脂、珠光砂、触媒、干燥剂、催化剂等）及变压器油等，不论是随设备带来的，还是单独订货购置的，均视为设备的组成部分。

10）渡口设备：渡船、拖轮、跳板等。个别公路建设工程跨越大江大河，一时无法修建桥梁而设置渡口时，需购置这些设备。

材料包括：

① 各种管道管件、配件、人工阀门、水表、防腐保温及绝缘材料、油漆、支架、消火栓、空气泡沫枪、泡沫炮、灭火器、灭火机、灭火剂、泡沫液、水泵接合器、可曲橡胶接头、消防喷头、卫生器具、钢制排水漏斗、水箱、分气缸、疏水器、减压器、压力表、温度计、调压板、散热器、供暖器具、凝结水箱、膨胀水箱、冷热水混合器、除污器、分水缸(器)、风管及其附件和各种调节阀、风口、风帽、罩类、消声器及其部（构）件、散流器、保护壳、风机减震台座、减震器、凝结水收集器、单双人焊接装置、煤气灶、煤气表、烘箱灶、火管式沸水器、水型热水器、开关、引火棒、防雨帽、放散管拉紧装置等。

② 各种电线、母线、绞线、电缆、电缆终端头、电缆中间头、吊车滑触线、接地母线，接地极、避雷线、避雷装置（包括各种避雷器、避雷针等）、高低压绝缘子、线夹、穿墙套管、灯具、开关、灯头盒、开关盒、接线盒、插座、闸盒保险器、电杆、横担、铁塔、各种支架、仪表插座、桥架、梯架、立柱、托臂、人孔、手孔、挂墙照明配电箱、局部照明变压器、按钮、行程开关、闸刀开关、组合开关、转换开关、铁壳开关、电扇、电铃、电表、蜂鸣器、电笛、信号灯、低音扬声器、电话单机、熔断器等。

③ 循环水系统的钢板闸门及拦污栅、启闭构架等。

④ 现场制作与安装的炉管及其他所需的材料或填料，现场砌筑用的耐火、耐酸、保温、防腐、捣打料、绝热纤维、天然白泡石、玄武岩、金具、炉门及窥视孔、预埋件等。

⑤ 所有随管线（路）同时组合安装的一次性仪表、配件、部件及元件（包括就地安装的温度计、压力表）等。

⑥ 制造厂以散件或分段分片供货的塔、器、罐等，在现场拼接、组装、焊接、安装内件或改制时所消耗的物料均为材料。

⑦ 各种金属材料、金属制品、焊接材料、非金属材料、化工辅助材料、其他材料等。

对于一些在制造厂未整体制作完成的设备，或分片压制成型，或分段散装供货的设备，需要建安工人在施工现场加工、拼装、焊接的，按上述划分原则和其投资构成应属于设备。为合理反映建安工人付出的劳动和创造的价值，可按其在现场加工、组装、焊接的工作量，将其分片或组装件按其设备价值的一部分以加工费的形式计入安装工程费内。

供应原材料，在施工现场制作安装或施工企业附属生产单位为本单元承包工程制作并安装的非标准设备，除配套的电机、减速机外，其加工制作消耗的工、料（包括主材）、机等均应计入安装工程费内。

凡是制造厂未制造完成的设备，已分片压制成型、散装或分段供货，需要建安工人在施工现场拼装、组装、焊接及安装内件的，其制作、安装所需的物料为材料，内件、塔盘为设备。

1. 设备购置费的构成及计算

设备购置费包括设备原价、运杂费、运输保险费、采购及保管费，各种税费按编制期有关部门规定计算，见式（1-4）。

$$设备购置费=设备原价+运杂费+运输保险费+采购及保管费 \quad (1-4)$$

2. 设备原价的确定

（1）国产设备原价的确定　国产设备原价一般指设备制造厂的交货价，即出厂价或订货合同价。

设备分为标准设备和非标准设备。

标准设备（包括通用设备和专用设备）：按国家规定的产品标准进行批量生产的、已进入设备系列的设备。标准设备原价一般可通过市场询价、厂家报价予以确定。

非标准设备：国家未定型、非批量生产的，由设计单位提供制造图，委托承制单位或施工企业在工厂或施工现场制作的设备。非标准设备原价有多种计算方法，如成本计算估价法、系列设备插入估价法、定额估价法等。

（2）进口设备原价的确定　进口设备的原价指进口设备的抵岸价，即抵达买家边境港口或边境车站，且交完关税为止形成的价格，见式（1-5）。

$$进口设备原价=货价+国际运费+运输保险费+银行财务费+外贸手续费+关税+增值税+消费税+商检费+检疫费+车辆购置附加费 \tag{1-5}$$

1）货价：一般指装运港船上交货价（FOB，习惯称离岸价）。设备货价分为原币货价和人民币货价。原币货价一律折算为美元表示，人民币货价按原币货价乘以外汇市场美元兑换人民币的中间价确定。进口设备货价按有关生产厂商询价、报价、订货合同价计算。

2）国际运费：从装运港（站）到达买方港（站）的运费，见式（1-6）。

$$国际运费=原币货价(FOB)\times运费费率 \tag{1-6}$$

我国进口设备大多采用海洋运输，小部分采用铁路运输，个别采用航空运输。运费费率参照有关部门或进口公司的规定执行，海运费费率一般为6%。

3）运输保险费：对外贸易货物运输保险是由保险人（保险公司）与被保险人（出口人或进口人）订立保险契约，在被保险人交付议定的保险费后，保险人根据保险契约的规定对货物在运输过程中发生的承包责任范围内的损失给予经济上的补偿。这是一种财产保险。计算见式（1-7），保险费费率按相关规定的进口货物保险费费率计算，一般为0.35%。

$$运输保险费=[原币货价(FOB)+国际运费]\div(1-保险费费率)\times保险费费率 \tag{1-7}$$

4）银行财务费：一般指中国银行手续费。可按式（1-8）简化计算。银行财务费费率一般为0.4%~0.5%。

$$银行财务费=人民币货价(FOB)\times银行财务费费率 \tag{1-8}$$

5）外贸手续费：指按规定计取的外贸手续费。其计算见式（1-9），外贸手续费费率一般为1%~5%。

$$外贸手续费=[人民币货价(FOB)+国际运费+运输保险费]\times外贸手续费费率 \tag{1-9}$$

6）关税：指海关对进出国境或关境的货物或物品征收的一种税。其计算见式（1-10），进口关税按我国海关总署发布的进口关税税率计算。

$$关税=[人民币货价(FOB)+国际运费+运输保险费]\times进口关税税率 \tag{1-10}$$

7）增值税：是对从事进口贸易的单位和个人，在进口商品报关后征收的税种。按《中华人民共和国增值税条例》的规定，进口应税产品均按组成计税价格和增值税税率直接计算应纳税额。其计算见式（1-11），增值税税率根据规定的税率计算，目前进口设备适用的税率为17%。

增值税=[人民币货价(FOB)+国际运费+运输保险费+关税+消费税]×增值税税率 (1-11)

8）消费税：对部分进口设备（如汽车、摩托车等）征收。其计算见式（1-12），消费税税率按规定的税率计算。

应纳消费税额=[人民币货价(FOB)+国际运费+运输保险费+关税]÷(1-消费税税率)×消费税税率 (1-12)

9）商检费：指进口设备按规定付给商品检查部门的进口设备检验鉴定费。其计算见式(1-13)，商检费费率一般为 0.8%。

商检费=[人民币货价(FOB)+国际运费+运输保险费]×商检费费率 (1-13)

10）检疫费：指进口设备按规定付给商品检疫部门的进口设备检验鉴定费。其计算见式（1-14），检疫费费率一般为 0.17%。

检疫费=[人民币货价(FOB)+国际运费+运输保险费]×检疫费费率 (1-14)

11）车辆购置附加费：指进口车辆需缴纳的进口车辆购置附加费。其计算见式(1-15)。

进口车辆购置附加费=[人民币货价(FOB)+国际运费+运输保险费+关税+消费税+增值税]×车辆购置附加费费率 (1-15)

在计算进口设备原价时，应注意工程项目的性质，有无按国家有关规定减免进口环节税的可能。

【拓展思考 1-5】 进口设备有哪些交货类别？

进口设备的交货类别可分为装运港交货类、内陆交货类、目的地交货类。

装运港交货类：卖方在出口国装运港交货。卖方按照约定的时间在装运港交货，只要卖方把合同规定的货物装船后提供货运单据便完成交货任务，可凭单据收回货款。

内陆交货类：卖方在出口国内陆的某个地点交货。在交货地点，卖方及时提交合同规定的货物和有关凭证，并负担交货前的一切费用和风险。买方按时接受货物，交付货款，负担接货后的一切费用和风险，并自行办理出口手续和装运出口。货物的所有权也在交货后由卖方转移给买方。

目的地交货类：卖方在进口国的港口或内地交货。买卖双方承担的责任、费用和风险是以目的地约定交货点为分界线，只有当卖方在交货点将货物置于买方控制下才算交货，才能向买方收取货款。这种交货类别对卖方来说承担的风险较大，在国际贸易中卖方一般不愿采用。

【拓展思考 1-6】 区分离岸价、到岸价、抵岸价。

上述进口设备原价的交货类别和计算过程，涉及了三个相关概念：离岸价、到岸价、抵岸价。

1）装运港交货类：

离岸价=货价(装运港船上交货价)；

到岸价=货价+国际运费+运输保险费（抵达买方边境港口或边境车站的价格）；

抵岸价=进口设备原价（抵达买方边境港口或边境车站且交完关税为止形成的价格）。

2）内陆交货类：

离岸价=货价+卖方国内运费+卖方国内运输保险费；

到岸价=离岸价+国际运费和运输保险费；

抵岸价=进口设备原价。

3）目的地交货类：

有目的港船上交货价、目的港船边交货价和目的港码头交货价（关税已付）及完税后交货价（进口国的指定地点）等几种交货价。

以目的港码头交货价（关税已付）为例，其只有抵岸价的概念，抵岸价=进口设备原价。

3. 设备运杂费的确定

国产设备运杂费指由设备制造厂交货地点起至工地仓库（或施工组织设计指定的需要安装设备的堆放地点）止所发生的运费和装卸费；进口设备运杂费指由我国到岸港口或边境车站起至工地仓库（或施工组织设计指定的需要安装设备的堆放地点）止所发生的运费和装卸费，其计算见式（1-16）。

$$运杂费=设备原价\times运杂费费率 \tag{1-16}$$

运杂费费率见表1-4。

表1-4 设备运杂费费率

运输里程/km	100以内	101~200	201~300	301~400	401~500	501~750	751~1000	1001~1250	1251~1500	1501~1750	1751~2000	2000以上每增250
费率(%)	0.8	0.9	1.0	1.1	1.2	1.5	1.7	2.0	2.2	2.4	2.6	增加0.2

4. 设备运输保险费的确定

设备运输保险费指国内运输保险费，其计算见式（1-17）。

$$运输保险费=设备原价\times保险费费率 \tag{1-17}$$

设备运输保险费费率一般为1%。

5. 设备采购及保管费的确定

设备采购及保管费指采购、验收、保管和收发设备所发生的各种费用，包括设备采购人员、保管人员和管理人员的工资、工资附加费、办公费、差旅交通费、设备供应部门办公和仓库所占固定资产使用费、工具用具使用费、劳动保护费、检验试验费等。其计算见式（1-18）。

$$采购及保管费=设备原价\times采购及保管费费率 \tag{1-18}$$

需要安装的设备的采购保管费费率为2.4%，不需要安装的设备的采购保管费费率为1.2%。

上述设备原价、运杂费、运输保险费、采购及保管费的计算方法，各种税费的确定，应按编制期有关部门规定进行。

【拓展思考1-7】 公路建设项目的设备购置费为何要区分“需安装的设备”和“不需安装的设备”？

无论是“需安装的设备”还是“不需安装的设备”，均需计算设备购置费。需要安装的设备，还应在第一部分建筑安装工程费的有关项目内计算设备的安装工程费。

1.3.3 措施费

措施费是为完成工程项目施工，发生于该工程施工准备和施工过程中的技术、生活、安全、环境保护等方面的项目。措施费包括冬季施工增加费、雨季施工增加费、夜间施工增加费、特殊地区施工增加费、行车干扰工程施工增加费、施工辅助费、工地转移费。

措施费取费标准按工程类别划分为 10 类。

【拓展思考 1-8】 工程类别划分为哪 10 类？为什么要划分工程类别？

工程类别划分为以下 10 类：

1）土方：指人工及机械施工的土方工程、路基掺灰、路基换填及台背回填。

2）石方：指人工及机械施工的石方工程。

3）运输：指用汽车、拖拉机、机动翻斗车、船舶等运送的土石方、路面基层和面层混合料、水泥混凝土及预制构件、绿化苗木等工程。

4）路面：指路面所有结构层工程、路面附属工程、便道以及特殊路基处理工程（不含特殊路基处理中的砌体构造物）。

5）隧道：指隧道土建工程（不含隧道的钢材及钢结构）。

6）构造物Ⅰ：指砍树挖根、拆除工程、排水、防护、特殊路基处理中的砌体构造物、涵洞、交通安全设施、拌和站（楼）安拆工程、便桥、便涵、临时电力和电信设施、临时轨道、临时码头、绿化工程等工程。

7）构造物Ⅱ：指小桥、中桥、大桥、特大桥工程。

8）构造物Ⅲ：指商品水泥混凝土的浇筑、商品沥青混合料和各类商品稳定混合料的铺筑、外购混凝土构件、设备安装工程等。

9）技术复杂大桥：指钢管拱桥、斜拉桥、悬索桥、单孔跨径在 120m 以上（含 120m）和基础水深在 10m 以上（含 10m）的大桥主桥部分的基础、下部和上部工程（不含桥涵的钢材和钢结构）。

10）钢材及钢结构：指所有工程的钢材和钢结构等工程。

不同的工程类别在计算措施费时，受到的施工影响（如人工降效、机械作业降效、保证施工质量的措施）是不同的，不同的工程类别对应的措施费和企业管理费的计算费率应有所区别，因此，通过划分工程类别将上述差异予以区分。

1. 冬季施工增加费

冬季施工增加费指按照公路工程施工及验收规范所规定的冬季施工要求，为保证工程质量和安全生产所需采取的防寒保温措施、工效降低和机械作业率降低以及技术操作过程的改变等所增加的有关费用。

冬季施工增加费的内容包括：

1）因冬季施工所需增加的一切人工、机械与材料的支出。

2）施工机具所需修建的暖棚（包括拆、移），增加其他保温设备购置费用。

3）因施工组织设计确定，需增加的一切保温、加温及照明等有关支出。

4）清除工作地点的冰雪等与冬季施工有关的其他各项费用。

冬季气温区的划分，是根据气象部门提供的满 15 年的气温资料确定的。每年秋冬第一次连续 5 天出现室外日平均温度在 5℃以下，日最低温度在-3℃以下的第一天算起，至第二年春夏最后一次连续 5 天出现同样温度的最末一天为冬季期。冬季期内平均气温在-1℃以上者为冬一区，-1～-4℃者为冬二区，-4～-7℃者为冬三区，-7～-10℃者为冬四区，-10～-14℃者为冬五区，-14℃以下为冬六区。冬一区内平均气温低于 0℃的连续天数在 70

天以内的为Ⅰ副区，70天以上的为Ⅱ副区，冬二区内平均气温低于0℃的连续天数在100天以内的为Ⅰ副区，100天以上的为Ⅱ副区。

气温高于冬一区，但砖石、混凝土工程施工须采取一定措施的地区为准冬季区，准冬季区分两个副区，简称准一区、准二区。凡一年内日最低气温在0℃以下的天数多于20天，日平均气温在0℃以下的天数少于15天的为准一区，多于15天的为准二区。

全国冬季施工气温区划分表见《公路工程建设项目投资估算编制办法》（JTG 3820—2018）附录E或《公路工程建设项目概算预算编制办法》（JTG 3830—2018）附录D。个别省、自治区、直辖市公路（交通）工程造价（定额）管理站还颁布了更详细的冬季施工气温区划分文件。若当地气温资料与编制办法中划定的冬季气温区划分有较大出入时，可按当地气温资料及上述划分标准确定工程所在地的冬季气温区。

冬季施工增加费的计算方法，是根据各类工程的特点，规定各气温区的取费标准。为了简化计算手续，采用全年平均摊销的方法，不论是否在冬季施工，均按规定的取费标准计取冬季施工增加费。一条路线穿过两个以上的气温区时，可分段计算或按各区的工程比例求得全线的平均增加率，计算冬季施工增加费。

冬季施工增加费以各类工程的定额人工费和定额施工机械使用费之和为基数，按工程所在地的气温区选用表1-5的费率计算。

表1-5 冬季施工增加费费率（%）

工程类别	冬季期平均温度/℃								准一区	准二区
	-1以上		-1~-4		-4~-7	-7~-10	-10~-14	-14以下		
	冬一区		冬二区		冬三区	冬四区	冬五区	冬六区		
	Ⅰ	Ⅱ	Ⅰ	Ⅱ						
土方	0.835	1.301	1.800	2.270	4.288	6.094	9.140	13.720	—	—
石方	0.164	0.266	0.368	0.429	0.859	1.248	1.861	2.801	—	—
运输	0.166	0.250	0.354	0.437	0.832	1.165	1.748	2.643	—	—
路面	0.566	0.842	1.181	1.371	2.449	3.273	4.909	7.364	0.073	0.198
隧道	0.203	0.385	0.548	0.710	1.175	1.520	2.269	3.425	—	—
构造物Ⅰ	0.652	0.940	1.265	1.438	2.607	3.527	5.291	7.936	0.115	0.288
构造物Ⅱ	0.868	1.240	1.675	1.902	3.452	4.693	7.028	10.542	0.165	0.393
构造物Ⅲ	1.616	2.296	3.114	3.523	6.403	8.680	13.020	19.520	0.292	0.721
技术复杂大桥	1.019	1.444	1.975	2.230	4.057	5.479	8.219	12.238	0.170	0.446
钢材及钢结构	0.040	0.101	0.141	0.181	0.301	0.381	0.581	0.861	—	—

注：绿化工程不计冬季施工增加费。

2. 雨季施工增加费

雨季施工增加费指雨季期间施工为保证工程质量和安全生产所需采取的防雨、排水、防潮和防护措施、工效降低和机械作业率降低以及技术作业过程的改变等，所需增加的有关费用。

雨季施工增加费包括如下内容：

1）因雨季施工所增加的工、料、机费用的支出，包括工作效率的降低及易被雨水冲毁的工程所增加的清理坍塌基坑和堵塞排水沟、填补路基边坡冲沟等工作内容。

2）路基土方工程的开挖和运输，因雨季施工（非土壤中水影响）而引起的黏附工具，降低工效所增加的费用。

3）因防雨必须采取的挖临时排水沟，防止基坑坍塌所需的支撑、挡板等防护措施费用。

4）材料因受潮、受湿的耗损费用。

5）增加防雨、防潮设备的费用。

6）因河水高涨致使工作困难等其他有关雨季施工所需增加的费用。

雨量区和雨季期的划分，是根据气象部门提供的满 15 年的降雨资料确定的。凡月平均降雨天数在 10 天以上，月平均日降雨量在 3.5~5mm 者为Ⅰ区，月平均日降雨量在 5mm 以上者为Ⅱ区。全国雨季施工雨量区及雨季期划分表见《公路工程建设项目投资估算编制办法》（JTG 3820—2018）附录 F 或《公路工程建设项目概算预算编制办法》（JTG 3830—2018）附录 E。若当地气象资料与编制办法中所划定的雨量区及雨季期出入较大时，可按当地气象资料及上述划分标准确定工程所在地的雨量区及雨季期。

雨季增加费的计算方法，是将全国划分为若干雨量区和雨季期，并根据各类工程的特点规定各雨量区和雨季期的取费标准，采用全年平均摊销的方法，即不论是否在雨季施工，均按规定的取费标准计取雨季施工增加费。

一条路线通过两个以上（含两个）不同的雨量区和雨季期时，应分别计算雨季施工增加费或按工程量比例求得平均的增加率，计算全线雨季施工增加费。

雨季施工增加费，以各类工程的定额人工费和定额施工机械使用费之和为基数，按工程所在地的雨量区、雨季期选用表 1-6 的费率计算。

表 1-6　雨季施工增加费费率（%）

工程类别	雨季期(月数)																			
	1	1.5	2		2.5		3		3.5		4		4.5		5		6		7	8
	雨量区																			
	Ⅰ	Ⅰ	Ⅰ	Ⅱ	Ⅰ	Ⅱ	Ⅰ	Ⅱ	Ⅰ	Ⅱ	Ⅰ	Ⅱ	Ⅰ	Ⅱ	Ⅰ	Ⅱ	Ⅰ	Ⅱ	Ⅱ	Ⅱ
土方	0.140	0.175	0.245	0.385	0.315	0.455	0.385	0.525	0.455	0.595	0.525	0.700	0.595	0.805	0.665	0.939	0.764	1.114	1.289	1.499
石方	0.105	0.140	0.212	0.349	0.280	0.420	0.349	0.491	0.418	0.563	0.487	0.667	0.555	0.772	0.626	0.876	0.701	1.018	1.194	1.373
运输	0.142	0.178	0.249	0.391	0.320	0.462	0.391	0.568	0.462	0.675	0.533	0.781	0.604	0.888	0.675	0.959	0.781	1.136	1.314	1.527
路面	0.115	0.153	0.230	0.366	0.306	0.480	0.366	0.557	0.425	0.634	0.501	0.710	0.578	0.825	0.654	0.940	0.749	1.093	1.267	1.459
隧道	—	—	—	—	—	—	—	—	—	—	—	—	—	—	—	—	—	—	—	—
构造物Ⅰ	0.098	0.131	0.164	0.262	0.196	0.295	0.229	0.360	0.262	0.426	0.327	0.491	0.393	0.557	0.458	0.622	0.524	0.753	0.884	1.015
构造物Ⅱ	0.106	0.141	0.177	0.282	0.247	0.353	0.282	0.424	0.318	0.494	0.388	0.565	0.459	0.636	0.530	0.742	0.600	0.883	1.059	1.201
构造物Ⅲ	0.200	0.266	0.366	0.565	0.466	0.699	0.565	0.832	0.665	0.998	0.765	1.164	0.898	1.331	1.031	1.497	1.164	1.730	1.996	2.295
技术复杂大桥	0.109	0.181	0.254	0.363	0.290	0.435	0.363	0.508	0.435	0.580	0.508	0.689	0.580	0.798	0.653	0.907	0.725	1.052	1.233	1.414
钢材及钢结构	—	—	—	—	—	—	—	—	—	—	—	—	—	—	—	—	—	—	—	—

注：室内和隧道内工程及设备安装工程不计雨季施工增加费。

3. 夜间施工增加费

夜间施工增加费指根据设计、施工技术规范和合理的施工组织要求，必须在夜间施工或必须昼夜连续施工而发生的夜班补助费、夜间施工降效、施工照明设备及照明用电等费用。

夜间施工增加费以夜间施工工程项目的定额人工费和定额施工机械使用费之和为基数，按表 1-7 的费率计算。

表 1-7 夜间施工增加费费率（%）

工程类别	费率	工程类别	费率
构造物Ⅱ	0.903	构造物Ⅲ	1.702
技术复杂大桥	0.928	钢材及钢结构	0.874

注：设备安装工程及金属标志牌、防撞钢护栏、防眩板（网）、隔离栅、防护网等不计夜间施工增加费。

4. 特殊地区施工增加费

特殊地区施工增加费包括高原地区施工增加费、风沙地区施工增加费和沿海地区施工增加费三项。

(1) 高原地区施工增加费　高原地区施工增加费指在海拔 2000m 以上地区施工，由于受气候、气压的影响，致使人工、机械效率降低而增加的费用。

一条路线通过两个以上（含两个）不同的海拔分区时，应分别计算高原地区施工增加费或按工程量比例求得平均的增加率，计算全线高原地区施工增加费。

该费用以各类工程定额人工费和定额施工机械使用费之和为基数，按表 1-8 的费率计算。

表 1-8 高原地区施工增加费费率（%）

工程类别	海拔/m						
	2001～2500	2501～3000	3001～3500	3501～4000	4001～4500	4501～5000	5000 以上
土方	13.295	19.709	27.455	38.875	53.102	70.162	91.853
石方	13.711	20.358	29.025	41.435	56.875	75.358	100.223
运输	13.288	19.666	26.575	37.205	50.493	66.438	85.040
路面	14.572	21.618	30.689	45.032	59.615	79.500	102.640
隧道	13.364	19.850	28.490	40.767	56.037	74.302	99.259
构造物Ⅰ	12.799	19.051	27.989	40.356	55.723	74.098	95.521
构造物Ⅱ	13.622	20.244	29.082	41.617	57.214	75.874	101.408
构造物Ⅲ	12.786	18.985	27.054	38.616	53.004	70.217	93.371
技术复杂大桥	13.912	20.645	29.257	41.670	57.134	75.640	100.205
钢材及钢结构	13.204	19.622	28.269	40.492	55.699	73.891	98.930

(2) 风沙地区施工增加费　风沙地区施工增加费指在沙漠地区施工时，由于受风沙影响，按照施工及验收规范的要求，为保证工程质量和安全生产而增加的有关费用。内容包括防风、防沙及气候影响的措施费，人工、机械效率降低增加的费用，以及积沙、风蚀的清理修复等费用。

风沙地区的划分，根据《公路自然区划标准》(JTJ 003—1986)、《沙漠地区公路建设成套技术研究报告》的公路自然区划和沙漠公路区划、覆盖度（沙漠中植被、戈壁等覆盖程度）将风沙地区分为三类：固定沙漠（覆盖度>50%）、半固定沙漠（覆盖度10%~50%）、流动沙漠（覆盖度<10%），覆盖度由工程勘察设计人员在公路工程勘察设计时确定。

全国风沙地区公路施工区划分见《公路工程建设项目投资估算编制办法》（JTG 3820—2018）附录G或《公路工程建设项目概算预算编制办法》（JTG 3830—2018）附录F。若当地气象资料及自然特征与编制办法中的风沙地区划分有较大出入时，由项目所在省级交通运输主管部门按当地气象资料和自然特征及上述划分标准确定工程所在地的风沙区划。

一条路线穿过两个以上（含两个）不同风沙区时，按路线长度经过的不同风沙区加权计算项目全线风沙地区施工增加费。

风沙地区施工增加费以各类工程的定额人工费和定额施工机械使用费之和为基数，根据工程所在地的风沙区划及类别，按表1-9的费率计算。

表1-9 风沙地区施工增加费费率（%）

工程类别	风沙一区			风沙二区			风沙三区		
	沙漠类型								
	固定	半固定	流动	固定	半固定	流动	固定	半固定	流动
土方	4.558	8.056	13.674	5.618	12.614	23.426	8.056	17.331	27.507
石方	0.745	1.490	2.981	1.014	2.236	3.959	1.490	3.726	5.216
运输	4.304	8.608	13.988	5.380	12.912	19.368	8.608	18.292	27.976
路面	1.364	2.727	4.932	2.205	4.932	7.567	3.365	7.137	11.025
隧道	0.261	0.522	1.043	0.355	0.783	1.386	0.522	1.304	1.826
构造物Ⅰ	3.968	6.944	11.904	4.960	10.912	16.864	6.944	15.872	23.808
构造物Ⅱ	3.254	5.694	9.761	4.067	8.948	13.828	5.694	13.015	19.523
构造物Ⅲ	2.976	5.208	8.928	3.720	8.184	12.648	5.208	11.904	17.226
技术复杂大桥	2.778	4.861	8.333	3.472	7.638	11.805	8.861	11.110	16.077
钢材及钢结构	1.035	2.070	4.140	1.409	3.105	5.498	2.070	5.175	7.245

（3）沿海地区施工增加费 沿海地区施工增加费指工程项目在沿海地区施工受海风、海浪和潮汐的影响，致使人工、机械效率降低等所需增加的费用。本项费用，由沿海各省份省级交通运输主管部门制定具体的适用范围（地区）。

沿海地区工程施工增加费以构造物Ⅱ、构造物Ⅲ、技术复杂大桥、钢材及钢结构四种工程类别的定额人工费和定额施工机械使用费之和为基数，按表1-10的费率计算。

表1-10 沿海地区施工增加费费率（%）

工程类别	费率	工程类别	费率
构造物Ⅱ	0.207	构造物Ⅲ	0.195
技术复杂大桥	0.212	钢材及钢结构	0.200

注：1. 表中的构造物Ⅲ指桥梁工程所用的商品水泥混凝土浇筑及混凝土构件、钢构件的安装。
2. 表中的钢材及钢结构指桥梁工程所用的钢材及钢结构。

5. 行车干扰施工增加费

行车干扰施工增加费指由于边施工边维持通车，受行车干扰的影响，致使人工、机械效率降低而增加的费用。该费用以受行车影响部分的工程项目的定额人工费和定额施工机械使用费之和为基数，按表1-11的费率计算。

表 1-11 行车干扰施工增加费费率（%）

工程类别	施工期间平均每昼夜双向行车次数（机动车、非机动车合计）							
	51~100	101~500	501~1000	1001~2000	2001~3000	3001~4000	4001~5000	5000 以上
土方	1.499	2.343	3.194	4.118	4.775	5.314	5.885	6.468
石方	1.279	1.881	2.618	3.479	4.035	4.492	4.973	5.462
运输	1.451	2.230	3.041	4.001	4.641	5.164	5.719	6.285
路面	1.390	2.098	2.802	3.487	4.046	4.496	4.987	5.475
隧道	—	—	—	—	—	—	—	—
构造物Ⅰ	0.924	1.386	1.858	2.320	2.693	2.988	3.313	3.647
构造物Ⅱ	1.007	1.516	2.014	2.512	2.915	3.244	3.593	3.943
构造物Ⅲ	0.948	1.417	1.896	2.365	2.745	3.044	3.373	3.713
技术复杂大桥	—	—	—	—	—	—	—	—
钢材及钢结构	—	—	—	—	—	—	—	—

注：新建工程、中断交通进行封闭施工或为保证交通正常通行而修建保通便道的改（扩）建工程，不计行车干扰施工增加费。

6. 施工辅助费

施工辅助费包括生产工具用具使用费，检验试验费和工程定位复测、工程点交、场地清理等费用。

生产工具用具使用费指施工所需不属于固定资产的生产工具，检验、试验用具及仪器仪表等的购置、摊销和维修费，以及支付给工人自备工具的补贴费。

检验试验费指施工企业对建筑材料、构件和建筑安装工程进行一般鉴定、检查所发生的费用，包括自设试验室进行试验所耗用的材料和化学药品的费用，以及技术革新和研究试验费，但不包括新结构、新材料的试验费和建设单位要求对具有出厂合格证明的材料进行检验、对构件做破坏性试验及其他特殊要求检验的费用。

高填方和软基沉降监测、高边坡稳定检测、桥梁施工监测、隧道施工监控量测、超前地质预报等施工监控费含在施工辅助费中，不得另行计算。

施工辅助费以各类工程的定额直接费为基数，按表 1-12 的费率计算。

表 1-12 施工辅助费费率（%）

工程类别	费率	工程类别	费率
土方	0.521	构造物Ⅰ	1.201
石方	0.470	构造物Ⅱ	1.537
运输	0.154	构造物Ⅲ	2.729
路面	0.818	技术复杂大桥	1.677
隧道	1.195	钢材及钢结构	0.564

7. 工地转移费

工地转移费指施工企业迁至新工地的搬迁费用，其包括以下内容：

1）施工单位职工及随职工迁移的家属向新工地转移的车费、家具行李运费、途中住宿费、行程补助费、杂费等。

2）公物、工具、施工设备器材、施工机械的运杂费，以及外租机械的往返费及施工机械、设备、公物、工具的转移费等。

3）非固定工人进退场的费用。

工地转移费以各类工程的定额人工费和定额施工机械使用费之和为基数，按表 1-13 的费率计算。

表 1-13　工地转移费费率（%）

工程类别	工地转移距离/km					
	50	100	300	500	1000	每增加 100
土方	0.224	0.301	0.470	0.614	0.815	增加 0.036
石方	0.176	0.212	0.363	0.476	0.628	增加 0.030
运输	0.157	0.203	0.315	0.416	0.543	增加 0.025
路面	0.321	0.435	0.682	0.891	1.191	增加 0.062
隧道	0.257	0.351	0.549	0.717	0.959	增加 0.049
构造物 Ⅰ	0.262	0.351	0.552	0.720	0.963	增加 0.051
构造物 Ⅱ	0.333	0.449	0.706	0.923	1.236	增加 0.066
构造物 Ⅲ	0.622	0.841	1.316	1.720	2.304	增加 0.119
技术复杂大桥	0.389	0.523	0.818	1.067	1.430	增加 0.073
钢材及钢结构	0.351	0.473	0.737	0.961	1.288	增加 0.063

转移距离以工程承包单位（如工程处、工程公司等）转移前后驻地距离或两路线中点的距离为准；编制概预算时，如施工单位不明确时，高速公路、一级公路及独立大桥、独立隧道项目转移距离按省级人民政府所在城市至工地的里程计算；二级及二级以下公路项目转移距离按地级城市所在地至工地的里程计算。工地转移里程数在表列里程之间时，费率可内插计算。工地转移距离在 50km 以内的工程按 50km 计算。

1.3.4　企业管理费

企业管理费由基本费用、主副食运费补贴、职工探亲路费、职工取暖补贴和财务费用五项组成。

1. 基本费用

基本费用指施工安装企业组织施工生产和经营管理所需的费用，包括以下内容：

1）管理人员工资：管理人员的基本工资，绩效工资，津贴补贴及特殊情况下支付的工资以及缴纳的养老、失业、医疗、工伤保险费和住房公积金等。

2）办公费：企业管理办公用的文具、纸张、账表、印刷、通信、网络、书报、办公软件、会议、水电、烧水和集体取暖降温（包括现场临时宿舍取暖降温）用煤（电、气）等费用。

3）差旅交通费：职工因公出差、调动工作的差旅费、住勤补助费，市内交通费和误餐补助费，劳动力招募费，职工退休、退职一次性路费，工伤人员就医路费以及管理部门使用的交通工具的油料、燃料等费用。

4）固定资产使用费：管理部分及附属生产单位使用的属于固定资产的房屋、设备等的折旧、大修、维修或租赁费。

5）工具用具使用费：企业管理使用的不属于固定资产的生产工具，器具，家具，交通工具和检验、试验、测绘、消防用具等的购置、维修和摊销费。

6）劳动保险费：企业支付的离退休职工的易地安家补助费、职工退职金、6个月以上的产病假人员工资、职工死亡丧葬补助费、抚恤费，按规定支付给离休干部的各项经费。

7）职工福利费：按国家规定标准计提的职工福利费。

8）劳动保护费：企业按国家有关部门规定标准发放的劳动保护用品的购置费及修理费、防暑降温费、在有碍身体健康环境中施工的保健费用等。

9）工会经费：企业根据《中华人民共和国工会法》的归档按全部职工工资总额比例计提的工会经费。

10）职工教育经费：按职工工资总额的规定比例计提，企业为职工进行专业技术和职业技能培训，专业技术人员继续教育、职工职业技能鉴定、职业资格认定以及根据需要对职工进行各类文化教育所发生的费用，不含职工安全教育、培训费用。

11）保险费：企业财产保险、管理用及生产用车辆等保险费用及人身意外伤害险的费用。

12）工程排污费：施工现场按规定缴纳的排污费用。

13）税金：企业按规定缴纳的城市维护建设税、教育费附加、地方教育费附加、房产税、车船使用税、土地使用税、印花税等。

14）其他：上述项目以外的其他必要的费用支出，包括技术转让费，技术开发费，竣（交）工文件编制费，招（投）标费，业务招待费，绿化费，广告费，公证费，定额测定费，法律顾问费，审计费，咨询费以及施工标准化、规范化、精细化管理等费用。

基本费用以各类工程的定额直接费为基数，按表1-14的费率计算。

表 1-14 基本费用费率（%）

工程类别	费 率	工程类别	费 率
土方	2.747	构造物Ⅰ	3.587
石方	2.792	构造物Ⅱ	4.726
运输	1.374	构造物Ⅲ	5.976
路面	2.427	技术复杂大桥	4.143
隧道	3.569	钢材及钢结构	2.242

2. 主副食运费补贴

主副食运费补贴指施工企业在远离城镇及乡村的野外施工，购买生活必需品所需增加的费用。该费用以各类工程的定额直接费为基数，按表1-15的费率计算。

表 1-15 主副食运费费率（%）

工程类别	综合里程/km										
	3	5	8	10	15	20	25	30	40	50	每增加10
土方	0.122	0.131	0.164	0.191	0.235	0.284	0.322	0.377	0.444	0.519	增加0.070
石方	0.108	0.117	0.149	0.175	0.218	0.261	0.293	0.346	0.405	0.473	增加0.063

（续）

工程类别	综合里程/km										
	3	5	8	10	15	20	25	30	40	50	每增加10
运输	0.118	0.130	0.166	0.192	0.233	0.285	0.322	0.379	0.447	0.519	增加0.073
路面	0.066	0.088	0.119	0.130	0.165	0.194	0.224	0.259	0.308	0.356	增加0.051
隧道	0.096	0.104	0.130	0.152	0.185	0.229	0.260	0.304	0.359	0.418	增加0.054
构造物Ⅰ	0.114	0.120	0.145	0.167	0.207	0.254	0.285	0.338	0.394	0.463	增加0.062
构造物Ⅱ	0.126	0.140	0.168	0.196	0.242	0.292	0.338	0.394	0.467	0.540	增加0.073
构造物Ⅲ	0.225	0.248	0.303	0.352	0.435	0.528	0.599	0.705	0.831	0.969	增加0.132
技术复杂大桥	0.101	0.115	0.143	0.165	0.205	0.245	0.280	0.325	0.389	0.452	增加0.063
钢材及钢结构	0.104	0.113	0.146	0.168	0.207	0.247	0.281	0.331	0.387	0.449	增加0.062

注：综合里程＝粮食运距×0.06+燃料运距×0.09+蔬菜运距×0.15+水运距×0.70，粮食、燃料、蔬菜、水的运距均为全线平均运距；当综合里程数在表列里程之间时，费率可内插；综合里程在3km以内的工程，按3km计取本项费用。

3. 职工探亲路费

职工探亲路费指按照有关规定发放给施工企业职工在探亲期间发生的往返交通费和途中住宿费等费用。该费用以各类工程的定额直接费为基数，按表1-16的费率计算。

表1-16 职工探亲路费费率（%）

工程类别	费率	工程类别	费率
土方	0.192	构造物Ⅰ	0.274
石方	0.204	构造物Ⅱ	0.348
运输	0.132	构造物Ⅲ	0.551
路面	0.159	技术复杂大桥	0.208
隧道	0.266	钢材及钢结构	0.164

4. 职工取暖补贴

职工取暖补贴费指按规定发放给施工企业职工的冬季取暖费和为职工在施工现场设置的临时取暖设施的费用。该费用以各类工程的定额直接费为基数，按工程所在地的气温区选用表1-17的费率计算。

表1-17 职工取暖补贴费费率（%）

工程类别	工程所在地气候区						
	准二区	冬一区	冬二区	冬三区	冬四区	冬五区	冬六区
土方	0.060	0.130	0.221	0.331	0.436	0.554	0.663
石方	0.054	0.118	0.183	0.279	0.373	0.472	0.569
运输	0.065	0.130	0.228	0.336	0.444	0.552	0.671
路面	0.049	0.086	0.155	0.229	0.302	0.376	0.456
隧道	0.045	0.091	0.158	0.249	0.318	0.409	0.488
构造物Ⅰ	0.065	0.130	0.206	0.304	0.390	0.499	0.607

（续）

工程类别	工程所在地气候区						
	准二区	冬一区	冬二区	冬三区	冬四区	冬五区	冬六区
构造物Ⅱ	0.070	0.153	0.234	0.352	0.481	0.598	0.727
构造物Ⅲ	0.126	0.264	0.425	0.643	0.849	1.067	1.297
技术复杂大桥	0.059	0.120	0.203	0.310	0.406	0.501	0.609
钢材及钢结构	0.047	0.082	0.141	0.222	0.293	0.363	0.433

5. 财务费用

财务费用指施工企业为筹集资金提供投标担保、预付款担保、履约担保、职工工资支付担保等所发生的各种费用，包括企业经营期间发生的短期贷款利息净支出、汇兑净损失、调剂外汇手续费、金融机构手续费以及企业筹集资金发生的其他财务费用。财务费用以各类工程的定额直接费为基数，按表1-18的费率计算。

表1-18 财务费用费率（%）

工程类别	费率	工程类别	费率
土方	0.271	构造物Ⅰ	0.466
石方	0.259	构造物Ⅱ	0.545
运输	0.264	构造物Ⅲ	1.094
路面	0.404	技术复杂大桥	0.637
隧道	0.513	钢材及钢结构	0.653

1.3.5 规费

规费指法律、法规、规章、规程规定施工企业必须缴纳的费用。包括：

1）养老保险费：施工企业按规定标准为职工缴纳的基本养老保险费。

2）失业保险费：施工企业按规定标准为职工缴纳的失业保险费。

3）医疗保险费：施工企业按规定标准为职工缴纳的医疗保险费（含生育保险费）。

4）住房公积金：施工企业按规定标准为职工缴纳的住房公积金。

5）工伤保险费：施工企业按规定标准为职工缴纳的工伤保险费。

各项规费以各类工程的人工费之和为基数，按国家或工程所在地法律、法规、规章、规程规定的标准计算。

1.3.6 利润

利润指施工企业完成所承包工程获得的盈利，按定额直接费及措施费、企业管理费之和的7.42%计算。

1.3.7 税金

税金指按国家税法规定应计入建筑安装工程造价内的增值税销项税额。计算方法见式(1-19)。

税金=(直接费+设备购置费+措施费+企业管理费+规费+利润)×9%　　(1-19)

1.3.8　专项费用

专项费用包括施工场地建设费和安全生产费。

1. 施工场地建设费

施工场地建设费包括：

1）按照工地建设标准化要求进行承包人驻地、工地试验室建设，钢筋集中加工、混合料集中拌制、构件集中预制等所需的办公、生活居住房屋（包括职工家属房屋及探亲房屋），公用房屋（如广播室、文体活动室、医疗室等）和生产用房屋（如仓库、加工厂、加工棚、发电站、变电站、空压机站、停机棚、值班室等）等费用。

2）包括场区平整（山岭重丘区的土石方工程除外）、场地硬化、排水、绿化、标志、污水处理设施、围墙隔离设施等的费用，不包括钢筋加工的机械设备、混合料拌和设备及安拆、预制构件台座，预应力张拉设备，起重及养护设备，以及概算、预算定额中临时工程的费用。

3）包括以上范围内的各种临时工作便道（包括汽车、人力车道），人行便道，工地临时用水、用电的水管支线和电线支线，临时构筑物（如水井、水塔等），其他小型临时设施等的搭设或租赁、维修、拆除、清理的费用；但不包括红线范围内贯通便道、进出场的临时道路、保通便道。

4）工地试验室所发生的属于固定资产的试验设备和仪器等折旧、维修或租赁费用。

5）施工扬尘污染防治措施费：裸露的施工场地覆盖防尘网、施工便道和施工场地洒水或喷洒抑尘剂、运输车辆的苫盖和冲洗、环境敏感区设置围挡、防尘标识设置、环境监控与检测等所需要的费用。

6）文明施工、职工健康生活的费用。

施工场地建设费以施工场地计费基数，按表1-19的费率，以累进方法计算。施工场地计费基数为定额建筑安装工程费减去专项费用。

表 1-19　施工场地建设费费率

施工场地计费基数（万元）	费率（%）	算例（万元）	
		施工场地计费基数	施工场地建设费
500 及以下	5.338	500	500×5.338%=26.69
500~1000	4.228	1000	26.69+(1000-500)×4.228%=47.83
1000~5000	2.665	5000	47.83+(5000-1000)×2.665%=154.43
5000~10000	2.222	10000	154.43+(10000-5000)×2.222%=265.53
10000~30000	1.785	30000	265.53+(30000-10000)×1.785%=622.53
30000~50000	1.694	50000	622.53+(50000-30000)×1.694%=961.33
50000~100000	1.579	100000	961.33+(100000-50000)×1.579%=1750.83
100000~150000	1.498	150000	1750.83+(150000-100000)×1.498%=2499.83
150000~200000	1.415	200000	2499.83+(200000-150000)×1.415%=3207.33
200000~300000	1.348	300000	3207.33+(300000-200000)×1.348%=4555.33

（续）

施工场地计费基数（万元）	费率（%）	算例（万元）	
		施工场地计费基数	施工场地建设费
300000~400000	1.289	400000	4555.33+(400000-300000)×1.289%=5844.33
400000~600000	1.235	600000	5844.33+(600000-400000)×1.235%=8314.33
600000~800000	1.188	800000	8314.33+(800000-600000)×1.188%=10690.33
800000~1000000	1.149	1000000	10690.33+(1000000-800000)×1.149%=12988.33
1000000 以上	1.118	1200000	12988.33+(1200000-1000000)×1.118%=15224.33

2. 安全生产费

安全生产费包括完善、改造和维护安全设施费用，配备、维护、保养应急救援器材、设备费用，开展重大危险源和事故隐患评估和整改费用，安全生产检查、评价、咨询费用，配备和更新现场作业人员安全防护用品支出，安全生产宣传、教育、培训费用，安全设施及特种设备检测检验费用，施工安全风险评估、应急演练等有关工作及其他与安全生产直接相关的费用。

安全生产费按建筑安装工程费乘以安全生产费费率计算，费率按不少于1.5%计取。

1.4 土地使用及拆迁补偿费

1. 土地使用及拆迁补偿费的费用构成

土地使用及拆迁补偿费包含永久占地费、临时占地费、拆迁补偿费、水土保持补偿费、其他费用。

(1) 永久占地费　永久占地费包括土地补偿费、征用耕地安置补助费、耕地开垦费、森林植被恢复费、失地农民养老保险费。

1）土地补偿费包括征地补偿费、被征用土地上的青苗补偿费，征用城市郊区的菜地等缴纳的菜地开发建设基金，耕地占用税，用地图编制费及勘界费等。

2）征用耕地安置补助费指征用耕地需要安置农业人口的补助费。

3）耕地开垦费指公路建设项目占用耕地的，应由建设项目法人（业主）负责补充耕地所发生的费用；没有条件开垦或者开垦的耕地不符合要求的，按规定缴纳的耕地开垦费。

公路建设项目发生跨省域补充耕地国家统筹的，应执行《国务院办公厅关于印发跨省域补充耕地国家统筹管理办法和城乡建设用地增减挂钩节余指标跨省域调剂管理办法的通知》（国办发［2018］16号）的规定；发生省内跨区域补充耕地的，执行本省相关规定。

4）森林植被恢复费指公路建设项目需要占用、征用林地的，经县级以上林业主管部门审核同意或批准，建设项目法人（业主）单位按照省级人民政府有关规定向县级以上林业主管部门预缴的森林植被恢复费。

5）失地农民养老保险费指根据国家规定为保障依法被征地农民养老而交纳的保险费用。失地农民养老保险费按项目所在地省级人民政府的相关规定进行计算。

(2) 临时占地费　临时占地费包括临时征地使用费、复耕费。

1）临时征地使用费指为满足施工所需的承包人驻地、预制场、拌和场、仓库、加工厂

(棚)、堆料场、取弃土场、进出场便道、便桥等所有的临时用地及其附着物的补偿费用。

2）复耕费指临时占用的耕地、鱼塘等，在工程交工后将其恢复到原有标准所发生的费用。

(3) 拆迁补偿费　拆迁补偿费指被征用或占用土地地上、地下的房屋及附属构筑物、公用设施、文物等的拆除、发掘及迁建补偿费，拆迁管理费等。

(4) 水土保持补偿费　水土保持补偿费根据国家相关法律、法规规定缴纳。

(5) 其他费用　其他费用指国务院行政主管部门及省级人民政府规定的与征地拆迁相关的费用。

2. 土地使用及拆迁补偿费计算方法

1）土地使用及拆迁补偿费应根据设计文件确定的建设工程用地和临时用地面积及其附着物的情况，以及实际发生的费用项目，按国家有关规定及工程所在地的省（自治区、直辖市）颁布的有关规定和标准计算。

2）森林植被恢复费应根据审批单位批准的建设工程占用林地的类型及面积，按国家有关规定及工程所在地的省（自治区、直辖市）颁布的有关规定和标准计算。

3）当与原有的电力电信设施、管线、水利工程、铁路及铁路设施互相干扰时，应与有关部门联系，商定合理的解决方案和补偿金额，也可由这些部门按规定编制费用以确定补偿金额。

4）水土保持补偿费按各省（自治区、直辖市）制定的水土保持补偿费收费标准进行计算。

1.5 工程建设其他费

工程建设其他费包括建设项目管理费、研究试验费、建设项目前期工作费、专项评价（估）费、联合试运转费、生产准备费、工程保通管理费、工程保险费、其他相关费用。

1.5.1 建设项目管理费

建设项目管理费包括建设单位（业主）管理费、建设项目信息化费、工程监理费、设计文件审查费、竣（交）工验收试验检测费。其中建设单位（业主）管理费、建设项目信息化费和工程监理费均为实施建设项目管理的费用，可根据建设单位（业主）、施工单位、监理单位所实际承担的工作内容和工作量统筹使用。

1. 建设单位（业主）管理费

建设单位（业主）管理费指建设单位（业主）为进行建设项目的立项、筹建、建设、竣（交）工验收、总结等工作所发生的费用。

费用内容包括：工作人员的工资、工资性津贴、施工现场津贴，社会保险费用（基本养老、基本医疗、失业、工伤保险）、住房公积金、职工福利费、工会经费、劳动保护费、办公费、会议费、差旅交通费、固定资产使用费（包括办公及生活房屋折旧、维修或租赁费，车辆折旧、维修、使用或租赁费，通信设备购置、使用费，测量、试验设备仪器折旧、维修或租赁费，其他设备折旧、维修或租赁费等）、零星固定资产购置费、招募生产工人费，技术图书资料费、职工教育培训经费，招标管理费，合同契约公证费、法律顾问费、咨询费，建设单位的临时设施费、完工清理费、竣（交）工验收费［含其他行业或部门要求的竣工验收费用、建设单位负责的竣（交）工文件编制费］、各种税费（包括房产税、车船使用税、印花税等），对建设项目前期工作、项目实施及竣工决算等全过程进行审计所发生的审计费用，境内外融资费（不含建设期贷款利息），业务招待费及工程质量、安全生产管理费和其他管理开支。

建设单位（业主）管理费以定额建筑安装工程费为基数，按表1-20的费率，以累进办法计算。

表1-20 建设单位（业主）管理费费率

定额建筑安装工程费（万元）	费率（%）	算例(万元)	
		定额建筑安装工程费	建设单位(业主)管理费
500以下	4.858	500	500×4.858%=24.290
500~1000	3.813	1000	24.290+500×3.813%=43.355
1000~5000	3.049	5000	43.355+4000×3.049%=165.315
5000~10000	2.562	10000	165.315+5000×2.562%=293.415
10000~30000	2.125	30000	293.415+20000×2.125%=718.415
30000~50000	1.773	50000	718.415+20000×1.773%=1073.015
50000~100000	1.312	100000	1073.015+50000×1.312%=1729.015
100000~150000	1.057	150000	1729.015+50000×1.057%=2257.515
150000~200000	0.826	200000	2257.515+50000×0.826%=2670.515
200000~300000	0.595	300000	2670.515+100000×0.595%=3265.515
300000~400000	0.498	400000	3265.515+100000×0.498%=3763.515
400000~600000	0.450	600000	3763.515+200000×0.450%=4663.515
600000~800000	0.400	800000	4663.515+200000×0.400%=5463.515
800000~1000000	0.375	1000000	5463.515+200000×0.375%=6213.515
1000000以上	0.350	1200000	6213.515+200000×0.350%=6913.515

双洞长度超过5000m的独立隧道，水深大于15m、跨径大于或等于400m的斜拉桥和跨径大于或等于800m的悬索桥等独立特大型桥梁工程的建设单位（业主）管理费，按表1-20中的费率乘以系数1.3计算；海上工程［指由于风浪影响，工程施工期（不包括封冻期）全年月平均工作日少于15d的工程］的建设单位（业主）管理费，按表1-20中的费率乘以系数1.2计算。

2. 建设项目信息化费

建设项目信息化费指建设单位（业主）和各参建单位用于建设项目的质量、安全、进度、费用等方面的信息化建设、运维及各种税费等费用，包括建设项目全寿命周期的建筑信息模型（Building Information Modeling）等相关费用。建设项目信息化费以定额建筑安装工程费为基数，按表1-21的费率，以累进方法计算。

3. 工程监理费

工程监理费指建设单位（业主）委托具有监理资格的单位，按施工监理规范进行全面监督和管理所发生的费用。

表 1-21　建设项目信息化费费率

定额建筑安装工程费（万元）	费率（%）	算例（万元）	
		定额建筑安装工程费	建设项目信息化费
500 以下	0.600	500	500×0.600% = 3.00
500~1000	0.452	1000	3.00+500×0.452% = 5.26
1000~5000	0.356	5000	5.26+4000×0.356% = 19.50
5000~10000	0.285	10000	19.50+5000×0.285% = 33.75
10000~30000	0.252	30000	33.75+20000×0.252% = 84.15
30000~50000	0.224	50000	84.15+20000×0.224% = 128.95
50000~100000	0.202	100000	128.95+50000×0.202% = 229.95
100000~150000	0.171	150000	229.95+50000×0.171% = 315.45
150000~200000	0.160	200000	315.45+50000×0.160% = 395.45
200000~300000	0.142	300000	395.45+100000×0.142% = 537.45
300000~400000	0.135	400000	537.45+100000×0.135% = 672.45
400000~600000	0.131	600000	672.45+200000×0.131% = 934.45
600000~800000	0.127	800000	934.45+200000×0.127% = 1188.45
800000~1000000	0.125	1000000	1188.45+200000×0.125% = 1438.45
1000000 以上	0.122	1200000	1438.45+200000×0.122% = 1682.45

费用内容包括：工作人员的基本工资、工资性津贴、社会保险费用（基本养老、基本医疗、失业、工伤保险）、住房公积金、职工福利费、工会经费、劳动保护费，办公费、会议费、差旅交通费，办公、试验固定资产使用费（包括办公及生活房屋折旧、维修或租赁费，车辆折旧、维修、使用或租赁费，通信设备购置、使用费，测量、试验、检测设备仪器折旧、维修或租赁费，其他设备折旧、维修或租赁费等），零星固定资产购置费，招募生产工人费，技术图书资料费、职工教育经费、投标费用；合同契约公证费、法律顾问费、咨询费、业务招待费，财务费用、监理单位的临时设施费、完工清理费、竣（交）工验收费、各种税费、安全生产管理费和其他管理性开支。

工程监理费以定额建筑安装工程费为基数，按表 1-22 的费率，以累进方法计算。

表 1-22　工程监理费费率

定额建筑安装工程费（万元）	费率（%）	算例（万元）	
		定额建筑安装工程费	工程监理费
500 以下	3.00	500	500×3.00% = 15
500~1000	2.40	1000	15+500×2.40% = 27
1000~5000	2.10	5000	27+4000×2.10% = 111
5000~10000	1.94	10000	111+5000×1.94% = 208
10000~30000	1.87	30000	208+20000×1.87% = 582
30000~50000	1.83	50000	582+20000×1.83% = 948
50000~100000	1.78	100000	948+50000×1.78% = 1838
100000~150000	1.72	150000	1838+50000×1.72% = 2698

（续）

定额建筑安装工程费（万元）	费率（%）	算例（万元）	
		定额建筑安装工程费	工程监理费
150000～200000	1.64	200000	2698+50000×1.64%＝3518
200000～300000	1.55	300000	3518+100000×1.55%＝5068
300000～400000	1.49	400000	5068+100000×1.49%＝6558
400000～600000	1.45	600000	6558+200000×1.45%＝9458
600000～800000	1.42	800000	9458+200000×1.42%＝12298
800000～1000000	1.37	1000000	12298+200000×1.37%＝15038
1000000 以上	1.33	1200000	15038+200000×1.33%＝17698

4. 设计文件审查费

设计文件审查费指项目审批前，建设单位（业主）为保证勘察设计工作的质量，组织有关专家或委托有资质的单位，对提交的建设项目可行性研究报告和勘察设计文件进行审查所需要的相关费用。设计文件审查费以定额建筑安装工程费为基数，按表 1-23 的费率，以累进方法计算。

建设项目若有地质勘查监理，费用在此项目开支。

建设项目若有设计咨询（或称设计监理、设计双院制），其费用在此项目内开支。

表 1-23　设计文件审查费费率

定额建筑安装工程费（万元）	费率（%）	算例（万元）	
		定额建筑安装工程费	设计文件审查费
5000 以下	0.077	5000	5000×0.077%＝3.85
5000～10000	0.072	10000	3.85+5000×0.072%＝7.45
10000～30000	0.069	30000	7.45+20000×0.069%＝21.25
30000～50000	0.066	50000	21.25+20000×0.066%＝34.45
50000～100000	0.065	100000	34.45+50000×0.065%＝66.95
100000～150000	0.061	150000	66.95+50000×0.061%＝97.45
150000～200000	0.059	200000	97.45+50000×0.059%＝126.95
200000～300000	0.057	300000	126.95+100000×0.057%＝183.95
300000～400000	0.055	400000	183.95+100000×0.055%＝238.95
400000～600000	0.053	600000	238.95+200000×0.053%＝344.95
600000～800000	0.052	800000	344.95+200000×0.052%＝448.95
800000～1000000	0.051	1000000	448.95+200000×0.051%＝550.95
1000000 以上	0.050	1200000	550.95+200000×0.050%＝650.95

5. 竣（交）工验收试验检测费

竣（交）工验收试验检测费指在公路建设项目竣（交）工验收前，由建设单位（业主）或工程质量监督机构委托有资质的公路工程质量检测单位按照有关规定对建设项目的工程质量进行检测并出具检测试验意见，以及进行桥梁动（静）载试验或其他特殊检测等所需要的费用。

竣（交）工验收试验检测费按表 1-24 规定的费率计算。道路工程按主线路基长度计算，桥梁工程以主线桥梁、分离式立交、匝道桥的长度之和进行计算，隧道按单洞长度计算。

道路工程，高速公路、一级公路按四车道计算，二级及二级以下公路按两车道计算，每增加 1 个车道，按表 1-24 的费用增加 10%。桥梁和隧道按双向四车道计算，每增加 1 个车道，费用增加 15%。二级及二级以下公路的桥隧工程，按表 1-24 费用的 40%计算。

表 1-24　竣（交）工验收试验检测费

<table>
<tr><th colspan="3">检测项目</th><th colspan="2">竣(交)工验收试验检测费</th><th>备　注</th></tr>
<tr><td rowspan="4">道路工程(元/km)</td><td colspan="2">高速公路</td><td colspan="2">23500</td><td rowspan="4">包括路基、路面、涵洞、通道、路段安全设施和机电、房建、绿化、环境保护及其他工程</td></tr>
<tr><td colspan="2">一级公路</td><td colspan="2">17000</td></tr>
<tr><td colspan="2">二级公路</td><td colspan="2">11500</td></tr>
<tr><td colspan="2">三级及三级以下公路</td><td colspan="2">5750</td></tr>
<tr><td rowspan="5">桥梁工程
(元/延米)</td><td colspan="2">一般桥梁</td><td colspan="2">40</td><td rowspan="5">包括桥梁范围内的所有土建、安全设施和机电、声屏障等环境保护工程及必要的动(静)载试验</td></tr>
<tr><td rowspan="4">技术复杂桥梁</td><td>钢管拱</td><td colspan="2">750</td></tr>
<tr><td>连续刚构</td><td colspan="2">500</td></tr>
<tr><td>斜拉桥</td><td colspan="2">600</td></tr>
<tr><td>悬索桥</td><td colspan="2">560</td></tr>
<tr><td colspan="3">隧道工程(元/延米)</td><td>单洞</td><td>80</td><td>包括隧道范围内的所有土建、安全设施、机电、消防设施等</td></tr>
</table>

1.5.2　研究试验费

研究试验费指按项目特点和有关规定，在建设过程中必须进行的研究和试验所需的费用，以及支付科技成果、专利、先进技术的一次性技术转让费。

研究试验费不包括：应由前期工作费（为建设项目提供或验证设计数据、资料等专题研究）开支的项目；应由科技三项费用（即新产品试制费、中间试验费和重要科学研究补助费）开支的项目；应由施工辅助费开支的施工企业对建筑材料、构件和建筑物进行一般鉴定、检查所发生的费用及技术革新研究试验费。

计算方法：按照设计提出的研究试验内容和要求进行编制。

1.5.3　建设项目前期工作费

建设项目前期工作费指委托勘察设计单位、咨询单位对建设项目进行可行性研究、工程勘察设计，以及设计、监理、施工招标文件及招标标底或造价控制值文件编制时，按规定应支付的费用。

该费用包括：编制项目建议书（或预可行性研究报告）、可行性研究报告、投资估算，以及相应的勘察、设计等所需的费用；通过风洞试验、地震动参数、索塔足尺模型试验、桥墩局部冲刷试验、桩基承载力试验等为建设项目提供或验证设计数据所需的专题研究费用；初步设计和施工图设计的勘察费、设计费、概（预）算及调整概算编制费等；设计、监理、施工招标及招标标底（或造价控制值或清单预算）文件编制费等。

计算方法：以定额建筑安装工程费为基数，按表1-25的费率，以累进方法计算。

表1-25 建设项目前期工作费费率

定额建筑安装工程费（万元）	费率（%）	算例(万元)	
		定额建筑安装工程费	建设项目前期工作费
500以下	3.00	500	500×3.00%=15.0
500~1000	2.70	1000	15.0+500×2.70%=28.5
1000~5000	2.55	5000	28.5+4000×2.55%=130.5
5000~10000	2.46	10000	130.5+5000×2.46%=253.5
10000~30000	2.39	30000	253.5+20000×2.39%=731.5
30000~50000	2.34	50000	731.5+20000×2.34%=1199.5
50000~100000	2.27	100000	1199.5+50000×2.27%=2334.5
100000~150000	2.19	150000	2334.5+50000×2.19%=3429.5
150000~200000	2.08	200000	3429.5+50000×2.08%=4469.5
200000~300000	1.99	300000	4469.5+100000×1.99%=6459.5
300000~400000	1.94	400000	6459.5+100000×1.94%=8399.5
400000~600000	1.86	600000	8399.5+200000×1.86%=12119.5
600000~800000	1.80	800000	12119.5+200000×1.80%=15719.5
800000~1000000	1.76	1000000	15719.5+200000×1.76%=19239.5
1000000以上	1.72	1200000	19239.5+200000×1.72%=22679.5

1.5.4 专项评价（估）费

专项评价（估）费指依据国家法律、法规规定须进行评价（评估）、咨询，按规定应支付的费用。该费用包括环境影响评价费、水土保持评估费、地震安全性评价费、地质灾害危险性评价费、压覆重要矿床评估费、文物勘察费、通航论证费、行洪论证（评估）费、使用林地可行性研究报告编制费、用地预审报告编制费、项目风险评估费、节能评估费和社会风险评估费、放射性影响评估费、规划选址意见书编制费等费用。

计算方法：依据委托合同，或参照类似工程已发生的费用进行计列。

1.5.5 联合试运转费

联合试运转费指建设项目的机电工程，按照有关规定标准，需要进行整套设备带负荷联合试运转所需的全部费用，不包括应由设备安装工程费开支的调试费用。

费用包括：联合试运转期间所需的材料、燃料和动力的消耗，机械和检测设备使用费，工具用具和低值易耗品费，参加联合试运转的人员工资及其他费用等。

计算方法：以定额建筑安装工程费为基数，按0.04%费率计算。

1.5.6 生产准备费

生产准备费指为保证新建、改（扩）建项目交付使用后满足正常的运行、管理发生的工器具购置、办公和生活用家具购置、生产人员培训、应急保通设备购置等费用。

工器具购置费指建设项目交付使用后为满足初期正常运营必须购置的第一套不构成固定资产的设备、仪器、仪表、工卡模具、器具、工作台（框、架、柜）等的费用，不包括构成固定资产的设备、工器具和备品、备件，及已列入设备费中的专用工具和备品、备件。工器具购置费由设计单位列出计划购置清单（包括规格、型号、数量），计算方法同设备购置费。

办公和生活用家具购置费指新建、改（扩）建工程项目，为保证初期正常生产、使用和管理所购置的办公和生活用家具、用具的费用，包括行政、生产部门的办公室、会议室、资料档案室、阅览室、宿舍及生活福利设施等的家具、用具。办公和生活用家具购置费按表 1-26 的规定计算。

生产人员培训费指为保证生产的正常运行，在工程交工验收交付使用前对运营部门生产人员和管理人员进行培训所需的费用，包括培训人员的工资、工资性津贴、职工福利费、差旅交通费、劳动保护费、培训及教学实习费等。该费用按设计定员和 3000 元/人的标准计算。

应急保通设备购置费指新建、改（扩）建工程项目，为满足初期正常营运，购置保障抢修保通、应急处置，且构成固定资产的设备所需的费用。该费用由设计单位列出计划购置清单，计算方法同设备购置费。

表 1-26　办公和生活用家具购置费标准

工程所在地	路线(元/公路公里)				单独管理或单独收费的桥梁、隧道(元/座)		
	高速公路	一级公路	二级公路	三、四级公路	特大、大桥		特长隧道
					一般桥梁	技术复杂大桥	
内蒙古、黑龙江、青海、新疆、西藏	21500	15600	7800	4000	24000	60000	78000
其他省、自治区、直辖市	17500	14600	5800	2900	19800	49000	63700

注：改（扩）建工程按表列费用的 70%计。

1.5.7　工程保通管理费

工程保通管理费指新建或改（扩）建工程需边施工边维持通车或通航的建设项目，为保证公（铁）路运营安全、船舶航行安全及施工安全而进行交通（公路、航道、铁路）管制、交通（铁路）与船舶疏导所需的费用和媒体、公告等宣传费用及协管人员经费等。工程保通管理费应按设计需要进行列支。涉水项目施工期通航安全保障费用计算方法按《公路工程建设项目投资估算编制办法》（JTG 3820—2018）附录 H 或《公路工程建设项目概算预算编制办法》（JTG 3830—2018）附录 G 执行。

1.5.8　工程保险费

工程保险费指在合同执行期内，施工企业按合同条款要求办理保险的费用，包括建筑工程一切险和第三方责任险。

建筑工程一切险是为永久工程、临时工程和设备及已运至施工工地用于永久工程的材料和设备所投的保险。

第三方责任险是对因实施合同工程而造成的财产（本工程除外）损失或损害，或人员（业主和承包人雇员除外）的死亡或伤残所负责进行的保险。

工程保险费以建筑安装工程费（不含设备费）为基数，按0.4%费率计算。

1.5.9 其他相关费用

其他相关费用指国务院行政主管部门及省级人民政府规定的其他与公路建设相关的费用，按其相关规定计算。

1.6 预备费

预备费由基本预备费和价差预备费两部分组成。

1.6.1 基本预备费

基本预备费指在初步设计和概算、施工图设计和施工图预算中难以预料的工程费用。

费用包括：在进行技术设计、施工图设计和施工过程中，在批准的初步设计和概算范围内所增加的工程费用；在设备订货时，由于规格、型号改变的价差；材料货源变更、运输距离或方式的改变以及因规格不同而代换使用等原因发生的价差；在项目主管部门组织竣（交）工验收时，验收委员会（或小组）为鉴定工程质量必须开挖和修复隐蔽工程的费用。

计算方法：以建筑安装工程费、土地使用及拆迁补偿费、工程建设其他费之和为基数，按下列费率计算：设计概算按5%计列；修正概算按4%计列；施工图预算按3%计列。

1.6.2 价差预备费

价差预备费指设计文件编制年至工程交工年期间，建筑安装工程费中的人工费、材料费、设备费、施工机械使用费、措施费、企业管理费等由于政策、价格变化可能发生上浮而预留的费用，及外资贷款汇率变动部分的费用。

计算方法：以建筑安装工程费总额为基数，按设计文件编制年始至建设项目工程交工年终的年数和年工程造价增长率计算。计算见式（1-20）。

$$价差预备费=P[(1+i)^{n-1}-1] \tag{1-20}$$

式中 P——建筑安装工程费总额（元）；

i——年工程造价增长率（%）；

n——设计文件编制年至建设项目开工年+建设项目建设期限（年）。

年工程造价增长率按有关部门公布的工程投资价格指数计算。

设计文件编制至工程交工在1年以内的工程，不列此项费用。

1.7 建设期贷款利息

建设期贷款利息指工程项目使用的贷款部门在建设期内应计取的贷款利息，包括各种金融机构贷款、建设债券和外汇贷款等的利息。

根据不同的资金来源分年度投资计算所需支付的利息。计算见式（1-21）、式（1-22）。

建设期贷款利息 = Σ(上年末付息贷款本息累计+本年度付息贷款额÷2)×年利率　（1-21）

即
$$S = \sum_{n=1}^{N} (F_{n-1} + b_n/2) i \tag{1-22}$$

式中　S——建设期贷款利息；

i——中国人民银行公布的贷款基准年利率；

N——项目建设期（年）；

F_{n-1}——建设期第 $n-1$ 年末需付息贷款本息累计；

b_n——建设期第 n 年度付息贷款额；

n——施工年度。

第2章 公路工程造价计价依据

计价依据是指用以计算工程造价的基础资料的总称，除包括定额、指标、费率、基础单价、工程造价信息外，还包括设计图及工程量数据或工程量清单及招标文件，政府主管部门颁发的各种有关经济法规、政策、计价办法等。

2.1 公路工程定额体系

2.1.1 工程定额的概念

定额是规定在生产中各种社会必要劳动的消耗量的标准额度。工程定额是在正常施工条件下，完成规定计量单位的符合国家技术标准、技术规范（包括设计、施工、验收等技术规范）和质量评定标准，并反映一定时期施工技术和工艺水平所必需的人工、材料、施工机械台班（时）消耗量的额定标准。

【拓展思考 2-1】 在理解工程定额的概念时，应注意以下三点：

1）定额中的人工、材料、施工机械消耗量指在正常施工条件下的消耗量，即对施工对象进行合理的组织，合理拟定工作组成，合理拟定施工人员编制条件下的工、料、机等消耗量。

2）定额中的人工、材料、施工机械消耗量指符合国家技术标准、技术规范和质量检验评定标准等要求的工、料、机的消耗量。

3）定额中的人工、材料、施工机械消耗量指完成定额中规定的相应工作内容和达到的质量标准以及安全要求的工、料、机的消耗量。

2.1.2 工程定额的特点

1. 科学性

工程定额的科学性包括两层含义：一层含义是指工程定额和生产力发展水平相适应，反映出工程建设中生产消费的客观规律；另一层含义是指工程定额管理在理论、方法和手段上适应现代科学技术和信息社会发展的需要。

2. 系统性

工程定额是相对独立的系统。它是由多种定额结合而成的有机的整体。它的结构复杂，有鲜明的层次，有明确的目标。工程定额的系统性是由工程建设的特点决定的。按照系统论的观点，工程就是庞大的实体系统。工程定额是为这个实体系统服务的。因而工程本身的多种类、多层次就决定了以它为服务对象的工程定额的多种类、多层次。

3. 统一性

工程定额的统一性，主要是由国家对经济发展的有计划的宏观调控职能决定的。为了使国民经济按照既定的目标发展，就需要借助于某些标准、定额、参数等，对工程建设进行规划、组织、调节、控制。而这些标准、定额、参数必须在一定的范围内是一种统一的尺度，才能实现上述职能，才能利用它对项目的决策、设计方案、投标报价、成本控制进行比选和评价。工程定额的统一性按照其影响力和执行范围来看，有全国统一定额、地区统一定额和行业统一定额等；按照定额的制定、颁布和贯彻使用来看，有统一的程序、统一的原则、统一的要求和统一的用途。

4. 稳定性与时效性

工程定额中的任何一种定额都是一定时期技术发展和管理水平的反映，因而在一段时间内都表现出稳定的状态。稳定的时间有长有短，一般在 5~10 年之间。保持定额的稳定性是维护定额的权威性所必需的，更是有效地贯彻定额所必要的。但是工程定额的稳定性是相对的。当生产力向前发展了，定额就会与已经发展了的生产力不相适应。这样，它原有的作用就会逐步减弱以至消失，需要重新编制或修订。工程定额在具有稳定性特点的同时，也具有显著的时效性。从一段时期看，定额是稳定的；从长时间看，定额是变动的。

5. 指导性

随着我国建设市场的不断成熟和规范，工程定额，尤其是统一定额原具备的指令性特点已弱化，转而成为对整个建设市场和具体建设产品交易的指导作用。工程定额的指导性体现在两个方面：一方面，工程定额作为国家各地区和行业颁布的指导性依据，可以规范建设市场的交易行为，在具体的建设产品定价过程中也可以起到相应的参考性作用，同时统一定额还可以作为政府投资项目定价以及造价控制的重要依据；另一方面，在工程建设实行招标投标时，体现交易双方自主定价的特点，投标人报价的主要依据应该是企业定额，但企业定额的编制和完善离不开统一定额的指导。

【拓展思考 2-2】　为何会出现工程定额的局限性？如何应对？

随着设计、施工技术、建筑材料的发展，会出现无合适的工程定额可套用的问题，即工程定额的局限性。

定额缺项应编制补充定额，不能生搬硬套，随意拼凑。当设计图样中的项目在现行定额中缺项，又不属于换算范围，无定额可套时，应编制补充定额。其编制方法与工程定额编制方法相同。先计算所缺项目的人工、材料和机械台班的消耗数量，再根据本地区的人工工日单价、材料预算价格和机械台班单价，计算出该项目的人工费、材料费和机械费，最后汇总为补充定额。

补充定额只能在指定的范围内使用，一般由施工企业提出测定资料，与建设单位或设计部门协商议定，只作为一次使用，并同时报主管部门备查，以后陆续遇到此种同类项目时，经过总结和分析，往往成为补充或修订正式统一定额的基本资料。

2.1.3　工程定额的分类

工程定额反映了工程建设与各种资源消耗之间的客观规律，是一个综合的概念，是工程建设中各类定额的总称。工程定额包括许多种类，可以按照不同的原则和方法对它们进行分类。

1. 按定额反映的生产要素内容分类

可分为劳动消耗定额、材料消耗定额和机械台班消耗定额三种。

(1) 劳动消耗定额（简称劳动定额） 劳动定额也称人工定额，是指在一定的生产技术和组织条件下，采用科学合理的方法，为生产单位合格产品或完成一定工作任务所必需的劳动消耗量标准。它有两种表现形式：时间定额和产量定额。

【拓展思考 2-3】 时间定额和产量定额存在什么关系？

时间定额指某种专业、某种技术等级的工人班组或个人，在合理的劳动组织和正常的施工条件下，完成单位合格产品所必需的工作时间。其中包括准备与结束时间、基本工作时间、辅助工作时间、不可避免的中断时间及工人必需的休息时间。

时间定额的计量单位，一般以完成产品的单位（m、m^2、m^3、t、根……）和工日表示，如工日/m（或工日/m^2、工日/m^3、工日/t、工日/根……），每一工日按现行规定为8h，潜水作业为6h，隧道作业为7h等。时间定额的计算见式（2-1）。

$$S=\frac{D}{Q} \tag{2-1}$$

式中 S——时间定额（劳动量单位/产品单位）；

D——耗用劳动量数量（工日）；

Q——完成合格产品数量（产品实物量单位）。

产量定额指某种专业、某种技术等级的工人班组或个人，在合理的劳动组织和正常的施工条件下，在单位时间（工日）内，所应完成的合格产品的数量，其计算方法见式（2-2）。

$$C=\frac{Q}{D} \tag{2-2}$$

式中 C——产量定额（产品单位/劳动量单位）；

Q、D 意义同式（2-1）。

时间定额与产量定额互为倒数，即时间定额×产量定额=1。

(2) 材料消耗定额（简称材料定额） 材料定额是指在合理劳动组织和合理使用材料的条件下，生产单位合格产品所消耗一定品种规格的原材料、半成品、成品、构配件、燃料以及水、电等资源的数量标准。

【拓展思考 2-4】 材料定额消耗量由哪两部分组成？

1) 净用量：直接用于建筑和安装工程的材料消耗量。

2) 场内运输及操作损耗量：包括在施工过程中因施工操作而不可避免的材料损耗和施工废料损耗。其中，在施工过程中因施工操作而不可避免的材料损耗包括从现场仓库领出到完成合格产品过程中的施工操作损耗量、场内运输损耗量和加工制作损耗量。计入材料消耗定额内的损耗量，应当是在正常条件下，采用合理施工方法时所形成的不可避免的合理损耗量。

由此可见，合格产品中某种材料的消耗量等于该种材料的净用量与场内运输及操作损耗量之和，即：

$$材料消耗量=净用量+场内运输及操作损耗量 \tag{2-3}$$

$$场内运输及操作损耗量=净用量\times损耗率 \tag{2-4}$$

（3）机械台班消耗定额（简称机械定额）　机械定额是指在正常施工、合理劳动组织和合理使用施工机械的前提下，由技术熟练的工人操作机械，生产单位质量合格产品所消耗机械时间的数量标准，包括有效工作时间，工人必需的休息时间，与操作、机械本身有关的不可避免的中断时间和空转时间等。机械定额以台班为计量单位。

【拓展思考 2-5】 机械定额有几种表现形式？

机械定额有机械时间定额与机械产量定额两种形式。

机械时间定额指在正常施工条件下，规定某种机械完成单位产品所必须消耗的工作时间。机械产量定额是指在正常施工条件下，规定某种机械在单位时间内（台班）完成产品的数量。同样，机械时间定额与机械产量定额也互为倒数。

2. 按定额的用途分类

可分为施工定额、预算定额、概算定额、概算指标、估算指标五种。

（1）施工定额　施工定额是建筑安装企业在企业内部使用的用于组织生产和加强管理的企业生产定额。施工定额主要用于编制施工预算；在工程招标投标阶段编制投标价；在施工阶段，是签发施工任务书、限额领料单的重要依据。

（2）预算定额　预算定额是在编制施工图预算时，计算工程造价和计算工程中劳动、机械台班、材料需要量使用的一种定额。在招标投标阶段，预算定额是编制招标控制价的主要依据，也是投标人确定投标报价的参考依据之一。从编制程序看，预算定额是概算定额的编制基础。

（3）概算定额　概算定额是在预算定额基础上，完成单位扩大分项工程，或扩大结构构件所需消耗的人工、材料、施工机械台班数量及其费用标准。概算定额的项目划分粗细程度，与初步设计的深度相适应；是控制项目投资的重要依据，在工程建设的投资管理中有重要作用。从编制程序看，概算定额是投资估算指标的编制基础。

（4）概算指标　概算指标是以扩大分项工程为对象，反映完成规定计量单位的建筑安装工程资源消耗的经济指标。概算指标是在初步设计阶段编制初步设计概算时采用的一种指标性定额。概算指标比概算定额更加综合扩大，是概算定额的扩大与合并。

（5）估算指标　投资估算指标是以建设项目、单项工程或单位工程为对象，反映其建设总投资及其各项费用构成的经济指标。投资估算指标用于项目建议书和可行性研究阶段编制投资估算，是计算投资估算时使用的一种指标性定额，一般以独立的单项工程或完整的工程项目为计算对象，往往以“m”“m^2”“m^3”“座”等为计量单位。

上述定额分类与工程造价的多次性计价有对应关系，如图 2-1 所示。

3. 按主编单位和管理权限分类

可分为全国统一定额、行业统一定额、地区统一定额、企业定额四种。

1）全国统一定额。由国家建设行政主管部门，综合全国工程建设中技术和施工组织管理的情况编制，并在全国范围内执行的定额，如全国统一安装工程定额。

2）行业统一定额。考虑到各行业部门专业工程技术特点，以及施工生产和管理水平编制的，一般只在本行业和相同专业性质的范围内使用的专业定额，如公路工程定额、水运工程定额等。

3）地区统一定额。地区统一定额主要是考虑地区性特点，对全国统一定额水平作适当

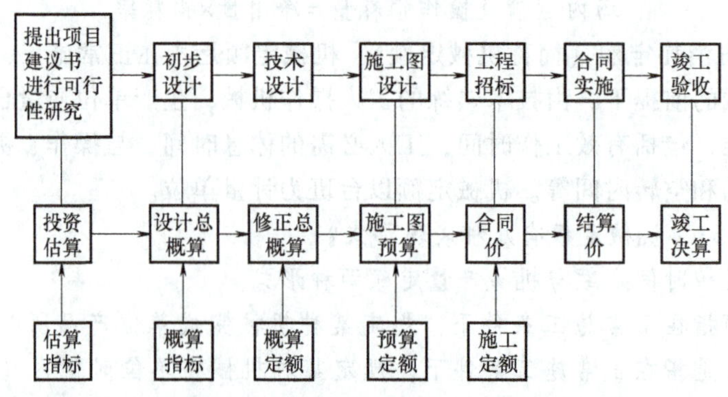

图 2-1 定额的用途分类与工程造价多次性计价的对应关系

调整补充编制的。各地区不同的气候条件、经济技术条件、物质资源条件和交通运输条件等构成对定额项目、内容和水平的影响，是地区统一定额存在的客观依据。

4）企业定额。由施工企业考虑本企业具体情况，参照国家、部门或地区定额的水平制定的定额。企业定额只在企业内部使用，是企业素质的一个标志。企业定额水平一般应高于国家现行定额，才能满足生产技术发展、企业管理和市场竞争的需要。

2.1.4 现行公路工程定额体系

公路工程定额属于行业统一定额，分为两部分。一部分是实物定额、指标；另一部分是费用定额。现行公路工程定额体系如图 2-2 所示。

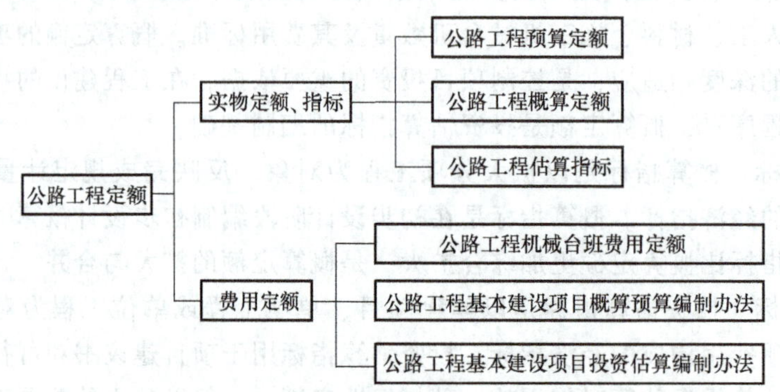

图 2-2 现行公路工程定额体系

【拓展思考 2-6】 公路工程定额相较房屋建筑装饰工程定额，有什么特点？

1）全国统一专业定额。公路工程定额是全国公路专业定额，在全国范围内统一使用。房屋建筑装饰工程定额，则在《全国统一建筑工程基础定额》《全国统一安装工程预算定额》的基础上，各省、自治区、直辖市建设行政主管部门根据本地区特点，还会配套编制地区定额。

2）量价分离。公路工程定额按实物量法进行编制，即采取“量价分离”方式，采用“直接工程费”作为取费基数，定额只体现资源消耗量，与单价无关。

3）周期性较长。由于“量价分离”的编制方式，减少了价格波动对定额的影响，可以在施工技术、方法成熟的阶段周期较长地保持定额实物消耗量的科学性和有效性，因而定额修订改版的周期较长。

2.2 公路工程定额原理

2.2.1 施工过程的研究

1. 施工过程的概念

施工过程就是在建设工地范围内所进行的生产过程。其最终目的是要建造、恢复、改建、移动或拆除建筑物、构筑物的全部或一部分。所以，施工过程就是工程建设的生产过程。例如：人工挖运土方、沥青混合料路面铺筑、石砌挡土墙都是不同性质的施工过程。公路工程施工过程与其他物质生产过程一样，也包括生产力三要素，即劳动者、劳动对象、劳动工具。

(1) 劳动者 劳动者主要指生产工人。公路行业的建筑安装工人按其担任的工作不同而划分为不同的专业。如泥瓦工、木工、钢筋工、焊工、机械工、电工、推土机及载货汽车驾驶员等。工人的技术等级是按其所做工作的复杂程度、技术熟练程度、责任大小、劳动强度等要素确定的。工人的技术等级越高，其技术熟练程度也就越高。

(2) 劳动对象 劳动对象是指施工过程中所使用的建筑材料、半成品、成品、构件和配件等。

(3) 劳动工具 劳动工具是指在施工过程中，工人用以改变劳动对象的工具、机具和施工机械等。例如，木工的刨子和锯；泥瓦工的瓦刀、钢钎；钢筋工的电动钢筋弯箍机；焊工的电焊机等机具；搅拌砂浆用的砂浆搅拌机等机械。

每个施工过程的结束，即获得一定的产品，这种产品或者改变了劳动对象的外表形态、内部结构或性质（制作和加工的结果），或者改变了劳动对象在空间的位置（运输、安装的结果）。

2. 施工过程的分类

对施工过程进行分类，目的是通过对施工过程的组成部分进行分解，并按其不同的劳动分工、工艺特点、复杂程度来区别和认识施工过程的性质和包括的全部内容，更为深入地确定施工过程各个组成部分的必要性及其顺序的合理性，从而能正确地制定各个工序所需要的工时消耗。

(1) 按施工过程的完成方法和手段分类 可分为手工操作过程（手动过程）、机械化过程（机动过程）和机手并动过程（半自动化过程）。

1）手动过程。手动过程指劳动者从事体力劳动，在无任何动力驱动的机械设备参与下所完成的施工过程。

2）机动过程。机动过程指劳动者操纵机器所完成的施工过程。

3）机手并动过程。机手并动过程指劳动者利用由动力驱动的机械所完成的施工过程。

(2) 根据施工过程组织上的复杂程度分类 可分为工序、工作过程和综合工作过程。

1）工序。工序是在组织上不可分割的，在操作过程中技术上属于同类的施工过程。工序的特征是工作者不变，劳动对象、劳动工具和工作地点也不变。在工作中如有一项改变，就说明已经由一项工序转入另一项工序了。从施工的技术操作和组织的角度看，工序是工艺方面最简单的施工过程。如钢筋制作，它由平直钢筋、钢筋除锈、切断钢筋、弯曲钢筋等工序组成；从劳动过程的角度看，工序又可以分解为更小的组成部分——操作。如弯曲钢筋工序由放置钢筋、旋紧旋钮、弯曲钢筋、放松旋钮、搁置钢筋等几个操作组成；而操作本身是一个施工动作接一个施工动作的综合，就是说操作本身由若干动作组成。如把钢筋放在工作台上的操作，就由走向钢筋处、拿起钢筋、拿了钢筋返回工作台、把钢筋摆在工作台上、将钢筋移到支座前等一系列动作组成。而动作又由许多动素组成，动素是对人体动作的分解。每一个操作和动作都是施工工序的一部分。

在编制施工定额时，工序是基本工作过程，是主要的研究对象。测定定额时只需分解和标定到工序为止。如果进行某项先进技术或新技术的工时研究，就要分解到操作甚至到动作为止，从中研究可以改进操作或节约的工作时间。工序可以由一个人完成，也可以由一个综合工人小组完成，可以由手动完成，也可以由机械操作完成。

2）工作过程。工作过程是由同一工人或同一工人小组完成的在技术操作上相互联系的工序的综合体。其特点是人员编制、工作地点不变，而材料和劳动工具可以变换。例如，浆砌片石的砌筑、勾缝和养生。

3）综合工作过程。综合工作过程是同时进行的，在组织上有机联系在一起的，并且最终能获得一种产品的施工过程的总和。例如，浆砌片石挡土墙这一综合工作过程，由挖基、搭拆脚手架、拌运砂浆、砌筑、勾缝等工作过程构成，它们在不同的空间进行，在组织上有直接联系，并最终形成其共同产品——一定工程量的挡土墙。

（3）按照施工工艺特点分类　施工过程可分为循环施工过程和非循环施工过程两类。凡各个组成部分按一定顺序循环进行，并每经一次重复都可以生产出同一种产品的施工过程，称为循环施工过程。否则，即为非循环施工过程。

（4）根据施工各阶段工作在产品形成中所起的作用分类　可分为施工准备过程、基本施工过程、辅助施工过程和施工服务过程。

1）施工准备过程。施工准备过程指在施工前所进行的各种技术、组织等准备工作，例如编制施工组织设计、现场准备、原材料的采购、机械设备进场、劳动力的调配和组织等。

2）基本施工过程。基本施工过程指为完成建筑工程或产品所必须进行的生产活动，例如推土机推土、打钢板桩、筑岛、土路肩加固、安装塑料排水管沟、安装洞内照明设施（隧道工程）等。

3）辅助施工过程。辅助施工过程指为保证基本施工过程正常进行所必需的各种辅助性生产活动，例如施工中临时道路的铺筑，临时供水、照明设施的安装，机械设备的维修保养等。

4）施工服务过程。施工服务过程指为保证基本和辅助施工过程所需要的各种服务活动，例如原材料、半成品、机具等的供应、运输和保管、现场清理等。

3. 施工过程研究的方法

对施工过程进行研究，是在施工过程分类的基础上进行的。它是从工作方法的角度对被研究的施工过程进行系统、逐项的分析记录和考察研究，以求在现有设备技术条件下，改变落后和薄弱的工作环节，最终获得更有效、更简便的施工程序和方法。同时，它又是制定和推行施工定额必要的基础和条件。

对施工过程的研究常常采用模型分析的方法，模型可分为实物模型、图式模型和数学模型三种。其中图式模型是常用的基本方法。

用图式模型分析施工过程经常采用线图和流程程序图。一般线图用于分析和研究流动作业型的施工过程，而流程程序图用于分析和研究连续作业型的施工过程。对各种图式模型进行详尽分析和研究的目的，是检查有哪些是属于不必要的、重复的作业，哪些是无效劳动，以便于提出改进措施。

【拓展思考 2-7】 影响施工过程的因素有哪些？

施工过程中各个工序工时的消耗，常常会由于施工组织、施工方法和工人的劳动态度、技术水平的不同有很大差别。对单位建筑产品工时消耗产生影响的各种因素称为施工过程的影响因素。对施工过程的影响因素进行分析和研究，其目的是正确确定单位建筑产品所需要的作业时间消耗。施工过程的影响因素包括技术因素、自然因素和组织因素。

1. 技术因素

指由设计要求和施工物质条件引起的对施工过程的影响因素。如产品的形式和质量要求；材料的类别和规格；所用工具和机械设备的类别、型号和性能等。

2. 自然因素

指由于气候条件等引起的对施工过程的影响因素。如酷暑、大风、雨雪、冰冻等。

3. 组织因素

指由施工组织、施工方法、工人技术水平、劳动态度等对施工过程的影响因素。如施工组织的方法与水平、工人的操作方法及技术熟练程度等。

2.2.2　工作时间的研究

工作时间研究指对工人在整个施工过程中所消耗的工作时间，根据其性质、范围和具体情况进行科学划分和归纳，明确哪些属于定额时间，哪些属于非定额时间，找出造成非定额时间的原因，以便采取技术措施和组织措施，消除产生非定额时间的因素，以充分利用工作时间，提高劳动生产率，并为编制定额提供依据。

1. 工作时间的概念

工作时间，指的是工作班延续时间，它是由工作班制度决定的。例如工作班制度定为八小时工作制时，则工作时间为 8h，午休时间不包括在其内。由于工人和机械的工时消耗不同，因此，对工作时间消耗的研究可以分为两个系统进行，即工人工作时间的消耗和工人所使用的机器工作时间的消耗。两种消耗类型分别用于确定人工消耗定额和机械台班消耗定额。

2. 工人工作时间消耗

工人在工作班内消耗的工作时间，按其消耗的性质，基本可以分为两大类：必须消耗的时间和损失时间，必须消耗的时间也称为定额时间，损失时间也称为非定额时间，如图 2-3 所示。

(1) 必须消耗的时间（定额时间）　必须消耗的时间是工人在正常施工条件下，为完成一定合格产品（工作任务）所消耗的时间。必须消耗的时间即构成工人的定额时间，而定额时间是构成时间定额的全部时间元素。定额时间由有效工作时间、休息时间和不可避免的中断时间组成。

1）有效工作时间。有效工作时间是指与完成产品有直接关系的工作时间消耗，包括基

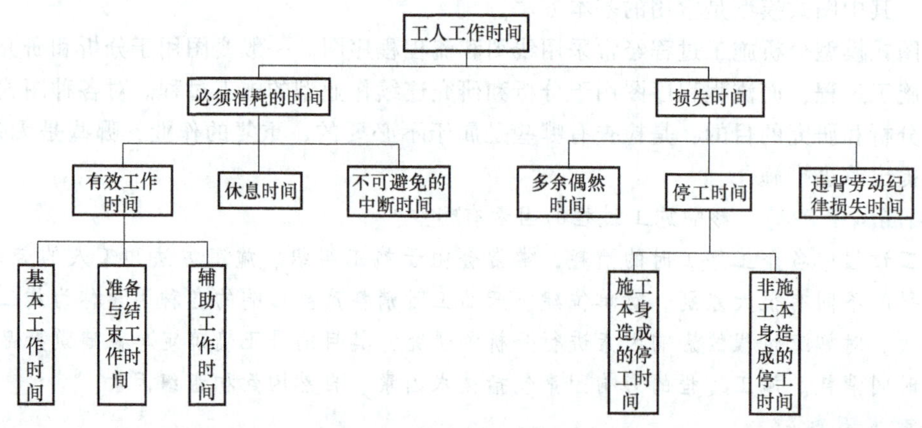

图 2-3 工人工作时间分类

本工作时间、准备与结束工作时间和辅助工作时间。

基本工作时间指工人完成一定产品的施工工艺过程所必需消耗的时间。通过这些工艺过程可以改变材料的外形，如钢筋制作中的钢筋加工成形等；可以改变材料的结构与性质，如浇筑混凝土，混凝土制品的养护、干燥等工序；可以改变产品的外部及表面的性质，如粉刷、油漆等。基本工作时间长短与工作量大小成正比。

准备与结束工作时间指为工作的开始做准备和工作结束后的整理工作必须消耗的时间。如工作地点、劳动工具的准备和领取材料等，生产任务结束后的工作地点的整理、清扫等。准备与结束时间一般与工人所接受的工作量大小无关，而与工作内容有关。

辅助工作时间指为保证基本工作顺利完成所消耗的时间。在辅助工作时间里，不能使产品的形状、大小、性质或者位置发生变化，如组合钢模板工作中的木夹条制作、木作工程中打磨刀具等工作。辅助工作时间的结束，往往就是基本工作时间的开始。辅助工作一般是手工操作。但如果在机手并动的情况下，辅助工作是在机械运转过程中进行的，为避免重复则不应再计辅助工作时间的消耗。辅助工作时间长短与工作量大小有关系。

2）休息时间。休息时间指工人工作过程中由于劳累所必须进行短暂的、合理的休息的时间，该时间主要是为了保证工人体力的恢复，因此在时间定额中应该计算。休息时间的长短和劳动条件、劳动强度有关，劳动越频繁紧张、劳动条件越差（如高温），需要的休息时间就越长。

3）不可避免的中断时间。不可避免的中断时间指由于工程本身或施工工艺特点引起的工作中断所必需的时间。如安装工人等候起重机吊构件时的中断，工地范围内由一个工作地点转移到另一个工作地点的工时消耗等。不可避免的中断时间应计入定额时间内，但应尽量缩短此时间的消耗。

（2）损失时间（非定额时间） 损失时间是与产品生产无关，而与施工组织和技术上的缺点有关，与工人在施工过程中的个人过失或某些偶然因素有关的时间消耗。损失时间包括多余和偶然时间、停工时间和违背劳动纪律损失时间。

1）多余偶然时间。多余工作就是工人进行了任务以外而又不能增加产品数量的工作，如重砌质量不合格的护面墙。多余工作的工时损失，一般都是由于工程技术人员和工人的差错而引起的，因此，不应计入定额时间中。偶然工作也是工人在任务外进行的工作，但能够获得一定产品，如填补由于质量检查而留下的坑洞等。由于偶然工作能获得一定产品，拟定定额时要适当考虑它的影响。

2）停工时间。指由于非正常原因造成的工作中断所造成的工时损失。由于造成停工原因不同，可分为施工本身造成的停工时间和非施工本身造成的停工时间。施工本身造成的停工时间，如施工组织不善、材料供应不及时、工作面准备工作未做好、工作地点组织不良等引起的停工时间；非施工本身造成的停工时间，如气候发生特殊变化或施工现场停水停电造成的停工。施工本身造成的停工时间在拟定定额时不应该计算，非施工本身造成的停工时间在定额中应给予合理的考虑。

3）违背劳动纪律损失时间。指工人在工作班开始后和午休后迟到、午饭前和工作班结束前早退，擅自离开工作岗位、工作时间内聊天或办私事等造成的工时损失。由于个别工人违反劳动纪律而影响其他工人无法工作的时间损失也包括在内。

3. 机械工作时间消耗

在机械化施工过程中，除了对工人工作时间的消耗进行分类研究外，还需要研究机械工作时间的消耗。机械工作时间消耗的分类，如图 2-4 所示。机械工作时间分为必须消耗的时间和损失时间两大类。必须消耗的时间也称为定额时间，损失时间也称为非定额时间。

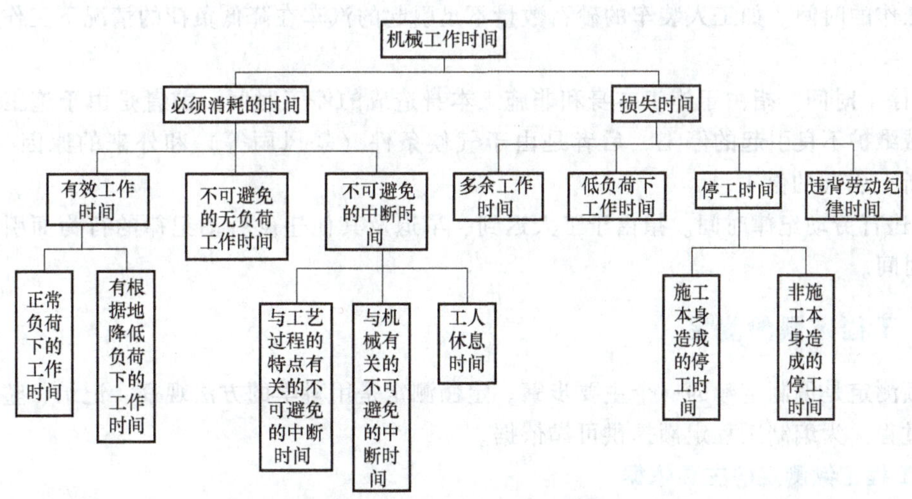

图 2-4　机械工作时间消耗的分类

（1）必须消耗的时间（定额时间）　必须消耗的时间包括机械的有效工作时间、不可避免的无负荷工作时间、不可避免的中断时间三部分。

1）有效工作时间。正常负荷下的工作时间，是机械在与机械说明书规定的额定负荷相符的情况下进行工作的时间。

有根据地降低负荷下的工作时间是个别情况下由于技术上的原因，机械在低于其计算负荷下工作的时间。例如，汽车运输质量轻而体积大的货物时，不能充分利用汽车的载重吨位因而不得不降低其计算负荷。

2）不可避免的无负荷工作时间。指由施工过程的特点和机械的特性所造成的无负荷工作时间。如筑路机在工作区末端掉头时间、汽车运土的空回时间等，就属于此项工作时间的消耗。

3）不可避免的中断时间。不可避免的中断时间指与工艺过程的特点、机械的使用和保养、工人休息时间有关的中断时间。

与工艺过程的特点有关的不可避免中断时间，有循环的和定期的两种。循环的不可避免中断时间，是在机械工作的每一个循环中重复一次，如汽车装货和卸货时的停车时间。定期的不可避免中断时间，是经过一定时期重复一次，如把灰浆泵由一个工作地点转移到另一个工作地点时的工作中断。

与机械有关的不可避免的中断时间，是由于工人进行准备与结束工作或辅助工作时，机械停止工作而引起的中断工作时间。它是与机械的使用和保养有关的不可避免的中断时间。

工人休息时间，前面已经做了说明，需要注意的是，应尽量利用与工艺过程的特点有关的和机械有关的不可避免中断时间进行休息，以充分利用工作时间。

（2）损失时间

1）多余工作时间。指可以避免的机械无负荷的工作时间或者在负荷下的多余的工作时间。前者如工人没及时装料而引起的机械空转时间，后者如搅拌机搅拌混凝土时超过规定的搅拌时间。

2）低负荷下工作时间。指由于工人或技术人员的过错所造成的施工机械在降低负荷的情况下工作的时间。如工人装车的砂石数量不足引起的汽车在降低负荷的情况下工作所延续的时间。

3）停工时间。指由于施工本身和非施工本身造成的停工时间。前者是由于施工组织不善、机械维护不良引起的停工，后者是由于气候条件（暴风雨等）和外来的原因（如水、电源中断）引起的停工。

4）违背劳动纪律时间。指由于工人迟到、早退及其他违反劳动纪律的行为而引起的机械停工时间。

2.2.3 工程定额的测定

定额测定是编制定额的一个主要步骤。定额测定是用科学的方法观察、记录、整理、分析施工过程，为编制工程定额提供可靠依据。

1. 工程定额测定的主要依据

（1）政策、法规　国家有关经济政策、法律法规和劳动制度，主要包括《建筑安装工人技术等级标准》和工资标准、工资奖励制度、八小时工作制及劳动保护制度等。

（2）规范、规程、标准　国家现行的各类规范，如施工验收规范，建筑安装工程安全操作规程、设计规范、质量评定标准，现行的标准通用图和国家建筑材料标准等。

（3）技术测定和统计资料　主要指工时消耗的单项或综合统计资料。包括典型工程施工图、定额统计资料等，同时还包括已经成熟使用并推广的新技术、新结构、新材料和先进经验等。

2. 测定时间消耗的基本方法——计时观察法

计时观察法是研究工作时间消耗的一种技术测定方法。它以研究工时消耗为对象，以观察测时为手段，通过密集抽样和粗放抽样等技术进行直接的时间研究。计时观察法运用于建筑施工中，以现场观察为特征，所以也称为现场观察法，适用于研究手动过程和机动过程的工时消耗。

(1) 计时观察法的准备工作

1) 正确选择计时观察的对象。所谓测定对象就是对其进行技术测定的施工工人或施工机械。所选择的建筑安装工人，应具有与技术等级相符的工作技能和熟练程度，所承担的工作与其技术等级相等，同时应该能够完成或超额完成现行的劳动定额。

2) 确定需要进行计时观察的施工过程。对于需要进行计时观察的施工过程要编出详细的目录，拟定工作进度计划，制定组织技术措施，并组织编制定额的专业技术队伍，按计划认真开展工作。在选择时，必须注意所选择的施工过程要完全符合正常施工条件。

【拓展思考 2-8】 选择正常的施工条件，应该具体考虑哪些因素？

绝大多数企业和施工队、组在合理组织施工的条件下所处的施工条件称之为施工的正常条件。选择正常的施工条件是技术测定中的一项重要内容，也是确定定额的依据。需要具体考虑下列因素：所完成的工作和产品的种类，以及对其质量的要求；所采用的建筑材料、制品和装配式配件等；采用的劳动工具和机械的类型；工作的组成，包括施工过程的组成部分；工人的组成，包括小组成员的专业、技术等级和人数；施工方法和劳动组织，包括工作地点的组织、工人配备、劳动分工和完成主要工序的方法等。

3) 对施工过程进行预研究。对于已确定的施工过程的性质应进行充分的研究，目的是正确安排计时观察和收集可靠的原始资料。研究的方法是全面地对各个施工过程及其所处的技术组织条件进行实际调查和分析，以便设计正常的（标准的）施工条件和分析研究测时数据。

① 熟悉与该施工过程有关的现行技术标准、规范等文件和资料。

② 了解新采用的工作方法的先进程度，了解已经得到推广的先进施工技术和操作，还应了解施工过程存在的技术组织方面的缺点和由于某些原因造成的混乱现象。

③ 注意系统地收集完成定额的统计资料和经验资料，以便与计时观察所得的资料进行对比分析。

④ 把施工过程划分为若干个组成部分（一般划分到工序）。施工过程的划分目的是便于计时观察。如果计时观察法的目的是研究先进工作法，或是分析影响劳动生产率提高或降低的因素，则必须将施工过程划分到操作以至动作。

⑤ 确定定时点和施工过程产品的计量单位。所谓定时点，即是上下两个相衔接的组成部分之间的分界点。确定定时点，对于保证计时观察的精确性是不容忽视的因素。确定产品计量单位，要能具体反映产品的数量，并具有最大限度的稳定性。

4) 其他准备工作。此外，还必须准备好必要的用具和表格。如测时用的秒表或电子计时器，测量产品数量的工器具，记录和整理测时资料用的各种表格等。如果有条件且有必要，还可配备电影摄像和电子记录设备。

(2) 计时观察法的分类及运用　根据施工过程的特点以及测定的任务、对象、方法的不同，计时观察法主要有三种，分别是测时法、工作日写实法、写实记录法。具体方法的选择主要考虑施工过程的特点和测时精确度的要求。

1) 测时法。用测时法研究施工过程某些重复的循环工作的工时消耗，不研究工人休息、准备与结束及其他非循环的工作时间。根据具体测时手段的不同，测时法可分为选择测时法和连续测时法。

① 选择测时法。即间隔选择施工过程中非紧密连接的组成部分（工序或操作）测定工时。采用选择测时法，从被观测对象某一循环工作组成部分开始，即开动秒表，当该组成部

分终止时，立即停表，然后记录延续时间，并将秒表归零，再记录下一个组成部分，如此依次记录延续时间。采用选择测时法，应特别注意定时点：在记录时间时仍在进行的工作组成部分应不予观察。

② 连续测时法。即连续测定一个施工过程各工序或操作的延续时间。采用连续测时法，在工作进行中和非循环组成部分出现之前，一直不停止秒表。观测者根据各组成部分之间的定时点，在秒针走动过程中记录它的终止时间，再用定时点终止时间之间的差表示各组成部分的延续时间。

由于测时法属于抽样调查的方法，为了保证选取样本的数据可靠，需要对同一施工过程进行重复测时。一般来说，观测次数越多，数据资料的准确性就越高，当然也就越耗费人力和时间，这样既不现实也不经济。确定观测次数较为科学的方法，应该是依据误差理论和经验数据相结合的方法来判断。

2）写实记录法。写实记录法是一种观测和研究施工过程中各种性质的工作所用时间的一种方法。其工作时间消耗包括基本工作时间、辅助工作时间、不可避免中断时间、准备与结束时间、休息时间及各种损失时间。通过写实记录法可以获得分析工作时间消耗和制定工程定额时所必需的全部资料。此种测定方法比较简单，易于掌握，精确度较高，因此在实际工作中经常采用。其观测对象可以是一个工人或一个班组。

写实记录法延续时间的确定是指在采用写实记录法中任何一种方法进行测定时，对每个被测施工过程或同时测定两个以上的施工过程所需的总延续时间的确定。延续时间的确定，应立足于既不能消耗过多的观察时间，又能得到比较可靠和准确的结果。同时，还必须注意所测施工过程的广泛性和经济性、已经达到的功效水平的稳定性、同时测定不同类型施工过程的数目、被测定的工人人数以及测定完成产品的可能次数等。写实记录法按其记录时间方法的不同，可分为数示法、图示法和混合法三种。

① 数示法。数示法是三种方法中精确度较高的一种，但其登记手续较麻烦。其特点是用数字表示时间，只限于对两名或两名以下的工人进行观测。适用于组成部分较少而且比较稳定的施工过程，记录时间的精确度为5~10s。

② 图示法。用线表示施工过程各组成部分的工时消耗。它可以在同一时间对三个及三个以下的工人进行观测记录。此法精确度较数示法低，为0.5~1min，但登记、整理较简便，因此应用范围广。

③ 混合法。用数字和线段分别表示施工过程各组成部分的工人人数和工时消耗。此法可同时对三个以上的工人进行观测。记录方法是用图示法记录各组成部分的延续时间，用数示法记录各组成部分的人数。

3）工作日写实法。工作日写实法是研究整个工作日内各类工时消耗的方法，是按照时间消耗的顺序进行实地观察、记录和分析研究的一种测定方法。根据工作日写实的记录资料，可以分析哪些工时消耗是合理的、哪些工时消耗是无效的，并找出工时损耗的原因，拟定措施，消除引起工时损失的因素，从而进一步促进劳动生产率的提高。

（3）计时观察资料的整理　计时观察的结果会获得大量的数据和文字记载。无论是数据还是文字记载，都是不可缺少的资料。二者相互补充，才能获得满意的效果。

1）确定影响工时消耗的具体因素。影响工时消耗的具体因素指在施工过程的观察中，实际发生且对工时消耗起作用的因素。无论采用何种方法测时，在测时的同时，都要观察影响工时消耗的各种因素，测时完毕立即在专用表格上或测时记录表格上记录下来，并做出必要的、详尽的说明，这样才可能对测到的时间消耗资料进行全面的分析研究。

在确定因素时，要注意两类情况的记录：一类是构成该施工过程的各个条件，一类是在观察期间各因素的变化。应确定的因素包括以下内容：

① 观察日期、工作班时间。

② 施工过程名称及项目名称。

③ 施工过程所处环境温度、雨量、风力等。

④ 工人的详细情况。

⑤ 所使用的材料品种、质量。

⑥ 工具、机械设备的说明。

⑦ 产品规格及产量。

⑧ 工作地点及施工过程的组织。

⑨ 产品数量的计数。

2）整理施工过程的观察资料。对每次技术测定的资料，必须进行系统的分析研究和整理。整理观察资料一般采用平均修正法。平均修正法是在对测时数据进行修正的基础上取出平均值的方法。修正测时数据就是去除或修正那些偏高、偏低的可疑数据，目的是保证不受偶然数据的影响。

2.2.4　工程定额的编制

施工定额在工程建设定额体系中的基础作用，是由施工定额作为生产定额的基本性质决定的。施工定额和生产结合最紧密，它直接反映生产技术水平和管理水平。而其他各类定额则是在较高的层次上、较大的跨度上反映社会生产力水平，尽管这些定额有更大的综合性和覆盖性，但它们都不能脱离施工定额所直接反映的生产技术水平和管理水平。

以施工定额作为预算定额的计算基础，可以使预算定额与实际的生产和经营管理水平相适应，并能保证施工中的人力、物力消耗得到合理的补偿。对于其他各种定额来说，施工定额则是它们的间接基础。因此，以下主要介绍施工定额的编制方法。

1. 劳动定额的编制

时间定额和产量定额是劳动定额的两种表现形式。时间定额就是完成某工序定额计量单位的工程量所必需消耗的时间。计算出时间定额后，利用倒数关系便可计算出产量定额。

（1）技术测定法

1）根据必须消耗的时间的测定结果计算。通过计时观察法可获得工序的各类时间消耗资料，加工整理后将必须消耗的时间汇总计算，就是整个工序的劳动消耗时间定额。

【例2-1】 人工挖土方，土壤系潮湿的黏性土，按土壤分类属二类土（普通土）。计时观察资料表明，挖1.8m^3土方需消耗基本工作时间150min，辅助工作时间占工作班延续时间2%，不可避免的中断时间占1%，准备与结束时间占工作延续时间2%，休息占20%。试拟定人工挖土方（普通土）每1m^3的劳动定额。

解：必须消耗的时间=基本工作时间+辅助工作时间+准备与结束工作时间+不可避免中断时间+休息时间

设必须消耗的时间为 X，则：

$X=150\text{min}+(2\%+1\%+2\%+20\%)X$

$X=150\text{min}/[1-(2\%+1\%+2\%+20\%)]=200\text{min}$

因此，人工挖土方（普通土）每 1m^3 的劳动定额为：

时间定额：$(200\div60\div8\div1.8)$ 工日/$\text{m}^3\approx0.231$ 工日/m^3

产量定额：$1/0.231\text{m}^3$/工日 $\approx4.329\ \text{m}^3$/工日

2）利用工时规范计算。基本工作时间在必需消耗的工作时间中占的比重最大。在确定基本工作时间时，必须细致、精确。因此，对一些施工过程中的重点应就基本工作时间进行计时观察，并分析确定，而辅助工作和准备与结束工作、不可避免的中断、休息时间可采用已有的工时规范或经验数据计算确定。

【例 2-2】 测定现浇混凝土木模板制作 1m^2 的基本工作时间为 160min。试按工时规范（参见表 2-1、表 2-2）确定其劳动定额。

表 2-1 木作工程各类辅助工作时间的比例

工程项目	占工序作业时间的比例(%)	工程项目	占工序作业时间的比例(%)
磨刨刀	12.3	磨线刨	8.3
磨槽刨	5.9	锉锯	8.2
磨凿子	3.4		

表 2-2 准备与结束、休息、不可避免中断时间占工作班时间的比例（节选）

序号	时间分类 工种	准备与结束工作时间占工作班时间的比例(%)	休息时间占工作班时间的比例(%)	不可避免中断时间占工作班时间的比例(%)
1	材料运输机材料加工	2	13~16	2
2	人力土方工程	3	13~16	2
3	架子工程	4	12~15	2
4	砖石工程	6	10~13	4
5	抹灰工程	6	10~13	3
6	手工木作工程	4	7~10	3
7	机械木工工程	3	4~7	3

解：现浇混凝土木模板制作属于木作工程，除了基本工作外，辅助工作就是磨刨刀，查表 2-1，木作工程中磨刨刀时间占工序作业时间的 12.3%。

则：工序作业时间=基本工作时间/(1-辅助时间所占百分比)= $160\text{min}/(1-12.3\%)\approx182\text{min}$

查表 2-2 可知，手工木作工程准备与结束工作时间占工作班时间 4%，不可避免中断时间占 3%，休息时间占 8%。

则：定额时间=工序作业时间/(1-规范时间所占百分比)= $182\text{min}/[1-(4\%+3\%+8\%)]\approx214\text{min}$

因此，现浇混凝土木模板制作 1m^2 的劳动定额为：

$$时间定额 = (214 \div 60 \div 8)\ 工日/m^2 \approx 0.45\ 工日/m^2$$

$$产量定额 = (1/0.45)\ m^2/工日 \approx 2.22 m^2/工日$$

（2）经验估计法　经验估计法是根据定额人员、工程技术人员和工人的实践经验，经现场调查、观测，考虑材料、工具、设备、组织条件和操作方法后直接估算定额的方法。这种方法简便易行，速度快。但易受定额制定人员主观因素和局限性影响，使制定的定额出现偏高或偏低现象。它通常适用于产品品种多、工程量小或新产品试制以及不常出现的项目等一次性定额的制定。

设 $\bar{t}$ 为所需的平均时间，其计算见式（2-5）：

$$\bar{t} = \frac{a+4c+b}{6} \tag{2-5}$$

式中　a——较短时间；

b——较长时间；

c——一般时间。

相应的方差计算见式（2-6）：

$$\sigma^2 = \frac{1}{2}\left[\left(\frac{a+4c+b}{6} - \frac{a+2c}{3}\right)^2 + \left(\frac{a+4c+b}{6} - \frac{b+2c}{3}\right)^2\right] = \left(\frac{b-a}{6}\right)^2 \tag{2-6}$$

标准偏差计算见式（2-7）：

$$\sigma = \frac{b-a}{6} \tag{2-7}$$

σ 值越大，说明数据越分散；σ 值越小，说明数据越集中。

工时定额为 T，其计算见式（2-8）：

$$T = M + \sigma\lambda \tag{2-8}$$

M 为平均实耗工时，λ 为标准离差系数，从正态分布表（表 2-3）中可以查到对应于 λ 值的概率 $P(\lambda)$。$P(\lambda)$ 值表示该项目在定额工时消耗 T 的情况下完成的可能性程度。

表 2-3　正态分布的标准离差系数 λ 值与 $P(\lambda)$ 值

λ	$P(\lambda)$	λ	$P(\lambda)$	λ	$P(\lambda)$	λ	$P(\lambda)$
0.0	0.50	-1.3	0.10	0.1	0.54	1.4	0.92
-0.1	0.46	-1.4	0.08	0.2	0.58	1.5	0.93
-0.2	0.42	-1.5	0.07	0.3	0.62	1.6	0.95
-0.3	0.38	-1.6	0.05	0.4	0.66	1.7	0.96
-0.4	0.34	-1.7	0.04	0.5	0.69	1.8	0.96
-0.5	0.31	-1.8	0.04	0.6	0.73	1.9	0.97
-0.6	0.27	-1.9	0.03	0.7	0.76	2.0	0.98
-0.7	0.24	-2.0	0.02	0.8	0.79	2.1	0.98
-0.8	0.21	-2.1	0.02	0.9	0.82	2.2	0.99
-0.9	0.18	-2.2	0.01	1.0	0.84	2.3	0.99
-1.0	0.16	-2.3	0.01	1.1	0.86	2.4	0.99
-1.1	0.14	-2.4	0.01	1.2	0.88	2.5	0.99
-1.2	0.12	-2.5	0.01	1.3	0.90		

【例 2-3】 已知完成某项任务的较短时间为 6h，较长时间为 14h，一般时间为 7h。问：要使完成任务的可能性为 31%，即有 31%工人可达到这一水平，则下达工时定额应为多少小时？

解：

$$\bar{t}=\frac{a+4c+b}{6}=\frac{6+4\times7+14}{6}\text{h}=8\text{h}$$

$$\sigma=\frac{b-a}{6}=\frac{14-6}{6}\approx1.3$$

$P(\lambda)=0.31$，查表 2-3 得：$\lambda=-0.5$。

$$T=M+\sigma\lambda=[8+1.3\times(-0.5)]\text{h}=7.35\text{h}$$

如果收集的时间消耗数据是 n 个，可以首先把个别偏差很大的数据去掉，然后将留下的数据从小到大排队，划分三个区间，再分别求出各区间的算术平均值，可作为三个估计值 a、b、c。

（3）统计分析法 该法是以积累的大量统计资料为基本依据，考虑当前及今后施工生产条件的变化，利用统计学的原理，进行科学的分析研究后制定定额的一种方法。

采用此方法必须具备原始记录，统计台账和经过初步整理的完整、可靠的历史统计资料。统计分析法简便易行，工作量小，省时省力，比经验估计法有较多的统计资料。但是，由于统计资料只是实耗工时的记录，在统计时并没有剔除生产技术中不合理的因素，只能反映已经达到的劳动生产率水平。因此，也只适用于施工条件比较正常、批量大、产品稳定、生产周期长的项目的定额制定。为了使确定的定额水平保持平均先进性，可采用二次平均法对统计资料进行整理。

用统计分析法制定定额时，其工时消耗可按式（2-9）计算：

$$\bar{t}=\frac{\sum_{i=1}^{n}t_i}{n} \tag{2-9}$$

式中 t_i——统计资料所提供的完成单位合格产品的实耗时间（$i=1,2,3,\cdots,n$）；

n——数据个数。

将统计数据中小于 $\bar{t}$ 的 n' 个数据挑出来，再进行平均，即先进平均的实耗工时，见式（2-10）。

$$\bar{t}'=\frac{\sum_{i=1}^{n'}t_i}{n'} \tag{2-10}$$

再平均的结果与简单算术平均值相加求平均数，即第二次平均数。该平均数即为平均先进定额，见式（2-11）：

$$\text{平均先进定额}=\frac{\bar{t}+\bar{t}'}{2} \tag{2-11}$$

【例 2-4】 某单位产品在 12 个月的实耗工时统计资料为：12h、13h、11h、14h、10h、12h、13h、12h、11h、13h、12h、10h。求产品的平均实耗工时和平均先进定额。

$$平均实耗工时 = \bar{t} = \frac{\sum_{i=1}^{n} t_i}{n} \approx 11.92\text{h}$$

$$先进平均的实耗工时 = \frac{11+10+11+10}{4}\text{h} = 10.5\text{h}$$

$$平均先进定额 = \frac{11.92+10.5}{2}\text{h} = 11.21\text{h}$$

2. 机械定额的编制

编制机械消耗定额时，通常先确定产量定额，再计算时间定额。

（1）拟定机械工作的正常条件　主要是拟定工作地点的合理组织和合理的工人编制。

（2）确定机械 1h 纯工作正常生产率　机械纯工作时间，就是指机械的必需消耗时间。机械 1h 纯工作正常生产率，就是在正常施工组织条件下，具有必需的知识和技能的技术工人操纵机械 1h 的生产率。根据机械工作特点的不同，机械 1h 纯工作正常生产率的确定方法也有所不同。

1）对于循环动作机械，机械纯工作 1h 正常生产率的计算见式（2-12）~式（2-14）：

$$机械一次循环的正常延续时间 = \sum(循环各组成部分正常延续时间) - 交叠时间 \tag{2-12}$$

$$机械纯工作\ 1\text{h}\ 循环次数 = \frac{60\times60}{一次循环的正常延续时间} \tag{2-13}$$

$$机械纯工作\ 1\text{h}\ 正常生产率 = 机械纯工作\ 1\text{h}\ 循环次数 \times 一次循环生产的产品数量 \tag{2-14}$$

2）对于连续动作机械，确定机械纯工作 1h 正常生产率时，要考虑机械的类型和结构特征，以及工作过程的特点。计算见式（2-15）：

$$连续动作机械纯工作\ 1\text{h}\ 正常生产率 = \frac{工作时间内生产的产品数量}{工作时间} \tag{2-15}$$

工作时间内的产品数量和工作时间的消耗量，要通过多次现场观察和机械说明书来确定。

（3）确定施工机械的正常利用系数　施工机械的正常利用系数，是指机械在工作班内对工作时间的利用率。机械的利用系数和机械在工作班内的工作状况有着密切的关系。因此，要确定机械的正常利用系数，首先要拟定机械工作班的正常工作状况，保证合理利用工时。

确定机械正常利用系数，要计算工作班正常状况下准备与结束工作，机械起动、机械维护等工作必须消耗的时间，以及机械有效工作的开始与结束时间。从而进一步计算出机械在工作班内的纯工作时间和机械正常利用系数。机械正常利用系数的计算见式（2-16）：

$$机械正常利用系数 = \frac{机械在一个工作班内纯工作时间}{一个工作班延续时间(8\text{h})} \tag{2-16}$$

（4）计算施工机械定额　采用式（2-17）、式（2-18）计算施工机械台班产量定额，式（2-19）计算施工机械时间定额。

$$施工机械台班产量定额 = 机械\ 1\text{h}\ 纯工作正常生产率 \times 工作班纯工作时间 \tag{2-17}$$

施工机械台班产量定额 = 机械 1h 纯工作正常生产率×工作班延续时间×机械正常利用系数 (2-18)

施工机械时间定额 = 1/施工机械台班产量定额 (2-19)

【例 2-5】 已知某挖掘机挖土的一个工作循环需 2min，每循环一次挖土 $0.5m^3$，工作班的延续时间为 8h，机械正常利用系数为 0.85，则其产量定额为多少？

解：

施工机械台班产量定额 = 机械 1h 纯工作正常生产率×工作班延续时间×机械正常利用系数

$= (60\div2\times0.5\times8\times0.85)m^3/台班 = 102m^3/台班$

3. 材料消耗定额的编制

（1）工程材料的分类　要合理确定工程材料的消耗量，就必须对工程材料的类别进行了解和区分。

1）根据材料消耗的性质划分。施工中材料的消耗可分为必须消耗的材料和损失的材料两类。

必须消耗的材料，指在合理使用材料的条件下，生产合格产品所需消耗的材料。它包括直接用于工程的材料、不可避免的施工废料、不可避免的施工损耗。

必须消耗的材料属于施工正常消耗，是确定材料消耗定额的基本数据。其中，直接用于建筑和安装工程的材料，编制材料净用量定额；不可避免的施工废料和施工损耗，编制材料损耗定额。

2）根据材料消耗与工程实体的关系划分。施工中的材料可分为实体材料和非实体材料。

实体材料是直接构成工程实体的材料。它包括工程直接性材料和辅助性材料。直接性材料指一次性消耗并直接用于建筑物或结构本体的材料。如钢筋混凝土中的钢筋、水泥、砂石等。辅助性材料指施工过程中必须用但是并不构成建筑物或结构本体的材料，如土石方工程中的炸药、雷管、引线等。直接性材料用量大，辅助性材料用量少。

非实体材料是指施工过程中必须使用但又不能直接构成工程实体的施工措施性材料。如脚手架、模板、支撑等。

（2）确定工程材料消耗定额的基本方法

1）现场技术测定法。该方法主要是为了取得编制材料损耗定额的资料，用来编制材料损耗定额。材料消耗中的净用量比较容易确定，但材料消耗中的损耗量不能随意确定，需通过现场技术测定来区分哪些属于难以避免的损耗，哪些属于可以避免的损耗，从而确定比较准确的材料损耗量标准。其优点是通过现场进行观察、测定，为编制材料定额提供了充分的技术依据。

2）实验室试验法。该方法是在实验室内采用专门的仪器设备，通过实验的方法对材料强度与各种材料的消耗数量进行观察、测定和计算，来确定材料消耗定额的一种方法。这种方法主要用于编制材料净用量定额，虽然精确度较高，但容易脱离现场实际情况。所以，用这种方法制定材料消耗定额时，应考虑施工现场条件和各种附加的损耗数量。

3）现场统计法。现场统计法是对现场进料、用料的大量统计资料进行分析计算来获得材料消耗的各项数据，用以编制材料消耗定额的一种方法。这种方法比较简便，但不能准确分清材料消耗的性质，因而不能分别确定材料净用量定额和损耗定额，只能笼统地确定材料总消耗，一般作为编制定额的辅助手段。

4）理论计算法。理论计算法是根据施工图和建筑构造要求，用科学计算公式计算材料净用量，从而确定定额消耗量的一种方法。这种方法较适合于不易产生损耗，且容易确定废料的材料消耗量的计算。在实际运用中还要计算出各种材料的损耗量，与材料净用量相加才能得到材料的总耗用量。

（3）周转性材料消耗定额的编制　周转性材料指在施工过程中不是一次性消耗完，而是随着周转次数的增加逐渐消耗的材料。该类材料在使用过程中不断补充、不断重复使用、不构成工程实体。周转材料只包括木料、铁件、铁钉、钢丝、钢丝绳以及钢结构等几种材料。

各种材料的周转及摊销定额可按式（2-20）计算：

$$Q=\frac{A(1+k)}{nV} \tag{2-20}$$

式中　Q——周转材料的单位定额用量（m^3或 kg/m^3）；

A——周转材料的图纸总用量（kg 或 m^3），如一套模板等的总量；

k——场内运输及操作损耗（%），可通过施工实践测定；

n——周转及摊销次数；

V——工程设计实体（m^3）。

2.3　公路工程人工、材料、施工机械台班预算价格的确定

2.3.1　人工预算单价的确定

人工预算单价（人工工日单价）是指一个建筑安装生产工人一个工作日在预算中应计入的全部人工费用。人工费预算单价由基本工资、工资性补贴、生产工人辅助工资和职工福利费组成。

1）基本工资。基本工资指发放给生产工人的基本工资、流动施工津贴和生产工人劳动保护费，以及为职工缴纳的养老、失业、医疗保险费和住房公积金等。

生产工人劳动保护费指按国家有关部门规定标准发放的劳动保护用品的购置费及修理费、徒工服装补贴、防暑降温费、在有碍身体健康环境中施工的保健费用等。

2）工资性补贴。工资性补贴指按规定标准发放的物价补贴，煤、燃气补贴，交通费补贴，地区津贴等。

3）生产工人辅助工资。生产工人辅助工资指生产工人年有效施工天数以外非作业天数的工资，包括开会和执行必要的社会义务时间的工资，职工学习培训期间的工资，调动工作、探亲、休假期间的工资，因气候影响停工期间的工资，女工哺乳期间的工资，病假在六个月以内的工资及产、婚、丧假期的工资。

4）职工福利费。职工福利费指按国家规定标准计提的职工福利费。

按照本地区建设项目的人工工资统计情况以及公路建设劳务市场情况进行综合分析，确定人工预算单价。人工预算单价由省级交通运输主管部门制定发布，并适时进行动态调整。人工预算单价仅作为编制概（预）算的依据，不作为施工企业实发工资的依据。

2.3.2 材料预算价格的确定

材料的预算价格是指材料（包括原材料、构件、成品及半成品等）从其来源地（或交货地）到达工地仓库（或施工地点堆放材料的地方）后的出库价格。材料预算价格由材料原价、运杂费、场外运输损耗、采购及仓库保管费组成。材料预算价格的计算见式（2-21）。

$$材料预算价格=(材料原价+运杂费)\times(1+场外运输损耗率)\times(1+采购及保管费率)-包装品回收价值 \tag{2-21}$$

1. 材料原价

1）外购材料：价格参照本行政区域内交通运输主管部门发布的价格和调查所得的市场价格进行综合取定。

2）自采材料：自采的砂、石、黏土等，按定额中开采单价加辅助生产间接费和矿产资源税（如有）计算。

【拓展思考 2-9】 什么是辅助生产间接费？

辅助生产间接费是指由施工单位自行开采加工的砂、石等自采材料及施工单位自办的人工装卸和运输的间接费。辅助生产间接费按人工费的3%计。该项费用并入材料预算单价内构成材料费，不直接出现在估（概、预）算中。

高原地区施工单位的辅助生产，可按措施费中高原地区施工增加费费率，以定额人工费与施工机械费之和为基数计算高原地区施工增加费。其中，人工采集、加工材料、人工装卸、运输材料按土方费率计算；机械采集、加工材料按石方费率计算；机械装卸、运输材料按运输费率计算。辅助生产高原地区施工增加费不作为辅助生产间接费的计算基数。

2. 运杂费

运杂费指材料自供应地点至工地仓库（施工地点存放材料的地方）的运杂费用，包括装卸费、运费，如果发生，还应计囤存费及其他杂费（如过磅、标签、支撑加固、路桥通行等费用）。其计算见式（2-22）：

$$运杂费=(运距\times单位运价+装卸费)\times毛重系数 \tag{2-22}$$

1）通过铁路、水路和公路运输的材料，按调查的市场运价计算运费。

2）由于概算、预算定额中已考虑了工地运输便道的特点，以及定额中已计入了“工地小搬运”的费用，因此汽车运输平均运距中不得乘以调整系数，也不得在工地仓库或堆料场之外再加场内运距或二次倒运的运距。

3）有容器或包装的材料及长大轻浮材料，应按表 2-4 规定的毛质量计算。单位毛质量按式（2-23）计算。桶装沥青、汽油、柴油按每吨摊销一个旧汽油桶计算包装费（不计回收）。

$$单位毛质量=单位质量\times毛质量系数 \tag{2-23}$$

式中，毛质量系数、单位毛质量按表 2-4 确定。

表 2-4 材料毛质量系数及单位毛质量

材料名称	单位	毛质量系数	单位毛质量
爆破材料	t	1.35	—
水泥、块状沥青	t	1.01	—

（续）

材料名称	单位	毛质量系数	单位毛质量
铁钉、铁件、焊条	t	1.10	—
液体沥青、液体燃料、水	t	桶装 1.17，油罐车装 1.00	—
木料	m^3	—	原木 0.750t，锯材 0.650t
草袋	个	—	0.004t

运杂费的计算可参考表 2-5。

表 2-5　运杂费的计算分析

是否以 t 作为单位	是否需包装或绑扎	
	是	否
是	用毛质量系数（查表 2-4，如水泥）	求出每吨运杂费即单位运杂量
否	用单位毛质量（查表 2-4，如木料）	用《公路工程预算定额》（JTG/T 3832—2018）附录四“单位质量”，如中粗砂，碎石等

3. 场外运输损耗费

场外运输损耗费指有些材料在正常的运输过程中发生的损耗，这部分损耗应摊入材料单价内。材料场外运输损耗率见表 2-6，计算见式（2-24）。

$$单位场外运输损耗费=（材料原价+运杂费）×材料场外运输损耗率 \quad (2-24)$$

表 2-6　材料场外运输损耗率（%）

材料名称		场外运输（包括一次装卸）	每增加一次装卸
块状沥青		0.5	0.2
石屑、碎砾石、砂砾、煤渣、工业废渣、煤		1.0	0.4
砖、瓦、桶装沥青、石灰、黏土		3.0	1.0
草皮		7.0	3.0
水泥（袋装、散装）		1.0	0.4
砂	一般地区	2.5	1.0
	多风地区	5.0	2.0

注：汽车运水泥，如运距超过 500km 时，袋装水泥损耗率增加 0.5 个百分点。

4. 采购及保管费

采购及保管费是指在组织采购、保管材料过程中，所需的各项费用及工地仓库的材料储存损耗。材料采购及保管费计算见式（2-25）。

$$单位采购及保管费=（材料原价+单位运杂费+单位场外运输损耗费）×采购及保管费费率 \quad (2-25)$$

钢材的采购及保管费费率为 0.75%。燃料、爆破材料为 3.26%，其余材料为 2.06%。商品水泥混凝土、沥青混合料和各类稳定土混合料、外购的构件、成品及半成品的预算价格计算方法同材料相同，商品水泥混凝土、沥青混合料和各类稳定土混合料不计采购及保管费，外购的构件、成品及半成品的采购及保管费费率为 0.42%。

【例 2-6】 某路面工程，用桶装石油沥青，调查价格为 4200 元/t，运价为 0.65 元/(t·km)，装卸费为 2.40 元/t，运距 75km。回收沥青桶 50 元/t，试确定其预算价格。

解：

单位运杂费 = (0.65×75+2.40)×1.17 元/t = 59.85 元/t

场外运输损耗率为 3%，采购及保管费费率为 2.06%，回收沥青桶 50 元/t。

沥青预算价格 = [(4200+59.85)×(1+3%)×(1+2.06%)−50]元/t = 4428.03 元/t

一种材料如有两个以上的供应点时，应根据不同的供应量采用加权平均的方法计算材料原价。同样，一种材料如有两个以上的供应点时，应根据不同的运距、运量、运价采用加权平均的方法计算运费。

【例 2-7】 编制 A 种地方材料预算价格，经调查有甲、乙两个供货地点，甲地出厂价格为 23 元/t，可供量 65%；乙地出厂价格为 30.38 元/t，可供量 35%。运输方式为汽车运输，运价 0.5 元/(t·km)，装卸费 1.80 元/t，甲地离中心仓库 63km，乙地离中心仓库 79km，材料不需要包装，途中材料损耗率 1%，采购保管费费率 2.06%。试计算 A 材料的预算价格。

解：

甲：(23+63×0.5+1.80)×(1+1%)×(1+2.5%)元/t = 58.28 元/t

乙：(30.38+79×0.5+1.80)×(1+1%)×(1+2.5%)元/t = 74.21 元/t

加权材料预算价格：(58.28×65%+74.21×35%)元/t = 63.86 元/t

加权平均计算综合原价：(23×0.65+30.38×0.35)元/t = 25.58 元/t

加权计算运杂费：

加权运距 = (63×0.65+79×0.35)km = 68.6km

运杂费 = (68.6×0.5+1.80)元/t = 36.1 元/t

场外运输损耗率为 1%，采购保管费费率 2.06%

A 材料预算价格：(25.58+36.1)×(1+1%)×(1+2.06%)元/t = 63.58 元/t

2.3.3 施工机械台班预算价格的确定

1. 公路工程机械台班费用定额

《公路工程机械台班费用定额》(JTG/T 3833—2018) 以下简称《机械台班费用定额》) 是《公路工程预算定额》(JTG/T 3832—2018)、《公路工程概算定额》(JTG/T 3831—2018) 的配套定额，是编制公路基本建设工程概（预）算的依据。

《机械台班费用定额》的用途除了计算施工机械台班预算价格，还可以计算台班的人工、燃料等实物消耗，为施工组织方案（特别是机械化施工方案）经济比较提供参考。

《机械台班费用定额》的主要内容包括说明和台班费用定额表两大部分。说明共十二条，其对机械台班费用定额的作用、机械分类、费用组成和某些规定做了说明。台班费用定额表是《机械台班费用定额》的主要组成部分，表格按机械分类编制。机械共分 13 类，包括：土、石方工程机械，路面工程机械，混凝土及灰浆机械，水平运输机械，起重及垂直运输机械，打桩、钻孔机械，泵类机械，金属、木、石料加工机械，动力机械，工程船舶，工程检测仪器仪表，通风机，其他机械。每类机械为一个表，共分 13 个表，表中给出了相应类别、不同规格机械的不变费用和可变费用。

2. 施工机械台班预算价格的确定

机械台班预算单价是指一台施工机械在一个台班中，为使机械正常运转所支出和分摊的人工、材料、折旧、维修等各项费用的总和。根据《机械台班费用定额》的规定，施工机械台班预算价格由不变费用和可变费用两部分组成。

(1) 不变费用　包括折旧费、检修费、维护费、安拆辅助费四项费用。在《机械台班费用定额》中，将不变费用中的各项费用直接用金额的形式列入。在编制机械台班单价时，除青海、新疆、西藏等边远地区可按其省、自治区交通厅批准的调整系数进行调整外，其他地区均应以定额规定的数值为准，不得任意变动。

1) 折旧费。指施工机械在规定的耐用总台班内，陆续收回其原值（含智能信息化管理设备费）的费用。

2) 检修费。指施工机械在规定的耐用总台班内，按规定的检修间隔进行必要的检修，以恢复其正常功能所需的费用。

3) 维护费。指施工机械在规定的耐用总台班内，按规定的维护间隔进行各级维护和临时故障排除所需的费用。包括为保障机械正常运转所需替换设备与随机配备工具附具的摊销费用、机械运转及日常维护所需润滑与擦拭的材料费用及机械停滞期间的维护费用等。

4) 安拆辅助费。指施工机械在现场进行安装与拆卸所需的人工、材料、机械和试运转费用以及机械辅助设施的折旧、搭设、拆除等费用。

(2) 可变费用　包括人工费（机上人员人工费）、动力燃料费、车船税三项费用。

1) 人工费。人工工日数应以机械台班费用定额中的数值为准。台班人工费工日单价同生产工人人工费单价，见本章 2.3.1 人工预算单价的确定。

2) 动力燃料费。指机械在运转施工作业中所耗用的电力、固体燃料（煤、木柴）、液体燃料（汽油、柴油、重油）和水等的费用。按可变费用中的动力燃料消耗量及动力燃料单价（见本章 2.3.2）计算。

【例 2-8】　试确定 165kW 以内稳定土拌和机的台班单价。已知人工单价为 149.65 元/工日，柴油单价为 6.43 元/kg。此两项单价均为信息价。

(1) 165kW 以内稳定土拌和机在《机械台班费用定额》中的代号为 8003004。

(2) 在代号 8003004 子目查得定额值：

不变费用小计 602.66 元；

可变费用：由定额可知需要人工 2 工日，柴油 103.72kg；

故：可变费用 = 2×149.65 元+103.72×6.43 元 = 966.22 元

(3) 台班单价 = 602.66 元/台班+966.22 元/台班 = 1568.88 元/台班

---

3. 工程仪器仪表台班预算价格的确定

工程仪器仪表台班预算价格应按《机械台班费用定额》计算。台班人工费工日单价同生产工人人工费单价，动力燃料费用则按材料费的计算规定计算。

当工程用电为自行发电时，电动机械每千瓦时电的单价可按式（2-26）计算：

$$A=0.15\frac{K}{N} \tag{2-26}$$

式中 A——每千瓦时电单价（元）；

K——发电机组的台班单价（元）；

N——发电机组的总功率（kW）。

2.4 公路工程造价信息管理

2.4.1 工程造价信息的概念和主要内容

随着社会化大生产的发展，影响公路工程造价的因素变化明显加快，工程建设周期越来越短、难度越来越大，逐渐由平原向山区延伸。因此，如何动态控制工程造价，怎样对历史数据进行分析利用，如何建立全国统一的造价数据管理标准，这些问题的解决都涉及工程造价信息的管理。

1. 工程造价信息的概念、特点和分类

“信息”是现代社会使用最多、最广、最频繁的一个词，信息不仅在人类社会生活的各个方面和各个领域被广泛使用，而且在自然界的生命现象与非生命现象研究中也被广泛采用。按狭义理解，信息是一种消息、信号、数据或资料；按广义理解，信息是物质的一种属性，是物质存在方式和运动规律与特点的表现形式。进入现代社会以后，信息逐渐被人们认识，其内涵越来越丰富，外延越来越广阔。在工程造价管理领域，信息也有它自己的定义。

（1）工程造价信息的概念　工程造价信息是一切有关工程造价的特征、状态及其变动的消息的组合。在工程承发包市场和工程建设过程中，工程造价总是在不停地变化着，并呈现出种种不同特征。人们是通过工程造价信息来认识和掌握工程承发包市场和工程建设过程中工程造价的变化的。

在工程承发包市场和工程建设中，工程造价是最灵敏的调节器和指示器，无论是政府工程造价主管部门，还是工程承发包双方，都要通过接收工程造价信息来了解工程建设市场动态，预测工程造价变化趋势，决定政府的工程造价政策和工程承发包价格。因此，工程造价主管部门和工程承发包双方都要接收、加工、传递和利用工程造价信息。工程造价信息作为一种社会资源在工程建设中的地位日趋明显，特别是随着我国工程建设招标投标制度的不断深化，工程价格从政府计划的指令性价格向市场定价转化，而在市场定价的过程中，信息起着举足轻重的作用。因此，工程造价信息资源开发的意义更为重要。

（2）工程造价信息的特点

1）区域性。建筑材料大多质量大、体积大、产地远离消费地点，因而运输量大，费用也较高。不少建筑材料本身的价值或生产价格并不高，但所需要的运输费用很高，这就在客观上要求尽可能就近使用建筑材料。因此，这类建筑信息的交换和流通往往限制在一定的区域内。

2）多样性。我国建筑市场还在不断发展和逐步规范化，要使工程造价管理的信息资料满足这一发展阶段的需求，信息的内容和形式上应具有多样化的特点。

3）专业性。工程造价信息的专业性集中反映在建设工程的专业化上，如公路、水利、电力、铁道、邮电、建安工程等，所需的信息各有它的专业特殊性。

4）系统性。工程造价信息是由若干具有特定内容和同类性质的、在一定时间和空间内形成的一连串信息组成的。一切工程造价的管理活动和变化总是在一定条件下受各种因素的制约和影响。工程造价管理工作也同样是多种因素相互作用的结果，并且从多方面反映出来，因而从工程造价信息源发出来的信息都不是孤立、紊乱的，而是大量的、有系统的。

5）动态性。工程造价信息也和其他信息一样要保持新鲜度。为此，需要经常不断地收集和补充新的工程造价信息，进行信息更新，真实反映工程造价的动态变化。

6）季节性。由于建筑生产受自然条件影响大，施工内容的安排必须充分考虑季节因素，使得工程造价的信息也不能完全避免季节性的影响。

（3）工程造价信息的分类　为便于对信息的管理，有必要将各种信息按一定的原则和方法进行区分和归集，并建立一定的分类系统和排列顺序。因此，在工程造价管理领域，应该按照不同的标准对信息进行分类。

1）工程造价信息分类的原则。对工程造价信息进行分类必须遵循以下基本原则。

① 稳定性。信息分类应选择分类对象最稳定的本质属性或特征作为信息分类的基础和标准。信息分类体系应建立在对基本概念和划分对象的透彻理解的基础上。

② 兼容性。信息分类体系必须考虑到项目各参与方所应用的编码体系的情况，项目信息的分类体系应能满足不同项目参与方信息高效交换的需要。同时，与有关国际、国内标准的一致性也是兼容性应考虑的内容。

③ 可扩展性。信息分类体系应具备较强的灵活性，可以在使用过程中方便地扩展，以保证增加新的信息类型时，不至于打乱已建立的分类体系。同时，一个通用的信息分类体系还应为具体环境中信息分类体系的拓展和细化创造条件。

④ 综合实用性。信息分类应从系统工程的角度出发，对具体的应用环境进行整体考虑。这体现在信息分类的标准与方法的选择上，应综合考虑项目的实施环境和信息技术工具。

2）工程造价信息的具体分类。

① 按管理组织的角度来分，可以分为系统化工程造价信息和非系统化工程造价信息。

② 按形式来分，可以分为文件式工程造价信息和非文件式工程造价信息。

③ 按传递方向来划分，可以分为横向传递的工程造价信息和纵向传递的工程造价信息。

④ 按反映面来分，可分为宏观工程造价信息和微观工程造价信息。

⑤ 按时态来分，可分为过去的工程造价信息、现在的工程造价信息和未来的工程造价信息。

⑥ 按稳定程度来分，可以分为固定工程造价信息和流动工程造价信息。

2. 工程造价信息包括的主要内容

从广义上说，所有对工程造价的确定和控制过程起作用的资料都可以称为工程造价信息，如各种定额资料、标准规范、政策文件等。最能体现信息动态性变化特征，并且在工程价格的市场机制中起重要作用的工程造价信息主要包括以下三类。

（1）价格信息　价格信息包括各种建筑材料、人工工资、施工机械等的最新市场价格。这些信息是比较初级的，一般没有经过系统的加工处理，也可以称其为数据。

1）人工价格信息。我国自 2007 年起开展建筑工程实物工程量与建筑工种人工成本信息（即人工价格信息）的测算和发布工作。其目的是引导建筑劳务合同双方合理确定建筑工人工资水平，为建筑业企业合理支付工人劳动报酬，调解、处理建筑工人劳动工资纠纷提供依据，也为工程招标投标中评定成本提供依据。

2）材料价格信息。在材料价格信息的发布中，应披露材料类别、规格、单价、供货地区、供货单位以及发布日。

3）机械价格信息。机械价格信息包括设备市场价格信息和设备租赁市场价格信息两部分。相对而言，后者对于工程计价更为重要。发布的机械价格信息应包括机械种类、规格型号、供货厂商名称、租赁单价、发布日期等内容。

（2）工程造价指数　工程造价指数主要指根据原始价格信息加工整理得到的各种工程造价指数。该内容将在后面重点讲述。

（3）已完工程信息　已完工程信息是指已完或在建工程的各种造价信息，可以为拟建工程或在建工程造价提供依据。这种信息也可称为工程造价资料。

2.4.2　工程造价资料的分类、管理和运用

1. 工程造价资料及其分类

工程造价资料是指已竣工和在建工程的投资估算、设计概算、施工图预算、招标投标价格、工程结算、竣工决算、单位工程施工成本以及新材料、新结构、新设备、新施工工艺等建筑安装工程分部分项的单价分析等资料。

工程造价资料可以分为以下几种类别。

1）按照不同公路等级进行划分，并分别列出其包含的单项工程和单位工程。

2）按照不同阶段进行划分，一般分为项目可行性研究投资估算、初步设计概算、施工图预算、工程量清单和报价、工程结算、竣工决算等。

3）按照组成特点划分，一般分为建设项目、单项工程和单位工程造价资料，同时也包括有关新材料、新工艺、新设备、新技术的分部分项工程造价资料。

2. 工程造价资料的管理

（1）建立造价资料积累制度　1991 年 11 月建设部（现更名为住房和城乡建设部）印发了《关于建立工程造价资料积累制度的几点意见》的文件，标志着我国工程造价资料积累制度正式建立，工程造价资料积累工作正式开展。建立工程造价资料积累制度是工程造价计价依据极其重要的基础性工作。发达国家和地区不同阶段的投资估算以及编制标底、投标报价的主要依据是单位和个人所积累的工程造价资料。全面系统地积累和利用工程造价资料，建立稳定的造价资料积累制度，对于我国加强工程造价管理、合理确定和有效控制工程造价具有十分重要的意义。

工程造价资料积累的工作量非常大，涉及面也非常广，应依靠各级政府有关部门和行业组织进行组织管理

工程造价资料积累的内容应包括“量”（如主要工程量、材料量、设备量等）和“价”，还要包括对造价确定有重要影响的技术经济条件，如工程的概况、建设条件等。

1）建设项目和单项工程造价资料。

① 对造价有主要影响的技术经济条件，如项目建设标准、建设工期、建设地点等。

② 主要的工程量、主要的材料量和主要设备的名称、型号、规格、数量等。

③ 投资估算、概算、预算、竣工决算及造价指数等。

2）单位工程造价资料。单位工程造价资料包括工程的内容、结构特征、主要工程量、主要材料的用量和单价、人工工日和人工费以及相应的造价。

3）其他。主要包括有关新材料、新工艺、新设备、新技术分部分项工程的人工工日，主要材料用量，机械台班用量。

（2）资料数据库的建立和网络化管理　积极推广使用计算机建立工程造价资料的资料数据库，开发通用的工程造价资料管理程序，可以提高工程造价资料的适用性和可靠性。要建立造价资料数据库，首要的问题是工程的分类与编码。由于不同的工程在技术参数和工程造价组成方面有较大的差异，必须把同类型的工程合并在一个数据库文件中。为了便于进行数据的统一管理和信息交流，必须设计出一套科学、系统的编码体系。

有了统一的工程分类与相应的编码之后，就可进行数据的搜集、整理和输入工作，从而得到不同层次的造价资料数据库。工程造价资料数据库的建立必须严格遵守统一的标准和规范。

3. 工程造价资料的运用

1）作为编制固定资产投资计划的参考，用作建设成本分析。

2）进行投资效益分析。

3）作为编制投资估算的重要依据。

4）作为编制初步设计概算和审查施工图预算的重要依据。

5）作为确定招标控制价和投标报价的参考资料。

6）作为技术经济分析的基础资料。

7）作为编制各类定额的基础资料。

8）用以测定调价系数、编制造价指数。

9）用以研究同类工程造价的变化规律。

2.4.3　工程造价指数的概念和编制

1. 指数的概念和种类

（1）指数的概念　指数是用来统计研究社会经济现象数量变化幅度和趋势的一种特有的分析方法和手段。指数有广义和狭义之分。广义的指数指反映社会经济现象变动与差异程度的相对数，如产值指数、产量指数、出口额指数等；狭义的指数是用来综合反映社会经济现象复杂总体数量变动状况的相对数。所谓复杂总体，是指数量上不能直接加总的总体。例如，不同的产品和商品，有不同的使用价值和计量单位，不同商品的价格也以不同的使用价值和计量单位为基础，都是不同度量的事物，是不能直接相加的。但通过狭义的指数就可以反映出不同度量的事物所构成的特殊总体变动或差异程度，如物价总指数、成本总指数等。

（2）指数的分类

1）指数按其所反映的现象范围的不同，分为个体指数、总指数。个体指数是反映个别现象变动情况的指数，如个别产品的产量指数、个别商品的价格指数等。总指数是综合反映不能同度量的现象动态变化的指数，如工业总产量指数、社会商品零售价格总指数等。

2）指数按其所反映的现象的性质不同，分为数量指标指数和质量指标指数。数量指标指数是综合反映现象总的规模和水平变动情况的指数，如商品销售量指数、工业产品产量指数、职工人数指数等。质量指标指数是综合反映现象相对水平或平均水平变动情况的指数，如产品成本指数、价格指数、平均工资水平指数等。

3）指数按照采用的基期不同，可分为定基指数和环比指数。当对一个时间数列进行分析时，计算动态分析指标通常用不同时间的指标值作对比。在动态对比时作为对比基础时期的水平，称为基期水平；所要分析的时期（与基期相比较的时期）的水平，称为报告期水平或计算期水平。定基指数是指各个时期指数都是采用同一固定时期为基期计算的，表明社会经济现象对某一固定基期的综合变动程度的指数。环比指数是以前一时期为基期计算的指数，表明社会经济现象对上一期或前一期的综合变动的指数。定基指数或环比指数可以连续地将许多时间的指数按时间顺序加以排列，形成指数数列。

4）指数按其所编制的方法不同，分为综合指数和平均数指数。综合指数是通过确定同度量因素，把不能同度量的现象过渡为可以同度量的现象，采用科学方法计算出两个时期的总量指标并进行对比而形成的指数。平均数指数是从个体指数出发，通过对个体指数加权平均计算而形成的指数。

①综合指数是总指数的基本形式。计算总指数的目的，在于综合测定由不同度量单位的许多商品或产品所组成的复杂现象总体数量方面的总动态。综合指数的编制方法是先综合、后对比。因此，综合指数主要解决不同度量单位的问题，使不能直接加总的不同使用价值的各种商品或产品的总体，改变成为能够进行对比的两个时期的现象的总体。综合指数可以把各种不能直接相加的现象还原为价值形态，先综合（相加），然后再进行对比（相除），从而反映观测对象的变化趋势。

②平均数指数是综合指数的变形。综合指数虽然能最完整地反映所研究现象的经济内容，但其编制时需要全面资料，即对应的两个时期的数量指标和质量指标的资料。但在实践中，要取得这样全面的资料往往是困难的。因此，实践中可用平均数指数的形式来编制总指数。所谓平均数指数，是以个体指数为基础，通过对个体指数计算加权平均数编制的总指数。

2. 工程造价指数及其特性分析

（1）工程造价指数的概念及其编制的意义　随着我国经济体制改革，特别是价格体制改革的不断深化，设备、材料价格和人工费的变化对工程造价的影响日益增大。在建筑市场供求和价格水平发生经常性波动的情况下，建设工程造价及其各组成部分也处于不断变化之中，这不仅使不同时期的工程在“量”与“价”两方面都失去可比性，也给合理确定和有效控制造价造成了困难。根据工程建设的特点，编制工程造价指数是解决这些问题的最佳途径。以合理方法编制的工程造价指数，不仅能够较好地反映工程造价的变动趋势和变化幅度，而且可剔除价格水平变化对造价的影响，正确反映建筑市场的供求关系和生产力发展水平。

工程造价指数是反映一定时期由于价格变化对工程造价影响程度的一种指标。它是调整工程造价价差的依据。工程造价指数反映了报告期与基期相比的价格变动趋势，利用它来研究实际工作中的下列问题很有意义。

1）可以利用工程造价指数分析价格变动趋势及其原因。

2）可以利用工程造价指数估计工程造价变化对宏观经济的影响。

3）工程造价指数是工程承发包双方进行工程估价和结算的重要依据。

（2）工程造价指数包括的内容及其特性分析　工程造价指数的内容应该包括以下几种。

1）各种单项价格指数。这其中包括了反映各类工程的人工费、材料费、施工机械使用费的报告期价格对基期价格的变化程度的指标。可利用它研究主要单项价格变化的情况及其发展变化的趋势。其计算过程可以简单地表示为报告期价格与基期价格之比。依此类推，可以把各种费率指数也归入其中，如措施费指数、间接费指数，甚至工程建设其他费用指数等。这些费率指数的编制可以直接用报告期费率与基期费率之比求得。很明显，这些单项价格指数都属于个体指数，其编制过程相对比较简单。

2）设备、工具、器具价格指数。设备、工具、器具的种类、品种和规格很多，其费用的变动通常是由两个因素引起的，即设备、工具、器具单件采购价格的变化和采购数量的变化。同时工程所采购的设备、工具、器具是由不同规格、不同品种组成的，因此设备、工具、器具价格指数属于总指数。由于采购价格与采购数量的数据无论是基期还是报告期都比较容易获得，因此，设备、工具、器具价格指数可以用综合指数的形式来表示。

3）建筑安装工程造价指数。建筑安装工程造价指数也是一种综合指数，其中包括了人工费指数、材料费指数、施工机械使用费指数以及措施费、间接费等各项个体指数的综合影响。由于建筑安装工程造价指数相对比较复杂，涉及面较广，利用综合指数进行计算分析难度较大。因此，可以通过对各项个体指数的加权平均，用平均数指数的形式来表示。

4）建设项目或单项工程造价指数。该指数是由设备、工具、器具指数、建筑安装工程造价指数、工程建设其他费用指数综合得到的。它也属于总指数，并且与建筑安装工程造价指数类似，一般也用平均数指数的形式来表示。

当然，根据造价资料的期限长短来分类，也可以把工程造价指数分为时点造价指数、月指数、季指数和年指数等。

3. 工程造价指数的编制

（1）各种单项价格指数的编制

1）人工费、材料费、施工机械使用费等价格指数的编制。这种价格指数的编制可以直接用报告期价格与基期价格相比后得到。其计算见式（2-27）。

$$人工费(材料费、施工机械使用费)价格指数=p_n/p_0 \tag{2-27}$$

式中　p_0——基期人工日工资单价（材料价格、机械台班单价）；

p_n——报告期人工日工资单价（材料价格、机械台班单价）。

2）措施费、间接费及工程建设其他费等费率指数的编制。其计算见式（2-28）。

$$措施费(间接费、工程建设其他费)费率指数=p_n/p_0 \tag{2-28}$$

式中　p_0——基期措施费（间接费、工程建设其他费）费率；

p_n——报告期措施费（间接费、工程建设其他费）费率。

（2）设备、工具、器具价格指数的编制　如前所述，设备、工具、器具价格指数是用综合指数形式表示的总指数。运用综合指数计算总指数时，一般要涉及两个因素：一个是指数所要研究的对象，称为指数化因素；另一个是将不能同度量现象过渡为可以同度量现象的因素，称为同度量因素。当指数化因素是数量指标时，这时计算的指数称为数量指标指数；当指数化因素是质量指标时，这时的指数称为质量指标指数。很明显，在设备、工具、器具价格指数中，指数化因素是设备、工具、器具的采购价格，同度量因素是设备、工具、器具的采购数量。因此，设备、工具、器具价格指数是一种质量指标指数。

1）同度量因素的选择。既然已经明确了设备、工具、器具价格指数是一种质量指标指数，那么同度量因素应该是数量指标，即设备、工具、器具的采购数量，这样就会面临一个新的问题，即是应该选择基期计划采购数量为同度量因素，还是选择报告期实际采购数量为同度量因素。因同度量因素选择的不同，可分为拉斯贝尔体系和派氏体系。拉斯贝尔体系主张采用基期指标作为同度量因素；而派氏体系主张采用报告期指标作为同度量因素。根据统计学的一般原理，确定同度量因素的一般原则是：质量指标指数（K_p）应当以报告期的数量指标作为同度量因素，即使用派氏公式，计算见式（2-29）。

$$K_p=\frac{\sum q_1p_1}{\sum q_1p_0} \tag{2-29}$$

式中　p_1——报告期价格；

q_1——报告期数量；

p_0——基期价格。

而数量指标指数 K_g 则应以基期的质量指标作为同度量因素，即使用拉氏公式，计算公式见式（2-30）。

$$K_g=\frac{\sum q_1p_0}{\sum q_0p_0} \tag{2-30}$$

式中　q_0——基期数量。

其余符号含义同式（2-29）。

2）设备、工具、器具价格指数的编制。考虑到设备、工具、器具的采购品种很多，为简化起见，计算价格指数时可选择其中用量大、价格高、变动多的主要设备、工具、器具的购置数量和单价，按照派氏公式进行计算，详见式（2-31）。

$$\text{设备、工具、器具价格指数}=\frac{\sum(\text{报告期设备、工具、器具单价}\times\text{报告期购置数量})}{\sum(\text{基期设备、工具、器具单价}\times\text{报告期购置数量})} \tag{2-31}$$

（3）建筑安装工程价格指数的编制　与设备、工具、器具价格指数类似，建筑安装工程价格指数也属于质量指标指数，所以也应用派氏公式计算。但考虑到建筑安装工程价格指数的特点，所以用综合指数的变形即平均数指数的形式表示。

1）平均数指数。从理论上说，综合指数是计算总指数的比较理想的形式，因为它不仅可以反映事物变动的方向与程度，而且可以用分子与分母的差额直接反映事物变动的实际经济效果。然而，在利用派氏公式计算质量指标指数时，需要掌握$\sum p_0q_1$（基期价格乘报告期数量之积的和）是比较困难的。而相比而言，基期和报告期的费用总值（$\sum p_0q_0$，$\sum p_1q_1$）却是比较容易获得的资料。因此，就可以在不违反综合指数的一般原则的前提下，改变公式的形式而不改变公式的实质，利用容易掌握的资料来推算不容易掌握的资料，进而再计算指数，在这种背景下所计算的指数即为平均数指数。利用派氏综合指数进行变形后计算得出的平均数指数称为加权调和平均数指数。其计算过程见式（2-32）。

设 $K_p=p_1/p_0$ 表示个体价格指数，则派氏综合指数可以表示为

$$\text{派氏综合指数}=\frac{\sum p_1q_1}{\sum p_0q_1}=\frac{\sum p_1q_1}{\sum\frac{1}{K_p}p_1q_1} \tag{2-32}$$

其中，$\dfrac{\sum p_1q_1}{\sum\frac{1}{K_p}p_1q_1}$即为派氏综合指数变形后的加权调和平均数指数。

2）建筑安装工程造价指数的编制。根据加权调和平均数指数的推导公式，可得建筑安装工程造价指数的公式（2-33），由于利润率和税率通常不会变化，可以认为其单项价格指数为

$$\text{建筑安装工程造价指数}=\frac{\text{报告期建筑安装工程费}}{\frac{\text{报告期人工费}}{\text{人工指数}}+\frac{\text{报告期材料费}}{\text{材料指数}}+\frac{\text{报告期施工机械使用费}}{\text{施工机械使用费指数}}+\frac{\text{报告期措施费}}{\text{措施费指数}}+\frac{\text{报告期间接费}}{\text{间接费指数}}+\text{利润}+\text{税金}} \tag{2-33}$$

（4）建设项目或单项工程造价指数的编制　建设项目或单项工程造价指数是由建筑安装工程造价指数，设备、工具、器具价格指数和工程建设其他费用指数综合而成的。与建筑安装工程造价指数相类似，其计算也应采用加权调和平均数指数的推导公式。其计算公式见式（2-34）。

$$\text{建设项目或单项工程指数}=\frac{\text{报告期建设项目或单项工程造价}}{\frac{\text{报告期建筑安装工程费}}{\text{建筑安装工程造价指数}}+\frac{\text{报告期设备、工具、器具费}}{\text{设备、工具、器具价格指数}}+\frac{\text{报告期工程建设其他费用}}{\text{工程建设其他费用指数}}} \tag{2-34}$$

编制完成的工程造价指数有很多用途，如可以作为政府对建设市场宏观调控的依据，也可以作为工程估算以及概预算的基本依据。当然，其最重要的作用是在建设市场的交易过程中，为承包商提出合理的投标报价提供依据，此时的工程造价指数也可称为投标价格指数。

2.4.4　工程造价信息管理的基本原则、现状、目前存在的问题

1. 工程造价信息管理的基本原则

工程造价的信息管理是对信息的收集、加工整理、储存、传递与应用等一系列工作的总称。其目的就是通过有组织的信息流通，使决策者能及时、准确地获得相应的信息。为了达此目的，在工程造价信息管理中应遵循以下基本原则。

1）标准化原则。要求在项目的实施过程中对有关信息进行分类，对信息流程进行规范，力求做到格式化和标准化，从组织上保证信息生产过程的效率。

2）有效性原则。工程造价信息应针对不同层次管理者的要求进行适当加工，针对不同管理层提供不同要求和浓缩程度的信息。这一原则是为了保证信息产品对于决策支持的有效性。

3）定量化原则。工程造价信息不应是项目实施过程中所产生数据的简单记录，而应经过信息处理人员的比较与分析。采用定量工具对有关数据进行分析和比较是十分必要的。

4）时效性原则。考虑到工程造价计价与控制过程的时效性，工程造价信息也应具有相应时效性，以保证信息产品能够及时服务于决策。

5）高效处理原则。通过采用高性能的信息处理工具（如工程造价信息管理系统），尽量缩短信息在处理过程中的延迟。

2. 我国工程造价信息管理的现状

在市场经济中，由于市场机制的作用和多方面的影响，工程造价的变化更快、更复杂。在这种情况下，工程承发包者单独、分散地进行工程造价信息的收集加工，不但工作困难，

而且成本很高。工程造价信息是一种具有共享性的社会资源。因此，政府工程造价主管部门利用自己信息系统的优势，为工程造价提供信息服务，其社会和经济效益是显而易见的。我国目前的工程造价信息管理主要以国家和地方政府主管部门为主，通过各种渠道进行工程造价信息的搜集、处理和发布。随着我国的建设市场越来越成熟，企业规模不断扩大，一些工程咨询公司和工程造价软件公司也加入了工程造价信息管理的行列。

1）全国工程造价信息系统的逐步建立和完善。实行工程造价体制改革后，国家对工程造价的管理逐渐由直接管理转变为间接管理。国家制定统一的工程量计算规则，编制全国统一工程项目编码和定期公布人工、材料、机械等价格的信息。随着计算机网络技术及因特网的广泛应用，国家也开始建立工程造价信息网，定期发布价格信息及其产业政策，为各地方主管部门、各咨询机构、其他造价编制和审定等单位提供基础数据。同时，通过工程造价信息网，采集各地、各企业的工程实际数据和价格信息。主管部门及时依据实际情况，制定新的政策法规，公布新的价格指数等。各企业、地方主管部门可以通过该造价信息网，及时获得相关的信息。

2）地区工程造价信息系统的建立和完善。由于各个地区的生产力发展水平不一致，经济发展不平衡，各地价格差异较大。因此，各地区造价管理部门通过建立地区性造价信息系统，定期发布反映市场价格水平的价格信息和调整指数；依据本地区的经济、行业发展情况制定相应的政策措施。通过造价信息系统，地区主管部门可以及时发布价格信息、政策规定等。同时，通过选择本地区多个具有代表性的固定信息采集点或通过吸收各企业作为基本信息网员，收集本地区的价格信息、实际工程信息，作为制定本地区造价政策和价格指数的依据，使地区主管部门发布的信息更具有实用性、市场性、指导性。目前，全国有很多地区建立了造价价格信息网。

3）随着工程量清单计价方式的应用，施工企业迫切需要建立自己的造价资料数据库，但由于大多数施工企业在规模和能力上都达不到这一要求，因此这些工作在很大程度上委托给工程造价咨询公司或工程造价软件公司去完成。这是我国《建设工程工程量清单计价规范》（GB 50500—2013）颁布实施后工程造价信息管理出现的新趋势。

3. 工程造价信息管理目前存在的问题

1）对信息的采集、加工和传播缺乏统一规划、统一编码、系统分类，信息系统开发与资源拥有之间处于相互封闭、各自为战的状态。其结果是无法实现信息资源共享，很多管理者满足于目前的表面信息，忽略信息的深加工。

2）信息网建设有待完善。现有工程造价网多为定额站或咨询公司所建，网站内容主要为定额颁布、价格信息、相关文件转发、招标投标信息发布、企业或公司介绍等；网站只是将已有的造价信息在网站上显示出来，缺乏对这些信息的整理与分析。

3）信息资料的积累和整理还没有完全实现与工程量清单计价模式的接轨。由于信息的采集、加工处理上具有很大的随意性，没有统一的范式和标准，造成了在投标报价时较难直接使用，还需要根据要求进行不断调整。目前的状态不能满足新形势下市场定价的要求。

4. 工程造价信息化的发展趋势

1）适应建设市场的新形势，着眼于为建设市场服务，为工程造价管理服务。工程建设在国民经济中占有较大的份额，但存在着科技水平不高、现代化管理滞后、竞争能力较弱的问题。信息技术的运用可以促进管理部门依法行政，提高管理工作的公开、公平、公正和透明度；可以促进企业提高产品质量、服务水平和企业效率，达到提高企业自身竞争能力的目的。针对我国目前正在大力推广的工程量清单计价制度，工程造价信息化应该围绕为工程建设市场服务，为工程造价管理改革服务这条主线组织技术攻关，加快信息化建设。

2）我国有关工程造价方面的软件和网络发展很快。为加大信息化建设的力度，全国工程造价信息网正在与各省信息网联网，这样全国造价信息网联成一体，用户可以很容易地查阅到全国、各省、各市的数据，从而大大提高各地造价信息网的使用效率。同时，把工程造价信息化有关的企业组织起来，加强交流、协作，避免低层次、低水平的重复开发，鼓励技术创新，淘汰落后，不断提高信息化技术在工程造价中的应用水平。

3）发展工程造价信息化，要建立有关的规章制度，促进工程技术健康有序地向前发展。为了加强建设信息标准化、规范化，建设系统信息标准体系正在建立。制订信息通用标准和专用标准，制订建设信息安全保障技术规范和网络设计技术规范已提上日程。加强全国建设工程造价信息系统的信息标准化工作，包括组织编制建设工程人工、材料、机械、设备的分类及标准代码，工程项目分类标准代码，各类信息采集及传输标准格式等，将为全国工程造价信息化的发展提供基础。

第3章 公路工程决策阶段计价与管理

3.1 建设工程投资估算

投资估算是指在项目投资决策阶段，依据现有的资料和特定的方法，对建设项目的投资项目进行预算测算和确定。它是项目建设前期编制项目建议书和可行性研究报告的重要组成部分，是项目决策的重要依据之一。投资估算的准确与否不仅影响到可行性研究工作的质量和经济评价结果，而且也直接关系到下一阶段设计概算和施工图预算的编制，对建设项目资金筹措方案也有直接的影响。因此，全面准确地估算建设项目的工程造价是整个决策阶段造价管理的重要任务。

投资估算应参考相应工程造价管理部门发布的投资估算指标，依据工程所在地市场价格水平合理确定。投资估算应委托有相应工程造价咨询资质的单位编制。

3.1.1 投资估算的作用

投资估算在项目开发建设过程中的作用有以下几点。

1）项目建议书阶段的投资估算，是项目主管部门审批项目建议书的依据之一，并对项目的规划、规模起参考作用。

2）项目可行性研究阶段的投资估算，是项目投资决策的重要依据，也是研究、分析、计算项目投资经济效果的重要条件。

3）项目投资估算对工程设计起控制作用，是编制初步设计概算或施工图预算（采用一阶段设计时）的限制条件。设计概算或预算不得随意突破批准的投资估算，并应严格控制在投资估算的允许范围以内。

4）项目投资估算可作为项目资金筹措及制订建设贷款计划的依据，建设单位可根据批准的项目投资估算额，进行资金筹措和向银行申请贷款。

5）项目投资估算是核算建设项目固定资产投资需要额和编制固定资产投资计划的重要依据。

3.1.2 投资估算的阶段划分与精度要求

1. 国外项目投资估算的阶段划分与精度要求

在英美等国，对一个建设项目从开发设想直至施工图设计，这期间各个阶段项目投资的预计均称估算，只是各阶段的设计深度不同、技术条件不同，对投资估算的准确度要求不同。英美等国家把建设项目的投资估算分为以下五个阶段。

第一阶段：项目的投资设想时期。在尚无工艺流程图、平面布置图，也未进行设备分析的情况下，即根据假想条件比照同类型已投产项目的投资额，并考虑涨价因素来编制项目所需要的投资制，所以这一阶段称为毛估阶段，或称比照估算。这一阶段投资估算的意义是判断一个项目是否需要进行下一步的工作，对投资估算精度的要求准确程度为允许误差大于±30%。

第二阶段：项目的投资机会研究时期。此时应有初步的工艺流程图和主要生产设备的生产能力及项目建设的地理位置等条件，故可套用相近规模厂的单位生产能力建设费用来估算拟建项目所需要的投资额，据此初步判断项目是否可行，或据此审查项目引起投资兴趣的程度，这一阶段称为粗估阶段，或称因素估算，其对投资估算精度的要求为误差控制在±30%以内。

第三阶段：项目的初步可行性研究时期。此时已具有设备规格表、主要设备的生产能力，项目的总平面布置、各建筑物的大致尺寸、公用设施的初步设置等条件。此时期的投资估算额，可据此决定拟建项目是否可行，或据此列入投资计划，这一阶段称为初步估算阶段，或称认可估算。其对投资估算精度的要求为误差控制在±20%以内。

第四阶段：项目的详细可行性研究时期。此时项目的细节已经清楚，并已经进行了建筑材料、设备的询价，已进行了设计和施工的咨询，但工程图样和技术说明尚不完备。可根据此时期的投资估算额进行筹款，这一阶段称为确定估算，或称控制估算，其对投资估算精度的要求为误差控制在±10%以内。

第五阶段：项目的工程设计阶段，此时应具有工程的全部设计图样、详细的技术说明、材料清单、工程现场勘察资料等，故可根据单价逐项计算而汇总出项目所需要的投资额，并据此控制项目的实际建设。这一阶段为详细估算，或称投标估算，其对投资估算精度的要求为误差控制在±5%以内。

2. 我国项目投资估算的阶段划分与精度要求

在我国，一个建设项目在初步设计之前，对项目投资的预计均称估算，具体分为以下几个阶段。

（1）项目规划阶段的投资估算　建设项目规划阶段是指有关部门根据国民经济发展规划、地区发展规划和行业发展规划的要求，编制一个建设项目的建设规划。其对投资估算精度的要求为允许误差大于±30%。

（2）项目建议书阶段的投资估算　在项目建议书阶段，是按项目建议书中的产品方案、项目建设规模、产品主要生产工艺、企业车间组成、初选建厂地点等估算建设项目所需要的投资额。其对投资估算精度的要求为误差控制在±30%以内。

（3）初步可行性研究阶段的投资估算　初步可行性研究阶段，是在掌握了更详细、更深入的资料条件下，估算建设项目所需的投资额。其对投资估算精度的要求为误差控制在±20%以内。

（4）详细可行性研究阶段的投资估算　详细可行性研究阶段的投资估算至关重要，因为这个阶段的投资估算经审查批准之后，便是工程设计任务书中规定的项目投资限额，并可据此列入项目年度基本建设计划。其对投资估算精度的要求为误差控制在±10%以内。

公路建设项目可行性研究分为预可行性研究和工程可行性研究两个阶段，相应的投资估算也划分为项目建议书投资估算和可行性研究报告投资估算。

不同阶段的目的、任务、要求以及所需费用和时间各不相同，其研究的深度和可靠程度也不同，见表 3-1。

表 3-1 投资决策不同阶段投资估算对比表

深度要求 / 研究阶段	目的	总投资额误差（%）	研究费用占投资比率（%）	花费时间/月
项目规划和项目建议书研究	鉴别与选择项目，寻找投资机会	±30	0.2~1.0	1~3
初步可行性研究	对项目进行初步技术经济分析，筛选项目方案	±20	0.25~1.5	4~6
详细可行性研究	进行深入细致的技术经济分析，多方案选优，提出结论性意见	±10	1.0~3.0	8~10

【拓展思考 3-1】 公路工程的投资估算划分有无特殊性？

公路工程可研阶段的划分与前述基本相同，分为预可行性研究和工程可行性研究两个阶段，相应的投资估算划分为项目建议书投资估算和可行性研究报告投资估算。

3.1.3 投资估算的费用构成

根据有关规定，从满足建设项目投资设计和投资规模的角度，建设项目投资的估算包括固定资产投资估算和流动资金估算两部分。流动资金是指生产经营性项目投产后，用于购买原材料、燃料、支付工资及其他经营费用等所需的周转资金。

公路工程为非生产经营性项目，故建设项目投资等于固定资产投资，即公路工程投资估算的内容按照费用的性质划分，包括建筑安装工程费、土地使用及拆迁补偿费、工程建设其他费、预备费、建设期贷款利息，具体费用构成可见图 1-2。

固定资产投资可分为静态部分和动态部分。价差预备费、建设期贷款利息构成动态投资部分；其余部分为静态投资部分。

【拓展思考 3-2】 静态投资与动态投资有什么区别？

主要区别在于：是否考虑资金的时间价值。动态投资考虑了资金时间价值；静态投资不考虑资金时间价值。

3.1.4 投资估算的一般方法

1. 静态投资的估算方法

（1）单位生产能力估算法 依据调查的统计资料，利用相近规模的单位生产能力投资乘以建设规模，即得拟建项目静态投资。其计算公式为

$$C_2 = \frac{C_1}{Q_1} Q_2 f \tag{3-1}$$

式中 C_1——已建类似项目的静态投资额；

C_2——拟建项目的静态投资额；

Q_1——已建类似项目的生产能力；

Q_2——拟建项目的生产能力；

f——不同时期、不同地点的定额、单价、费用变更等的综合调整系数。

这种方法把项目的建设投资与其生产能力的关系视为简单的线性关系，估算结果精确度较差。应用该估算法时，应注意以下几点。

1）地方性。建设地点不同，地方性差异主要有：两地经济情况不同，土壤、地质、水文情况不同，气候、自然条件不同，材料、设备的来源不同，运输状况不同等。

2）配套性。一个工程项目或装置均有许多配套装置和设施，也可能产生差异，如公用工程、辅助工程、厂外工程和生活福利工程等。这些工程随地方差异和工程规模的变化均各不相同，它们并不与主体工程的变化呈线性关系。

3）时间性。工程建设项目的兴建，不一定是在同一时间建设，时间差异或多或少存在，在这段时间内可能在技术、标准、价格等方面发生变化。

（2）生产能力指数法　生产能力指数法，又称指数估算法，它是根据已建成的类似项目生产能力和投资额来粗略估算拟建项目静态投资额的方法，是对单位生产能力估算法的改进。其计算公式为

$$C_2 = C_1\left(\frac{Q_2}{Q_1}\right)^n f \tag{3-2}$$

式中　n——生产能力指数。

其他符号含义同式（3-1）。

式（3-2）表明，造价与规模（或容量）呈非线性关系，且单位造价随工程规模（或容量）的增大而减小。在正常情况下，$0 \leqslant n \leqslant 1$。不同生产率水平的国家和不同性质的项目中，$n$ 的取值是不相同的。

若已建类似项目的生产规模与拟建项目生产规模相差不大，若 Q_1 与 Q_2 的比值在 0.5~2，则指数 n 的取值近似为 1。

若已建类似项目的生产规模与拟建项目生产规模相差不大于 50 倍，且拟建项目生产规模的扩大仅靠增大设备规模来达到时，则 n 的取值在 0.6~0.7；若是靠增加相同规格设备的数量达到时，n 的取值在 0.8~0.9。

生产能力指数法主要应用于拟建装置或项目与用来参考的已知装置或项目的规模不同的场合。

生产能力指数法与单位生产能力估算法相比精确度略高，其误差可控制在±20%以内。尽管估价误差仍较大，但有它独特的好处，即这种估价方法不需要详细的工程设计资料，只要知道工艺流程及规模即可。在总承包工程报价时，承包商大都采用这种方法估价。

（3）系数估算法　系数估算法也称为因子估算法，它是以拟建项目的主体工程费或主要设备购置费为基数，以其他工程费占主体工程费的百分比为系数估算项目静态投资的方法。这种方法简单易行，但是精度较低，一般用于项目建议书阶段。系数估算法的种类很多，下面介绍几种主要类型。

1）设备系数法。以拟建项目的设备购置费为基数，根据已建成的同类项目的建筑安装费和其他工程费等占设备价值的百分比，求出拟建项目建筑安装工程费和其他工程费，进而求出建设项目的静态投资。其计算公式为

$$C = E(1 + f_1 p_1 + f_2 p_2 + f_3 p_3 + \cdots) + I \tag{3-3}$$

式中　　C——拟建项目的静态投资；

E——拟建项目根据当时当地价格计算的设备购置费；

p_1、p_2、p_3…——已建项目中建筑安装费及其他工程费等占设备购置费的比重；

f_1、f_2、f_3…——由于时间因素引起的定额，价格、费用标准等变化的综合调整系数；

I——拟建项目的其他费用。

2）主体专业系数法。以拟建项目中投资比重较大并与生产能力直接相关的工艺设备投资为基数，根据已建同类项目的有关统计资料，计算出拟建项目各专业工程（总图、土建、采暖给排水、管道、电气、自控等）占工艺设备投资的百分比，据此求出拟建项目各专业投资，然后加总，即为项目的静态投资。其计算公式为

$$C=E(1+f_1p_1'+f_2p_2'+f_3p_3'+\cdots)+I \tag{3-4}$$

式中　p_1'、p_2'、p_3'…——已建项目中各专业工程费用占工艺设备费的比重。

其他符号含义同式（3-3）。

3）朗格系数法。这种方法是以设备购置费为基数，乘以适当系数来推算项目的静态投资。这种方法在国内不常见，是世界银行项目投资估算常采用的方法。该方法的基本原理是将项目建设中的总成本费用中的直接成本和间接成本分别计算，再合为项目的静态投资。其计算公式为

$$C=E(1+\sum K_i)K_C \tag{3-5}$$

式中　C——拟建项目的静态投资；

E——拟建项目根据当时当地价格计算的设备购置费；

K_i——管线、仪表、建筑物等项费用的估算系数；

K_C——管理费、合同费、应急费等费用的总估算系数。

总建设费用与设备费用之比为朗格系数 K_L，即

$$K_L=(1+\sum K_i)K_C \tag{3-6}$$

应用朗格系数法进行工程项目或装置估价的精度仍不是很高，其原因主要有：装置规模大小发生变化的影响；不同地区自然地理条件的影响；不同地区经济地理条件的影响；不同地区气候条件的影响；主要设备材质发生变化时，设备费用变化较大而安装费用变化不大所产生的影响。

尽管如此，由于朗格系数法是以设备购置费为计算基础，而设备购置费用在一项工程中所占的比重在石油、石化、化工工程中占45%～55%，同时一项工程中每台设备所含有的管道、电气、自控仪表、绝热、油漆、建筑等都有一定的规律，所以只要对各种不同类型工程的朗格系数掌握得准确，估算精度仍可较高。朗格系数法估算误差为±10%～±15%。

（4）比例估算法　根据统计资料，先求出已有同类企业主要设备投资占项目静态投资的比例，然后再估算出拟建项目的主要设备投资，即可按比例求出拟建项目的静态投资。其表达式为

$$I=\frac{1}{K}\sum Q_i p_i \quad (i=1\sim n) \tag{3-7}$$

式中　I——拟建项目的静态投资；

K——主要设备投资占拟建项目投资的比例；

n——设备种类数；

Q_i——第 i 种设备的数据量；

p_i——第 i 种设备的单价（到厂价格）。

（5）指标估算法　这种方法是把建设项目划分为建筑工程、设备安装工程、设备购置费及工程建设其他费用等费用项目或单位工程，再根据各种具体的投资估算指标，进行各项费用项目或单位工程投资的估算，在此基础上，可细化成每一单项工程的投资。另外，再估算工程建设其他费用及基本预备费，即求得建设项目静态投资。

1）建筑工程费用估算。建筑工程费用是指为建造永久性建筑物和构筑物所需要的费用，一般采用单位建筑工程投资估算法、单位实物工程量投资估算法、概算指标投资估算法等进行估算。

2）设备及工具、器具购置费估算。设备购置费根据项目主要设备表及价格、费用资料编制，工具、器具购置费按设备费的定比例计取。对于价值高的设备应按单台（套）估算购置费，价值较小的设备可按类估算。国内设备和进口设备应分别估算，具体估算方法详见本书第 1 章 1.3.2。

3）安装工程费估算。安装工程费通常按行业或专门机构发布的安装工程定额、取费标准和指标估算投资。具体可按安装费率、每吨设备安装费或单位安装实物工程量的费用估算，计算公式为式（3-8）、式（3-9）、式（3-10）：

$$\text{安装工程费}=\text{设备原价}\times\text{安装费率}(\%) \tag{3-8}$$

$$\text{安装工程费}=\text{设备吨重}\times\text{每吨安装费} \tag{3-9}$$

$$\text{安装工程费}=\text{安装工程实物量}\times\text{安装费用指标} \tag{3-10}$$

4）工程建设其他费用估算。工程建设其他费用的计算应结合报建项目的具体情况，有合同或协议明确的费用按合同或协议列入。合同或协议中没有明确的费用，根据国家和各行业部门、工程所在地地方政府的有关工程建设其他费用定额和计算办法估算。

5）基本预备费估算。基本预备费的估算一般是以建设项目的工程费用和工程建设其他费用之和为基础，乘以基本预备费率进行计算。基本预备费率的大小，应根据建设项目的设计阶段和具体的设计深度以及在估算中所采用的各项估算指标与设计内容的贴近度、项目所属行业主管部门的具体规定确定。

【拓展思考 3-3】　上述的几种静态投资的估算方法中，哪一个方法最适合公路工程投资估算？

单位生产能力估算法、生产能力指数法、系数估算法、比例估算法适合于工业生产型项目的静态投资估算。指标估算法更适合于公路工程的静态投资估算。

2. 动态投资的估算方法

建设投资动态部分主要包括价格变动可能增加的投资额、建设期利息两部分内容。如果是涉外项目，还应该考虑汇率的影响。动态部分的估算应以基准年静态投资的资金使用计划为基础来计算，而不是以编制年的静态投资为基础计算。

（1）价差预备费的估算　价差预备费指设计文件编制年至工程交工年期间，建筑安装工程费中的人工费、材料费、设备费、施工机械使用费、措施费、企业管理费等由于政策、价格变化可能发生上浮而预留的费用，及外资贷款汇率变动部分的费用。其计算方法详见本书第 1 章 1.6.2。

（2）建设期利息的估算　建设期贷款利息指工程项目使用的贷款部门在建设期内应计

取的贷款利息，包括各种金融机构贷款、建设债券和外汇贷款等的利息。其计算方法详见本书第 1 章 1.7。

【拓展思考 3-4】 试分析汇率变化对涉外建设项目动态投资的影响。

外币对人民币升值：项目从国外市场购买设备材料所支付的外币金额不变，但换算成人民币的金额增加；从国外借款，本息所支付的外币金额不变，但换算成人民币的金额增加。

外币对人民币贬值：项目从国外市场购买设备材料所支付的外币金额不变，但换算成人民币的金额减少；从国外借款，本息所支付的外币金额不变，但换算成人民币的金额减少。

因此，项目建设需要估计汇率变化对项目投资的影响，通过预测汇率在项目建设期内的变动程度，以估算年份的投资额为基数，计算求得。

3.2 公路工程投资估算的编制

3.2.1 编制依据、要求

1. 编制依据

编制公路工程投资估算必须严格执行国家有关的公路基本建设工程的方针、政策和公路工程造价管理制度，符合公路工程技术标准、设计施工技术规范。编制依据主要有以下几个方面。

1）国家发布的有关法律、法规等。

2）现行的《公路工程建设项目投资估算编制办法》（JTG 3820）及配套的《公路工程估算指标》（JTG/T 3821）。

3）工程所在地省级交通运输主管部门发布的补充规定和定额等。

4）项目建议书或工程可行性研究图样等设计文件、工程实施方案。

5）批准的项目建议书等有关资料。

6）工程所在地的人工、材料与设备、施工机械价格等。

7）有关合同、协议等。

8）其他有关资料。

2. 编制要求

1）投资估算应根据项目建议书和工程可行性研究报告的工作深度，核实工程项目及其数量，结合工程所在地的建设条件，按《公路工程估算指标》和《公路工程基本建设项目投资估算编制办法》的规定编制。当可行性研究报告的工作深度已达到初步设计的深度时，可采用现行《公路工程概算定额》（JTG/T 3831—2018）编制可行性研究报告投资估算。

2）工程内容和费用构成齐全，计算合理，不重复计算，不提高或者降低估算标准，不漏项、不少算。

3）充分考虑拟建项目设计的技术参数和投资估算所采用的估算系数、估算指标在质和量方面所综合的内容，遵循口径一致的原则。

4）选用指标与具体工程之间存在标准或者条件差异时，应进行必要的换算或调整。

5）对影响造价变动的因素进行敏感性分析，注意分析市场的变动因素，充分估计物价上涨因素和市场供求情况对造价的影响。

6）投资估算精度应能满足控制初步设计概算要求，并尽量减少投资估算的误差。

3.2.2　公路工程投资估算各项费用的计算程序

《公路工程基本建设项目投资估算编制办法》（JTG 3820—2018）规定了公路工程投资估算各项费用的计算程序，见表 3-2。

表 3-2　公路工程建设各项费用的计算程序及计算方式

代号	项目	说明及计算式
(一)	定额直接费	Σ人工消耗量×人工基价+Σ(材料消耗量×材料基价+机械台班消耗量×机械台班基价)
(二)	定额设备购置费	按编制办法规定计算
(三)	直接费	Σ人工消耗量×人工单价+Σ(材料消耗量×材料预算单价+机械台班消耗量×机械台班预算单价)
(四)	设备购置费	Σ设备购置数量×预算单价,或按规定计算
(五)	措施费	(一)×施工辅助费费率+定额人工费和定额施工机械使用费之和×其他措施费综合费率
(六)	企业管理费	(一)×企业管理费综合费率
(七)	规费	各类工程人工费(含施工机械人工费)×规费综合费率
(八)	利润	[(一)+(五)+(六)]×利润率
(九)	税金	[(三)+(四)+(五)+(六)+(七)+(八)]×10%
(十)	专项费用	
	施工场地建设费	[(一)+(五)+(六)+(七)+(八)+(九)]×累进费率
	安全生产费	建筑安装工程费(不含安全生产费本身)×(≥1.5%)
(十一)	定额建筑安装工程费	(一)+(二)×40%+(五)+(六)+(七)+(八)+(九)+(十)
(十二)	建筑安装工程费	(三)+(四)+(五)+(六)+(七)+(八)+(九)+(十)
(十三)	土地使用及拆迁补偿费	按规定计算
(十四)	工程建设其他费	
	建设项目管理费	
	建设单位(业主)管理费	(十一)×累进费率
	建设项目信息化费	(十一)×累进费率
	工程监理费	(十一)×累进费率
	设计文件审查费	(十一)×累进费率
	竣(交)工验收试验检测费	按规定计算
	研究试验费	
	建设项目前期工作费	(十一)×累进费率
	专项评价(估)费	按规定计算
	联合试运转费	(十一)×费率
	生产准备费	
	工器具购置费	按规定计算
	办公和生活用家具购置费	按规定计算

（续）

代号	项目	说明及计算式
	生产人员培训费	按规定计算
	应急保通设备购置费	
	工程保通管理费	按规定计算
	工程保险费	[(十二)-(四)]×费率
	其他相关费用	
（十五）	预备费	
	基本预备费	[(十二)+(十三)+(十四)]×费率
	价差预备费	(十二)×费率
（十六）	建设期贷款利息	按实际贷款额度及利率计算
（十七）	公路基本造价	(十二)+(十三)+(十四)+(十五)+(十六)

【拓展思考 3-5】 表 3-2 建设项目估算总费用的各项费用中，从计算的程序上而言，最基础的费用是哪一个？

最基础的费用应该是定额直接费，因为绝大多数费用均以其或在以其为基数计算的费用的基础上进行的计算。

3.2.3 公路工程投资估算项目表

投资估算项目应按《公路工程基本建设项目投资估算编制办法》附录 B 投资估算项目表的分项编号及内容编制，如实际出现的工程和费用项目与项目表的内容不完全相符时，第一、二、三、四、五部分和“项”的序号、内容应保留不变，项目表中的“项”以下的分项在引用时应保持序号、内容不变，缺少的分项内容可随需要就近增加，并按项目表的顺序以实际出现的级别依次排列，不保留缺少的“项”以下的项目序号。

公路建设项目中的互通式立体交叉、辅道、支线，当工程规模较大时，也可按投资估算项目表单独编制建筑安装工程费，然后将其投资估算建筑安装工程总金额列入路线的总估算表中相应的项目内。

投资估算项目主要包括以下内容。

第一部分　建筑安装工程费

第一项　临时工程
第二项　路基工程
第三项　路面工程
第四项　桥梁涵洞工程
第五项　隧道工程
第六项　交叉工程
第七项　交通工程
第八项　绿化及环境保护工程
第九项　其他工程
第十项　专项费用

第二部分　土地使用及拆迁补偿费
第三部分　工程建设其他费
第四部分　预备费
第五部分　第一至四部分合计
第六部分　建设期贷款利息

项目表的详细内容见《公路工程基本建设项目投资估算编制办法》附录 B。

3.2.4　公路工程投资估算文件组成

投资估算文件由封面、扉页、目录、编制说明及全部计算表格组成。

1. 封面、扉页及目录

投资估算的封面和扉页应按《公路建设项目可行性研究报告编制办法》中的规定制作。扉页的次页和目录应按《公路工程基本建设项目投资估算编制办法》附录 A 的规定制作。

2. 编制说明

投资估算编制完成后应编写编制说明。编制说明内容应包括：

1）建设项目设计文件的依据。

2）编制范围、工程概况等。

3）采用的估算指标、费用标准，人工、材料与设备、施工机械台班单价的依据或来源，补充指标及编制依据的详细说明。

4）有关的协议书、会议纪要的主要内容。

5）投资估算总金额，人工、钢材、水泥、沥青等材料的总用量。

6）各设计方案的经济比较。

7）建设项目主要的综合经济技术指标。

8）其他有关费用计算项及计价依据的说明。

9）采用的公路工程造价软件名称及版本号。

10）其他需要说明的问题。

3. 计算表格

投资估算文件按不同的需要分为两组：甲组文件为各项费用计算表，乙组文件为建筑安装工程费各项基础数据计算表。甲、乙两组文件应按现行《公路建设项目可行性研究报告编制办法》中关于设计文件报送份数的要求，随设计文件一并报送，并同时提交可计算的造价电子数据文件和新工艺单价分析的详细资料。

乙组文件中的“分项工程估算表”可只提交电子版，或按需要提交纸质版。

投资估算应按一个建设项目［如一条路线或一座独立大（中）桥、隧道］进行编制。当一个建设项目需要分段或分部编制时，应根据需要分别编制，但必须汇总编制“总估算汇总表”。

甲、乙组文件应包括的内容如图 3-1 所示。

4. 各种表格计算逻辑

公路工程投资估算应按统一的投资估算表格计算。各种表格的计算顺序和相互关系如图 3-2 所示。

甲组文件
- 编制说明
- 项目前后阶段费用对比表
- 建设项目属性及技术经济信息表（00 表）
- 总估算汇总表（01-1 表）
- 总估算人工、主要材料、施工机械台班数量汇总表（02-1 表）
- 总估算表（01 表）
- 人工、主要材料、施工机械台班数量汇总表（02 表）
- 建筑安装工程费计算表（03 表）
- 综合费率计算表（04 表）
- 综合费计算表（04-1 表）
- 设备费计算表（05 表）
- 专项费用计算表（06 表）
- 土地使用及拆迁补偿费计算表（07 表）
- 工程建设其他费用计算表（08 表）
- 人工、材料、施工机械台班单价汇总表（09 表）

a）甲组文件

乙组文件
- 分项工程估算计算数据表（21-1 表）
- 分项工程估算表（21-2 表）
- 材料预算单价计算表（22 表）
- 自采材料料场价格计算表（23-1 表）
- 材料自办运输单位运费计算表（23-2 表）
- 施工机械台班单价计算价（24 表）
- 辅助生产人工、材料、施工机械台班单位数量表（25 表）

b）乙组文件

图 3-1 甲、乙两组文件包含的内容

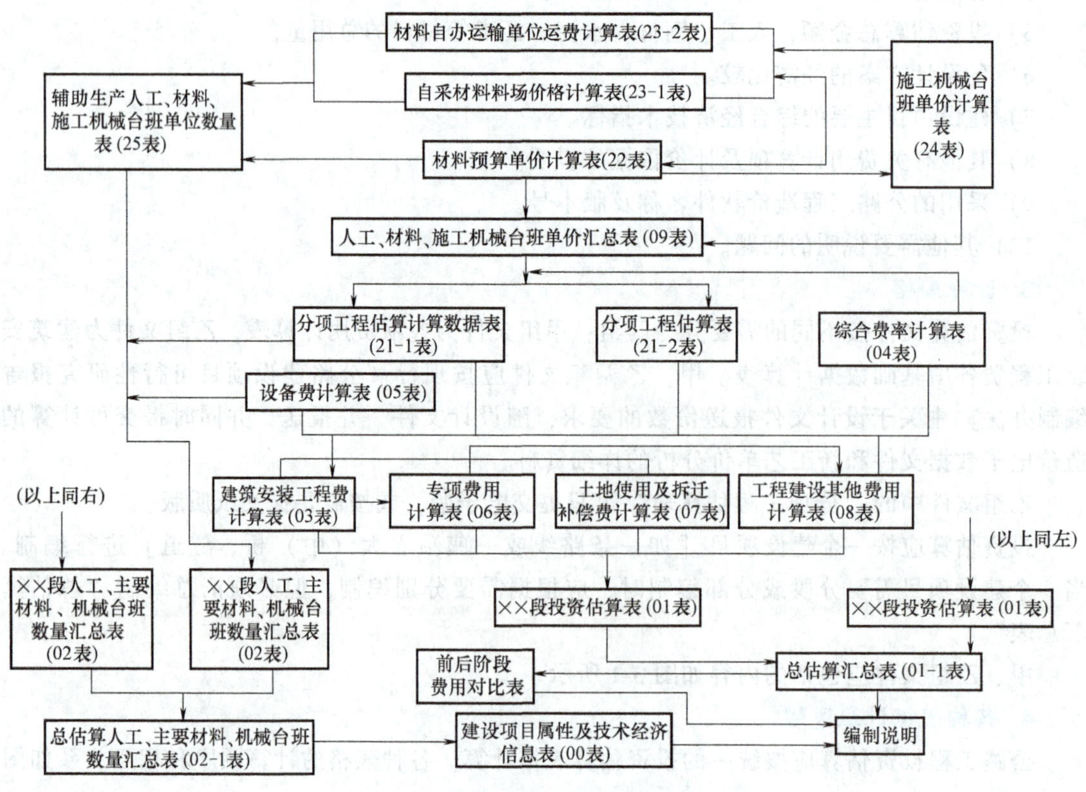

图 3-2 各种表格的计算顺序和相互关系

3.3 公路工程决策阶段造价管理

建设项目投资决策是选择和决定投资行动方案的过程，是建设项目投资者在调查、分析和研究的基础上，对投资规模、投资方向、投资结构、投资分配以及投资项目的选择和布局等方面进行分析研究，在一定约束条件下，对拟建项目的必要性和可行性进行技术经济论证，对不同建设方案进行技术经济分析、比较及做出判断和决定的过程。

项目决策是投资行动的前提和准则。正确的项目投资来源于正确的项目决策。项目决策的正确与否，是合理确定与控制工程造价的前提。它关系到工程造价的高低及投资效果的好坏，并直接影响到项目建设的成败。因此，加强建设项目决策阶段的工程造价管理意义重大。

建设项目决策阶段的工程造价即投资估算。

3.3.1　建设项目决策与工程造价的关系

(1) 项目决策的正确性是工程造价合理性的前提　正确的项目决策意味着对项目建设做出科学的决断，优选出最佳投资行动方案，达到资源的合理配置。这样才能合理确定工程造价，并且在实施最优投资方案过程中，有效地控制工程造价。项目决策失误，主要体现在：对不该建设的项目进行投资建设，项目建设地点的选择错误，投资方案的确定不合理等。诸如此类的决策失误，会造成不必要的人力、物力及财力的浪费，甚至造成不可弥补的损失。在这种情况下，进行工程的计价与管理已毫无意义。因此，工程造价要合理，首先保证项目决策的正确性，避免决策失误。

(2) 项目决策的内容是决定工程造价的基础　工程造价的计价与控制贯穿于建设项目的全过程，但决策阶段各项技术经济分析与判断，对该项目的工程造价有重大影响，特别是建设标准的确定、建设地点的选择、工艺的评选、材料的选用等，直接关系到工程造价的高低。据有关资料统计，在建设项目的全过程中，项目决策阶段对工程造价的影响程度最高，达到70%~80%。因此，项目决策阶段决策的内容是决定工程造价的基础，直接影响着决策阶段之后的各个建设阶段工程造价的计价与控制。

(3) 项目决策的深度影响投资估算的精确度，也影响工程造价的控制效果　建设项目投资决策过程，是一个由浅入深、不断深化的过程，依次分为若干工作阶段，不同阶段决策的深度不同，投资估算的精确度也不同。例如，投资机会及项目建议书阶段，是初步决策的阶段，投资估算的误差率在±30%左右；而详细可行性研究阶段，是最终决策阶段，投资估算误差率在±10%以内。另外，由于在建设项目的实施过程中，即决策阶段、初步设计阶段、技术设计阶段、施工图设计阶段、工程招标投标及承发包阶段、施工阶段，以及竣工验收阶段，通过工程造价的确定与控制，相应形成投资估算、设计概算、修正概算、施工图预算、承包合同价、结算价及竣工决算造价。这些造价形式之间存在着前者控制后者、后者补充前者这样的相互作用关系。按照“前者控制后者”的制约关系，意味着投资估算对其后面的各种形式的造价起着制约作用，是限额目标。由此可见，只有加强项目决策的深度，采用科学的估算方法和可靠的数据资料，合理地进行投资估算，才能保证其他阶段的造价被控制在合理范围，使投资控制目标能够实现，避免“三超”现象的发生。

(4) 工程造价是影响项目决策的因素之一 决策阶段对工程造价的估算（即投资估算）是投资方案选择的重要依据之一。投资估算会影响项目资金筹措、影响项目经济评价结论，也是评定投资项目是否可行及主管部门进行项目审批的参考依据。

3.3.2 项目决策阶段影响工程造价的主要因素

项目工程造价的多少主要取决于项目的建设标准。建设标准是工程项目前期工作中，对项目决策中有关建设的原则、等级、规模建设用地和主要技术经济指标等方面的规定。制定建设标准的目的在于建立工程项目的建设活动秩序，适应社会主义市场经济体制要求，加强固定资产投资与建设宏观调控，指导建设项目科学决策和管理，合理确定项目建设水平。充分利用资源，推动技术进步，不断提高投资效益。

建设标准的内容包括影响工程项目投资效益的主要方面，其具体内容应根据各类工程项目的不同情况确定。工业项目一般包括建设条件、建设规模、项目构成、工艺与装备、配套工程、建筑标准、建设用地、环境保护 劳动定员、建设工期、投资估算指标和主要技术经济指标等；民用项目一般包括建设规模、建设等级、建筑标准、建设设备、建设用地、建设工期、投资估算指标和主要技术经济指标等。能否起到控制工程造价、指导建设投资的作用，关键在于标准水平定得合理与否。标准水平定得过高，会脱离我国的实际情况和财力、物力的承受能力，增加造价；标准水平定得过低，会妨碍技术进步，影响国民经济的发展和人民生活的改善。大多数工业交通项目应采用中等适用的标准，对少数引进国外先进技术和设备的项目或少数有特殊要求的项目标准可适当高些。在建筑方面，应坚持经济、适用、安全、朴实的原则。建设项目标准中的各项规定，能定量的应尽量给出指标，不能定量的要有定性的原则要求。

1. 公路建设规模和技术标准

公路项目建设是一项一次性巨额投资而回收期较长的经济活动，尤其是高等级公路的建设，投资相当巨大。在公路网发达和人口密集地区，受工程和地质条件、公路用地和筑路材料等建设条件的制约，建设投资更为巨大。因此，科学合理地确定公路建设规模以及技术标准，在公路建设项目决策阶段尤为重要。

技术标准的确定，需依据公路相关技术标准和规范，并充分考虑项目所处的自然、地理和地质条件的特点、沿线区域的特殊性和差异性，在满足安全性、功能性条件下，通过对工程方案和技术经济进行比选，科学确定技术标准。

(1) 公路等级选用原则 公路的等级应根据公路网的规划和远景交通量，从全局出发，结合公路的使用任务和性质综合确定。公路等级选用的基本原则如下。

1）公路等级的选用应根据公路功能、路网规划和交通量，并充分考虑项目所在地区的综合运输体系、远期发展等，经论证后确定。

2）一条公路可分段选用不同的公路等级或同一公路等级不同的设计速度、路基宽度，但不同公路等级、设计速度和路基宽度间的衔接应协调，过渡应顺适。

3）预测的设计交通量介于一级公路与高速公路之间时，拟建公路为干线公路时，宜选用高速公路，拟建公路为集散公路时，宜选一级公路。

4）干线公路宜选用二级及二级以上公路。

(2) 各级公路适应交通量 通常以设计年平均日交通量作为设计依据，即以现有交通量为准，考虑将来经济的发展和道路改造引起交通量变化的需要，推算到设计年限的交通量。交通运输部颁布的《公路工程技术标准》（JTG B01—2014）将公路按功能相适应交通量分为高速、一、二、三、四级公路五个等级。

（3）技术标准的确定　公路主要技术指标见表 3-3。

表 3-3　公路主要技术指标

序号	指标	单位	序号	指标	单位
1	公路等级	—	8	不设超过最小半径	m
2	设计速度	km/h	9	一般最小半径	m
3	行车道宽度	m	10	极限最小半径	m
4	硬路肩宽度	m	11	最大纵坡	%
5	土路肩宽度	m	12	停车视距	m
6	中间带宽度	m	13	桥涵设计荷载	—
7	路基宽度	m			

不同建设规模和技术标准对应不同工程造价。公路建设项目在确定建设规模和技术标准时应综合考虑成本效益，根据公路的功能、交通量服务水平以及安全环保、可持续发展等的社会效益进行全过程、全方位的综合论证，使公路的综合效益最佳。

2. 建设地点及工程方案

公路建设项目的建设地点即路线所穿越的地点。因此，公路建设地点的选择也就是路线方案的选择。选择路线方案是一项复杂的、技术经济综合性很强的系统工程，它不仅涉及项目建设条件、生产要素、生态环境等重要问题，受社会、政治、经济、国防等多因素的制约，而且还直接影响到项目建设投资、建设速度和施工条件，以及未来运营、养护管理，沿线的城乡建设规划与发展。因此，必须从国民经济和社会发展的全局出发，运用系统观点和方法分析决策。

（1）路线方案选择的基本原则　路线方案是公路设计中最根本的问题。方案是否合理，直接影响工程造价的高低、建设工期的长短、建设质量的好坏，还影响项目建成后的运输效率。选择路线方案时要遵循以下几个基本原则。

1）控制点周围的路线位置与城市规划城镇体系规划、路网规划一致。

2）路线选择要与水利工程及国土规划相协调。

3）线路要与路网结点发展相协调。

4）要和其他高速公路、一级公路、二级公路相协调。

5）互通式立交可设在交通联络方便的地点，以便调整路线位置。

6）尽量以短距离、短时间连接路线。

7）考虑选线的控制点，如铁路、公路、水路输电线、池塘、村庄、学校、重要历史文物、机场、军用设施、大型厂矿企业等。

（2）路线方案技术经济比选　路线方案不仅关系到公路建设项目技术的可行性，对工程造价的高低和建设期限，以及项目建成后的运营状况也有很大影响。因此，在确定路线方案时，应进行技术经济比较，选择最佳方案。

技术比选主要从以下几方面进行。

1）区域路网功能、城市利用功能和经济发展功能。

2）与沿线城镇开发区等的协调关系。

3）与周边自然环境的协调。

4）建设条件及工程规模。

5）路网配置及交通流向。

另外，要考虑区域经济发展情况、人口密集程度、高填土带来的拆迁安置问题，尤其是土地资源匮乏地区，路基占地和取土占地就成了重点问题，节约土地应是方案设计的制约条件。因此，要综合考虑各项因素后确定方案。

在方案比选中，对一些工程量较大的路段，应单独拿出来做方案比选。包括：

1）高路堤与高架桥方案的比选。

2）深挖与隧道方案的比选。

3）分离式路基与整体式路基的比选。

4）大桥、特大桥桥型方案比选。

路线方案的经济比选，除比较上述建设方案的工程造价外，还应具有全寿命周期的理念，从以下两方面进行分析。

1）项目投资费用，包括建筑安装工程费、土地征购费、拆迁补偿费等。

2）项目建成后运营、养护费用。包括车辆运行成本、公路养护维修费用等。

不同建设地点及工程方案，对应不同工程造价。

3. 设备方案

为了满足公路的营运、管理、养护，公路建设项目需要购置的设备包括渡口设备、隧道照明、通风的动力设备高等级公路的监控设备养护用的机械等。随着高等级公路的修建，设备购置费用在公路建设项目总造价中不断提高。设备方案是影响公路造价的主要因素之一。

设备的选择与技术密切相关，二者必须匹配。没有先进的技术，再好的设备也没用，没有先进的设备，技术的先进性无法体现。

（1）设备方案选择应符合的要求

1）主要设备方案应与确定的建设规模和技术方案相适应，并满足项目投产后使用的要求。

2）主要设备之间、主要设备与辅助设备之间能力要相互匹配。

3）设备质量可靠性能成熟，保证运行稳定。

4）在保证设备性能前提下，力求经济合理。

5）选择的设备应符合政府部门或专门机构发布的技术标准要求。

（2）设备选用应注意处理的问题

1）要尽量选用国产设备。凡国内能够制造，并能保证质量、数量和按期供货的设备，或者进口一些技术资料就能仿制的设备，原则上选择国内生产，不必从国外进口；凡只引进关键设备就能有国内配套使用的，就不必成套引进。

2）要注意进口设备之间以及国内外设备之间的衔接配套问题。有时一个项目从国外引进设备时，为了考虑各供应厂家的设备特长和价格等问题可能分别向几家制造厂购买，这时，就必须注意各厂所供设备之间技术、效率等方面的衔接配套问题。为了避免各厂所供设备不能配套衔接，引进时最好采用总承包的方式。

还有一些项目，一部分为进口国外设备，另一部分则引进技术由国内制造。这时，也必须注意国内外设备之间的衔接配套问题。

3）要注意进口设备与原有国产设备之间的配套问题。主要应注意原有国产设备的质量、性能与引进设备是否配套，以免因国内外设备能力不平衡而影响使用。

4）要注意进口设备与原材料、备品备件及维修能力之间的配套问题。应尽量避免引进的设备所用主要原料需要进口。如果必须从国外引进时，应安排国内有关厂家尽快研制这种原料。在备品备件供应方面，随机引进的备品备件数量往往有限，有些备件在厂家输出技术或设备之后不久就被淘汰，因此采用进口设备，还必须同时组织国内研制所需备品备件问题，以保证设备长期发挥作用。另外，对于进口的设备，还必须掌握如何操作和维修，否则不能发挥设备的先进性。在外商技术人员调试安装时可培训国内技术人员及时学会操作，必要时也可派人出国培训。

4. 环境保护措施

公路建设项目一方面对社会经济的发展做出贡献，另一方面又使自然环境和资源遭到破坏，付出社会成本，从而引起一系列环境问题，如水土流失、生态平衡失调、环境污染等。因此，需要在确定路线方案和技术方案中，调查研究环境条件，识别和分析拟建项目影响环境的因素，研究提出治理和保护环境的措施，比选和优化环境保护方案。

（1）环境保护的基本要求　工程建设项目应注意保护场址及其周围地区的水土资源、海洋资源、矿产资源、森林植被、文物古迹、风景名胜等自然环境和社会环境。其环境保护措施应坚持以下原则。

1）符合国家环境保护法律、法规和环境功能规划的要求。

2）坚持污染物排放总量控制和达标排放的要求。

3）坚持“三同时原则”，即环境治理措施应与项目的主体工程同时设计、同时施工、同时投产使用。

4）力求环境效益与经济效益相统一，在研究环境保护治理措施时，应从环境效益、经济效益相统一的角度进行分析论证，力求环境保护治理方案技术可行和经济合理。

5）注重资源综合利用，对环境治理过程中项目产生的废气、废水、固体废弃物，应提出回水处理和再利用方案。

（2）环境治理措施方案　应根据项目的污染源和排放污染物的性质，采用不同的治理措施。公路建设项目环境治理措施包括施工期和运营期两个阶段。

1）废水污染治理，可采用物理法（如重力分离离心分离、过滤、蒸发结晶、高磁分离等）、化学法（如中和化学凝聚、氧化还原等）、物理化学法（如离子交换、电渗析、反渗透、气泡悬上分离、汽提吹脱、吸附萃取等）、生物法（如自然氧池、生物滤化、活性污泥、厌氧发酵）等方法。

2）固体废弃物污染治理。有毒废弃物可采用防渗漏池堆存；放射性废弃物可采用封闭固化；无毒废弃物可采用露天堆存；生活垃圾可采用卫生填埋堆肥、生物降解或者焚烧方式处理；利用无毒害固体废弃物加工制作建筑材料或者作为建材添加物，进行综合利用。

3）粉尘污染治理，可采用过滤除尘、湿式除尘、电除尘等方法。

4）噪声污染治理，可采用吸声、隔声、减振隔振等措施。

5）水土保持措施，主要是施工期。具体措施包括：不乱砍、乱伐征地范围内的林木；

临时工程的修建不切割或阻拦地表径流；及时清运隧道弃渣、路基挖方、桥梁钻孔泥浆及基坑挖方等，减少在现场的临时堆放数量和时间；临时堆放时做好临时防护措施，做好地表截排水措施，防止工程施工中开挖的土石材料对河流水道灌渠等排水系统产生淤积或堵塞；弃土作业必须先挡后弃，避免弃渣外溢；路基主体工程施工完毕后，及时施工做坡面防护工程（护坡和植草）。

（3）公路环境治理投资　公路环境治理投资包括治理环境污染的投资和保护环境的投资。具体有：

1）防治交通运输噪声的设施投资。主要指声屏障、封闭外廊、加高院落围墙装双层玻璃门窗等。

2）防振动的设施投资。主要包括减振用的减振沟，基础的加固措施等。

3）生活服务区、管理区收费站等生活服务设施所属的污水治理设施，垃圾处理和锅炉除烟设施以及施工中生产废水和生活污水的治理设施等。

4）排水沟系统中的泥沙、隔油池等。

5）为了降低交通噪声和汽车尾气污染而营造的林带，以及公路占地界外的居民点的拆迁、安置费等。

6）为了减少施工期运输筑路材料及材料拌和产生的粉尘所采取的治理措施及设备。

7）为了减少因公路施工造成地表植被破坏，引起公路线开挖或回填处水土流失增加而采取的护坡工程措施。

8）公路取弃土场所及沥青、混凝土搅拌站、料堆场、施工营地等采取的土地复垦及生态恢复工程措施。

9）为保护公路沿线农田与农作物所采取的措施，如耕层土壤保护措施（包括减少污染和表层土壤保护等措施）；路线以外为保持原有水利及农田灌溉格局而设置的工程。

10）公路经过湿地、草原、草场、戈壁沙漠的改造所采取的保护工程。

11）公路经过水源保护地、自然保护区濒危动植物保护区、渔业养殖水城等所采取的保护工程。

12）为保护文物古迹等专设的高架桥工程。

13）危险品运输中突发性事故的防治措施费。

（4）环境治理方案比选　对环境治理的各局部方案和总体方案进行技术经济比较，并做出综合评价。比较，评价的主要内容有：

1）技术水平对比，分析对比不同环境保护治理方案所采用的技术和设备的先进性，适用性、可靠性和可得性。

2）治理效果对比，分析对比不同环境保护治理方案在治理前及治理后环境指标的变化情况，以及能满足环境保护法律法规的要求。

3）管理及监测方式对比，分析对比各治理方案所采用的管理和监测方式的优缺点。

4）环境效益对比，将环境治理保护所需投资和环保措施运行费用与所获得的收益相比较，效益费用比值较大的方案为优。

5. 施工组织规划设计

施工组织规划设计是在可行性研究阶段，根据设计方案，结合建设项目的特定条件和实际情况，提出的建设安排和实施方案。其目的是为了建设项目的顺利实施和科学、合理地部署施工现场，从而有序地组织施工，不断地提高投资经济效益，节约建设费用。

按照编制公路工程可行性研究报告的规定与要求，施工组织规划设计需要论述和研究的主要内容包括以下几个方面。

1）勘测设计计划。如应实行几阶段设计，各设计阶段完成勘察设计任务的具体时间，应由哪一级的勘察设计单位承担。

2）分期建设的设想。为提高建设项目的投资效益和社会效益，说明分期建设和分段通车的可能性和必要性。

3）施工进度计划。如合理的建设工期，计划开竣工的时间，分年度完成的投资计划和贷款使用计划等。

4）现场施工平面规划设计。如适当的标段划分，合理可行的施工方法，取土场、弃土场、大型混凝土构件预制场、路面混合料拌和场、材料堆放场、施工等单位驻地的选定，使之具有一个良好的施工环境。

5）实施方法。如采用的招标方式、组织管理模式、实行工程监理的意见等。

施工组织规划设计是编制可行性研究报告投资估算的一些主要基础资料，如以取土场、弃土场为依据而计算的土石方运量；以构件预制等场地为依据计算的材料平均运距；计算工程监理费和勘察设计费的依据；建设期贷款利息和价差预备费的计算年限；临时生产、生活用地数量的取定等，无一不是以上述施工组织规划设计的内容为依据的。所以，施工方案不仅对建设项目的实施起着决定性的指导作用，而且也是编制可行性研究报告投资估算的重要依据。施工方案规划的优劣会对工程造价的编制产生重要的影响。

3.3.3　决策阶段工程造价管理的主要内容

决策阶段工程造价管理主要从整体上把握项目的投资，分析确定公路工程造价的主要影响因素，编制公路工程项目的投资估算，对公路工程项目进行经济财务分析，考察公路工程项目的国民经济评价与社会效益评价，结合公路工程项目决策阶段的不确定性因素对公路工程项目进行风险管理等。

1. 建设项目决策阶段的投资估算

投资估算是一个项目决策阶段的主要造价文件。它是项目可行性研究报告和项目建议书的组成部分，投资估算对于项目的决策及投资的成败十分重要。编制工程项目的投资估算时，应根据公路工程项目的具体内容及国家有关规定和估算指标等，以估算编制时的价格进行编制，并应按照有关规定，合理地预测估算编制后至竣工期间的价格、利率、汇率等动态因素的变化对投资的影响，打足建设投资，确保投资估算的编制质量。

提高投资估算的准确性，可以从以下几点做起：认真收集整理各种公路工程项目的竣工决算的实际造价资料；不能生搬硬套工程造价数据，要结合时间、物价及现场条件和装备水平等因素做出充分的调查研究；提高造价专业人员和设计人员的技术水平；提高计算机的应用水平；合理估算工程预备费；对引进设备和技术项目要考虑每年的价格浮动和外汇的折算变化等。

2. 分析确定影响公路工程项目投资决策的主要因素

（1）确定公路工程建设项目的资金来源　目前，我国公路工程项目的资金来源有多种渠道，一般从国内资金和国外资金两大渠道来筹集。国内资金来源一般包括国内贷款、国内证券市场筹集、国内外汇资金和其他投资等。国外资金来源一般包括国外直接投资、国外贷款、融资性贸易、国外证券市场筹集等。不同的资金来源其筹集资金的成本不同，应根据公路工程项目的实际情况和所处环境选择恰当的资金来源。

(2) 选择资金筹集方法　从全社会来看，筹资方法主要有利用财政预算投资、利用自筹资金安排的投资、利用银行贷款安排的投资、利用外资、利用债券和股票等资金筹集方法。各种筹资方法的筹资成本不尽相同，对公路工程项目工程造价均有影响，应选择适当的几种筹资方法进行组合，使得公路工程项目的资金筹集不仅可行，而且经济。

(3) 合理处理影响公路工程项目工程造价的主要因素　在公路工程项目投资决策阶段，应合理地确定项目的建设规模、建设地区和厂址，科学地选定项目的建设标准并适当地选择项目生产工艺和设备，这些都直接关系到项目的工程造价和全寿命成本。

3. 公路工程项目决策阶段的经济分析

公路工程的项目经济分析是指以公路工程项目和技术方案为对象的经济方面的研究。它是可行性研究的核心内容，是公路工程项目决策的主要依据。其主要内容是对公路工程项目的经济效果和投资效益进行分析。进行项目经济评价就是在项目决策的可行性研究和评价过程中，采用现代化经济分析方法，对拟建项目计算期（包括建设期和生产期）内投入产出等诸多经济因素进行调查、预测、研究、计算和论证，做出全面的经济评价，提出投资决策的经济依据，确定最佳投资方案。

(1) 现阶段公路工程项目经济评价的基本要求

1）动态分析与静态分析相结合，以动态分析为主。

2）定量分析与定性分析相结合，以定量分析为主。

3）全过程经济效益分析与阶段性经济效益分析相结合，以全过程分析为主。

4）宏观效益分析与微观效益分析相结合，以宏观效益分析为主。

5）价值量分析与实物量分析相结合，以价值量分析为主。

6）预测分析与统计分析相结合，以预测分析为主。

(2) 财务评价　财务评价是项目可行性研究中经济评价的重要组成部分，它是根据国家现行财税制度和价格体系，分析、计算项目直接发生的财务效益和费用，编制财务报表，计算评价指标，考察项目的盈利能力、清偿能力以及外汇平衡等财务状况，并据此判别项目的财务可行性。其评价结果是决定项目取舍的重要决策依据。

1）财务盈利能力分析。财务评价的盈利能力分析主要是考察项目投资的盈利水平，主要指标有：

① 财务内部收益率（FIRR），这是考察项目盈利能力的主要动态评价指标。

② 投资回收期（P_t），这是考察项目在财务上投资回收能力的主要静态评价指标。

③ 财务净现值（FNPV），这是考察项目在计算期内盈利能力的动态评价指标。

④ 投资利润率，这是考察项目单位投资盈利能力的静态指标。

⑤ 投资利税率，这是判别单位投资对国家积累的贡献水平高低的指标。

⑥ 资本金利润率，这是反映投入项目的资本金盈利能力的指标。

2）项目清偿能力分析。项目清偿能力分析主要是考察计算期内各年的财务状况及偿债能力，主要指标有：

① 固定资产投资国内借款偿还期。

② 利息备付率，表示使用项目利润偿付利息的保证倍率。

③ 偿债备付率，表示可用于还本付息的资金偿还借款本息的保证倍率。

3）财务外汇效果分析。公路工程项目涉及产品出口创汇及替代进口节汇时，应进行项目的外汇效果分析。在分析时，计算财务外汇净现值、财务换汇成本、财务节汇成本等指标。

4. 国民经济评价与社会效益评价

（1）国民经济评价　国民经济评价是按照资源合理配置的原则，从国家整体角度考虑项目的效益和费用，用货物影子价格、影子工资、影子汇率和社会折现率等经济参数，分析、计算项目对国民经济的净贡献，评价项目的经济合理性。

1）国民经济评价指标。国民经济评价的主要指标是经济内部收益率。另外，根据建设项目的特点和实际需要，可计算经济净现值和经济净现值率指标。初选建设项目时，可计算静态指标投资净效益率。其中，经济内部收益率（EIRR）是反映建设项目对国民经济贡献程度的相对指标；经济净现值（ENPV）反映建设项目对国民经济所做贡献，是绝对指标；经济净现值率（ENPVR）是反映建设项目单位投资为国民经济所作净贡献的相对指标；投资净效益率是反映建设项目投产后单位投资对国民经济所做年净贡献的静态指标。

2）国民经济评价外汇分析。涉及产品出口创汇及替代进口节汇的建设项目，应进行外汇分析，计算经济外汇净现值、经济换汇成本、经济节汇成本等指标。

（2）社会效益评价　目前，我国现行的公路工程项目经济评价指标体系中，还没有规定社会效益评价指标。社会效益评价以定性分析为主，主要分析项目建成投产后，对环境保护和生态平衡的影响，对提高地区和部门科学技术水平的影响，对提供就业机会的影响，对产品用户的影响，对提高人民物质文化生活及社会福利生活的影响，对城市整体改造的影响，对提高资源利用率的影响等。

5. 公路工程项目决策阶段的风险管理

风险通常是指产生不良后果的可能性。在公路工程项目的整个建设过程中，决策阶段是进行造价控制的重点阶段，也是风险最大的阶段，因而风险管理的重点也在公路工程项目投资决策阶段。所以在该阶段要及时通过风险辨识和风险分析，提出建设投资决策阶段的风险防范措施，提高建设项目的抗风险能力。

第4章 公路工程设计阶段计价与管理

4.1 建设工程概算与预算

4.1.1 建设项目设计阶段的划分

基本建设项目一般采用两阶段设计，即初步设计和施工图设计。对于技术简单、方案明确的小型建设项目，可采用一阶段设计，即一阶段施工图设计；技术复杂、基础资料缺乏和不足的建设项目或建设项目中的特大桥、长隧道、大型地质灾害治理等，必要时采用三阶段设计，即初步设计、技术设计和施工图设计；高速公路、一级公路必须采用两阶段设计。

初步设计应根据批复的可行性研究报告、测设合同和初测、初勘资料编制。一阶段施工图设计应根据批复的可行性研究报告、测设合同和定测、详勘资料编制。

两阶段设计时，施工图设计应根据批复的初步设计、测设合同和定测、详勘（含补充定测、详勘）资料编制。

三阶段设计时，技术设计应根据批复的初步设计、测设合同和定测、详勘资料编制；施工图设计应根据批复的技术设计、测设合同和补充定测、补充详勘资料编制。

【拓展思考 4-1】 工程设计按设计的深度可分为初步设计、技术设计和施工图设计三个阶段，那么对应的工程造价文件有哪些？

1）初步设计与概算。初步设计关键是要解决诸如路线、大型构造物、路面结构形式、软土处理以及生态环境保护等技术方案问题。在初步设计阶段要编制设计概算，它是以《公路工程概算定额》《公路工程概算定额》（JTG/T 3831）为依据的。若初步设计总概算超过可行性研究报告确定的投资估算的10%以上或其他指标必须变更时，要重新报批可行性研究报告。

2）技术设计与修正概算。技术设计是对初步设计中的设计方案的进一步优化和落实，并据以编制修正概算。修正概算是对初步设计概算进行修正调整，比设计概算准确。

3）施工图设计与施工图预算。施工图阶段是通过图样把设计者的意图和全部设计结果表达出来，作为施工制作的依据，是最详细的图样。在此阶段编制的施工图预算是以《公路工程预算定额》《公路工程预算定额》（JTG/T 3832）为依据的，它比概算或修正概算更为详尽和准确。施工图预算需要控制在概算范围内。

4.1.2　初步设计概算

初步设计概算是反映建设项目初步设计内容全部费用的文件，是初步设计文件的重要组成部分，是工程造价管理工作的重要环节。因此，掌握设计概算的编制原则和方法，以及国家有关规定，对提高设计概算编制质量，节约建设资金，适应建立市场经济的要求，加强宏观调控，充分发挥投资效益，都具有十分重要的现实意义。

初步设计概算是在投资估算的控制下由设计单位根据初步设计（或扩大初步设计）图样、概算定额（或概算指标）、各项费用定额或取费标准（指标）、建设地区自然、技术经济条件和设备、材料预算价格等资料，编制和确定的建设项目从筹建至竣工交付使用所需全部费用的文件。初步设计概算包括文字说明及各种计算表格。根据国家规定，初步设计必须要有概算，由设计部门负责编制，并对其编制质量负责。设计概算一经批准，就是建设项目投资的最高限额，并具有一定的约束力，必须严格控制，认真执行，以确保建设项目的顺利实施。

初步设计概算的作用主要有以下几点。

1）设计概算是确定建设项目总投资的依据。它是建设项目从筹建到竣工交付使用所需的全部费用的文件，概算经批准后是基本建设项目投资最高限额，是编制建设项目投资计划、确定和控制建设项目投资的依据。

2）设计概算是编制基本建设计划的依据。国家确定基本建设计划的投资规格和投资方向，对国民经济各部门进行投资分配，都是以设计概算为依据的，所以，没有批准的概算，就不得列入年度基本建设计划。

3）设计概算是衡量设计方案经济合理性和选择最佳设计方案的依据。要衡量建设项目的设计方案是否经济合理，必须以设计概算为依据，因为设计只有实物量指标，由于工程的千差万别，根据实物量指标是无法进行比较的，必须根据建设工程以货币表现的设计概算及其价格，即概算文件反映的各项技术经济指标，以此与同类工程或各种设计方案进行对比分析，评价其经济合理性，从而避免浪费，促进设计质量的提高。

4）设计概算是考核建设项目投资效果的依据。在建设工程竣工后，通过设计概算与竣工决算的“两算”对比，检查分析建设项目投资的执行情况，总结经验教训，以不断提高投资效益和管理水平。

5）设计概算是控制施工图设计和施工图预算的依据。当进行技术设计时，则是控制修正概算的依据；若以初步设计进行施工招标，是控制标底的依据，其标底必须控制在概算的范围内，这也是搞好项目管理的基础。

6）设计概算是编制招标控制价的依据。以批准的初步设计进行设计施工总承包招标的工程，其造价控制值应在批准的总概算范围内。

4.1.3　施工图预算

施工图预算是由设计单位在施工图设计完成后，根据施工图设计图样和施工组织设计，现行预算定额、取费标准以及当地、当时设备、材料、人才、施工机械台班等预算价格编制的造价文件。施工图预算是施工图设计文件的重要组成部分。施工图预算应控制在批准的初步设计概算范围内。

公路建设点多线长，一条公路长几十千米甚至几百千米，需要通过各种不同的自然地区，受地形、地貌、地质、自然环境、沿线物质资源条件影响很大，所以相同的工程标准、相同的规模，在不同的地区工程造价的差别是比较大的。考虑到公路建设的特点，公路工程预算定额以实物量法进行编制：在计量单位内，以人工、材料、机械台班消耗量表示的公路工程预算定额只定量不定价。人工、材料、机械台班价格必须采用工地的实际价格进行计算。外购材料价格要计算采购点到工地仓库或工地堆放地点的预算价格。根据这种方法编制符合各地区实际情况的施工图预算。

施工图预算的作用主要有以下几点。

1）施工图预算经审定后，是确定工程造价、编制或调整固定资产投资计划和考核工程成本的依据。

2）以施工图设计进行施工招标的工程，经审定后的施工图预算是编制标段清单预算、造价控制值的依据，也是分析、考核施工企业投标报价和理性的参考。

3）施工图预算是考核施工图设计经济合理性的依据。施工图预算的编制也是对初步设计或技术设计进一步的具体和深化，施工图预算提供的总预算造价指标和各种分项工程的造价指标与以往的技术经济指标进行比较，进一步论证初步设计或技术设计所确定的设计方案、修建原则是否经济合理。同时还应和初步设计概算或技术设计修正概算中的各项技术指标进行核对，以检查概算编制的质量和水平，这对于不断地总结经验，提高设计的技术水平是非常重要的。

4）对不宜实行招标而采用施工图预算加调整价结算的工程，经审定后的施工图预算可作为确定合同价款的基础或作为审查施工企业提出施工预算的依据。

4.2 公路工程初步设计概算的编制

4.2.1 编制依据

编制初步设计概算的依据主要有以下几项内容。

1）国家发布的有关法律、法规等。

2）现行的《公路工程建设项目概算预算编制办法》（JTG 3830—2018）及配套的《公路工程概算定额》（JIG/T 3831—2018）、《公路工程机械台班费用定额》（JTG/T 3833—2018）。

3）工程所在地省级交通主管部门发布的补充规定和定额等。

4）可行性研究报告的批（核）准文件（修正概算时为初步设计批复文件）等有关资料。

5）初步设计（或技术设计）图样等设计文件、工程施工方案（含施工组织设计）。

6）工程所在地的人工、材料与设备、施工机械价格等。

7）有关合同、协议等。

8）其他有关资料。

4.2.2 初步设计概算的编制步骤

概算项目应按《公路工程建设项目投资估算编制办法》（JTG 3820—2018）附录 B 概算

预算项目表的分项编号及内容编制，如实际出现的工程和费用项目与项目表的内容不完全相符时，第一、二、三、四部分和“项”的序号、内容应保留不变，项目表中的“项”以下的分项在引用时应保持序号、内容不变，缺少的分项内容可随需要就近增加，并按项目表的顺序以实际出现的级别依次排列，不保留缺少的“项”以下的项目序号。

1. 建筑安装工程费的计算

这是设计概算的第一部分费用。首先，通过“分项工程概算表”的计算和累计汇总获得工、料、机费用，即直接费，这是按建设工程所在地的实际价格计算的。然后计算设备购置费，再分别计算措施费、企业管理费、规费、利润、税金等以费率计算的各项费用，最后是专项费用的计算。

直接费的计算是以概算定额为依据，采用工、料、机分析的方法进行编制的，常称为实物法，是编制设计概算的关键环节。直接费的计算需要注意：

(1) 直接费的计算　在根据摘取的工程量套用概算定额编制分项工程概算表之前，要计算出人工、材料、施工机械台班的预算价格和措施费、企业管理费、规费的综合费率等基础数据资料。

1) 人工费单价。按各省、自治区、直辖市交通主管部门发布的生产工人工资标准计算。

2) 材料预算价格。材料的规格品种多，而影响的因素又是多方面的，在计算时要注意以下有关要求，做到合理可靠。

① 按经济合理，方便运输的原则，确定材料的供应地点和运输方式，并计算出平均运距及比重。

② 确定材料的供应价格时，凡需要外购的各种建筑材料，一般可以各省（区、市）公路（交通）工程造价（定额）管理机构发布的材料价格信息为依据，并通过市场调查、询价确定。这样，才有利于加强工程造价的管理。

③ 凡施工单位自行开采加工的砂石材料，应按“自采材料料场价格计算表”的要求进行计算确定。当在高原地区施工时，施工单位自采材料及运输工作，可按其他工程费中高原地区施工增加费率的规定，以直接工程费为基数计算高原地区施工增加费。其中人工采集、加工材料、人工装卸、运输材料按人工土方费率计算；机械采集、加工材料按机械石方费率计算；机械装、运材料按机械土方费率计算。增加的高原地区施工的人工费不能作为辅助生产的计算基数。

④ 最后通过“材料预算单价计算表”计算出各种材料的预算价格，并据以编制“人工、材料、施工机械单价汇总表”。

3) 按选用的施工机械种类通过“施工机械台班单价计算表”计算其价格。

【拓展思考 4-2】 在计算人工、材料、施工机械台班的预算价格时，应按要求编制哪几种计算表格？

① 材料自办运输单位运费计算表。

② 自采材料料场价格计算表。

③ 材料预算单价计算表。

④ 辅助生产人工、材料、施工机械台班单位数量表。

⑤ 施工机械台班单价计算表。

⑥ 人工、材料、机械台班单价汇总表。

(2) 设备购置费的计算　设备购置费根据项目主要设备表及设备预算价计算，具体计算方法详见本书第1章1.3.2。

(3) 措施费、企业管理费、规费　根据建设工程的实际情况，合理取定措施费、企业管理费、规费的各项费率标准，并进行综合，以此作为计算其费用的依据。

(4) 利润和税金　利润和税金的费率在编制概算时是固定的，找准计算基数即可完成利润和税金的计算。

(5) 专项费用　分别确定施工场地建设费的累进费率及安全生产费的费率，找准计算基数据实计算。

根据摘取的工程量套用概算定额，其中人工、材料、施工机械台班的预算价格，措施费、企业管理费、规费的综合费率分别在“材料预算单价计算表”和“综合费率计算表”中计算，再转录到“分项工程概算表”内，由此可以计算出分项工程的建筑安装工程费。

在完成分项工程概算表的各项费用的计算并累计后，将其转录建筑安装工程费计算表内，然后逐项汇总并计算出金额。这样，建筑安装工程费就全部计算完成。

2. 土地使用及拆迁补偿费的计算

这是设计概算的第二部分费用。按规定（如省、自治区、直辖市人民政府颁布的建设工程征用土地补偿办法）计算，完成“土地使用及拆迁补偿费计算表”。

3. 工程建设其他费的计算

这是设计概算的第三部分费用。应根据整理的外业调查资料和国家规定的有关标准为依据进行计算。如勘察设计收费标准、建设项目管理费费率等，在工程建设其他费计算表中完成计算。具体计算可参看本书第1章1.5的内容。

4. 预备费、建设期贷款利息的计算

预备费、建设期贷款利息分别是设计概算的第四、五部分的费用。具体计算可参看本书第1章1.6和1.7的内容。

5. 总概算的计算

总概算是根据所计算的建设工程项目的建筑安装工程费、土地使用及拆迁补偿费、工程建设其他费、预备费和建设期贷款利息等概算费用，按照概算项目表组成内容的汇总工作。

1）按工程或费用名称，依次将单位、工程数量、概算金额分别摘取填入“总概算表”相应的各栏内。

2）按各级“分项编号”、第一、第二、第三、第四部分及其合计、建设期贷款利息、公路基本造价，依次求出各项工程或费用的小计、合计及总计。

3）计算技术经济指标和各项费用的比例（%）。以各项工程数量分别去除其相应的概算金额所得的商，即为技术经济指标，也就是各项工程的分部工程单价；而以概算总金额分别去除各项概算金额，即为相应的各项费用所占的比例。

4）将建设项目需要的人工、主要材料、机械台班数量，按工程项目分别进行汇总。凡规定可计列场外运输操作损耗的材料要相应计入其损耗数量。

5）当一个建设项目按分段编制概算的，应将各分段的工程数量、概算金额，以及人工、主要材料、机械台班数量，分别编制成汇总表，并计算出技术经济指标和各项费用比例。

6. 编写编制说明

当工程概算汇总完成之后，应如实、全面地说明编制过程中的有关情况，以利决策部门了解、掌握，从而做出正确的决策。同时，工程建成后，这些资料就成为宝贵的工程概算的历史资料。

公路工程概算中各项费用的计算都是通过统一的表格进行的，各种表格的计算顺序和相互关系与投资估算计算表格是一样的，可参考图 3-2。

公路工程概算、预算的作用和要求虽然不同，但其编制程序和方法基本上是相同的。

4.2.3　概算文件组成

概算文件由封面及目录、概算编制说明及概算计算表格组成。预算文件的组成也是基本相同的，故表述在一起。

1. 封面及目录

概算、预算文件的封面和扉页应按现行《公路工程基本建设项目设计文件编制办法》中的规定制作。扉页的次页和目录应按《公路工程建设项目概算预算编制办法》（JTG 3830—2018）附录 A 的规定制作。

2. 编制说明

编制说明的内容一般有：

1）建设项目设计文件的依据。

2）编制范围、工程概况等。

3）采用的定额、费用标准，人工、材料与设备、施工机械台班预算价格的依据或来源，新增工艺的单价分析等。

4）有关的协议书、会议纪要的主要内容。

5）概算、预算总金额，人工、钢材、水泥、沥青等的总量。

6）各设计方案的经济比较。

7）项目综合经济技术指标统计，对比分析阶段与上阶段工程数量、造价的变化情况。

8）其他有关费用计算项及计价依据的说明。

9）采用的公路工程造价软件名称及版本号。

10）其他需要说明的问题。

3. 概算表格

公路工程概算、预算应按统一的概算表格计算，其中概算、预算相同的表式，在印制表格时，应将概算表与预算表分别印制。

概算、预算文件可按不同的需要分为两组：甲组文件为各项费用计算表，乙组文件为建筑安装工程费各项基础数据计算表。甲、乙两组文件应按现行《公路工程基本建设项目设计文件编制办法》中关于设计文件报送份数的要求，随设计文件一并报送，并同时提交可计算的造价电子数据文件和新工艺单价分析的详细资料。

乙组文件中的“分项工程概（预）算表”可只提交电子版，或按需要提交纸质版。

概算、预算应按一个建设项目［如一条路线或一座独立大（中）桥、隧道］进行编制。当一个建设项目需要分段或分部编制时，应根据需要分别编制，但必须汇总编制“总概（预）算汇总表”。甲、乙组文件应包括的内容见图 4-1。

甲组文件：
- 编制说明
- 项目前后阶段费用对比表
- 建设项目属性及技术经济信息表（00 表）
- 总概（预）算汇总表（01-1 表）
- 总概（预）算人工、主要材料、施工机械台班数量汇总表（02-1 表）
- 总概（预）算表（01 表）
- 人工、主要材料、施工机械台班数量汇总表（02 表）
- 建筑安装工程费计算表（03 表）
- 综合费率计算表（04 表）
- 综合费计算表（04-1 表）
- 设备费计算表（05 表）
- 专项费用计算表（06 表）
- 土地使用及拆迁补偿费计算表（07 表）
- 工程建设其他费用计算表（08 表）
- 人工、材料、施工机械台班单价汇总表（09 表）

a）甲组文件

乙组文件：
- 分项工程概（预）算计算数据表（21-1 表）
- 分项工程概（预）算表（21-2 表）
- 材料预算单价计算表（22 表）
- 自采材料料场价格计算表（23-1 表）
- 材料自办运输单位运费计算表（23-2 表）
- 施工机械台班单价计算价（24 表）
- 辅助生产人工、材料、施工机械台班单位数量表（25 表）

b）乙组文件

图 4-1 甲、乙组文件包括的内容

4.3 公路工程施工图预算的编制

4.3.1 编制依据

编制施工图预算的依据主要有以下几项内容。

1）国家发布的有关法律、法规等。

2）现行的《公路工程建设项目概算预算编制办法》（JTG 3830—2018）及配套的《公路工程预算定额》（JTG/T 3832—2018）、《公路工程机械台班费用定额》（JTG/T 3833—2018）。

3）工程所在地省级交通主管部门发布的补充规定和定额等。

4）批准的初步设计文件（或技术设计文件）、初步设计的批复文件等有关资料。

5）施工图设计图样等设计文件、工程施工方案（含施工组织设计）。

6）工程所在地的人工、材料与设备、施工机械价格等。

7）有关合同、协议等。

8）其他有关资料。

4.3.2 预算编制的前期工作

1. 熟悉设计图样资料，核对主要工程量

对施工图设计文件中设计图样资料的全面熟悉和了解是准确、全面编制预算的前提条

件。公路工程的主体工程量通常是设计人员在完成设计图样的同时就已进行了计算，在编制预算时，不需要计算，预算编制人员直接从设计图样所提供的工程量表中摘取即可。

为了使施工图预算的基础数据合理可靠，以确保施工图预算的编制质量，在编制施工图预算之前，需要熟悉设计图样资料和文字说明，了解设计意图和工程全貌，核对主要工程量，以便正式编制预算时直接摘取。核对主要工程量时应注意的有关事项简要叙述如下。

1）公路建设工程技术日趋复杂，新材料、新结构、新工艺日益被广泛应用，而作为指导建设项目实施的各种设计图样资料，也越来越多。所以要按照《公路工程基本建设项目设计文件编制办法》的规定清点建设项目必有的图表资料是否齐全。如有短缺，要查明落实，以免漏项。

2）核对各种图样，如构造物的平面、立面、结构大样图等，相互之间是否有矛盾和错误。各部尺寸、高程等是否有彼此不对应的，文字说明是否有含糊不清等情况。凡影响到计价的都要核对清楚。

3）图与表所反映的工程量是否一致，分计、总计是否相符，都应进行核对；或与图上的文字说明存在相互矛盾的，要提请设计人员予以纠正、澄清。

4）各种设计工程量的分部分项工程名称、计量单位，应符合采用的计价定额标准的要求。若不相符时，要进行调整、修正。

5）对工程造价影响较大的关键部位或量大价高的工程量，必要时应重新进行复核计算，以验证是否计算正确。

6）当个别工程量超出一般常规情况时，如钻孔灌注桩，一般每立方米混凝土的含钢筋量在 90kg 左右，若图表上所反映的数字出入较大或在工程质量上超出国家施工技术规范等规定的要求时，都应进行分析研究，并将情况反馈给设计人员，予以处理。

7）在熟悉设计图样资料和核对工程量的过程中，要结合过去的历史工程造价资料和拟建工程的实际情况，如路面的结构形式、砌体类别等，重点分析施工的可能性和经济的合理性，据以向设计人员提出建议，使设计更加经济合理。

8）对国家颁发的各种设计图集，也要进行必要的熟悉。因为一般标准图集的一些规定，具体的设计图样不一定全部表示出来，往往又是作为计价的依据。同时也可作为比较的参考，便于发现问题。

由于公路建设工程有其特殊的技术经济特征和设计文件编制的特殊方法，从而决定了核对工程量是工程造价编制的一个关键环节。因此，作为具体实施工程造价编制工作的工程师，应结合长期的实践经验，遵循一定的工作程序，深入熟悉设计图样资料，做好工程量的核对工作。它是确保工程造价编制质量的有效手段，对工程造价的合理可靠性也会产生重要的影响。实际上也是造价工程师不断学习、提高业务能力和工作水平的一个过程。对工程造价的编制，无论是采用手工或应用计算机软件，熟悉设计图样资料，核对主要工程量，都是必不可少的。

2. 做好外业调查

外业调查工作是为计算人工、材料、征地拆迁单价提供依据，也是为编制预算提供原始资料。外业调查是否深入细致，资料收集是否齐全、准确，直接影响预算的编制质量。做好外业调查是编好预算的一个重要方面。随着我国改革开放政策的不断扩大和深化，材料价格已全部放开，随着市场供求关系的变化和时间的不同，材料价格的变化也比较大，所以在外业调查工作中要特别注意各种价格的时间性。在预算编制的过程中，如果调查工作与预算的编制相隔的时间较长，而且又是处在市场价格变化比较大的时期，调查价格应根据市场的变化进行必要的分析调整。

编制施工图预算的外业调查应和建设项目的外业勘察工作同步进行，并与有关勘察工作进行很好的协调与分工。外业调查工作主要应由预算编制人员担任，调查工作中比较大的项目，比如征地、拆迁，应由其他人员配合进行。在调查时，如已成立了建设单位的项目管理机构，可请该机构配合共同进行调查工作。一般情况下，建设单位对当地的情况了解得比较清楚，熟悉各方面的关系和建设环境，对调查工作中所遇到的问题能够及时解决和处理，这样会给调查工作带来很大的方便，也有利于提高资料的可靠性。

外业调查工作比较繁琐，对调查的项目、内容和要求应做好计划，按计划进行。调查收集的资料应及时分析整理，对出入比较大，不真实的资料应当剔除。资料的来源要真实可靠，有依有据。在调查过程中可请对方对提供的资料加以确认和证明，在可能的情况下双方可以签订意向性的协议，为实施阶段提供必要的依据。当一个建设项目有两个以上的单位承担编制施工图预算时，应当把各参编单位收集的资料做进一步的分析平衡，通过分析，最后选取有代表性的资料作为各分编单位预算的编制依据，以统一整个建设项目预算编制资料的标准。

施工图预算的外业调查，是在初步设计或技术设计调查的基础上进行的，是对原有调查资料的补充与修正，尤其是对审批中提出的问题做进一步的落实，并且分析比较两者之间存在的差异，以便做好施工图预算的编制工作。

【拓展思考 4-3】 外业调查工作具体应包括哪些内容？

1）人工工资、施工机械养路费、车船使用税。

2）材料及供应价格。

3）材料运输情况。

4）征用土地。

5）拆迁房屋及建筑物。

6）拆迁电力、电信线路。

7）施工队伍调遣和主副食运费补贴里程的调查及其他。

3. 编制施工组织设计

施工组织设计和施工图预算是相互依存、相互影响的。确切地说，施工组织设计决定着施工图预算；反过来，施工图预算又制约着施工组织设计，两者是辩证统一的关系，是相辅相成的。

施工组织设计中施工方法的选择是至关重要的，必须依据工程条件和经济合理的原则进行多方面的比较，选择既经济又适用的施工方法。

在设计阶段，一般情况下，施工方法是设计人员在施工组织设计中提出的，但对具体机械设备的配置，仍然需要概算、预算编制人员根据经验选择。

（1）路基施工方法的选择　路基工程中，土石方工程量很大，采用何种施工方法，人工、机械消耗数量差异很大。目前，高等级公路为了满足施工质量和工期要求一般都是采用机械施工，而低等级公路多采用人工机械组合施工。在机械施工中，主要是就作业种类和机械经济运距选择机械的问题。选择时可参考表 4-1、表 4-2 进行。

表 4-1　作业种类与筑路机械选择表

作业种类	供选择的机械种类	作业种类	供选择的机械种类
伐树、挖根	推土机	运输	推土机、自卸汽车、手扶拖拉机、翻斗车
挖掘	挖掘机、推土机、松土机	摊铺	推土机、平地机
装载	挖掘机、装载机	压实	轮胎式压路机、振动压路机、推土机、羊足碾
挖掘、运输	推土机、铲运机	洒水	洒水汽车

表 4-2　根据运输距离选择机械

机械类型	经济运距/m	机械类型	经济运距/m
推土机	0~60	自行式铲运机	70~500
拖式铲运机	80~400	自行式平地机	500~3000
装载机+自卸汽车	>500	手扶拖拉机、翻斗车	50~500
挖掘机+自卸汽车	>500		

（2）路面施工方法的选择　路面施工方法，基层主要采用路拌或厂拌，面层有热拌、冷拌、厂拌、层铺法等。当路面结构一定时，不同的施工方法工程成本消耗不同，选择路面施工方法时，应结合公路的技术等级，工程规模、质量和工期的要求以及造价进行综合分析后确定。

（3）构造物施工方法的选择　公路工程构造物是指路基土石方和路面工程以外的桥梁、涵洞、防护工程等。由于构造物的种类多，结构各异，所以其施工方法也各不相同。

20 世纪 70 年代以来，随着预应力混凝土的广泛应用，施工机械设备的不断发展，桥梁施工方法也多种多样，如现浇、预制安装、悬臂施工、顶推施工等。就其施工工艺的全过程来看，可以归纳为两类：一是就地砌筑或浇筑；二是预制安装或悬拼。基础和墩台工程的施工，基本上都是采用前一种施工方法，而上部构造多采用后一种施工方法。为了使桥梁上部构造具有较好的整体性能，在安装或悬拼完成后，还有适量的现浇接缝混凝土。

桥梁的施工方法虽然很多，但都有其一定的适用范围和条件。表 4-3 所示是各种桥型常用的施工方法。

表 4-3　各桥型常用施工方法

施工方法＼桥型	简支桥梁	T 形桥梁	连续桥梁	桁架桥梁	组合体系桥梁	拱桥	斜拉桥	吊桥
现浇施工	√		√		√	√	√	
预制安装	√	√		√	√	√	√	√
悬臂施工		√	√	√			√	√
顶推施工			√					
转体施工		√		√		√		

涵洞的类型按照其洞身形状可分为圆管涵、盖板涵、拱涵和箱涵四种。

圆管涵的基础一般采用石砌混凝土，当地基承载力符合要求时，管身可直接搁置在天然基础上，管身一般采用预制安装施工方法。为避免破坏已建成的路基和影响交通时，圆管涵也可采用顶进法施工。

盖板涵有石盖板和钢筋混凝土盖板两种，目前多采用钢筋混凝土盖板涵，其涵身和基础多采用石砌砌体结构，钢筋混凝土盖板则采用预制后运至现场安装，安装一般使用扒杆或汽车式起重机进行。

拱式涵洞多为石拱涵，多采用半圆拱结构，施工工艺要求与石拱桥基本一致，施工方法一般是用拱盔、支架或土胎作支撑，现场砌筑拱圈。

箱涵是一种框架结构，采用钢筋混凝土建造，施工方法有现浇和预制两种。预制钢筋混凝土箱涵通常采用顶进法施工，多用作拟建公路与原有铁路、公路相交的情况。

隧道的施工方法主要有新奥法和矿山法两种。现行概算、预算定额按照一般凿岩机钻爆法施工的开挖方法进行编制。

4. 熟悉预算定额

公路工程造价是根据设计确定的工程量和相应的定额需要的人工、材料、施工机械台班消耗量和有关的费用确定的，所以预算定额是编制施工图预算的重要依据之一。公路工程预算定额和其他的行业定额一样，项目多，内容复杂，它除了按工程类别划分外，还根据不同的工程标准、建筑结构、材料、施工方法划分若干个子目，每个子目都包括不同的工程内容。

所以在使用定额时需要了解各章节的说明，熟悉每个项目的适用范围和包括的工程内容，只有熟悉定额的含义，才能准确地使用定额，做到不重不漏，结合实际。造价工程师不但要懂得设计还要懂得施工，通晓有关的施工机械设备、施工方法、工艺过程，这对正确地套用定额非常重要。定额是经国家批准的带有法定性的计价标准，使用中根据规定能抽换的就可以抽换，不能抽换的就不能抽换，要维护定额的严肃性。定额缺项应编制补充定额，不能生搬硬套，随意拼凑。

4.3.3 施工图预算的编制步骤

交通运输部发布的《公路工程建设项目概算预算编制办法》（JTG 3830—2018）和《公路工程预算定额》（JTG/T 3832—2018）是公路工程施工图预算编制的一套标准规范，是配套使用的。依据这套标准就可以计算出工程的人工、材料、机械台班消耗数量和有关的费用，是编制施工图预算的重要依据。

为了统一预算编制方法和保证编制的质量，《公路工程建设项目概算预算编制办法》（JTG 3830—2018）规定了各种费用的计算依据和计算表格，详见本章 4.2 节。编制预算的项目划分及编码规则见本书 3.2.3 及《公路工程建设项目概算预算编制办法》附录 B。

编制施工图预算的表格与初步设计概算的表格是完全相同的。施工图预算的编制方法与概算不同之处，主要表现在第一部分建筑安装工程费的编制依据之一的工程定额，前者是预算定额，而后者是概算定额。至于第二、三、四部分费用的编制方法，则基本上是一样的，见本章 4.2 节。

【例 4-1】 某工程项目的粗粒式沥青混凝土面层下层（6cm），沥青拌和站距施工现场平均运距 2km。根据工期安排，采用 160t/h 沥青拌和设备拌和，15t 自卸汽车运料。试划分预算子目。

解：按照概算、预算项目表划分，见表 4-4。

表 4-4　按照概算、预算项目表划分

分项编号	工程或费用名称	单位
103	路面工程	km
⋮	⋮	⋮
LM0105	沥青混凝土面层	m^2
LM010501	粗粒式沥青混凝土面层	m^2

4.3.4　工程量的摘取

工程量是按照设计图上的构造、尺寸计算出来的工程数量，是编制工程造价的基础数据。

从编制预算的角度考虑，工程量可以划分为两类：主体工程工程量和辅助工程工程量。

主体工程是指公路构造物本身，即路基、路面、桥梁、涵洞以及隧道工程。主体工程量通常是设计人员在完成设计图的同时就已进行计算，在编制概算、预算时，不需要计算，预算编制人员直接从设计图所提供的工程量表中摘取即可。预算编制前主要工程量的核对工作有助于快速准确地摘取工程量。

工程量的摘取有一点需要注意：按照定额要求从设计图表中摘取计价工程量。确定主体工程量，实际上是根据定额规定的工程量计算规则，将设计图表中提供的工程量进行分类、统计、汇总后，得出符合定额要求的计价工程量。为了确保正确摘取工程量，不重不漏，编制人员必须十分熟悉定额，明确定额规定的工程内容、适用范围，对各章节说明及定额表附注都十分清楚，才能做到正确确定工程量。

辅助工程是指为了保证主体工程的形成和质量，施工中必须采取的措施或修建的一些临时工程。这部分工程一般在施工完成后，也随之拆除或消失。辅助工程的工程量，主要依靠概算、预算编制人员的工作经验，施工组织设计及工程实际情况来确定。

在编制预算时，需要考虑的辅助工程工程量主要包括：

1）构筑物的挖基、排水。

2）清除表土或零填地段的基底压实、耕地填前碾压的回填数量。

3）因路基沉陷增加的数量。

4）为保证路基边缘压实而加宽填筑的数量。

5）临时工程（汽车便道、便桥、轨道铺设、临时电力、电信设施等）。

6）桥梁工程中的围堰、护筒、工作平台、吊装设备、混凝土构件运输、预制厂及设施（底座、张拉台座等）、拌和站、蒸汽养生设施等。

工程量基本都反映在图表上，有些隐含在设计说明或图样标注中的信息也需要提取。如混凝土等级、砂浆强度等级、石砌工程的规格种类、钢筋型号，以及施工要求等。但凡难以在图表中表示的项目内容，往往以文字说明加以规定。因此，工程量的提取还需要注意图形表现的设计图和文字叙述的设计说明书。

4.3.5　预算定额的套用

套用预算定额计算直接费。

预算定额的项目划分主要是根据工程类别、施工图的工程构件或部位、材料类别、施工措施，以及对工程造价的影响等因素予以划分。例如：路基土石方工程按土石类别、施工方法划分项目；路面工程按工程部位、材料类别、施工方法等因素划分项目；隧道工程按开挖的土质类别、结构部位、衬砌材料类别、施工方法等因素划分项目；桥涵工程根据工程类别、结构部位、施工方法等因素划分项目。

根据划分的工程子目和选择的施工方法，可以确定应套用的定额。

【例 4-2】 某工程项目的粗粒式沥青混凝土面层下层（6cm），沥青拌和站距施工现场平均运距 2km。根据工期安排，采用 160t/h 沥青拌和设备拌和，15t 自卸汽车运料。试划分预算子目。

解：沥青混凝土路面的施工包括：拌和、运输和铺筑，现行定额将其划分为三个项目表：2-2-11 沥青混合料拌和、2-2-13 沥青混合料运输、2-2-14 沥青混合料路面铺筑。同时沥青混凝土施工还应考虑沥青混合料拌和设备安装、拆除工作。因此，编制粗粒式沥青混凝土预算的子目划分见表 4-5。

表 4-5 编制粗粒式沥青混凝土预算的子目划分

定额表号	工作内容	单位
2-2-11-4	160t/h 沥青混合料拌和设备拌和粗粒式	$1000m^3$ 路面实体
2-2-13-7	15t 自卸汽车运第一个 1km	$1000m^3$
2-2-13-8	15t 自卸汽车增运 1km	$1000m^3$
2-2-14-42	160t/h 沥青混合料摊铺、碾压	$1000m^3$ 路面实体
2-2-15-4	160t/h 沥青拌和设备安、拆	1 座

【拓展思考 4-4】 预算定额中还列有“材料采集及加工”及“材料运输”两章，它的作用是什么？

预算定额中列有的“材料采集及加工”及“材料运输”两章，是公路定额特有的，主要为在边远地区施工单位自行开采、加工施工材料和自办材料计算预算单价而编制的。

套用预算定额计算直接费的思路可描述为：根据摘取的工程量套用预算定额，通过累计计算，层层汇总。汇总细目的人工费、材料费、机械费就计算出了细目的直接费；汇总整个工程全部细目的人工费、材料费、机械费就计算出了整个项目的直接费。

在套用预算定额计算出直接费的基础上，按照《公路工程建设项目概算预算编制方法》（JTG 3830—2018）的规定，计算设备购置费，确定各种费率的收费标准，确定综合费率，进行措施项目费、企业管理费、规费、利润、税金的计算及专项费用的计算，从而确定建筑安装工程费。然后计算土地使用及拆迁补偿费、工程建设其他费；预备费及建设期贷款利息。《公路工程建设项目概算预算编制方法》（JTG 3830—2018）规定了公路工程预算各项费用的计算程序，见本书第 3 章表 3-2 公路工程建设各项费用的计算程序及计算方式。

4.4 公路工程设计阶段造价管理

在设计阶段控制工程造价效果显著，主要体现在两个方面：其一，设计阶段对投资的影响度大，控制效果显著，如图 4-2 所示；其二，设计阶段造价控制属于事前控制，项目建设的大量费用还未实际发生。

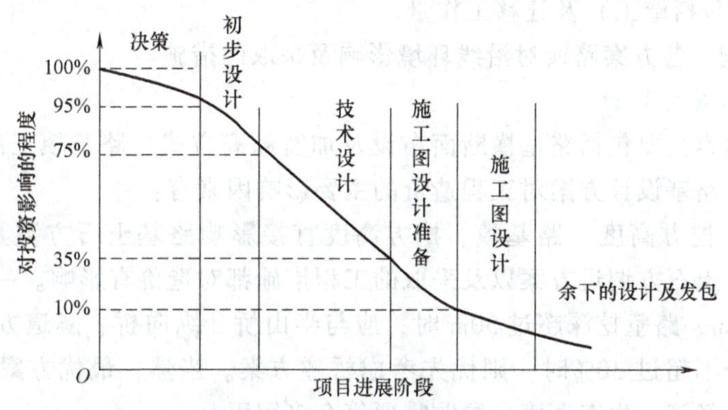

图 4-2　建设过程各阶段对投资的影响

4.4.1　设计阶段影响工程造价的主要因素

公路工程设计中影响工程造价的主要因素包括总体设计，路线设计，路基路面及排水，桥梁、涵洞和隧道，路线交叉、交通工程及沿线设施以及施工组织设计等。

1. 总体设计

总体设计是通过设计指导思想和对项目建设条件的综合分析，提出路线总体设计方案，论证路线起终点及与其他公路的衔接方式，确定技术标准及主要技术指标的采用情况，不同技术标准之间的衔接过渡情况，提出沿线大型桥梁、隧道交叉、服务设施的设置位置、间距和设计方案之间的相互关系及协调情况等。总体设计是勘察设计中的重要组成部分，总体设计选择的技术标准、技术指标、路线总体设计方案及构造物的设置都将直接影响工程建设规模工程数量，它的经济合理性对整个设计方案的合理性有极大的影响。

因此，在进行总体设计时要仔细分析各个比较方案的利弊，推荐方案的造价高低是主要考虑因素之一。

2. 路线设计

路线设计的主要工作内容包括路线布设、路线控制点及主要技术指标的采用等。路线设计方案对工程造价的影响因素有：

(1) 路线方案沿线的建设条件　建设条件决定工程建设的难易程度。例如，工程地质、水文条件不良地段，特别是构造断裂和滑坡地带都会影响防护措施和工程数量的多少；沿线筑路材料的供应、运输距离等直接影响材料的价格。

(2) 各方案的选择和布置情况　如控制点间距、路线、桥梁、隧道互通式立体交叉、服务设施位置的协调及其位置的确定，不同方案的路线里程、路基填挖高度、立交占地面积、桥梁长度，特别是特大桥的数量等都会影响工程造价。

(3) 各方案平、纵指标及连续、均衡情况　设计中如果能够平面顺适、纵坡均衡、平纵组合合理，可以避免路线弯曲、里程增加、高填深挖，从而减少工程量，降低工程造价。

(4) 行车安全、通行能力、服务水平　这主要对公路运营阶段的经济效益产生影响。

(5) 用地及拆迁情况　公路用地、征用基本农田及拆迁工程量的多少。

(6) 各种干扰及拆造情况　与铁路、原有公路、农田水利、电力、通信、重要管线(道)等的干扰(包括施工)及迁移工作量。

(7) 环境影响　各方案路线对沿线环境影响及采取的措施。

3. 路基路面和排水设计

路基设计的内容主要包括路基横断面布设及加宽超高方式、路基填土高度、挖方深度、路基防护工程等。路基设计方案对工程造价的主要影响因素有:

(1) 路基填、挖方高度　路基填、挖方高度直接影响路基土石方数量，特别是高填、深挖、陡坡路堤、土石方调运方案以及采取的工程措施都对造价有影响。一般在设计中，当填方高度超过20cm，路堑挖深超过30m时，应与半山桥、纵向桥、隧道方案进行比较，若综合造价高出部分不超过30%时，则优先考虑桥隧方案。当然，最优方案的比选应综合考虑技术可行、安全经济、生态环境、国防需要等众多因素。

(2) 特殊地质路基方案　特殊地质路基包括软土地基、高边坡路基(岩质边坡高度大于30m，土质边坡高度大于20m)。设计时需要因地制宜，根据不同的特殊地质段采取不同的路基设计方案。软土地基的处治方案有表层处理法、置换法和加载法等。其中，置换法又包括振冲碎石桩、挤密砂桩、石灰砂桩、粉体喷射搅拌桩和高压旋喷桩高压旋喷桩等。不同的处置方案造价不同，与一般路基方案相比，软土地基处置的造价要高得多。

(3) 取土、弃土方案　一般会影响占地面积、取弃土运距、水土保持方案，从而影响工程造价。

(4) 路面结构方案　包括垫层、基层、面层类型的选择，材料要求、新技术、新材料、新工艺的采用等。

(5) 路基、路面排水设计方案　排水构造物的选择、设置数量对造价有直接影响。一般要求路基、路面的排水设计要结合路线、桥涵的设计，边沟、排水沟及截水沟等的设置位置和数量，并与当地水文、灌溉系统相适应。

4. 桥梁、涵洞和隧道设计

(1) 桥位选择　特大桥、大桥桥位在服从路线走向的前提下，作为路线的控制点，进行路桥综合考虑。中小桥梁和涵洞位置和数量要服从路线布设的要求。桥孔布设满足设计流量不压缩河道，在满足技术要求的同时，选择经济合理的方案。

(2) 桥梁跨径　如遇跨越深沟的桥梁，一般选用大跨径结构，以减少桥墩数量。上部结构优先考虑预应力混凝土连续梁或连续刚构结构；根据墩高选择桥墩的形式，下部结构要根据地质情况选择扩大基础还是桩式基础。

(3) 小桥涵布设　应以原有沟渠为基础，不打乱现有排灌系统的前提下，进行合理合并。小桥的上部结构选用钢筋混凝土板式结构。涵洞依据路基填土高度、泄洪流量、地质条件及材料供应条件等情况选用拱涵和盖板涵等形式。考虑养护清淤的方便，涵洞孔径一般不小于1.5m。

(4) 隧道设计　从技术经济的角度考虑，设计中要遵循早进洞、晚出洞和减少深挖、保护自然坡体和植被环境的原则。隧址的选择应综合洞口位置、分离或整体式连拱断面、施工场地、洞渣处理、通风照明、养护管理等因素进行多方案比较。例如对长隧道与明线方案、垭口深挖与短隧道进行技术经济比较。

5. 路线交叉设计

路线交叉的类型有互通式立体交叉、分离式立体交叉、平面交叉、通道、天桥等。不同的类型造价不同。设计时一般是根据道路沿线地形社会环境、交通状况、路网特征以及未来交通通行需求等情况综合考虑后选择。

(1) 在路线交叉设计中，互通式立体交叉是影响造价的主要因素　互通式立交一般应选择在县、镇附近与国道、省道等干线公路相交叉的位置，间距不宜过小，同时尽量减少占地面积。

(2) 对于路网中属于重要结点而初期交通量较小的互通式立交可考虑分期修建　布设在山岭区的互通式立交受地形限制，其匝道布设在满足使用功能需求的前提下，应灵活掌握线形指标，尽可能利用有利地形展线，避免对山体进行大面积开挖，以便降低工程造价。

6. 交通工程及沿线设施设计

交通工程及沿线设施包括交通管理设施、安全设施、收费、通信、监控系统等。设备的选型是影响工程造价的主要因素。从降低工程造价的角度考虑，管理设施、安全设施、供电、照明、房建、绿化及收费系统本着初期从简、逐步完善的原则与道路主体工程同步设计。设备选择应考虑适用、可靠、维修方便，并尽可能采用国产设备。

7. 施工组织设计

施工组织设计对造价的影响是多方面的，但主要是对直接费的影响，影响较大的主要因素分析如下。

(1) 施工现场平面布置对造价的影响　施工现场平面布置是施工组织设计在空间上的综合描述，是施工组织设计的重要组成部分之一。它是在对基础资料调查的基础上，结合建设工程的实际情况，按照一定的布置原则和方法，对建设项目在施工过程中的材料供应和运输路线、供电、供水、临时工程、工地仓库、生活设施管理、机械设施、预制场、拌和场以及大型机械设备工作面的布置和安排。平面布置的确定也就决定了造价中的直接费，如场内运输的价格、临时工程的费用以及租用土地费、平整场地费用等。在施工组织设计进行场面布置时，应从经济分析的角度反复比较技术上和经济上的合理性。平面布置一般应遵循以下原则。

1) 凡是永久性占用土地或临时性租用土地的工程，应结合地形、地貌，在满足施工的前提下，选择交通便利、运输条件好、材料供应方便的地方；尽可能选择荒山、荒地，少占用农田和场地平整工程量小的地点。

2) 合理确定工地仓库和自采材料堆放点。预制场、拌和站的选择，应避免材料的二次倒运和缩短材料的场内运距。上述位置的确定对材料的预算单价影响甚大，在设计中应慎重考虑，多方比较。

3) 施工平面布置应与施工进度、施工方法等相适应，同时应重视保护生态环境和安全生产。

4) 材料在公路工程建设中占的比重很大，因此，合理选择材料、确定经济运距和运输方案是控制概预算造价的重要手段。材料费的高低决定于材料的原价、运距及运输方式，要经过较多的计算比较方能确定合理的材料采购方案。

材料费还与拟采用的设计结构形式有关。如路面基层的材料选型、结构形式不同，材料费就会不同。如果在设计阶段通过分析比较，并据此确定结构形式，就控制了材料费的高低，对整个造价的高低也会产生影响。当然，必须在满足结构合理性的前提下选取最经济的材料品种。

【拓展思考 4-5】 哪些材料对造价的影响比较大？

材料费占建筑安装工程费的 50%~60%，有的高达 70%。在公路工程中，主要分为两大类材料：外购材料和自采材料。外购材料中水泥、木材、钢材、沥青，自采材料中块片石、碎（砾）石、砂等用量较多，对造价影响较大。

（2）施工工期对造价的影响　在质量一定的条件下，造价（费用）与工期的关系可用图 4-3 表示。任何一个建筑产品都有一定合理的生产周期。合理地确定施工工期，对工程质量和概预算造价都会产生极大的影响，公路工程也不例外。在施工组织设计中应按合理的工期进行劳动力安排、材料的供应和机械设备的配置。

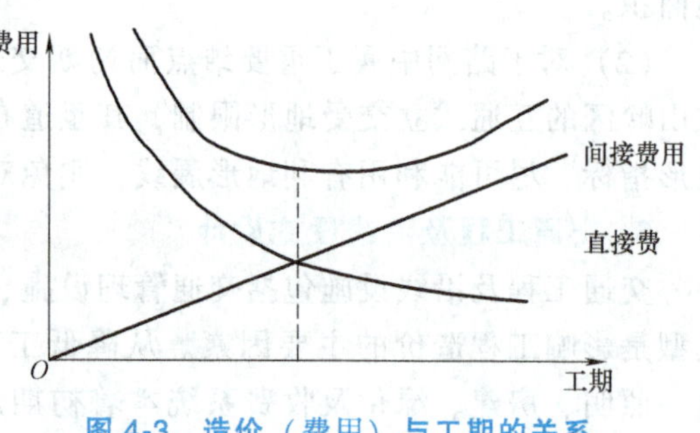

图 4-3　造价（费用）与工期的关系

（3）施工方案的选择对造价的影响　所谓施工方案，就是指按照科学和经济合理的原则，正确地确定工程项目的施工顺序和施工方法，并选择适用的施工机械，结合建设条件，对施工期限做出合乎实际的安排。施工方案是指导建设项目实施必不可少的技术经济条件，也是编制设计概算的主要依据之一。交通运输部《公路工程基本建设项目设计文件编制办法》特设立了专篇，规定编制施工方案时，应列出工程项目单位、数量，并按年和季度标示出各项工程的起止、浮动和衔接的时间。这些都是编制设计概算不可缺少的基础资料，它直接影响着工程进度、工程质量、施工安全和建设工程的成本，应在编制设计概算之前提出，以利编制工作的顺利进行。

《公路工程概算定额》（JIG/T 3831—2018）是按照合理的施工组织和一般正常的施工条件编制的，定额中所采用的施工方法和工程质量标准是以国家现行的公路工程施工技术规范及验收规范、质量评定标准及安全操作规程为依据的。因此，根据《公路工程概算定额》编制的概算反映的是一般正常条件下公路工程的概算造价。当实际工程的施工方案与一般正常的施工方案差别较大时，应该在概算中有所反映。

施工方案所确定的合理工期，是安排劳力、机具、设备及材料购入计划的依据，是工程各项目进行全面施工安排的依据，对工程实施过程中的直接工程费，尤其是其他工程费会产生影响。

【拓展思考 4-6】 举例说明工期安排对造价的影响。

项目中的大桥是整个工期的控制要素，首先考虑在枯水季节抢先修建水中基础，争取在洪水到来之前抢出水面，否则会增加围堰、筑岛、护筒等数量和相应的措施费。

在北方严寒的冬天，混凝土施工困难多，则安排不受气温影响的时段施工，以节省保温措施费用（冬季施工增加费）；上部的预制与安装则按流水作业的要求，在符合总工期要求的前提下进行安排，否则势必会增加临时设施费。

因此，结合现场客观情况，实事求是地正确编制施工方案，不仅可以保证工期、质量，而且还能合理地确定工程造价。

（4）运输组织计划对造价的影响　运输组织计划是施工组织设计中的一个重要内容，

它不仅直接影响施工进度，而且在很大程度上也影响了工程造价。为了确保施工进度计划的顺利执行，力求最大限度地降低工程造价，一般要求运输组织计划达到下列要求。

1）运距最短，运输量最小。

2）减少运转次数，力求直达工地。

3）装卸迅速和运转方便。

4）尽量利用原有交通条件，减少临时运输设施的投资。

5）充分发挥运输工具的载运效率。

【例 4-3】　有 X、Y 两个工地，X 工地每天需要砂 $220m^3$，Y 工地每天需要砂 $140m^3$，有 A、B、C 三个料场供应，每日产量均为 $120m^3$，各料场运至工地的运输费价格见表 4-6。应如何科学地确定运输方案？

解：求其最小运输费就可获得解决。

设：A_X——由料场 A 运至工地 X 地砂量；

A_Y——由料场 A 运至工地 Y 地砂量；

B_X——由料场 B 运至工地 X 地砂量；

B_Y——由料场 B 运至工地 Y 地砂量；

C_X——由料场 C 运至工地 X 地砂量；

C_Y——由料场 C 运至工地 Y 地砂量。

表 4-6　料场运至工地的运输费价格　（单位：元/m^3）

料场	工地	
	X	Y
A	21	24
B	23	19
C	20	20

其最小运输费：

$$Z_{min}=21A_X+24A_Y+23B_X+19B_Y+20C_X+20C_Y$$

满足条件：$A_X+A_Y \leqslant 120m^3$，$B_X+B_Y \leqslant 120m^3$，$C_X+C_Y \leqslant 120m^3$

$A_X+B_X+C_X=220m^3$，$A_Y+B_Y+C_Y=140m^3$

$A_X \times A_Y \times B_X \times B_Y \times C_X \times C_Y \geqslant 0$

以上线性规划可用单纯形法和计算机求解，其值即为合理的运输方案。

$A_X=120m^3$，$A_Y=0m^3$，$B_X=0m^3$，$B_Y=120m^3$，$C_X=100m^3$，$C_Y=20m^3$

所以 $Z_{min}=120m^3 \times 21$ 元/m^3 $+120m^3 \times 19$ 元/m^3 $+100m^3 \times 20$ 元/m^3 $+20m^3 \times 20$ 元/m^3 $=$ 7200 元

这样，砂的最低平均运价为：7200 元÷（220+140）m^3 = 20 元/m^3，就达到了费用最省的目的。

（5）工地标准化对造价的影响　交通运输部 2011 年 2 月在《关于开展高速公路施工标

准化活动的通知》中要求：为加强高速公路建设管理，进一步提升工程质量、安全水平和行业文明施工形象，从2011年起，在高速公路建设中开展施工标准化活动。施工标准化活动的主要内容包括工地标准化、施工标准化和管理标准化，专业涵盖路基、路面、桥涵、隧道、绿化及防护工程、交通安全与机电工程。其中，工地标准化主要包括驻地和施工现场的标准化。施工组织设计应符合工地标准化的要求，概预算造价中安全及文明施工措施费则考虑了工地标准化的相应费用。

以上影响因素主要从技术角度分析设计阶段对建筑安装工程费的影响。其他方面，如国家征地拆迁政策、贷款金融政策等的调整也对公路工程造价会有影响，大约占总造价的10%~20%。

4.4.2 工程造价对设计阶段的影响

工程设计阶段是控制工程造价的关键环节，设计单位和设计人员必须树立经济核算的观念，克服重技术轻经济、设计保守浪费脱离国情的倾向。设计人员与工程造价人员应密切配合，严格按照设计任务书规定的投资估算做好多方案的技术经济比较，要在降低和控制工程造价上下功夫。工程造价人员在设计过程中应及时地对工程造价进行分析对比，反馈造价信息，能动地影响设计，以保证有效地控制造价。

积极推行限额设计。既要按照批准的设计任务书及投资估算控制初步设计概算，按照批准的初步设计及总概算控制施工图设计及预算，又要在保证工程功能要求的前提下，按各专业分配的造价限额进行设计，保证估算、概算起到层层控制的作用，不突破造价限额。

设计单位必须保证设计文件的完整性。设计概预算是设计文件不可分割的组成部分。初步设计、技术简单项目的设计方案均应有概算；技术设计应有修正概算；施工图设计应有预算；预算均应有主要材料表。凡没有设计概预算的设计不是完整的设计。不完整的设计文件不得交付建设单位。设计文件的完整性和概预算的质量应作为评选优秀设计、审定设计单位等级的重要标准之一。

施工图预算一般应由具备一定资质等级的设计单位和持有政府管理机关、工程造价管理部门正式颁发的工程造价编审资格证书的人员负责编制。当一个建设项目由几个设计单位共同承担设计时，各设计单位编制所承担设计的单项或单位工程预算，主管部门应指定主体设计单位负责统一编制原则和依据，汇编总预算。设计单位必须保证设计文件的完整性和施工图预算编制的正确性，要不断提高施工图设计的水平，避免在施工过程中过多地修改设计引起工程造价的增高。建设单位应加强项目管理，严格控制施工过程中的变更设计，避免通过变更设计提高建设项目的标准，扩大建设规模。要坚持按基本建设程序办事，重大变更设计必须报原批准机关审批，使施工图预算真正得到有效控制，把初步设计或技术设计的意图落到实处。施工图预算的编制要严格执行国家的方针政策和有关规定，符合公路设计、施工技术规范。文件应达到的质量要求是：符合规定、结合实际、经济合理、提交及时、不重不漏、计算正确、字迹清晰、装订整齐。

4.4.3 设计方案的经济比选

设计方案比选就是通过对工程设计方案的经济计算、分析、比较和评价，从若干设计方案中选出功能上适用、结构上坚固耐用、技术上先进、造型上美观、环境上自然协调以及经济合理的最优设计方案的过程。

由于设计方案的经济效果不仅取决于技术条件，而且还受不同地区的自然条件和社会条件的影响，所以设计方案选择时，须综合考虑各方面因素，对方案进行全方位技术经济分析与比较，须结合当时当地的实际条件，选择功能完善先进、寿命周期费用经济合理的设计方案。在进行设计方案比选时，应遵循下列评价原则：

1）设计方案必须要处理好经济合理性与技术先进性之间的关系。

2）设计方案必须兼顾建设与使用，考虑项目全寿命费用。

3）设计必须兼顾近期与远期的要求。

1. 公路设计方案评价指标

在进行路线和桥梁设计方案比较时，采用的评价指标见表 4-7 和表 4-8。

表 4-7　路线设计方案评价指标

比较方案	方案一	方案二	方案三
路线长度/km			
最小平曲线半径/(m/处)			
最大纵坡/(%/m)			
路基宽度/m			
土石方数量/1000m³			
其中:石方/1000m³			
路面结构类型			
路面综合平均厚度/cm			
大桥/(m/座)			
中桥/(m/座)			
小桥/(m/座)			
涵洞(道)			
隧道/(m/座)			
路段			
互通式立交(处)			
分离式立交(处)			
通道(处)			
占用土地(亩)			
主要材料:钢材/t			
水泥/t			
木材/m³			
总造价(万元)			
单位造价(万元/公路公里)			

表 4-8 桥梁设计方案评价指标

桥位：						
桥型方案				方案一	方案二	方案三
结构型式			主桥			
			引桥			
桥长			主桥			
			引桥			
			全长/m			
主要工程数量	上部构造	主桥	混凝土/m^3			
			钢材/t			
		引桥	混凝土/m^3			
			钢材/t			
	下部构造	主桥	混凝土/m^3			
			钢材/t			
		引桥	混凝土/m^3			
			钢材/t			
	桥面铺装/m^3					
接线长度(不含桥长)/km						
工期(月)						
总造价(万元)						
单位造价(万元/m)						

注：此表为示例，应根据各项目特性对上表中的技术经济指标项进行增减。

表 4-7 和表 4-8 的设计方案评价指标中，与造价相关的经济评价指标分析如下。

(1) 工程数量指标 包括土石方工程数量；桥梁工程数量，如大桥、中桥、小桥涵的座数、面积、长度；隧道工程数量；挡土墙工程数量；征购土地工程数量；拆迁建筑物及管线设施的数量；主要材料数量；主要机械、台班数量及工日。

(2) 工程造价指标 包括每公里建筑安装工程费、每公里造价和工程总造价。

2. 设计方案经济比选条件

在对各设计方案进行分析、比较、论证时，必须遵循可比原则，以保证这些分析论证既能全面地反映真实情况，又有助于决策的正确选择。方案的可比条件要求技术方案在一些主要方面具有同一性、可比性。一般应具有以下四个方面的可比基础。

(1) 原始资料和数据的可比性 方案之间原始资料的收集、整理和加工的方法要统一，指标的选取水平要一致，采用的定额标准要相同，增减系数要一致。

(2) 满足需要的可比性 对工程项目实现同一社会经济目标的不同技术方案要在满足

同样需要的前提下比较其经济性，包括：

1）功能相同的可比性。从工程技术经济观点来看，不同的工程技术方案只有满足相同功能的需要，才能够进行比较，否则它们之间无法相互代替，就失去了相互比较的意义。功能等同是方案比较的共同基础。

2）产量指标的可比性。对运输业要求的线路设计通过能力和完成运输周转量相同。

3）质量指标可比性。要使对比双方质量都满足相同程度的需求。

（3）费用效益的可比性

1）计算的基础资料和指标形式可比性。费用和效益通常采用货币值的价值指标，包括设备价格、材料价格及工资单价等价格指标要相同，各种消耗指标要采用同一资料，投资估算应采用同一定额。

2）计算价格的可比性。项目耗费与效果用货币形式表现时，要通过价格计算，应保证不同资源比价合理。财务评价采用现行市场价格，国民经济评价采用影子价格。

3）各设计方案设计深度相同，计算范围的可比性。各方案设计的详细程度相同，方案比较可按各个方案所含的全部因素（相同因素和不同因素）计算各方案的全部经济效益和费用，进行全面比较。也可仅就不同因素计算相对经济效益和费用，进行局部对比。但要特别注意各个方案间的可比性，遵循效益与费用计算口径和范围对应一致的原则，必要时考虑相关效益和相关费用，且经济计算方法应相同。

（4）时间因素的可比性　由于资金时间价值原理的作用，不同时间同样数量货币是不等值的，在工程技术方案比较中，要满足时间因素的可比性。这包括两方面的内容。

1）服务年限可比。对使用寿命不同的方案进行经济效果比较，如采用现值指标进行比较时，必须用相同的计算期作为比较的基础，即项目的服务年限相同。

2）工程技术方案在不同时间产生的费用和效益，不能将它们简单相加，必须考虑资金的时间价值，利用统一的复利计算至同一基准时间再进行比较。

3. 设计方案经济比选方法

（1）最小费用法　当设计方案的效益相同或效益基本相同但难以具体估算时，为简化计算，可采用最小费用法，包括费用现值比较法和费用年值比较法。

【拓展思考 4-7】　费用现值比较法和费用年值比较法分别是什么方法？

费用现值比较法是通过计算各比较方案的费用现值（PC）并进行对比，以费用现值较低的方案为优。费用年值比较法是计算各比较方案的等额年费用（AC）并进行对比，以年费用较低的方案为优。

两种比较法用于设计方案的优选，优选结果是一致的，但年费用比较法可以直接用于寿命期不同的方案比选。

（2）全寿命周期成本法　全寿命周期成本是指在满足一定经济效益的各个方案中，选定全寿命周期成本最小的方案。在设计阶段对公路项目进行全寿命周期成本分析是非常有效的，尤其在初步设计阶段，因为与设计接近完成时相比，在初步设计阶段进行变更较容易，而在详细设计阶段，即使发现成本问题有待改善，设计人员也不愿意重新设计，阻力会很大，因为在详细设计阶段，哪怕只是部分的重新设计，也会打乱设计的整体部署。

公路建设项目全寿命周期是指公路的经济寿命周期，即从公路建设项目立项开始、到设计、施工、投入运行，直至弃置为止的整个时期。为了简化起见，在设计阶段，使用全寿命周期成本方法对不同技术方案进行比选时，主要考虑方案的建设费用和养护费用。比选的方法仍采用费用现值和费用年值比较法。

(3) 价值工程　价值工程是通过各方协作，对所研究对象的功能与费用进行系统分析，不断创新，最终以研究对象的最低寿命周期成本，可靠地实现使用者所需功能来获取研究对象最佳的综合经济效益的一种技术经济分析方法。

公路建设项目的成本70%~90%决定于决策和设计阶段。当设计方案确定或设计图样完成后，其结构、施工方案、材料等也就限制在一定条件内了。设计水平的高低直接影响投资效益。同时，工程设计本身就是一种创造性的活动，而价值工程作为有组织的创造性活动，强调创新。因此，价值工程是设计阶段优选方案的一种有效方法。

第5章 公路工程招标投标阶段计价与管理

招标投标是一种有序的市场竞争、买卖交易方式，也是规范选择交易主体、确定交易价格、订立交易合同的法律程序。

招标是指业主（招标人）按照一定标准选择“标的”的承包人，并与其签订承包合同的过程。投标则是指企业单位（投标人）按照招标条件和要求获取“标的”的承包权的过程。

与其他采购交易方式相比，招标投标具有竞争性、程序性、规范性、一次性、技术经济性和组织性。其特点是：由唯一的买主（招标人）设立标的，提出交易条件和要求，邀请众多卖主（投标人）参加公平竞争，通过评比从中选择中标人（承包商），并与其达成交易协议。招投标行为，本质上是一种法律行为。招投标的原则是鼓励竞争，防止垄断，因此在招投标工作中应坚持依法办事、平等互利、协商一致、诚实信用的原则，鼓励投标单位以其技术水平、管理水平、社会信誉和合理报价等优势开展竞争，不受地区、部门的限制。

5.1 招标投标概述

5.1.1 强制招标的范围与规模

1. 强制招标的范围

《中华人民共和国招标投标法》第三条规定，在中华人民共和国境内进行下列工程建设项目包括项目的勘察、设计、施工、监理以及与工程建设有关的重要设备、材料等的采购，必须进行招标。

1）大型基础设施、公用事业等关系社会公共利益、公众安全的项目。

2）全部或者部分使用国有资金投资或者国家融资的项目。

3）使用国际组织或者外国政府贷款、援助资金的项目。

2. 强制招标的规模

《必须招标的工程项目规定》有下列相关规定。

第二条，全部或者部分使用国有资金投资或者国家融资的项目包括：①使用预算资金200万元人民币以上，并且该资金占投资额10%以上的项目；②使用国有企业事业单位资金，并且该资金占控股或者主导地位的项目。

第三条，使用国际组织或者外国政府贷款、援助资金的项目包括：①使用世界银行、亚洲开发银行等国际组织贷款、援助资金的项目；②使用外国政府及其机构贷款、援助资金的项目。

第四条，不属于本规定第二条、第三条规定情形的大型基础设施、公用事业等关系社会公共利益、公众安全的项目，必须招标的具体范围由国务院发展改革部门会同国务院有关部门按照确有必要、严格限定的原则制订，报国务院批准。

第五条，本规定第二条至第四条规定范围内的项目，其勘察、设计、施工、监理以及与工程建设有关的重要设备、材料等的采购达到下列标准之一的，必须招标：

1）施工单项合同估算价在400万元人民币以上。

2）重要设备、材料等货物的采购，单项合同估算价在200万元人民币以上。

3）勘察、设计、监理等服务的采购，单项合同估算价在100万元人民币以上。

同一项目中可以合并进行的勘察、设计、施工、监理以及与工程建设有关的重要设备、材料等的采购，合同估算价合计达到前款规定标准的，必须招标。

上述标准是工程建设项目强制招标的最低标准，任何单位和个人不得将依法必须进行招标的项目化整为零或者以其他任何方式规避招标。

3. 公路工程施工招标投标管理办法的规定

有下列情形之一的公路工程建设项目，可以不进行招标。

1）涉及国家安全、国家秘密、抢险救灾或者属于利用扶贫资金实行以工代赈、需要使用农民工等特殊情况。

2）需要采用不可替代的专利或者专有技术。

3）采购人自身具有工程施工或者提供服务的资格和能力，且符合法定要求。

4）已通过招标方式选定的特许经营项目投资人依法能够自行施工或者提供服务。

5）需要向原中标人采购工程或者服务，否则将影响施工或者功能配套要求。

6）国家规定的其他特殊情形。

5.1.2 公路建设项目招标分类

按照工程标的分类，根据标的的不同，公路工程招标可分为勘察设计招标、施工监理招标、材料设备招标和施工招标。

除了这四种基本形式外，公路工程招标实践中还有设计施工总招标这种形式，即由发包人事先提出设计施工的基本原则和要求，招标过程中，由设计单位和施工单位组成设计施工联合体进行投标，发包人从中选择一家工程造价低、工期符合要求的单位承担该项目的设计和施工。这种招标形式有利于优化设计方案、降低工程造价，也有利于做到设计施工综合安排，加快工程的整体进度（设计施工总承包模式有利于发包人减少项目管理工作，将主要精力投入到项目的经营工作中去）。

按照竞争程度分类，可分为公开招标和邀请招标。这也是《中华人民共和国招标投标法》中规定的法定招标方式。

按照招标的组织形式分类，可以分为招标人自行招标和招标人委托招标机构代理招标。

5.1.3 招标应具备的条件

根据《公路工程施工招标投标管理办法》第八条规定，结合公路建设项目招标承包实践的要求，公路工程项目在进行施工招标前，应具备以下条件。

1）项目法人已经确定，并符合项目法人资格标准要求。

2）招标范围、招标形式和招标组织形式等应当履行核准手续的已经核准。

3）征地拆迁工作已基本完成或落实，能保证分年度连续施工。

4）公路工程建设项目履行项目审批或者核准手续后，方可开展勘察设计招标。

5）初步设计文件批准后，方可开展施工监理、设计施工总承包招标。

6）施工图设计文件批准后，方可开展施工招标。

招标应具备的基本条件对搞好招标工作特别是保证合同的正常履行是很重要的，否则将严重影响工程建设的连续性和合同的严肃性，给业主（国家或社会）造成重大损失。

5.1.4　工程招标投标的基本工作程序与内容

1. 工程招标投标的基本工作程序

公路工程施工招标，一般按下列基本工作程序进行。

1）招标准备工作，其主要内容包括：成立招标组织机构，确定招标范围、招标方式和招标组织形式，确定合同类型，划分标段，确定工期，制订招标工作计划。

2）编制资格预审文件。

3）发布资格预审公告，发售资格预审文件，公开资格预审文件关键内容。

4）接收资格预审申请文件。

5）组建资格审查委员会对资格预审申请人进行资格审查，资格审查委员会编写资格审查报告。

6）根据资格审查结果，向通过资格预审的申请人发出投标邀请书；向未通过资格预审的申请人发出资格预审结果通知书，告知未通过的依据和原因。

7）编制招标文件。

8）发售招标文件，公开招标文件的关键内容。

9）需要时，组织潜在投标人踏勘项目现场，召开投标预备会。

10）接收投标文件，公开开标。

11）组建评标委员会评标，评标委员会编写评标报告、推荐中标候选人。

12）公示中标候选人相关信息。

13）确定中标人。

14）编制招标投标情况的书面报告。

15）向中标人发出中标通知书，同时将中标结果通知所有未中标的投标人。

16）与中标人订立合同。

公路工程施工招标工作在总体上可以分为 3 个阶段，即招标准备阶段、招标组织阶段和评标定标阶段。公路工程施工招标程序如图 5-1 所示。

2. 工程招标投标的主要工作内容

（1）资格预审　资格预审按以下程序进行。

1）招标人编制资格预审文件（包括资格预审公告）。

2）在国家指定的媒介上发布资格预审公告。

3）按资格预审公告规定的时间、地点向投标申请人发售资格预审文件。

4）资格预审文件的澄清、修改。

5）投标申请人根据资格预审文件规定的内容、格式和时间编制并递交资格预审申请文件。

6）组建资格审查委员会，根据资格预审文件中规定的审查方法和标准，对资格预审申请文件进行审查。

7）审查工作结束后，确定通过资格预审的申请人名单，并向招标人提交书面资格审查报告。

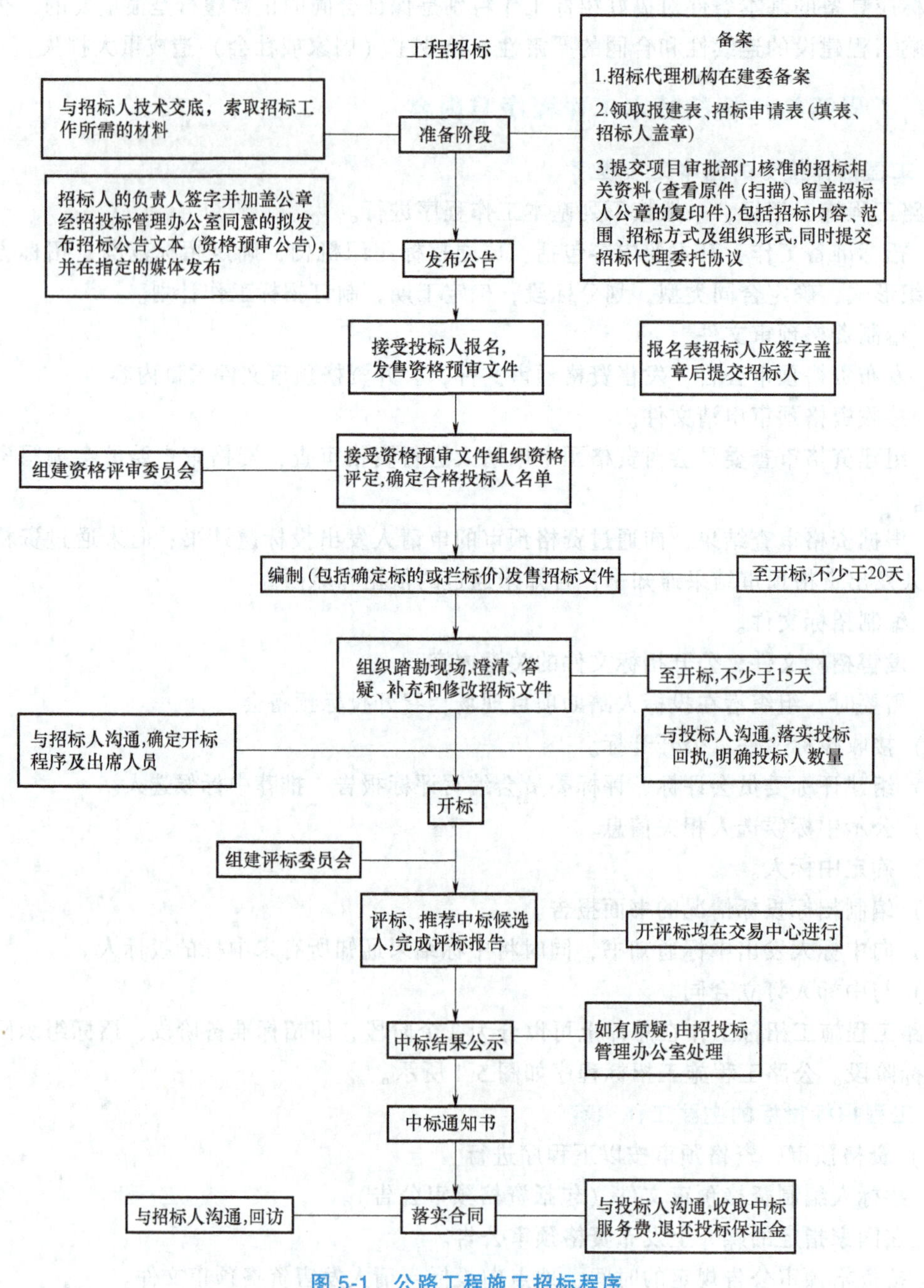

图 5-1 公路工程施工招标程序

8）招标人在规定的时间内，向通过资格预审的投标申请人发出投标邀请书（附带资格预审合格通知书），并向未通过资格预审的投标申请人发出资格预审结果的书面通知。

在以上程序中，资格预审文件的编制和对资格预审申请文件的审查是资格预审程序中的两项重要工作内容。

（2）编制、发售招标文件　招标文件是投标人编制投标文件参加投标和招标人进行评标的根本依据。招标人应当在招标准备阶段，根据招标项目的具体情况、特点和需要，调查、收集有关的技术、经济和市场情况，依据有关规定和标准文本编制项目招标文件。招标文件应当按要求报上级交通主管部门备案。

招标人应按照投标邀请书或招标公告规定的时间、地点、费用和方式，向投标人发售招标文件。

按照《中华人民共和国招标投标法》的规定，招标文件应当包括招标项目的技术要求，对投标人资格审查的标准、投标报价要求和评标标准等所有实质性要求和条件以及拟签合同的主要条款。建设项目施工招标文件是由招标人（或其委托的咨询机构）编制，由招标人发布的，既是投标单位编制投标文件的依据，也是招标人与将来中标人签订工程承包合同的基础，招标文件中提出的各项要求，对整个招标工作乃至承包发包双方都有约束力。

（3）编制招标控制价　招标控制价是招标人根据国家或省级、行业建设主管部门颁发的有关计价依据和办法，以及拟定的招标文件和招标工程量清单，结合工程具体情况编制的招标工程的最高投标限价。

为了避免发生串标、抬标现象，招标人可以根据招标项目的技术经济特点和需要，自主决定是否编制招标控制价，并在招标文件中提前向投标人公布。

（4）招标文件的澄清及修改　投标人如对招标文件有疑问，应在招标文件规定的时间前以书面形式要求招标人对招标文件予以澄清。招标人也可以书面形式修改招标文件。

通常将招标人向投标人发出的对招标文件所做的澄清或修改书面文件称为补遗书。各次补遗书应按时序编号，同时要上报主管部门核备。

（5）组织投标人踏勘现场　招标人可根据招标项目的特点和招标文件的约定，统一组织投标人对工程现场的地形条件、地质条件、周边环境和内部环境进行实地踏勘、了解，并进行现场指导说明，介绍有关情况，以帮助投标人了解工程现场情况，更好地编制投标文件。招标人不得单独或分别组织任何一个投标人进行现场踏勘。

1）踏勘现场一般安排在投标预备会前的1~2天。

2）投标人在踏勘现场如有疑问，应在投标预备会前以书面形式向招标人提出，但应给招标人留有解答时间。

3）招标人应向投标人介绍有关现场的以下情况：施工现场是否达到招标文件规定的条件；施工现场的地理位置和地形、地貌；施工现场的地质、土质、地下水位、水文等情况；施工现场气候条件，如气温、湿度、风力、年雨雪量等；现场环境，如交通、饮水、污水排放、生活用电、通信等；施工现场中的位置或布置；临时用地、临时设施搭建等。

4）招标人按招标文件中规定的时间、地点组织投标人踏勘项目现场；投标人踏勘现场发生的费用自理；除招标人的原因外，投标人自行负责在踏勘现场所发生的人员伤亡和财产损失；招标人在踏勘现场介绍的工程场地和相关的周边环境情况，供投标人在编制投标文件时参考，招标人不对投标人据此做出的判断和决策负责；招标人提供的工程水文、地质、气象和料场分布、取土场、弃土位置等参考资料，并不构成合同文件的组成部分，投标人应对自己对上述资料的解释、推论和应用负责，招标人不对投标人据此做出的判断和决策承担任何责任。

(6) 组织召开投标预备会　招标人应按招标文件规定的时间和地点，组织投标人召开投标预备会（也称为招标文件交底会或标前会议）。投标预备会的目的是，澄清并解答投标人在查阅招标文件和现场踏勘后提出的问题。在投标预备会上，招标人还应对图样进行交底和解释，对招标文件中的重点、难点内容主动做出说明。

通过投标预备会进行的解答，应以书面形式同时送达所有获得招标文件的投标人。

(7) 投标人编制并递交投标文件　投标人通过递交投标文件参加投标，投标文件的编制是投标人投标的核心工作。投标人应严格按照招标文件规定的内容和格式编制投标文件，并按规定对投标文件进行签署、装订、包装、密封和标记，最后按招标文件规定的时间、地点和方式递交投标文件。

投标人在递交投标文件的同时，应按招标文件规定的金额、担保形式和格式递交投标保证金，并作为其投标文件的组成部分。投标人不按招标文件要求提交投标保证金的（现在最常用的投标保证金的递交方式是投标保函），该投标文件将被拒绝，作废标处理。

在开标前，任何单位和个人不得开启投标文件。

(8) 开标　招标人或招标代理机构应在招标文件规定的投标截止时间的同一时间和地点，对所有接收的投标文件当众进行拆封、开启，并公布投标人名称、投标标段、投标报价以及招标文件约定的其他内容。

出现以下情况时，可以暂缓或者推迟开标时间。

1）招标文件发售后对原招标文件做了变更或者补充。

2）开标前发现有影响招标公平性的不正当行为。

3）出现突发事件等。

开标由招标人主持，并邀请所有投标人的法定代表人或其委托代理人准时参加。招标人可以在投标人须知前附表中对此做出进一步说明，同时明确投标人的法定代表人或其委托代理人不参加开标的法律后果，通常不应以投标人不参加开标为由将其投标作废标处理。

根据《公路工程标准施工招标文件》的规定，主持人按下列程序进行开标。

1）宣布开标纪律。

2）公布在投标截止时间前递交投标文件的投标人名称，并点名确认投标人是否派人到场。

3）宣布开标人、唱标人、记录人、监标人等有关人员姓名。

4）按照投标人须知前附表规定检查投标文件的密封情况。

5）按照投标人须知前附表的规定确定并宣布投标文件开标顺序。

6）设有标底的，公布标底。

7）按照宣布的开标顺序当众开标，公布投标人名称、标段名称、投标保证金的递交情况、投标报价、质量目标、工期及其他内容，并记录在案。

8）投标人代表、招标人代表、监标人记录人等有关人员在开标记录上签字确认。

9）开标会议结束。

开标过程中，若招标人发现投标文件出现以下任一情况，经监标人确认后当场宣布为废标。

1）未在投标函上填写投标总价。

2）投标报价超出招标人公布的投标控制价（如有）。

（9）评标　在开标之后，由招标人依法组建的评标委员会，按照招标文件规定的评标方法、标准和程序对投标文件进行评审。招标文件没有规定的方法、评审因素和标准，不作为评标依据。

评标委员会完成评标工作后，应向招标人提出书面评标报告，推荐 1~3 名中标候选人。

（10）定标　招标人依据评标委员会提出的书面评标报告和推荐的中标候选人，依据法律法规和招标文件规定的定标原则确定中标人，招标人也可授权评标委员会直接确定中标人。

（11）发中标通知　招标人确定中标人（或依据有关规定经核准、备案）后招标人以书面形式向中标人发出中标通知书，同时将中标结果通知未中标的投标人。

（12）签订合同　招标人和中标人应当自中标通知书发出之日起 30 天内，根据招标文件和中标人的投标文件订立书面承包合同。

3. 招标项目划分标段

招标项目需要划分标段的，招标人应当合理划分标段。一般情况下，一个项目应当作为一个整体进行招标。但是，对于大型的项目，作为一个整体进行招标将大大降低招标的竞争性，因为符合招标条件的潜在投标人数量太少，这样就应当将招标项目划分成若干个标段分别进行招标。但也不能将标段划分得太小，太小的标段将失去对实力雄厚的潜在投标人的吸引力，同时标段划分太小，会影响施工规模的经济性，使施工成本增加，发包人和监理的施工协调和管理工作量也将增加（管理成本加大），这对工程的投资控制是不利的。

公路工程是长达几十公里甚至几百公里的带状结构，以公路工程为主，也有建筑工程、机电工程，因此划分好标段对工程施工有非常大的意义。标段的划分直接影响工程质量、工程进度、工程造价。划分标段的影响因素有很多：工程性质、工程规模、目标工期、标段的管理工作量、土石方调配、项目所在地自然施工环境等。

根据公路工程的施工特点，在考虑劳动力、材料、机具设备、造价、质量、工期等要素的条件下，划分标段时应考虑：

1）能够采用现代化的施工方法和施工工艺，保证施工质量的施工机构，在保证正常的流水作业和必要的工序间隔的前提下，达到高效、经济施工的目的。

2）充分考虑时间控制问题，同时综合考虑劳动力、材料、施工机具设备等所必需的施工资源问题，使其最有效、合理，经济地配置与利用。每标段工程量至少能容纳一个配备一套现代施工设备施工队，在一个合理的工期内完成工程，保证施工过程的连续性、协调性、均衡性、经济性。

3）避免造成标段间的大量施工干扰（施工交通、用地等）。这种干扰将明显影响工效，造成污染或损坏修建的工程，影响工程质量。

4）能科学地安排施工顺序，采用合理的施工组织方法，在保证工程质量和施工安全的前提下，充分利用空间，争取时间，使人尽其力，物尽其用，达到高效、优质、低耗的目的。因此，工程性质相同且相邻的地段（如石方、软土段），尽可能避免化整为零，以免既影响工作效率，又影响工程质量。

5）保持构造物的完整性，除了特大桥之外，尽可能不肢解完整的工程构造物。

6）能合理地规划设计辅助工程、临时工程及施工现场临时设施，尽量减少这些工程设施，节约施工用地，做到统筹规划、合理布局，并尽可能地就地取材，利用当地资源，减少物资的运输量。

如果从项目管理的角度出发，招标人在划分标段时应当综合考虑以下因素。

1）招标项目的专业要求。如果招标项目的几部分内容专业要求接近，则该项目可以考虑作为一个整体进行招标。如果该项目的几部分内容专业要求相距甚远，则可考虑划分为不同的标段分别招标。例如，对于一个项目中的土建和设备安装两部分内容则可考虑分别招标。

2）招标项目的管理要求。有时一个项目的各部分内容相互之间干扰不大，方便招标人进行统一管理，这时就可以考虑对各部分内容分别进行招标；反之，如果各独立的承包人之间的协调管理十分困难，则应当考虑将整个项目发包给一个承包人，由该承包人进行分包后统一进行协调管理。

3）对工程投资的影响。标段划分对工程投资也有一定的影响。这种影响是由各方面因素造成的。如一个项目作为一个整体招标，则承包人需要进行分包，分包的价格在一般情况下不如直接发包的价格低；但一个项目作为一个整体招标，有利于承包人的统一管理，人工、机械设备、临时设施等可以统一使用，又可能降低费用。因此，应当具体情况具体分析。

4）工程各项工作的衔接。在划分标段时还应当考虑到项目在建设过程中的时间和空间的衔接。应当避免产生平面或立面交接工作责任不清的情况。如果建设项目的各项工作的衔接、交叉和配合少，责任清楚，则可考虑分别发包；反之，则应考虑将项目作为一个整体发包给一个承包人，因为此时由一个投标人进行协调管理容易做好衔接工作。

公路工程施工招标，可以对整个建设项目分标段一次招标，也可以根据不同专业、不同实施阶段分别进行招标，但不得将招标工程化整为零或者以其他任何方式规避招标。

公路工程施工招标标段，应当按照有利于对项目实施管理和规模化施工的原则合理划分。高速公路标段路基工程一般不少于 10km，路面工程一般不少于 15km。其他等级公路标段工作量一般应不少于 5000 万元。边远地区和特殊地段可视实际情况调整。

5.2 工程量清单计量与计价

工程量清单是招标文件和合同文件的重要组成部分，是一种以一定计量单位说明工程实物数量的文件，也是与招标文件中技术规范相对应的文件。它详细说明了技术规范中各工程细目的数量。已标价工程量清单是投标文件中最主要的组成部分，中标后已标价工程量清单将成为合同文件的重要组成部分。因此，它的正确编制对做好招标投标工作有重要意义。

5.2.1 工程量清单计量

1. 工程量清单的含义

工程量清单是招标人或招标代理人依据建设工程设计图样、工程量清单计量规则、统一的计量单位和技术标准计算所得的构成工程实体各分部分项的、可供编制控制价和投标报价的实物工程量的汇总清单表。

招标人将要招标的工程按一定的原则（如按工程部位、性质等）进行分解，以明确工程的内容和范围，并将这些内容数量化而得到的一套工程项目表。每个表中既有工程部位和该部位需实施的各子项目（工程细目），又有每个子项目的工程量和计价要求（单价或包干价）以及总计金额，单价与总价两个栏目由投标单位填写。工程量清单反映的是每个相对独立的个体项目的主要内容和预算数量。

工程量清单是业主编制招标控制价的依据，也是投标人编制投标报价的依据。工程量清单是招标人要求投标人完成的工程项目及其相应工程实体数量的列表，反映全部工程内容以及为实现这些内容而进行的其他工作。

招标工程的工程量清单通常由业主提供，但也有一些国际招标工程，并没有工程量清单仅有招标图样，这就要求投标人按照自己的习惯列出工程细目并计算工程量，或按国际通用的工程量编制方法提交工程量清单。我国的公路工程项目招标一般均由招标单位提供工程量清单。

2. 工程量清单的作用

工程量清单是招标投标时使用的招标文件之一，它的作用显然是为招投标服务的，主要表现在以下几个方面。

（1）为投标人的公平竞争提供基础　工程量清单是按照招标文件中技术规范的规定和要求的分项原则以及工程量计算方法编制的。一方面，招标单位的招标控制价是按这些分项进行计算而编制；另一方面，各投标单位也是以工程量清单为依据，结合招标文件中的拟签订合同条款以及以往的施工经验，对工程量清单中所列各分项进行报价，然后汇总，从而完成对整个工程的报价。因此，工程量清单为所有投标单位提供了一个报价计算的共同基础，充分体现了公平竞争原则；同时由于控制价也是在此基础上计算出来的，为评标时对报价进行比较提供了基准。

（2）为实施工程计量和办理中期支付提供依据　工程量清单描述了工程项目的范围、内容及计量方式和方法。在工程实施期间，对工程的计量与支付必须以工程量清单为依据，即使发生工程变更及费用索赔时，其参考作用也很明显，直接影响监理工程师对单价的确定。因此，工程量清单必须做到分项清楚明了，各种工作内容不重不漏。

（3）促使投标人提高技术水平及管理水平　由于各投标单位是在同一个基础上进行报价，为了中标，投标单位必须不断提高管理水平和技术水平来降低投标报价，这样有利于促进施工单位改进施工方法、优化施工方案、加强项目管理，采用先进的施工技术、设备，最大限度地提高劳动生产率，最终降低生产成本。

（4）为业主选择合适的承包人提供重要参考　鉴于投标人受工程量清单制约，主要的竞争成为价格竞争，而这一竞争有利于业主费用降低，因此，它是业主选择中标者最重要的参考。一般业主会选择报价低者中标，但它同时要兼顾施工组织以及承包人低价完成的可能性。

（5）为费用监理提供依据　由于工程量清单是合同文件的组成部分，也是在发生工程变更、价格调整、工程索赔时，业主与承包人都比较易于接受的价格基础。

3. 工程量清单计量规则

招标单位在编制工程量清单时应参考《公路工程标准施工招标文件》（2018 年版），其中有工程量清单计量规则专门的一章。

工程量清单计量规则属于《公路工程标准施工招标文件》第三册第八章。

计量规则各章节是按第七章“技术规范”的相应章节编号的，因此各章节工程子目的工程量计量规则应与“技术规范”相应章节的施工规范结合起来理解、解释和应用。

计量规则所有工程项目除个别注明者外，均采用我国法定的计量单位，即国际单位及国际单位制导出的辅助单位进行计量。

计量规则的计量与支付，应与合同条款、工程量清单以及图样同时阅读，工程量清单中的支付项目号和计量规则的章节编号是一致的。

计量规则由子目号、子目名称、单位、工程量计量、工程内容组成。每个子目号与工程量清单的子目号一一对应，是承包人报价、发包人支付的依据。表 5-1 为示例。

表 5-1 工程量清单计量规则示例

子目号	子目名称	单位	工程量计量	工程内容
202	场地清理			
202-1	清理与掘除			
-a	清理现场	m^2	依据图样所示位置及范围(路基范围以外临时工程用地清场等除外)，按路基开挖线或填筑边线之间的水平投影面积以平方米为单位计量	1. 灌木、竹林、胸径小于 10cm 树木的砍伐及挖根 2. 清除场地表面 0～30cm 范围内的垃圾、废料、表土(腐殖土)、石头、草皮 3. 与清理现场有关的一切挖方、坑穴的回填、整平、压实 4. 适用材料的装卸、移运、堆放及非适用材料的移运处理 5. 现场清理
-b	砍伐树木	棵	依据图样所示路基范围内胸径 10cm 以上(含 10cm)的树木，按实际砍伐数量以棵为单位计量	1. 砍伐 2. 截锯 3. 装卸、移运至指定地点堆放 4. 现场清理

工程量清单计量规则共分为 7 章，分别是：

第 100 章　总则

第 200 章　路基

第 300 章　路面

第 400 章　桥梁、涵洞

第 500 章　隧道

第 600 章　安全设施及预埋管线

第 700 章　绿化及环境保护设施

工程量清单由子目号、子目名称、单位、数量、单价、合价组成，配套的《公路工程标准施工招标文件》第七章“技术规范”各章节的工程内容、工艺流程、检评标准构成每个子目的实施过程。

4. 工程量清单的编制

工程量清单应根据招标文件中包括的有合同约束力的工程量清单计量规则、图样以及有关工程量清单的国家标准、行业标准、合同条款中约定的其他规则编制。约定计量规则中没有的子目，其工程量按照有合同约束力的图样所标示尺寸的理论净量计算。计量采用中华人民共和国法定计量单位。

工程量清单应与招标文件中的投标人须知、通用合同条款、专用合同条款、工程量清单计量规则、技术规范及图样等一起阅读和理解。

工程量清单中所列工程数量是估算的或设计的预计数量，仅作为投标报价的共同基础，不能作为最终结算与支付的依据。实际支付应按实际完成的工程量，由承包人按工程量清单计量规则规定的计量方法，以监理人认可的尺寸、断面计量，按工程量清单的单价计算支付金额，或根据具体情况，按合同条款“变更”的规定，按监理人确定的单价或总额价计算支付额。

工程量清单各章按《公路工程标准施工招标文件》第八章“工程量清单计量规则”、第七章“技术规范”的相应章次编号，因此，工程量清单中各章的工程子目的范围与计量等应与“工程量清单计量规则”“技术规范”相应章节的范围、计量与支付条款结合起来理解或解释。

对作业和材料的一般说明或规定，未重复写入工程量清单内，在给工程量清单各子目标价前，应参阅第七章“技术规范”的有关内容。

工程量清单中所列工程量的变动，丝毫不会降低或影响合同条款的效力，也不免除承包人按规定的标准进行施工和修复缺陷的责任。

图样中所列的工程数量表及数量汇总表仅是提供资料，不是工程量清单的外延。当图样与工程量清单所列数量不一致时，以工程量清单所列数量作为报价的依据。

工程量清单包括工程量清单表、计日工表、暂估价表、投标报价汇总表、工程量清单单价分析表。

(1) 工程量清单表　工程量清单表用于招标，见表 5-2 和表 5-3。表中应该只有数量，单价和合价（总价）列应该是空白，留待投标人进行填报。

表 5-2 为第 100 章总则的工程量清单。通常将开办项目的工程量清单放在此章中，其特点是有关款项包干支付按总额结算。具体以表 5-2 所列内容来看，该章分为 5 节。第 1 节中计量支付的细目只有 1 项，即 101-1 保险费，它由建筑工程一切险和第三方责任险两部分组成；第 2 节中计量支付的细目有 4 项，分别是 102-1 竣工文件、102-2 施工环保费、102-3 安全生产费、102-4 信息化系统（暂估价）；第 3 节中计量支付的细目有 5 项，分别是 103-1 临时道路修建、养护与拆除（包括原道路的养护），103-2 临时占地，103-3 临时供电设施架设、维护与拆除，103-4 电信设施的提供、维修与拆除，103-5 临时供水与排污设施；第 4 节中计量支付的细目只有 1 项，即 104-1 承包人驻地建设；第 5 节中计量支付的细目有 7 项，分别是 105-1 施工驻地，105-2 工地试验室，105-3 拌和站，105-4 钢筋加工场，105-5 预制场，105-6 仓储存放地，105-7 各场（厂）区、作业区连接道路及施工主便道。

表 5-2　第 100 章总则的工程量清单

清单 第 100 章 总则					
子目号	子目名称	单位	数量	单价	合价
101	通则				
101-1	保险费				

（续）

清单 第 100 章 总则					
子目号	子目名称	单位	数量	单价	合价
-a	按合同条款规定，提供建筑工程一切险	总额			
-b	按合同条款规定，提供第三方责任险	总额			
102	工程管理				
102-1	竣工文件	总额			
102-2	施工环保费	总额			
102-3	安全生产费	总额			
102-4	信息化系统（暂估价）	总额			
103	临时工程与设施				
103-1	临时道路修建、养护及拆除（包括原道路的养护）	总额			
103-2	临时占地	总额			
103-3	临时供电设施架设、维护与拆除	总额			
103-4	电信设施的提供、维修与拆除	总额			
103-5	临时供水与排污设施	总额			
104	承包人驻地建设				
104-1	承包人驻地建设	总额			
105	施工标准化				
105-1	施工驻地	总额			
105-2	工地试验室	总额			
105-3	拌和站	总额			
105-4	钢筋加工场	总额			
105-5	预制场	总额			
105-6	仓储存放地	总额			
105-7	各场（厂）区、作业区连接道路及施工主便道	总额			
清单第 100 章合计　人民币______					

在第 100 章后的各章中一般为永久性工程项目，如路基、路面、桥梁与涵洞、隧道、安全设施及预埋管线，以及绿化及环境保护设施等。表 5-3 所示为第 200 章路基工程量清单（部分）。表中工程数量是根据图样中的工程量并按技术规范的规定处理后确定的，是预计的数量，实际的工程量要通过计量的方式来确定。

（2）计日工表　计日工也称散工或点工。在工程实施过程中，业主可能有一些临时性的或新增加的项目。这种临时的新增项目的工程量在招投标阶段很难估计，因此通过招投标阶段事先定价，避免开工后可能出现的争端，故需要以计日工明细表的方式在工程量清单中予以明确。

计日工明细表由劳务（表 5-4）、材料（表 5-5）、施工机械（表 5-6）、计日工汇总表（表 5-7）组成。

表 5-3　第 200 章路基工程量清单（部分）

清单 第 200 章 路基					
子目号	子目名称	单位	数量	单价	合价
202	场地清理				
202-1	清除与掘除				
-a	清理现场	m^2			
-b	砍伐树木	棵			
-c	挖除树根	棵			
202-2	挖除旧路面				
-a	水泥混凝土路面	m^3			
-b	沥青混凝土路面	m^3			
-c	碎石路面	m^3			
202-3	拆除结构物				
-a	钢筋混凝土结构	m^3			
-b	混凝土结构	m^3			
-c	砖、石及其他砌体结构	m^3			
-d	金属结构	kg			
202-4	植物移栽				
-a	移栽乔(灌)木	棵			
-b	移栽草皮	m^2			
203	挖方路基				
203-1	路基挖方				
-a	挖土方	m^3			
-b	挖石方	m^3			
-c	挖除非适用材料(不含淤泥、岩盐、冻土)	m^3			
-d	挖淤泥	m^3			
-e	挖岩盐	m^3			
-f	挖冻土	m^3			
203-2	改河、改渠、改路挖方				
-a	挖土方	m^3			
-b	挖石方	m^3			
⋮	⋮				
215-3	抛石防护	m^3			
⋮	⋮				
清单第 200 章合计　人民币＿＿＿＿＿					

在编制计日工明细表时，需对每个表中的工作费用、应包含哪些内容以及如何计算均应做出说明和规定例。例如，人工工时计算一般是从到达工作地点开始指定的工作算起，回到出发地点为止的时间，但不包括用餐和工间休息时间。

有些计日工明细表中的单价规定不含管理费及利润，另行按一定费用计算。为了限制投标者报价过高，在有的合同中又规定了“名义工作量”，要求承包人按其填报日工单价，按规定的“名义工作量”计算对计日工的报价，并将之计入评标时的报价中。由于计日工在施工中是否动用以及如何计量与动用的权力归监理工程师，故有了“名义工作量”的工程清单，一般会起到限制投标者漫天要价的作用。

表 5-4 劳务

编号	子目名称	单位	暂定数量	单价	合价
101	班长	h			
102	普通工	h			
103	焊工	h			
104	电工	h			
105	混凝土工	h			
106	木工	h			
107	钢筋工	h			
	⋮				

劳务小计金额：________
（计入“计日工汇总表”）

表 5-5 材料

编号	子目名称	单位	暂定数量	单价	合价
201	水泥	t			
202	钢筋	t			
203	钢绞线	t			
204	沥青	t			
205	木材	m^3			
206	砂	m^3			
207	碎石	m^3			
208	片石	m^3			
	⋮				

材料小计金额：________
（计入“计日工汇总表”）

表 5-6 施工机械

编号	子目名称	单位	暂定数量	单价	合价
301	装载机				
301-1	1.5m^3 以下	h			
301-2	1.5~2.5m^3	h			
301-3	2.5m^3 以上	h			

（续）

编号	子目名称	单位	暂定数量	单价	合价
302	推土机				
302-1	90kW 以下	h			
302-2	90～180kW	h			
302-3	180kW 以上	h			
	⋮				

施工机械小计金额：________
（计入“计日工汇总表”）

表 5-7 计日工汇总表

名称	金额	备注
劳务		
材料		
施工机械		

计日工总计：________
（计入“投标报价汇总表”）

（3）暂估价表 暂估价是指发包人在工程量清单中提供的用于支付必然发生但暂时不能确定价格的材料、工程设备的单价、专业工程以及服务工作的金额。暂估价表包括材料暂估价表（表5-8）、工程设备暂估价表（表5-9）、专业工程暂估价表（表5-10）。

表 5-8 材料暂估价表

序号	名称	单位	数量	单价	合价	备注

表 5-9 工程设备暂估价表

序号	名称	单位	数量	单价	合价	备注

表 5-10 专业工程暂估价表

序号	专业工程名称	工程内容	备注

（4）工程量清单汇总表 工程量清单汇总表是将各章的工程细目表及计日工明细表进

行汇总，再加上一定比例或量（按招标文件规定）的暂定金额而得出该项目的总报价。该报价与投标书中填写的投标总价是一致的。其格式见表 5-11。

用于招标的工程量清单汇总表，在金额一列应该是空白，留待投标人填报。

表 5-11　投标报价汇总表

________（项目名称）________标段

序号	章次	科目名称	金额(元)
1	100	总则	
2	200	路基	
3	300	路面	
4	400	桥梁、涵洞	
5	500	隧道	
6	600	安全设施及预埋管线	
7	700	绿化及环境保护设施	
8	第 100~700 章清单合计		
9	已包含在清单合计中的材料、工程设备、专业工程暂估价合计		
10	清单合计减去材料、工程设备、专业工程暂估价合计(即 8-9=10)		
11	计日工合计		
12	暂列金额(不含计日工总额)		
13	投标报价(即 8+11+12=13)		

材料、工程设备、专业工程暂估价已包括在清单合计中，不应重复计入投标报价。

暂列金额的设置不宜超过工程量清单第 100~700 章合计金额的 3%。

（5）工程量清单单价分析表　工程量清单综合单价分析表是分析工程量清单计价表中的每一项综合单价的组成明细，分析每一项综合单价的人工费、材料费、机械使用费、管理费、利润、税费及其他（如风险）组成。用于招标的工程量清单单价分析表，应该是完整的空白表，留待投标人填报，见表 5-12。

表 5-12　综合单价分析表

<table>
<tr><th rowspan="3">序号</th><th rowspan="3">编码</th><th rowspan="3">子目名称</th><th colspan="3">人工费</th><th colspan="6">材料费</th><th rowspan="3">机械使用费</th><th rowspan="3">其他</th><th rowspan="3">管理费</th><th rowspan="3">税费</th><th rowspan="3">利润</th><th rowspan="3">综合单价</th></tr>
<tr><th rowspan="2">工日</th><th rowspan="2">单价</th><th rowspan="2">金额</th><th colspan="4">主材</th><th rowspan="2">辅材费</th><th rowspan="2">金属</th></tr>
<tr><th>主材耗量</th><th>单位</th><th>单价</th><th>主材费</th></tr>
<tr><td></td><td></td><td></td><td></td><td></td><td></td><td></td><td></td><td></td><td></td><td></td><td></td><td></td><td></td><td></td><td></td><td></td><td></td></tr>
<tr><td></td><td></td><td></td><td></td><td></td><td></td><td></td><td></td><td></td><td></td><td></td><td></td><td></td><td></td><td></td><td></td><td></td><td></td></tr>
<tr><td></td><td></td><td></td><td></td><td></td><td></td><td></td><td></td><td></td><td></td><td></td><td></td><td></td><td></td><td></td><td></td><td></td><td></td></tr>
</table>

5. 工程量清单编写注意事项

工程量清单包括的内容很多也很细，稍不留神，就有可能出错，给计量支付、合同管理带来麻烦，可能给承包人造成有的项目费用无处可摊，或是提供可乘之机，也有可能给业主带来计划外费用支付。因此，在编写时要注意以下几点。

（1）将开办项目作为独立的工程细目单列出来　开办项目往往是一些一开工就要发生或开工前就要发生的项目，如工程保险、担保、监理设施、承包人的驻地建设、测量放样、临时工程等。如果将这些项目的单价包含在其他项目的单价中，到项目开工时上述各种款项得不到及时支付，这不仅影响合同的公平性和承包人的资金周转，而且会增加招标中预付款的数量。

（2）合理划分工程项目　在工程细目划分时，要注意将不同等级要求的工程区分开；将同性质但不属于同一部位的工程区分开；将情况不同可能要进行不同报价的项目分开。这做法主要是为了强化工程投标中的竞争性，使投标人报价更加具体，针对不同情况可以采用不同的单价，便于降低造价。

（3）工程细目的划分要大小合适，把握好度　工程细目的划分可大可小。工程细目大，可减少计算工作量，但太大就难以发挥单价合同的优势，不便于工程变更的处理；另外，工程细目太大也会使支付周期延长，影响承包人的资金周转，最终影响合同的正常履行。例如，在桥梁工程中，若将基础回填工作的计价包含在基础挖方项目中，则承包人必须等到基础回填工作完成以后才能办理该项目的计量支付，支付周期可能要半年或更长的时间，直接影响承包人的资金周转，不利于合同的正常履行，但如果将基础开挖和基础回填分成两个工程细目，则可避免上述问题。

工程细目相对较小，虽会增加计算工作量，但对处理工程变更和合同管理是有利的。如路基挖方中弃方运距的处理，有两种方案：一是路基挖方单价中包含全部弃方运距；二是路基挖方中包括部分弃方运距（如 100m），超过该运距的弃方运费单独计量与支付。如果弃土区明确而且施工中不出现变更的话，上述两种方案是一样的，而且前一方案还可减少计量工程量。但是，一旦弃土区变更或发生设计变更，弃土运距会发生变化，则前一方案的单价会变得不适应，双方须按变更工程协商确定新的单价，从而使投标合同单价失效。采用后一种方案时，合同中的单价仍是适用的，原则上可按原单价办理结算。

可见，工程细目的划分不是绝对的，既要简单明了、高度概括，又不能漏掉项目和应计价的内容，要结合工程实际，具体问题具体对待，灵活掌握。

（4）工程量的计算整理要细致准确　计算和整理工程量要依据设计图样和技术规范。它是项严谨的技术工作，绝不是简单地罗列设计文件中的工程量。要认真阅读技术规范中的计量和支付方法，仔细核查设计文件中工程量所对应计量方法与技术规范中的计量方法是否一致，如不一致，则需在整理工程量时进行技术处理。此外，在工程量的计算过程中，要做到不重不漏，更不能发生计算错误，否则，会带来一系列问题。

比如，工程量计算不准，投标人会利用机会进行不平衡报价，当实际工程量较多地大于清单工程量时，承包人可报较高的单价，这样对投标总价影响不大，但按实际工程量进行支付时，则该项目的费用会增加很多，业主很难控制工程总费用。而承包人不仅可以获取超额利润，还有权提出索赔。

5.2.2　工程量清单计价

1. 工程量清单计价的含义

工程量清单计价是完成工程量清单所需的全部费用，包括第 100～700 章清单合计、计日工合计、暂列金额（不含计日工总额）的计算过程。

招标人依据工程量清单，参考公路工程预算定额计算出的投标报价控制上限，称为招标控制价。

投标人则依据招标人编制的工程量清单（招标文件的一部分），自主报价，计算出投标报价，参与投标竞争。标价后的工程量清单是合同的重要组成部分，是计量支付的重要依据之一。

在投标报价和合同实施过程中，应把招标文件各部分内容综合并有机地结合起来使用。招标文件各部分对于工程量清单计价的作用如图 5-2 所示。

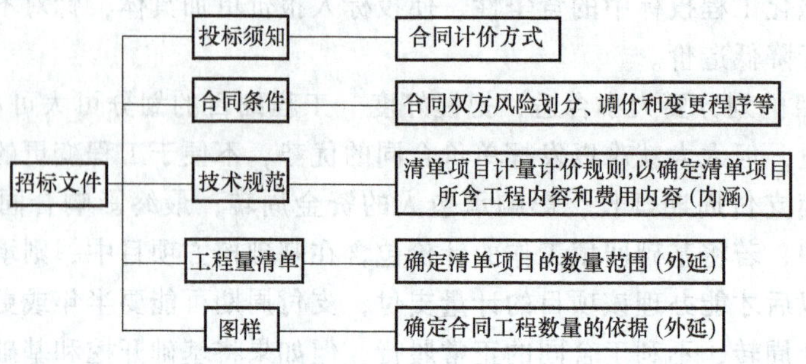

图 5-2 招标文件各部分与造价确定的相互关系

2. 综合单价的涵义

综合单价是指完成一个规定清单项目所需的人工费、材料费、机械使用费和管理费、利润、税费以及其他（一定范围内的风险）的费用。针对计价工程细目的综合单价的内涵，以水中钻孔灌注桩为例，如图 5-3 所示，有以下三层意思。

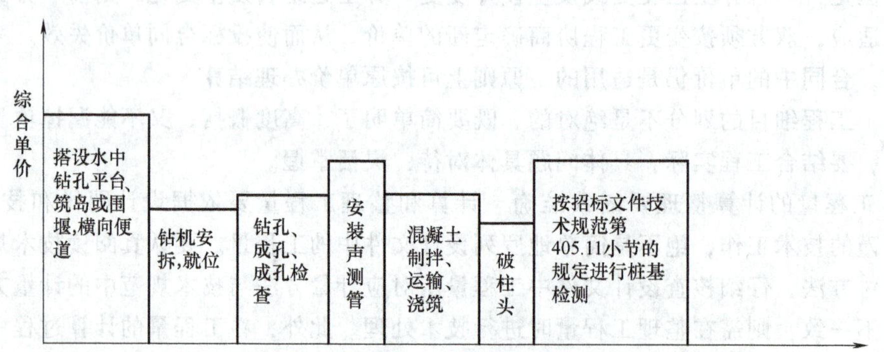

图 5-3 水中钻孔灌注桩综合单价示意

1）包括完成该计价工程细目中所有工程内容的费用。该计价工程细目所包含的工程内容的确定不能根据经验，随意列算，要根据招标文件中的技术标准和要求中所对应的该计价工程细目的“工程量清单计量规则”进行识别。

2）包括完成该计价工程细目中每项工程内容的所有费用，包括施工成本、利润、税金和一定的风险费。工程量清单中的综合单价包括施工中的劳务、材料、施工机械使用费、管理费、利润、税金以及合同明示或暗示的所有责任和义务。

3）综合单价不一定是固定单价，当工期两年以上，工程复杂，工料机价格上涨的风险是存在的，一般还要按照合同专用条件规定的价格调整公式（见本书第6章6.3节相关内容），调整投标截止期前28天价格基期至施工结算期间的价差；或者，单项工程量增加或减少超过额定幅度时，要根据监理工程师指示对超出该幅度的变更工程重新估价。

5.2.3　招标控制价的编制

招标控制价是招标人根据工程量清单及相关计价依据和办法计算的招标工程限定的最高工程造价。

【拓展思考5-1】　招标控制价与标底的区别。

招标控制价反映的是招标人对工程的最高限价，标底是招标人对工程的心理价位。它们之间的区别主要有以下几点。

①招标控制价是最高限价，投标报价如超过则为废标。标底是心理价位，接近标底的投标报价得分最高，但在报价均高于标底时，最低的投标价仍能中标。

②招标控制价是公开的，标底是保密的。

③低于招标控制价的合理最低价即可中标。

目前，标底已弱化；工程量清单招标，一般编制招标控制价。

1. 招标控制价的作用

1）招标控制价是预防投标人高价围标的有效手段，是对拟建工程投标报价的最高限定价。因此，由招标人编制的合理的招标控制价不仅能够保护自己的利益不受到损失，还能保证工程招标成功乃至工程建设的顺利进行。

2）招标控制价是检验投标报价合理性的标准。招标控制价是招标人根据政府部门颁布的工程计价定额和取费标准编制的，它体现的是社会工程造价平均水平，可以检验出投标报价的合理性。

3）招标控制价是对施工图设计成果是否符合设计概算投资的有效检验。如果招标控制价突破设计概算，作为发包人，就要及时考虑追加投资或修改设计，降低标准以适应发包人的投资能力。

4）招标控制价的编制是对施工图设计及招标文件等进一步完善的有效手段。招标控制价的编制依据是招标文件和工程量清单，在招标控制价的编制组价过程中，很容易发现招标文件和工程量清单以及施工图相互矛盾和不明确的地方，促使招标人及时对这些文件加以修改和完善。

5）符合市场规律，规范了市场秩序。工程量清单招标遵循市场确定价格的原则，招标控制价的设立避免了建筑市场的无序竞争，起着引导报价、良性竞争的有利作用，有效地规范了市场秩序。

2. 招标控制价应用中应注意的问题

1）国有资金投资的工程建设项目应实行工程量清单招标，并应编制招标控制价。根据《中华人民共和国招标投标法》的规定，国有资金投资的工程进行招标，招标人可以不设标底。当招标人不设标底时，为了有利于客观、合理的评审投标报价和避免哄抬标价，造成国有资产流失，招标人应编制招标控制价，作为招标人能够接受的最高交易价格。

2）招标控制价超过批准的概算时，招标人应将其报原概算审批部门审核。由于我国对国有资金投资项目的投资控制实行的是投资概算审批制度，国有资金投资的工程原则上不能超过批准的投资概算。

3）投标人的投标报价高于招标控制价的，其投标应予以拒绝。国有资金投资的工程，招标人编制并公布的招标控制价相当于招标人的采购预算，同时要求其不能超过批准的概算，因此，招标控制价是招标人在工程招标时能接受投标人报价的最高限价。国有资金中的财政性资金投资的工程在招投标时还应符合《中华人民共和国政府采购法》相关条款的规定，如第三十六条规定："在招标采购中，出现下列情形之一的，应予废标。投标人的报价均超过了采购预算，采购人不能支付的。"依据这一精神，规定了国有资金投资的工程，投标人的投标不能高于招标控制价，否则，其投标将被拒绝。

4）招标控制价应由招标人编制。当招标人不具有编制招标控制价的能力时，可委托具有工程造价咨询资质的工程造价咨询企业编制。工程造价咨询人不得同时接受招标人和投标人对同一工程的招标控制价和投标报价的编制。

5.2.4 投标报价的编制

投标报价是施工单位对招标的响应，是按照招标文件的要求，在工程量清单中进行单价及合价的填报、计算和汇总。

1. 投标的程序

面对招标人发布的招标信息，施工单位应根据招标条件，通过调查分析和研究，选定投标项目。按要求向招标人购买资格预审文件，参加资格预审；购买招标文件，计算投标报价并编制投标文件，最后按规定的时间和地点递交投标文件。投标报价工作流程图如图 5-4 所示。

1）投标部门的组成。投标是企业业务开发的一项重要的、经常性的工作，因而，为了有效地进行投标工作，建筑企业应设置专门的投标部门，并配备专职人员，平时掌握市场的信息和动态，搜集招标信息和投标所需的基础资料，在投标过程中，各司其职，各负其责，分工协作，凭自身积累的投标经验，积极而稳妥地开展投标工作。专业投标部门的成立，有利于投标经验的积累、投标业务知识的学习和投标工作效率的提高，有利于节省投标成本、降低投标报价并提高投标的中标概率。

2）投标小组的成立。由于投标涉及施工组织、人员派遣、物资和设备供应、成本计划、资金投入以及经营决策等各个方面，所以，仅仅设立投标部门是不够的，投标还需要其他企业相关部门的配合。每次投标时，可根据需要从有关部门确定参加投标的人员，组成投标小组。投标小组可以在参加资格预审时建立，并按分工分别完成资格预审申请文件的编制工作，投标时继续完成投标文件的编制工作。如果投标任务多，投标小组可以成为常设的跨部门机构。如果没有经常性任务，可以在通过资格预审后参加投标之前成立，投标任务完成之后结束工作，有新的投标任务时再重新组织，并根据项目特点适当调整参加人员。在此种情况下，资格预审就由有关部门临时组织有关人员完成。常设投标小组，可以保证投标工作的连续性，有利于投标专业化，有利于提高投标工作水平。

3）投标小组的人员组成。参加投标的人员应当对投标业务比较熟悉，掌握市场和本单位有关投标的资料和情况，可以根据拟投标项目的具体情况，迅速提供有关资料或编制投标文件的有关内容。投标小组成员主要由专业技术人员、造价管理人员、商务金融类人员和合同管理类人员组成。专业技术人员主要负责投标中施工方案、技术措施及施工进度计划的制订等技术工作，要求这类人员应该掌握本专业领域内的最新技术知识，具有丰富的工程经验，能从本公司的实际技术水平出发，选择经济、合理的施工方案。造价管理人员主要负责投标中的成本预算和投标报价的编制，要求这类人员不仅熟悉本公司在各分部分项工程中的工料消耗标准和水平，而且对本公司的技术特长与不足之处有着客观的分析和认识，掌握市场行情，了解竞争对手情况，能够科学地运用调查、分析、预测等方法，使投标报价工作建立在可靠的基础上。商务金融类人员主要负责金融、贷款、开具保函、办理公证和保险等方面的工作。合同管理类人员应该熟悉经济合同相关法律、法规，熟悉合同条件并能进行深入分析，提出应特别注意的问题，具有合同谈判和合同签订经验，善于发现和处理索赔等方面的敏感问题。无论是技术人员还是造价管理人员除了精通本专业的业务知识外，还应熟练地掌握投标中的相关专业知识，只有这样，才能避免投标工作过程中互相脱节的现象，真正满足配合默契的要求。

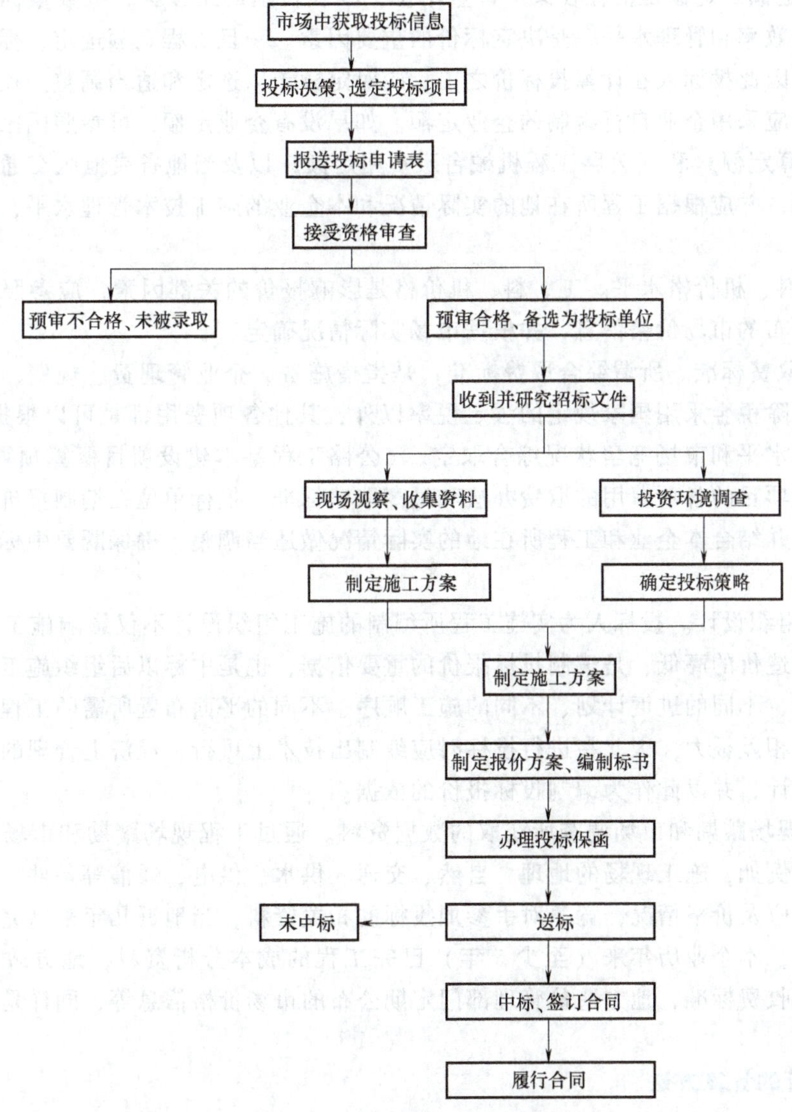

图 5-4 投标报价工作流程图

投标小组除了上述组成人员之外，还应包括投标决策人员，如公司经理（或业务副经理）、总工程师（或总经济师）、经营部门负责人等，负责对投标中的关键问题进行决策。

为了保守本企业对外投标报价的秘密，投标机构的组成人员不宜过多，尤其是最后决策的核心人员，以控制在企业经理、总工程师（或总经济师）及经营部门负责人范围之内为宜。

2. 投标价的编制依据

1）招标文件。招标文件包括投标人须知、合同条款、技术规范、工程量清单、设计文件、勘察资料以及业主在招标过程中发布的所有补遗书、通知、公告、补充或修改图样资料等，是编制投标价的基本依据，其中工程量清单是编制报价的主要依据。编制报价时要认真进行分析研究，若有不明之处，应按招标文件的有关规定要求业主澄清，切勿自行修改工程量清单的内容和数量，以免造成废标。

2）工程定额。定额是消耗在某一计量单位工程项目上的工、料、机数量标准，反映施工队伍的生产效率和管理水平，是决定标价的重要因素。一旦工程定额选定，标价水平也就大体确定了。因此投标人在计算投标价之前，应对定额予以选定和适当调整。投标单位在编制投标报价时应采用企业自行编制的企业定额。如果没有企业定额，可参照国家统一发布的《公路工程预算定额》和《公路工程机械台班费用定额》以及当地省或地区交通主管部门发布的补充定额，并应根据工程所在地的实际情况和本企业的施工技术管理水平，对各项定额做适当调整。

3）工、料、机价格水平。工、料、机价格是影响报价的关键因素，应参照工程造价管理部门定期发布的市场价格信息，并根据市场实际情况确定。

4）综合取费标准。所谓综合取费标准，是指措施费、企业管理费、规费、利润、税金的取费标准，除税金采用国家规定的法定税率以外，其他各项费用都是可以根据工程特点、企业经营管理水平和市场竞争状况综合取定。《公路工程基本建设项目概算预算编制办法》规定了各工程项目的各项费用的取费办法和最高取费标准，投标单位在编制报价时可参考这些取费标准，并结合本企业和工程所在地的实际情况做适当调整，确保既要中标又要获得一定利润。

5）施工组织设计。投标人为实施工程所编制的施工组织设计不仅影响施工能否顺利进行，而且影响造价的高低，是编制投标报价的重要依据，也是中标以后组织施工的依据。不同的施工方案、不同的进度计划、不同的施工顺序、不同的平面布置所需的工程费用是不一样的，有时会相差很大，因此在进行投标时应编制出技术上可行、经济上合理的、切合实际的施工组织设计，并以此作为编制投标报价的依据。

6）工程现场踏勘和市场调查所获取的数据资料。通过工程现场踏勘和市场调查所获取的数据资料，例如，施工现场的地理、自然、交通、供水、供电、通信等条件，建筑材料和生活物资的供应及价格情况，竞争对手参加投标的相关资料，当地近几年来已完成的同类工程的造价资料，本企业历年来（至少5年）已完工程的成本分析资料，地方政府或主管部门颁发的有关收费标准，地方造价管理部门定期公布的市场价格信息等，同样是编制投标报价的主要依据。

3. 投标价的计算方法

投标价没有一个统一的计算编制办法，每个投标人在报价时都有自己的经验和习惯，有自己的一套算标方法、程序和报价结构体系，同时国外也有很多、很好的方法可以借鉴。因此，在计算投标价时，首先应根据合同类型及招标文件中的报价要求并结合本单位的经验和习惯，确定投标价的计算办法和程序。

目前，公路工程项目的投标报价多数都采用工程量清单报价形式，即招标人在招标文件中提供工程量清单，投标人通过计算分别确定清单中各子目的单价与合价，最后通过汇总得到整个工程项目的投标价。工程量清单中每一个子目的单价为综合单价。工程量清单"第 100 章总则"中的多数子目以及清单中的暂估价、暂列金额等项目，应根据招标文件的有关规定结合工程实际情况确定其投标价。清单中的其他子目，则需要通过计算确定其单价与合价。

投标价的计算办法有定额单价分析法、工序单价分析法、总价控制法以及类比法等。不同的计算方法所得到的投标价是不一样的，所以在具体应用时，最好不要仅用某一种单一的计算办法，而应同时采用几种方法，以便对投标价进行复核和综合分析，最终得到一个合理的投标价。

（1）定额单价分析法　定额单价分析法是目前投标报价普遍采用的计算方法，与施工图预算的编制方法相同，只是必须按照工程量清单所列的子目分项计算。计算时，通过定额查取工、料、机消耗量，再分别乘以各自的单价，经计算则可得出清单子目的直接费，再按一定费率计算该清单子目的措施费、企业管理费、规费、利润、税金及专项费用，最后得到该子目的综合单价与合价。许多工程造价或投标报价软件就是按照这个原理和方法编制的，投标人基本上都是利用这些软件来进行投标价编制的。

采用定额单价分析法的计算过程如下。

1）分解清单子目，确定相应的定额子目。一个清单的子目往往包括多项工作内容并对应多个定额子目，所以在套用定额之前应根据技术规范中的计量与支付规定、设计图样以及施工方案等，对清单子目按实际工作内容进行分解，并将分解出的实际工作内容与有关定额的工作内容进行比较，进而确定相应的定额子目。如果定额子目的工作内容少于清单子目的实际工作内容，则应增列其他有关定额子目，直到清单子目的实际工作内容与相应几个定额子目的综合工作内容一样时方可。如果清单子目的工作内容与这些定额子目的工作内容不完全相符，则应对定额进行调整或抽换。

2）计算清单子目的工、料、机消耗量。清单子目的工、料、机消耗量按照定额子目通过相应的定额查取确定。一般采用反映企业水平的企业定额，如果投标企业没有企业定额，则可参照国家、行业或地区预算定额并根据实际情况进行适当调整，计算过程与预算编制相同。但在投标报价时，工、料、机消耗量的确定要比预算更为灵活，可在充分理解招标文件（图样、技术规范）的前提下，对预算定额进行修改、调整、增删、抽换等。

3）确定工、料、机单价。工、料、机单价是计算投标报价的基本要素，应根据施工企业和工程项目的具体情况以及市场资源的供求状况进行综合确定。人工单价按施工企业各项开支标准并结合工程所在地的人工市场价格予以计算确定。材料单价应是运抵施工现场并考虑运杂费、场外运输损耗费、采购及保管费后的材料价格，应在当地定额站或造价管理部门所发布的"材料价格信息"基础上进行市场询价并货比三家，在调查价格基础上还要考虑大量供应及开工后的市场竞争、原料储备及生产与加工规模、运输条件、方式、运力等因素进行计算确定。对于固定单价合同，材料单价中应考虑价格上涨的风险因素，或在后面统一考虑涨价风险费再行分摊。如果合同条款中规定物价上涨后即调整价差和有关费用，则材料单价中无须考虑物价上涨费。施工机械台班单价按照所选用机械设备的来源（现有、新购或租赁），根据企业成本核算的机械台班单价并结合市场询价计算确定。

4）计算清单子目的直接费。直接费 = $\sum$人工费 + $\sum$材料费 + $\sum$施工机械使用费。其中，人工费 = 人工单价×人工消耗量；材料费 = 材料单价×材料消耗量；施工机械使用费 = 施工机械台班单价×施工机械台班消耗量。

5）计算清单子目的措施费、企业管理费、利润、税金和专项费用。在工、料、机费用基础上，按一定的费率、利润率及综合税率逐步计算确定。各项费率可以按概算、预算编制办法的“综合费率计算表（04 表）和综合费计算表（04-1 表）的形式来列，但费率大小应结合施工现场实际情况、工程条件、施工单位自身技术装备水平和管理水平以及投标竞争情况，并充分考虑成本降低措施来确定而并进行适当调整（一般情况下调低，没有发生的费用尽量不要列）。施工单位最好能结合多年施工管理经验和统计资料编制适合自己的费用定额。利润率应结合企业自身财力和投标策略确定（尽量低于概预算中的取费标准）。综合税率要按国家税法规定计列。选择费率时既要考虑以此计算出的费用能包住实际发生的费用，又要使计算出的标价具有竞争力。

以上第 2）~5）步的计算可按概预算编制办法的“分项工程概（预）算表（21-2 表）”进行。在计算时，由于一个清单子目下包含不同的定额子目，所以要注意所采用的定额子目综合费率可能不同，如“路基”中的“204-1 路基填土”中，“挖掘机挖装土方”要套用“机械土方”综合费率，“自卸汽车配合挖掘机运土”要套用“汽车运土”综合费率。最后，以该清单子目为单元计算其人工费、材料费、施工机械使用费、措施费、企业管理费、规费、利润和税金。

6）计算清单子目的预算单价与合价。将“21-2 表”中每个清单子目的人工费、材料费、施工机械使用费、措施费、企业管理费、规费、利润和税金分别填入“建筑安装工程费计算表（03 表）”中，计算出每个清单子目的建安费合计。注意“03 表”中的“工程名称、单位、工程量”要按工程量清单中的子目名称、单位、工程量填写。以清单子目的建安费合计除以工程量即得该清单子目的预算单价。它与公路概算、预算中的预算单价的不同之处在于分项工程是以工程量清单中的子目为计算单位。

7）分析计算摊销费，确定清单子目的综合单价。所谓摊销费是指那些没有在清单中单独列项，且涉及两个及以上清单子目的，需要摊入相关子目中的费用。它可分为两类：一是费用类，如保险费、风险费等；二是实物类，如预制场建设费用、拌和站设备安拆费用、临时工程（便道、便桥、临时供水、临时供电）费用等。分摊方式一般有两种：一是按集中拌和水泥（或沥青）混凝土数量进行分摊；二是按选择的摊销项目金额进行分摊。工程量清单中各子目的单价应是综合单价，即“综合单价 = 预算单价 + 摊入单价”，实际上包括完成每个子目计量单位的工程量所花费的直接费、措施费、企业管理费、利润、税金、缺陷工程维修费和不可预见费等一切费用。

8）调价（报价决策）。业主一般都是根据完成的实际工程数量，按照工程量清单的单价进行结算与支付。因此，投标人往往在投标总报价控制之下，根据有关因素权衡利弊，采取“单价重分配”的技巧来调整项目单价，以期在工程结算时取得更好的经济效益。同时为了确保报价更有竞争力，在递交投标文件前很短时间里，投标人往往根据所掌握的业主和其他竞争对手的信息，对工程量清单总价和单价做调价系数处理。调价是投标报价的最后一道程序，最终能否中标，很大程度上就在此一举。

（2）工序单价分析法　为了克服定额单价分析法的缺陷，使分项工程的单价计算更接近施工的实际情况，可采用工序单价分析法（也称作业法）计算投标价。计算时把每一分项工程作为一道工序，进而计算完成本工序全部工程量所需的工、料、机数量。此法与定额单价分析法的主要区别在于工、料、机消耗量的计算方法不同，其他方面的计算完全相同。

采用工序单价分析法计算工、料、机消耗量的方法如下。

1）拟订施工方案和进度计划，确定分项工程的大致施工时间。

2）以每道工序的主导机械控制进度，以产量定额和该工序施工期限，反算所需的机械数量，并进行必要的调配，配备相应的辅助机械。

3）配备符合该机组生产能力的工人。由于机械操作的费用已包括在施工机械使用费中，需要计算的人工费用只有土木技工和辅助工的费用，可根据实际需要确定人数，也要参照定额计算所需人数。

4）计算所需材料。可参照材料消耗定额计算。工程数量清单所列项目甚多，有些项目实际上是同一个工序或与类似工序在一起完成的。例如，工程数量清单往往在开列“土方”“砂石料基层”之后，另行增加相应的“超运距”。对于这种情况，应把这些分项目与相应的基本分项目合并计算单价，然后分摊。对于工程量很少或价格很低的、对整个造价影响不大的项目，其单价可以进行粗略估算。例如，设置中、小桥上塑料排水管，只在材料费上乘上一个系数（如1.1），以示计入安装费。又如，构造物的沥青防水涂层，只在沥青费用上乘以一个系数（如1.6），以示计入加热和涂抹费用。如果有以往的报价资料，这些小项目的单价也可以参照采用。

（3）总价控制法　采用工序单价分析法计算出的单价比较切合实际，但由于实际施工时并非按分项目工序组织，而是划分为几个专业作业队进行施工，并按这些作业队的工作范围配置各自的施工机械和人员，这些施工机械和人员既可以在本队施工项目范围内随时调度，必要时还可以在各队之间调动，以便充分发挥机械和人员的作用。因此，可按施工组织方案，确定各施工作业队实际需要的人工、机械和材料，进而计算直接费总额。

首先，确定各种机械使用的起止时间，按其应收固定费用（不以设定台班分摊，而以实际在场日历计收）和预计作业台班计算机械台班费用。至于人员，则可以按进度画出人员需求图，确定各工种人员进退场计划，并按此计划计算其工资和其他费用。材料可按类汇总，一起计算其费用（包括运费、仓储费、损耗费）。

这样整个工程项目所需工、料、机三笔费用都可按实际需要算出，从而得到该项目的直接费总额。这样算出来的直接费总额与将来要发生的费用基本符合。如果施工方案是切实可行的，则所算出的费用可以作为控制该工程的总价。

确定了直接费用总额之后，还要把它分摊到各分项中去。分摊的办法有两种。

1）先按上述几个专业组分摊，然后逐步缩小，分摊到各分项细目中。

2）利用当地已有的报价或所掌握的市场价，经适当调整后试分摊，把分摊后的差额再次分摊，直到完全符合为止。

在分摊费用时，对于主要项目还可以用定额单价分析法或工序单价分析法校核。在缺乏以往报价或市场价格资料时，为了慎重起见，先按定额单价分析法计算直接费，再按总价控制法计算直接费，以两者之差的百分率作为调整前者的增减率，就可以得出既有细目单价又有总额控制的投标报价。

4. 计算投标价应注意的问题

投标价的计算是整个投标工作的核心，其结果将直接影响到中标概率和经济效益，所以标价计算时一定要认真、细致、谨慎，考虑全面，并应重点注意以下问题。

1）认真计算及核实工程量，防止因工程数量不清、不准而导致标价计算失误。

2）认真调查研究工程所在地的人工、材料、机械设备的市场基本价格和招标文件对投标价计算的规定，以及当地政府对物价的有关规定、当地物价指数等因素。

3）要尽可能了解业主编制标底时采用的材料单价，以及竞争对手可能采用的材料单价。综合各方面信息，确定合理的计算价格，防止因取费不当而产生标价过高或过低的现象，从而影响中标或出现废标。

4）对有关费率的计取，应结合施工实际发生的需要、施工单位管理水平及市场各方面因素综合考虑、灵活取舍，以便做出具有竞争力的报价。

5）招标文件明确规定，清单中未列子目的费用应视为已分摊在其他有关子目的报价中。因此，在编制投标价时，一定要根据工程量清单、计量与支付的规定及设计文件，弄清楚未列子目的工程内容，并将其费用包含在其他相关的子目中，避免重复和漏项的情况发生。

6）对计算数据要认真反复核对，防止发生计算错误。

5.3 公路工程招投标阶段造价管理

5.3.1 招投标阶段对造价的影响

1. 发包人能为承包人提供的施工条件

施工现场的征地、拆迁和水、电、通信等设施，发包人提供到什么程度？施工现场征地拆迁工作什么时间完成？场地平整由谁负责？电力线路发包人负责到变压器，接线是发包人还是施工方承担？自来水管和电信线路发包人提供到什么地方？施工用道路谁负责？这些涉及发包范围的问题，均与招投标阶段的报价有直接关系。

2. 发包人提供的材料和设备

工程建设所需材料、设备的采购供应办法必须在招标时予以明确。如果一部分的材料、设备由发包人采购供应，则应明确所供应材料、设备的具体规格和品种，是供应到工地现场还是承包人去提货；若承包人去提货，则提货地点在哪里；交接和验收办法如何；价款的结算如何处理，均涉及投标报价的费用构成。

3. 支付约定

合同条款中规定的支付条款应该合情合理，并且符合有关的商业惯例，一旦承包人履行了合同规定的义务，即应该支付其全部款项，这样的支付条款将会促使潜在的投标人提出较低的报价。支付条款对报价影响较大，支付条款主要涉及预付款支付、材料和设备预付款支付、质量保证金支付、暂列金额支付、工程进度付款等。

（1）预付款　预付款用于承包人为合同工程施工购置材料、工程设备、修建临时设施以及组织施工队伍进场等。《公路工程标准施工招标文件》在“专用合同条款”中将预付款划分为开工预付款和材料、设备预付款。

承包人无须向发包人提交预付款保函。发包人向承包人支付的预付款，应按照上述规定使用，承包人提交的履约保证金对预付款的正常使用承担保证责任。

作为投标人来讲，应根据预付款数额、比例、支付和扣回的方式，考虑对自己投入营运资金多少和利息的影响，最终确定对报价的影响。

(2) 质量保证金 《公路工程标准施工招标文件》规定，监理人应从第一个付款周期开始，在发包人的进度付款中，按“项目专用合同条款数据表”规定的百分比（一般不超过合同价格的 3%）扣留质量保证金，直至扣留的质量保证金总额达到“项目专用合同条款数据表”规定的限额为止。质量保证金的计算额度不包括预付款的支付、扣回以及价格调整的金额。若交工验收时承包人具备被招标项目所在地省级交通主管部门评定的最高信用等级，发包人给予一定比例合同价格质量保证金的优惠，并在交工验收时向承包人返还质量保证金的优惠。作为投标人来讲，应考虑发包人扣留质量保证金对自己资金投入和利息的影响，进而确定对报价的影响。

(3) 暂列金额 暂列金额是指包括在合同之内，并列入工程量清单中以此名称标明的、为了实施本工程任何一部分或为了供应货物、材料、设备或服务，或供不可预见费用的一项金额。除合同另有规定外，这项金额应由监理工程师报发包人批准后指令全部或部分使用，或者根本不予动用。对于经发包人批准的每一笔暂列金额，监理人有权向承包人发出实施工程或提供材料、工程设备或服务的指令，这些指令应由承包人完成，监理人应根据约定的变更估价原则和《公路工程标准施工招标文件》第 15.7 款的规定，对合同价格进行相应调整。当监理人提出要求时，承包人应提供有关暂列金额支出的所有报价单、发票、凭证和账单或收据，除非该工作是根据已标价工程量清单列明的单价或总额价进行估价。

对于暂列金额，有的招标文件给一个固定的数量或百分比，有的则由投标人自己确定，具体需在招标文件中明确，以便投标人报价。

(4) 工程进度付款 工程进度款付款周期同计量周期，工程款的支付一般每月支付一次。承包人应在每个付款周期末，按监理人批准的格式和“专用合同条款”约定的份数，向监理人提交进度付款申请单，并附相应的支持性证明文件。除“专用合同条款”另有约定外，进度付款申请单应包括下列内容：截至本次付款周期末已实施工程的价款、应增加和扣减的变更金额、应增加和扣减的索赔金额、应支付的预付款和扣减的返还预付款、应扣减的质量保证金、应增加和扣减的其他金额。

我国《公路工程标准施工招标文件》规定，除专用合同条款另有约定外，监理人应在收到承包人进度付款申请单以及相关资料后 7 天内完成审查并报送发包人，发包人应在收到后 7 天内完成审批并签发进度款支付证书。发包人逾期未完成审批且未提出异议的，视为已签发进度款支付证书。

发包人和监理人对承包人的进度付款申请单有异议的，有权要求承包人修正和提供补充资料，承包人应提交修正后的进度付款申请单。监理人应在收到承包人修正后的进度付款申请单及相关资料后 7 天内完成审查并报送发包人，发包人应在收到监理人报送的进度付款申请单及相关资料后 7 天内，向承包人签发无异议部分的临时进度款支付证书。存在争议的部分，按照争议解决的约定处理。

除专用合同条款另有约定外，发包人应在进度款支付证书或临时进度款支付证书签发后14天内完成支付，发包人逾期支付进度款的，应按照中国人民银行发布的同期同类贷款基准利率支付违约金。

发包人签发进度款支付证书或临时进度款支付证书，不表明发包人已同意、批准或接受了承包人完成的相应部分的工作。

4. 工期的限定范围与提前完工的效益

投标人须知中规定了工期的限定范围和提前完工的效益。要提前完工，承包人一般要多投入施工资源，可能会增加费用，但早完工可给发包人带来超前收益，因此投标人须知规定了提前完工的效益，通常规定为每月或每天效益占投标价的百分比，评标时将每个投标人不同的提前完工的效益贴现为现值，计算到评标价中，投标人就必须考虑是增加造价好还是缩短工期好，应权衡利弊。

5. 价格调整

价格调整与否是合同条款中最为重要的条款，也是承包人和发包人最为关注的一点。通常的做法是：对于工期在12个月内的短期合同，发包人通常不进行价格调整，采用固定价格，让投标人预测市场价格趋势，将合理的风险费用计入报价中；而对于工期在18个月以上的工程，为了不使投标人承担太大的风险和防止投标报价太高，则大多采用价格调整；对于工期在12~18个月的工程，则有的进行价格调整，有的不调。

（1）物价波动引起的价格调整 《公路工程标准施工招标文件》“专用合同条款”规定，除“项目专用合同条款”另有约定外，因物价波动引起的价格调整应按“项目专用合同条款数据表”的规定进行调整；或者采用由承包人自行承担由于人工、材料和设备价格的上涨而引起工程施工成本增加的风险，合同价格不会因此而调整。

调整方式可按照价格指数采用价格调整公式进行或采用造价信息调整价格差额。当按照价格指数采用价格调整公式进行调价时，《公路工程标准施工招标文件》“专用合同条款”规定，价格调整公式中的各可调因子、定值权重，以及基本价格指数及其来源，由发包人在投标函附录价格指数和权重表中约定。价格指数应首先采用国家或省、自治区、直辖市价格部门或统计部门提供的价格指数，缺乏上述价格指数时，可采用上述部门提供的价格代替价格调整公式中的变值权重，由发包人根据项目实际情况测算确定范围，并在投标函附录价格指数和权重表中约定范围；承包人投标时在此范围内填写各可调因子的权重，合同实施期间将按此权重进行调价。

当采用造价信息调整价格差额时，《公路工程标准施工招标文件》“通用合同条款”规定，施工期内因人工、材料、设备和机械台班价格波动影响合同价格时，人工、机械使用费按照国家或省、自治区、直辖市建设行政管理部门、行业建设管理部门或其授权的工程造价管理机构发布的人工成本信息、机械台班单价或机械使用费系数进行调整；需要进行价格调整的材料，其单价和采购数应由监理人复核，监理人确认需调整的材料单价及数量，作为调整工程合同价格差额的依据。

（2）法律变化引起的价格调整 《公路工程标准施工招标文件》“通用合同条款”规定，在基准日后，因法律变化导致承包人在合同履行中所需要的工程费用发生除物价波动外引起的价格增减时，监理人应根据法律和国家或省、自治区、直辖市有关部门的规定，按《公路工程标准施工招标文件》“通用合同条款”第3.5款商定或确定需调整的合同价款。

6. 货币和兑换率

在国际竞争性招标中，要求投标人用一种货币来计算全部报价，同时允许投标人说明支付时各种货币在报价中所占的比例，以及在换算时的兑换率。这些兑换率在合同执行期间将被冻结，以后发包人就按冻结的兑换率进行支付，这个规定保证了投标人在投标报价与合同支付所用的货币方面不承担任何汇率风险。但若币种选择不当，对投标人同样有风险。如在日本买一台钻机，用美元报价和用日元报价就大不一样，在日元升值时，用美元报价，发包人只能给美元，到去买的时候，用美元肯定比日元贵许多，所以投标人在选择货币币种时也是值得推敲的。

7. 索赔条款

索赔条款即合同条款中允许承包商提出索赔的一些规定。从形式上看，设立索赔条款会使发包人支付索赔费用，但实际上由于索赔条款设立后，承包商的风险责任大大地减小，将有利于降低投标报价，进而降低工程造价。

8. 技术规范中的计量与支付细则

技术规范中计量与支付是非常重要的，可以说没有计量与支付的规定，投标人就无法进行投标报价，施工中也无法进行计量与支付工作。计量与支付的规定不同，投标人的报价也会不同。计量与支付的规定中包括计量项目、计量单位、计量项目中的工作内容、计量方法以及支付规定等。

(1) 工程量的计量　技术规范中计量与支付应和合同条款相呼应。如 FIDIC “通用合同条款” 规定，“无论一般的和当地的习惯如何，工程的计量应以净值为准，除非合同中另有规定”。相应地在公路工程技术规范总则中应写上以下计量原则，如凡超过了图样所示或监理工程师指示的任何面积或体积都不予计量与支付；钢筋计量时，应按图样或有关资料标示的直径和净长计算；计算面积时，应按图样所示净尺寸线或按监理人指示计量；结构物应按图样所示净尺寸线，或按监理人指示修改的尺寸线计量；路基挖方和填方计量，应以图样所示界线为限，并应在批准的横断面图上表明；用于填方的土方，应按压实后的纵断面高程和路床面为准计量，承包人报价时应考虑在挖方或运输过程中引起的体积差。对这些内容如果不写清楚，会给承包人报价和今后结算造成麻烦。

(2) 税金和保险费　按招标文件技术规范的要求，凡需单独计量支付的项目，必须在技术规范中有计量支付项目，对税金和保险一时难以确定而需要单独计量时，就应在总则中有所体现。以税金来讲，大的方面有营业税和随营业税一起征收的城市建设维护税及教育费附加，有进口材料的关税和增值税，还有印花税等。营业税等三项税金和关税需和合同条款对应，如发包人一下子定不下来是否能减免，则应在总则中列一个项目，让承包人报个价，并讲明凭单据按实结算，至于印花税等是固定的，应该分摊在管理费中，不必单独列项。对于保险如建筑工程一切险和第三者险，在 100 章中单独列，凭单据按实结算。至于承包人的财产和人身安全等的保险，发生时同样应摊入管理费中。

(3) 工程管理费　《公路工程标准施工招标文件》“通用合同条款” 规定，对于工程记录与竣工文件编制等相关费用、施工现场控制扬尘降低噪声等环境保护工作费用、施工安全生产相关费用、工程管理软件费用等都专门列项，便于投标人报价。

(4) 临时工程和设施费用　临时工程和设施费用是指为保证永久性工程的顺利施工所必需的各项工程和设施，诸如便道、便桥、码头、堆场、供电、供水、电信、环境保护工程等。投标人根据技术规范总则中的基本要求和施工组织方案安排，列出工程细目，进行分项计算，以总额报价。

(5) 承包人驻地建设费用　承包人驻地建设费用是指承包人为进行建筑安装工程施工所必需的生活和生产用的临时建筑物、构筑物和其他临时设施等临时设施费，应包括在报价内。例如，国际招标工程承包人（主要是外商）驻地建设费中需修建某些永久性房屋，则可在总则中单列项目计列。这些情况都应在招标文件技术规范总则中阐明，避免在报价编制中重复计算。

(6) 为监理工程师提供的设施费用　监理工程师的办公、生活、交通等服务设施是承包人提供，还是发包人负责办理或监理工程师自理，在合同条款中应该明确。如由承包人提供，则在技术规范的总则中应详细列明提供到什么程度，有多少监理人员，办公和生活用房面积和标准，配备的仪器、家具、车辆等的数量和规格，服务的时间长短等，承包人才能按此报价，并说明工程竣工后的处理措施。

(7) 质量标准（指标）与造价的关系　对于各专业工程来说，质量要求越高，其成品（指建成后的工程如路基、路面）质量也就越好，但往往质量高与造价低难以统一，这就有个适度的问题。作为发包人，其技术规范定得恰如其分，就可既达到标准又省钱，而承包人只有对规范有充分的了解，才能正确报价。

5.3.2 投标策略与技巧的应用

投标是一项复杂、细致的工作，是反映企业综合素质的工作，是技术、经济、管理、经验与艺术的集合。投标竞争是非常激烈的，投标竞争的胜负不仅取决于竞争者的实力大小，而且还取决于投标策略和技巧运用得是否正确。投标策略是投标人在激烈竞争的环境下，在投标报价中使用的对策和战略。投标策略是投标人投标决策的组成部分，用于指导投标报价全过程。投标人应根据其经营状况和经营目标，考虑自身的优势和不足，竞争的激烈程度以及投标项目的特点和施工条件等，及时、迅速、果断地确定投标策略。投标策略运用是否得当，对投标人能否中标并获得利润有很大影响。另外，在对外报价时，还可以采用一定的投标报价技巧，以争取中标概率或中标后获得较高利润。

1. 投标策略

(1) 盈利策略　盈利策略是指在报价中以较大的利润为投标目标的策略。这种投标策略通常在投标单位对该项目拥有技术上的垄断优势、工期短、竞争对手少（非我莫属）时。

(2) 微利保本策略　微利保本策略是指在报价中适当降低利润目标，甚至不考虑利润的一种策略。在企业工程任务不饱满，建筑市场供不应求（任务少，施工企业多），竞争对手强，为防止职工“窝工”时，可采用这种策略。另外，有些施工企业为了参加市场竞争，打入其他新的地区、开辟新的业务，并想在这个地区占据一定的市场，往往在前几次参加投标时采用这种策略。

(3) 低价亏损策略　低价亏损策略是指在报价中不仅不考虑企业利润，相反考虑一定的亏损后提出的报价策略。使用该种投标策略时，应注意以下事项：第一，业主肯定是按最低价确定中标单位；第二，这种报价方法属于正当的商业竞争行为，报价没有低于成本价。

这种报价策略通常用于市场竞争激烈，而施工企业面临生存危机，为了保住施工地盘或解决本企业人员窝工现象，承包人急于打入该建筑市场（甚至独占该建筑市场）的情况。

中标后，促进企业加强管理，精兵简政，优化组合，通过采取合理的施工方法和新工艺，降低消耗和成本，力争减少亏损或不亏损。

(4) 冒险投标策略　冒险投标策略是指在报价中不考虑风险费。这是一种冒险行为，如果风险不发生，则意味着承包人的报价成功；如果风险发生，则意味着承包人要承担极大的风险损失。这种报价策略同样只在市场竞争激烈，承包人急于寻找施工任务或着眼于打入该建筑市场甚至独占该建筑市场（以后靠长期经营挽回损失）时才予以采用。

(5) 缩短工期策略　缩短工期策略是通过先进的施工方案、施工方法，科学的施工组织或者优化设计来缩短合同工期。当投标工期是关键工期时，则业主在评标过程中会将缩短工期后所带来的预期受益定量考虑进去，此时对承包人获取中标资格是有利的。

(6) 低价索赔策略　在发现招标文件中存在许多漏洞甚至许多错误或业主不能提供必要的施工条件，开工后必然违约的情形下，有意将价格报低，先争取中标，中标后再通过索赔来挽回低报价的损失。这种策略只有在合同条款中关于索赔的规定明显对自身有利的情形下方可采用。

2. 投标技巧

(1) 不平衡报价法　不平衡报价法是投标报价中最常用的一种方法，即在保持总价格水平的前提下，将某些项目的单价适当提高，而将另外一些项目的单价适当降低，以求在不影响总价和中标机会的前提下，能够尽早尽多地取得支付款，增加流动资金，缩小投资风险，最终取得较好的经济效益。但应注意，价格的提高和降低应保持在一定限度内，以避免由于报价的明显不合理而导致废标。

采用不平衡报价法的做法如下。

1）对于能早期结算回收工程款较快的项目（如营地建设、基础工程、土方工程等），单价可适当提高，以利于资金尽早回收和周转，减少资金占用时间和贷款利息；而对于后期项目（如路面、交通工程等），单价可适当降低。这种不平衡报价法，对于总价合同及单价合同都适用。对于总价合同，可直接应用于单项工程报价；对于单价合同，则可应用于分部、分项工程报价。在具体运用时应注意以下几点。

① 通过对施工工艺及施工方案进行深入、透彻的分析后，准确把握项目施工的前后顺序。

② 应通过对招标文件清单工程量的复核，选择预计工程量不会产生重大变化的项目进行这种不平衡报价。因为如果前期施工项目在工程施工中由于业主或其他方面的原因而大幅度减少了工程量，后期施工项目的工程量大幅度增加时，则有可能使承包商达不到预期的收益，甚至造成亏损。

③ 用这种方法进行不平衡报价时，单价的调整幅度不宜过大，一般认为在4%~8%左右较为适宜。即前期施工项目的单价的提价幅度一般只能在4%~8%左右；相应地，后期施工项目的单价的降价幅度也应在4%~8%左右。因为调整幅度过大，与正常价格水平偏离过多，容易被招标人发现而被视为不合理报价，从而降低中标机会甚至有可能被当作废标处理。

2）对于在工程实施中工程量可能增加的项目，单价可适当提高，以利于承包人得到更多的工程付款；相反，单价可适当降低。

这种做法在公路、铁路、水坝以及各类难以准确计算工程量的工程项目的投标中常被采用。这一方法的成功与否，取决于承包人在投标复核工程量时，对今后某些分项工程量的增减所做的估计是否正确。

这种不平衡报价法适用于单价合同，该合同形式的招标文件中都列有较详细的工程量清单，而工程款则是按实际完成的工程量计算的。由于工程设计深度或设计单位等方面的原因，招标文件中所附的工程量清单的精度往往不是很高。投标人若通过清单工程量复核发现有分部、分项工程的预计工程量出现了过多或过少的情况时，就可以按工程量变化趋势调整单价。这样经过调整后，投标总报价维持不变，但在之后的工程施工中，承包商将会得到更多的工程支付款，即承包商的竣工结算金额将超过清单总价，这样就获得了更多的利润。

在具体运用时应注意以下两点。

① 应通过工程量复核，在对工程量变化趋势确有把握时，才能使用这种不平衡报价法。

② 用这种方法进行不平衡报价的项目的单价的调整幅度也不宜过大，一般应在±10%以内。即对预计在工程实施过程中，工程量将增加的项目的单价的提价幅度应在10%以内；同样，对预计在工程实施过程中，工程量将减少的项目的单价的降价幅度也应在10%以内。调整幅度过大，招标人通常不会接受。

总之，投标人在投标中运用不平衡报价法进行报价后所带来的额外收益是可观的，但是该方法也是有风险的，只有在对预期工程量进行精确计算的前提下才能使用。对于1）和2）这两种情况要统筹考虑，即对于工程量可能减少的早期项目，不能盲目提高单价；相反，对于工程量可能增加的后期项目，也不能盲目降低单价，应进行全面分析比较后再定。

3）对于工程量清单中无工程量而只填单价的项目（如土方工程中的挖淤泥、岩石等备用单价），其单价宜提高。因为这样做丝毫不会影响总标价，而一旦发生时可以多获利。

（2）多方案报价法

1）关于修改合同条款的多方案报价。当合同条款中有些条款不够明确或过于苛刻时，承包人往往要承担很大的风险。为了减少风险就需扩大工程单价，增加“不可预见费”，但这样做又会因报价过高而增加被淘汰的可能性。为使业主按自己的意图修改合同条款，可提出两个报价方案：①按原合同要求提出一个报价。②若合同要求做某些修改，可将报价降低一定百分比。以第二个方案来吸引业主，增加中标的可能性。

2）关于修改设计方案的多方案报价。有时招标文件中规定可以提出建议方案，即可以修改原设计方案，提出投标人的方案。这时，除了对原方案进行报价外，投标人还应组织一批有经验的设计和施工方面的工程师，对原招标文件的设计和施工方案进行仔细研究，提出更合理的设计方案。这种新的建议方案要能够降低总造价或提前竣工或使工程设计更合理，以此吸引招标人，促成自己的建议方案中标。

增加建议方案时，不要将方案写得太具体，保留方案的技术关键。防止招标人将此方案交给其他投标人。同时要强调的是，建议方案一定要比较成熟，或过去有这方面的实践经验。因为投标时间不长，如果仅为中标而匆忙提出一些没有把握的建议方案，可能会引起后患。

（3）组合标折扣法　组合标折扣是投标人为争取多标段同时中标的一种报价方法。为争取多个标段中标，投标人可许诺如果多标段同时中标，标价将在每一个标段原报价的基础上，再降低一定比例。以此吸引业主，增加中标概率。

（4）扩大标价法　这种方法比较常用，即除了按正常的已知条件编制价格外，对工程中变化较大或没有把握的工程工作，采用扩大单价，增加“不可预见费”的方法来减少风险。但是这种编标方法，往往因总标价过高而不易中标。

(5) 活口升级报价法 这种方法是将报价看作协商的开始，报价时利用招标文件中规定的不明确的条件，将造价很高的一些单项工程的报价抛开作为活口，将标价降至无法与之竞争的数额。利用这种“最低标价”来吸引业主，从而取得与业主商谈的机会，进而利用活口进行升级加价，以达到最后赢利的目的。

(6) 突然降价法 这是一种迷惑对手（或保密）的竞争手段。由于竞争对手之间总是相互探听对方报价情况，并且绝对保密是很难做到的，所以，可采用突然袭击法来迷惑对手。在整个报价过程中，可先按一般情况进行，甚至故意宣扬自己对该工程兴趣不大（或甚大），等快到投标截止时，突然降价，使竞争对手措手不及。如果不搞突然袭击，则自己的报价很可能被竞争对手所了解，竞争对手便会报出稍低于自己的报价，增大了竞争对手的中标概率。

(7) 附加优惠条件法 投标人可在投标时或谈判过程中，向业主承诺一些附加的优惠条件。例如，投标人在得知业主建设资金紧张的情况下，可以提出减免预付款甚至垫资施工或延期付余款、降低支付条件等条件，另外也可提出缩短工期、提高质量，提出新技术、新工艺和新材料等条件。利用这些优惠条件，能够解决业主暂时困难，替业主分忧，进而取得业主的认可，增大中标概率。

投标报价中投标策略和投标技巧这两方面相辅相成，可以提高中标概率或增加收益。

第6章 公路工程施工阶段计价与管理

6.1 工程变更

工程变更是合同变更的一种特殊形式。它通常指合同文件中“设计图样”“技术规范”或工程量清单的改变，包括设计变更、进度计划变更、施工条件变更以及工程量清单中工作内容或数量的变更，如取消某工作或新增某工作等。

【拓展思考 6-1】 引起工程变更的原因有哪些？

1）因勘察设计工作不细致、设计不合理而引起的施工过程中发生许多合同文件中没有考虑或估算不准确的情况。

2）业主想扩大工程规模、提高设计标准或加快施工进度而出现的工程变更。

3）由于发生不可预见的事件，如地质条件与预计的不同或社会原因引起的停工或工期拖延等。

4）因承包人的施工质量事故而引起的工程变更。

其中，承包人的施工质量事故引起的工程变更属于承包人的责任范围，承包人应承担由此而增加的全部费用。

6.1.1 工程变更范围

《公路工程标准施工招标文件》通用条款 15.1 规定了工程变更的范围。

1）取消合同中任何一项工作，但被取消的工作不能转由发包人或其他人实施。

2）改变合同中任何一项工作的质量或其他特性。

3）改变合同工程的基线、标高、位置或尺寸。

4）改变合同中任何一项工作的施工时间或改变已批准的施工工艺或顺序。

5）为完成工程需要追加的额外工作。

6.1.2 工程变更程序

《公路工程标准施工招标文件》通用条款 15.3 对工程变更程序作了明确的规定。

【拓展思考 6-2】 设计变更与工程变更的关系？

设计变更，是指自公路工程初步设计批准之日起至通过竣工验收正式交付使用之日止，对已批准的初步设计文件、技术设计文件或施工图设计文件所进行的修改、完善等活动。

工程变更是个总称，设计变更是工程变更最常见的一种形式。改变有关工程的施工时间和顺序也属于设计变更。

公路工程设计变更分为重大设计变更、较大设计变更和一般设计变更。

【拓展思考 6-3】　重大设计变更、较大设计变更、一般设计变更的划分标准是什么？

有下列情形之一的属于重大设计变更：①连续长度 10km 以上的路线方案调整；②较大桥的数量或结构形式发生变化；③特长隧道的数量或通风方案发生变化；④互通式立交的数量发生变化；⑤收费方式及站点位置、规模发生变化的；⑥超过初步设计批准概算的变化。

有下列情形之一的属于较大设计变更：①连续长度 2km 以上的路线方案调整；②连接线的标准和规模发生变化；③特殊不良地质路段处置方案发生变化；④路面结构类型、宽度和厚度发生变化；⑤大中桥的数量或结构形式发生变化；⑥隧道的数量或方案发生变化；⑦互通式立交桥的位置或方案发生变化；⑧分离式立交的数量发生变化；⑨监控、通信系统总体方案发生变化；⑩管理、养护和服务设施的数量和规模发生变化；⑪其他单项工程费用变化超过 500 万元；⑫超过施工图设计批准预算。

一般设计变更是指重大设计和较大设计变更以外的其他设计变更。

1. 公路工程设计变更审批制度

公路工程重大、较大设计变更实行审批制。

公路工程重大、较大设计变更，属于对设计文件内容作重大修改，应当按照《公路工程设计变更管理办法》（交通部令 2005 年第 5 号）规定的程序进行审批。未经审查批准的设计变更不得实施。

任何单位或者个人不得违反《公路工程设计变更管理办法》（交通部令 2005 年第 5 号）的规定，擅自变更已经批准的公路工程初步设计、技术设计和施工图设计文件。不得肢解设计变更规避审批。

经批准的设计变更一般不得再次变更。

重大设计变更由交通运输部负责审批。较大设计变更由省级交通主管部门负责审批。

项目法人负责对一般设计变更进行审查，并应当加强对公路工程设计变更实施的管理。

2. 公路工程设计变更建议

公路工程勘察设计、施工及监理等单位可以向项目法人提出公路工程设计变更的建议。

设计变更的建议应当以书面形式提出，并应当注明变更理由。

项目法人也可以直接提出公路工程设计变更的建议。

项目法人对设计变更的建议及理由应当进行审查核实。必要时，项目法人可以组织勘察设计、施工、监理等单位及有关专家对设计变更建议进行经济、技术论证。

对一般设计变更建议，由项目法人根据审查核实情况或者论证结果，决定是否开展设计变更的勘察设计工作。

对较大设计变更和重大设计变更建议，项目法人经审查论证确认后，向省级交通主管部门提出公路工程设计变更的申请，并提交以下材料。

1）设计变更申请书。包括拟变更设计的公路工程名称、公路工程的基本情况、原设计单位、设计变更的类别、变更的主要内容、变更的主要理由等。

2）对设计变更申请的调查核实情况、合理性论证情况。

3）省级交通主管部门要求提交的其他相关材料。

省级交通主管部门自受理申请之日起 15 日内做出是否同意开展设计变更的勘察设计工作的决定，并书面通知申请人。

3. 公路设计变更的执行

设计变更的勘察设计应当由公路工程的原勘察设计单位承担。经原勘察设计单位书面同意，项目法人也可以选择其他具有相应资质的勘察设计单位承担。设计变更勘察设计单位应当及时完成勘察设计，形成设计变更文件，并对设计变更文件承担相应责任。

设计变更文件完成后，项目法人应当组织对设计变更文件进行审查。

一般设计变更文件由项目法人审查确认后决定是否实施。项目法人应当在 15 日内完成审查确认工作。

重大及较大设计变更文件经项目法人审查确认后报省级交通主管部门审查。其中，重大设计变更文件由省级交通主管部门审查后报交通运输部批准；较大设计变更文件由省级交通主管部门批准，并报交通运输部备案。若设计变更与可行性研究报告批复内容不一致，应征得原可行性研究报告批复部门的同意。

项目法人在报审设计变更文件时，应当提交以下材料。

1）设计变更说明。

2）设计变更的勘察设计图样及原设计相应图样。

3）工程量、投资变化对照清单和分项概预算文件。

设计变更文件的审批应当在 20 日内完成。无正当理由，超过审批时间未对设计变更文件的审查予以答复的，视为同意。

需要专家评审的，所需时间不计算在上述期限内。审批机关应当将所需时间书面告知申请人。

对需要进行紧急抢险的公路工程设计变更，项目法人可先进行紧急抢险处理，同时按照规定的程序办理设计变更审批手续，并附相关的影像资料说明紧急抢险的情形。

公路工程设计变更工程的施工原则上由原施工单位承担。原施工单位不具备承担设计变更工程的资质等级时，项目法人应通过招标选择施工单位。

项目法人应当建立公路工程设计变更管理台账，定期对设计变更情况进行汇总，并应当每半年将汇总情况报省级交通主管部门备案。

省级交通主管部门可以对管理台账随时进行检查。

6.1.3 工程变更估价

1. 变更估价的原则

《公路工程标准施工招标文件》专用合同条款 15.4 款给出了变更估价的原则。

1）已标价工程量清单中有适用于变更工作的子目的，采用该子目的单价。

2）已标价工程量清单中无适用于变更工作的子目，但有类似子目的，可在合理范围内参照类似子目的单价，由监理人商定或确定变更工作的单价。

3）已标价工程量清单中无适用或类似子目的单价，可按照成本价利润的原则，由监理人商定或确定变更工作的单价。

2. 变更估价方法

对于变更工程单价的确定，在实践中有以下方法。

(1) 以合同单价为基础定价　如某合同中沥青路面原设计厚度为 4cm，其单价为 36 元/m^2，现设计变更为厚度 5cm，则变更后路面的单价为：5/4×36 元/m^2 = 45 元/m^2。

这种方法的特点是简单且有合同依据。其不足是合同单价是由不变成本和可变成本构成，可变成本随着工程量的增加而增加，不变成本是相对固定的，当工程量增加时，分摊在合同单价中的不定成本下降，而不是随着工程量的增加而增加。

(2) 以概预算方法为基础定价　按照概预算方法确定单价时，应首先确定施工方案和施工方法，其次确定资源的价格，之后按照定额和编制办法确定其预算单价。预算单价乘以投标报价的降幅后确定单价。

这种方法的优点是有法律依据，产生的价格相对合理，能真实地反映完成变更工程的成本和利润。其缺点是不同的施工方案和施工方法单价不同，概预算的方法反映的是社会平均水平，不能反映承包人的实际水平和市场竞争对价格的影响，特别是当承包人采用了不平衡报价时，以概预算方法确定的工程变更单价，可能会加剧总造价的不合理性。

(3) 合理差价定价法　合理的定价方法是在考虑单价时，在保持原有报价不受实质影响的前提下，对新增工程量部分以合理定价的差价计算，变更工程的新单价是在承包人原有报价的基础上加上合理定价的差价。如某合同中沥青路面原设计厚度为 4cm，其合理单价为 40 元/m^3。现设计变更为厚度 5cm，其合理单价为 49.6 元/m^2。承包人的原报价是 32 元/m^2，则变更后的新单价为 32 元/m^2+(49.6−40)元/m^2 = 41.6 元/m^2。

这种方法体现了工程变更定价的一般原则，即工程变更不改变承包人在报价时的状态，承包人不因工程变更而额外受益，也不因工程变更而受损。

6.2 工程索赔

6.2.1 工程索赔的定义、作用

1. 工程索赔的定义

索赔是当事人在合同实施过程中，根据法律、合同规定及惯例，对非己方的过错造成的损失，向对方提出补偿要求的过程。即，在合同执行的过程中，如果一方认为另一方没能履行合同义务或妨碍了自己履行合同义务，或是当发生合同中规定的风险事件后，造成经济损失，则受损方通常会提出索赔要求。

索赔具有广义和狭义两种解释：广义的索赔是指合同一方向对方提出的索赔，既包括承包商向业主的索赔，也包括业主向承包商的索赔；狭义的索赔仅指承包商向业主的索赔。

索赔是签订合同的双方各自应该享有的合法权利，是业主与承包商之间在分担工程风险方面的责任的再分配。索赔是一种正当的权利要求，它是业主、监理工程师和承包商之间一项正常的、大量发生而且普遍存在的合同管理业务，是一种以法律和合同为依据、合情合理的行为。

【案例分析 6-1】　某工程通过招投标确定了由甲施工单位进行施工，并及时签署了施工合同。双方签订施工合同后，甲公司又进行了劳务招标，最终确定乙劳务公司为中标单位，并与其签订了劳务分包合同，在合同中明确了双方的权利和义务。在施工过程中，建设单位未按合同约定的时间支付甲施工单位工程进度款，甲施工单位以此为由，拒绝乙劳务公司提出的支付人工费的要求。该工程施工过程中，乙劳务公司是否可以就劳务费问题向建设单位提出索赔？

分析：索赔的主体必须是合同当事人。此工程施工过程中，乙劳务公司与建设单位没有合同关系，因此乙劳务公司不能就劳务费问题向建设单位提出索赔。乙劳务公司只能通过向甲施工单位就劳务费延期支付问题提出索赔。

2. 工程索赔的作用

（1）保证建设工程施工合同的顺利实施　建设工程施工合同一经签订，合同双方即产生权利义务关系，这种权利受法律保护，义务受法律制约。索赔是合同法律效力的具体表现，并且由合同的性质决定。如果没有索赔和关于索赔的法律规定，则合同形同虚设，对双方都难以形成约束，这样合同的实施就得不到保证，不会有正常的社会经济秩序。索赔能对违约者起警诫作用，使其考虑违约的后果，以尽力避免违约事件发生。所以，索赔关系工程双方更紧密的合作，有助于合同目标的实现。

（2）落实和调整合同双方经济责任关系　在施工合同履行过程中，由于未履行或不履行合同规定的义务而侵犯对方权利时，应根据对方的索赔要求，承担相应的经济责任。离开索赔，施工合同当事人双方的权利、义务关系难以平衡。

（3）维护合同当事人正当权益　对于施工合同当事人双方来说，索赔是一种保护自己、维护自身正当权益，避免损失、增加利润的手段。在现代承包工程中如果承包商不能进行有效的索赔，不精通索赔业务，就会使损失得不到合理、及时的补偿。

（4）促使工程造价管理更加合理　把原来打入工程造价的一些不可预见费用，改为按实际发生的损失支付，有助于降低工程造价，使工程造价更合理。

当然，索赔除了上述正面作用外，也存在一些负面影响，如有些承包商奉行“中标靠低价，赢利靠索赔”的经营策略，利用索赔为自己谋取不恰当的利益；有的承包商利用索赔事件漫天要价。这些经营策略虽然会得逞一时，但从长远来看，会严重影响合同当事人双方的合作气氛，同时严重影响承包商的信誉，导致承包商竞争力削弱。因此，承包商要摒弃上述做法。

6.2.2　索赔的原因及分类

1. 索赔的原因

由于公路工程施工的复杂性，现场条件、社会和自然环境、地质水文等的变化，招标文件和合同条款难免出现与实际不符的错误因素。因此，工程建设本身具有风险性，索赔在工程承包中是不可避免的，引起索赔的原因是多种多样的，主要有如下几个方面。

（1）发包人违约　发包人违约常表现为发包人或监理人未能按合同规定为承包人提供得以顺利施工的条件。《公路工程标准施工招标文件》通用合同条款约定的有：

① 发包人未能按合同约定支付预付款或合同价款，或拖延、拒绝批准付款申请和支付凭证，导致付款延误的。

② 发包人原因造成停工的。

③ 监理人无正当理由没有在约定期限内发出复工指示，导致承包人无法复工的。

④ 发包人无法继续履行或明确表示不履行或实质上已停止履行合同的。

⑤ 发包人不履行合同约定其他义务的。

【案例分析 6-2】 在某世界银行贷款的项目中，采用 FIDIC 合同条件，合同规定发包人为承包人提供三级路面标准的现场公路。由于发包人选定的工程局在修路中存在问题，现场交通道路在相当一段时间内未达到合同标准。承包人的车辆只能在路面块石垫层上行使，造成轮胎严重超常磨损，承包人提出索赔。工程师批准了对 208 条轮胎及其他零配件的费用补偿，共计 1900 万日元。

分析：发包人未能履行合同约定的施工条件（路面标准），承包商可依据合同约定提出索赔。

(2) 合同缺陷　合同缺陷常常表现为合同文件规定不严谨甚至矛盾，合同中的遗漏或错误，这不仅包括商务条款中的缺陷，也包括技术规范和图样中的缺陷。在这种情况下，工程师有权做好解释，但如果承包商执行工程师的解释后引起成本增加或工期延长，则承包商可以为此提出索赔，工程师应给予证明，业主应给予补偿。一般情况下，业主作为合同起草人，要对合同中的缺陷负责，除非其中有非常明显的含糊或其他缺陷，根据法律可以推断承包商有义务在投标前发现并及时向业主指出。

(3) 不利物质条件　不利物质条件通常是指承包人在施工现场遇到的不可预见的自然物质条件、非自然的物质障碍和污染物，包括地下和水文条件，但不包括气候条件。合同中一般约定，承包人遇到不利物质条件时，应采取适应不利物质条件的合理措施继续施工，并通知监理人。监理人发出指示，指示构成变更的，按有关变更的约定处理。监理人没有发出指示的，承包人因采取合理措施而增加的费用和（或）工期延误，由发包人承担。监理人发出的指示不构成变更时，承包人因采取合理措施而增加的费用和（或）工期延误，也应由发包人承担。

【案例分析 6-3】 某施工过程中，在开挖土方过程中，有两项重大事件使工期发生较大的拖延。

一是土方开挖时遇到了一些工程地质勘探没有探明的孤石，排除孤石拖延了一定的时间。

二是施工过程中遇到数天季节性大雨后又转为特大暴雨引起山洪暴发，造成现场临时道路、管网和施工用房等设施以及已施工的部分基础被冲坏，施工设备损坏，运进现场的部分材料被冲走，乙方数名施工人员受伤，雨后乙方用了很多工时清理现场和恢复施工条件。

为此乙方按照索赔程序提出了延长工期和费用补偿要求。试问造价工程师应如何审理？

分析：工程师应对两项索赔事件做出如下处理。

1）对处理孤石引起的索赔，这是预先无法估计的地质条件变化，属于甲方应承担的风险，应给予乙方工期顺延和费用补偿。

2）对于天气条件变化引起的索赔应分两种情况处理。

① 对于前期的季节性大雨，这是一个有经验的承包人预先能够合理估计的因素，应在合同工期内考虑，由此造成的时间和费用损失不能给予补偿。

② 对于后期特大暴雨引起的山洪暴发不能视为一个有经验的承包人预先能够合理估计的因素，应按不可抗力处理由此引起的索赔问题。被冲坏的现场临时道路、管网和施工用房等设施以及已施工的部分基础、被冲走的部分材料、清理现场和恢复施工条件等经济损失由

甲方承担；损坏的施工设备、受伤的施工人员以及由此造成的人员窝工和设备闲置等经济损失应由乙方承担；工期顺延。

(4) 工程变更　工程变更常常表现为设计变更、施工方法变更、追加或取消某些工作、合同规定的其他变更等。变更可以由发包人、工程师或承包人提出。这种变更是指在原合同范围内的变更，即有经验的承包人意料之中的变更，否则承包人可以拒绝，其判断标准是，变更是否与原工程有关，目的是不是为了实现工程合同的总目标。工程变更与索赔有密切的关系。在实际工作中可以把工程变更分为变更及相应的索赔两个部分，即把事先可以确定费用、双方签订了变更令的变更归入“工程变更”办理。把变更当时无法预知的费用或双方没有达成一致的变更价格，事后再由承包人以索赔形式提出补偿要求的变更归入“索赔”办理。事实上，合同中也做出规定，如果对于一项变更，监理人和承包人之间无法对其估价取得一致意见，则将监理人决定的价格列入“工程变更”，剩余差额待承包人以索赔的形式提出后再按“索赔”进行处理。

(5) 工程师指令　工程师指令通常表现为工程师指令承包商加速施工、进行某项工作、更换某些材料、采取某种措施或停工等。工程师是受业主委托来进行工程建设监理的，其在工程中的作用是监督所有工作按合同规定进行，督促承包商和业主完全合理地履行合同、保证合同顺利实施。为了保证合同工程达到既定目标，工程师可以发布各种必要的现场指令。相应地，因这种指令（包括错误指令）而造成的成本增加和（或）工期延误，承包商有权进行索赔。

(6) 国家政策及法律、法令变更　国家政策及法律、法令变更，通常指直接影响到工程造价的某些政策及法律、法令的变更，比如限制进口、外汇管制或税收及其他收费标准的提高。工程所在国的政策及法律、法令是承包商投标报价的重要依据之一。就国际工程而言，合同通常规定从投标截止日期之前的第 28 天开始，如果工程所在国法律和政策的变更导致承包商费用增加，则业主应该向承包商补偿其增加值；相反，如果导致费用减少，则也应由业主受益。做出这种规定的理由是明显的，因为承包商根本无法在投标期间预测到这种变更。就国内工程而言，因国务院各有关部、各级建设行政管理部门或其授权的工程造价管理部门公布的价格调整，比如定额、取费标准、税收、上缴的各种费用等，可以调整合同价款。如未予调整，承包商可以要求索赔。

(7) 其他承包商干扰　其他承包人干扰通常是指因其他承包人未能按时按质按量进行并完成某工作，承包人之间配合协调不好等而给承包人工作带来的干扰。大中型土建工程，往往会有多个承包人同时在现场施工。特别是高等级公路建设，一般分为几个标段，每个标段由不同的承包人承担时，各承包人之间没有合同关系，他们只是各自与发包人存在合同关系，监理人作为发包人代理人有责任组织协调好各承包人之间的工作，否则，就会给整个工程和各承包人的工作带来严重影响引起承包人索赔。

【案例分析 6-4】　某高速公路工程，建设单位与甲施工单位签订了单价合同。在施工过程中，甲施工单位向建设单位派驻的工程师提出下列索赔费用。施工降效费如下所示：

1）据施工组织设计，部分项目安排在雨季施工，由于采取防雨措施，增加费用 2 万元。

2）由于建设单位委托的乙施工单位进行场区道路施工，影响了甲施工单位正常的混凝土浇筑运输作业，建设单位的常驻工地代表已审批了原计划和降效增加的工日及机械台班的数量。

试分析上述索赔费用建设单位是否应签认，为什么？

分析：

1）防雨措施不应签认。属施工单位责任（或该费用已计入建筑安装工程费中的雨季施工增加费）。

2）施工降效费应签认。由于影响甲施工单位正常施工的乙施工单位是建设单位委托的施工单位，建设单位有责任通过监理人组织协调好各承包人之间的工作，否则，给整个工程和各承包人的工作带来严重影响应签认相应的索赔。

（8）其他第三方面的原因　其他第三方面的原因通常表现为因与工程有关的其他第三方的问题而引起的对本工程的不利影响。比如，业主在规定时间内依规定方式向银行寄出了要求承包商支付款项的付款申请，但由于邮路延误，银行迟迟没有收到该付款申请，导致承包商没有在合同规定的期限内收到工程款。在这种情况下，由于最终表现出来的结果是承包商没有在规定的时间内收到款项，所以承包商往往会向业主索赔。对于第三方原因造成的索赔，业主给予补偿之后，应根据其与第三方签订的合同或有关法律规定再向第三方追偿。

2. 索赔的分类

（1）按索赔的依据分类

1）合同内索赔。合同内索赔是指索赔所涉及的内容可以在合同条款中找到依据，并可以根据合同规定明确划分责任。一般情况下，合同内索赔的处理和解决要顺利一些。

2）合同外索赔。合同外索赔是指索赔的内容和权利难以在合同条款中找到依据，但可以从合同引申含义和合同适用法律或政府颁发的有关法规中找到索赔的依据。

（2）按索赔目的分类

1）工期索赔。由于非承包商的原因而导致施工进程延误，要求批准延期合同工期的索赔，称之为工期索赔。工期索赔形式上是对权利的要求，以避免在原定合同竣工日不能完工时，被业主追究延期违约责任。一旦获得批准合同工期索赔后，承包商不仅免除了承包拖期违约赔偿费的严重风险，而且可能因提前工期获得奖励。

2）费用索赔。费用索赔的目的是要求经济补偿，当施工的客观条件改变导致承包商增加开支，要求对能出计划成本的附加开支给予补偿，以挽回不应由他承担的经济损失。

（3）按索赔的处理方式分类

1）单项索赔。单项索赔是针对某一干扰事件提出的，索赔的处理是在合同实施的过程中，干扰事件发生时或发生后立即执行。它由合同管理人员处理，并在合同规定的索赔有效期内提交索赔意向书和索赔报告，它是索赔有效性的保证。单项索赔通常处理及时，实际损失易于计算。单项索赔报告必须在合同规定的索赔有效期内提交给工程师，工程师审核后交业主，由业主作答复。

2）总索赔。总索赔又称一揽子索赔或综合索赔，一般在工程竣工前，承包商将施工过程中未解决的单项索赔集中起来，提出总索赔报告，合同双方在工程交付前后进行最终谈判，以一揽子方案解决索赔问题。通常在如下几种情况下会出现总索赔：在施工过程中，有些单项索赔原因和影响都很复杂，不能立即解决，或双方对合同的解释有争议，而合同双方都要忙于合同实施，可协商将单项索赔留到工程后期解决；业主或监理拖延答复单项索赔，使施工过程中的单项索赔得不到及时解决；在一些复杂的工程中，当干扰事件多、几个干扰事件同时发生或有一定的连贯性、互相影响大，难以一一分清时，则可以综合在一起提出索赔；承包人自身的原因，未能及时处理单项索赔。

【拓展思考 6-4】 单项索赔和总索赔的利弊分析。

单项索赔通常原因单一，责任单一，分析起来相对容易，由于涉及的金额一般较小，双方容易达成协议，处理起来比较简单。因此，合同双方应尽可能地用此种方法来处理索赔。

总索赔中许多干扰事件交织在一起，影响因素比较复杂且相互交叉，责任分析和索赔值计算都很困难，索赔涉及的金额往往又很大，双方都不愿或不容易做出让步，使索赔的谈判和处理都很苦难。因此，总索赔的成功率比单项索赔低很多。

(4) 按照索赔事件的性质分类

1) 工程延误索赔。因发包人未按合同要求提供施工条件，如未及时交付设计图样、施工现场、道路等，或因发包人指令工程暂停或不可抗力事件等原因造成工期拖延的，承包人对此提出索赔。这是工程中常见的一类索赔。

2) 工程变更索赔。由于发包人（监理人）指令增加（减少）工程量或增加附加工程、修改设计、变更工程顺序等，造成工期延长和费用增加，承包人对此提出索赔。

3) 工程终止索赔。由于发包人违约或发生了不可抗力事件等造成工程非正常终止，承包人因蒙受经济损失而提出索赔。

4) 施工加速索赔。由于发包人或监理人指令承包人加快施工速度，缩短工期，引起承包人的人、财、物额外开支而提出的索赔。

5) 意外风险和不可预见因素索赔。在工程实施过程中，因人力不可抗拒的自然灾害、特殊风险以及一个有经验的承包人通常不能合理预见的不利施工条件或外界障碍，如地下水、地质断层、溶洞、地下障碍物等引起的索赔。

6) 其他索赔。如因货币贬值、汇率变化、物价上涨、政策法令变化等引起的索赔。

6.2.3 索赔处理的原则

1. 以合同为依据

监理工程师处理双方所提出的索赔必须以合同或法律为依据。在不同的合同条件下，有些依据很可能是不同的。监理工程师依据合同和事实处理索赔是其公平性的重要体现。

有时合同文件本身也会引起索赔，由于合同文件的内容相当广泛，包括合同协议书、图样、合同条件、工程量清单以及许许多多的来往函件和修改变更通知，以致自相矛盾，或者可作不同解释，导致合同纠纷。组成合同的各个文件应该认为是一个整体，彼此相互解释，相互补充，如出现相互矛盾的情况，以下述文件次序在先者为准。

组成合同的多个文件的优先支配地位的次序如下。

1) 合同协议书及附件（含评标期间和合同谈判过程中的澄清文件和补充资料）。

2) 中标通知书。

3) 投标书和投标书附录。

4) 合同专用条款及数据表。

5) 合同通用条款。

6) 技术规范。

7) 图样。

8）标价的工程量清单。

9）投标书附表。

10）在本合同专用条款中可能规定的构成本合同组成部分的其他文件。

以上合同文件的优先次序若在专用合同条款另有约定，以专用合同条款的约定为准。

2. 及时、合理地处理索赔

索赔事件发生后，索赔的提出应当及时，索赔的处理也应当及时。索赔处理不及时，对双方都会产生不利的影响，如承包人的索赔长期得不到合理解决，索赔积累的结果会导致其资金困难，同时会影响工程进度，给双方都带来不利影响。处理索赔时还必须坚持合理性原则，既要考虑国家的有关规定，又应当考虑工程的实际情况。

3. 加强主动控制，减少工程索赔

对工程索赔应当加强主动控制，尽量减少工程索赔。这就要求在工程管理过程中，应当尽量将工作做在前面，减少索赔事件的发生。这样能够使工程更顺利地进行，降低工程投资、减少施工工期。

6.2.4 索赔程序

索赔程序是指从索赔事件产生到最终处理，全过程所包括的工作内容和工作步骤，由于索赔工作实质上是承包商和业主在分担工程风险方面的重新分配过程，涉及双方的众多经济利益，是一项烦琐、细致、耗费精力和时间的工作，因此合同双方必须严格按照合同规定办事，按合同规定的索赔程序工作，才能获得成功的索赔。

【案例分析 6-5】 某项目施工合同，工期为 600 天，因种种原因，建筑公司在工程完成至路基工程后（此时距开工已 1000 天）停止了施工。建筑公司起诉，要求建设单位支付拖欠的工程进度款 2000 余万元。建设单位随即提起反诉，要求赔偿因工期延误造成的经济损失 4000 余万元。

分析：建筑公司就工期问题认为：工期延误属实，但延误的原因在于工程量增加、设计变更以及开发公司未按合同约定足额支付工程进度款等，故延误的责任应由发包人承担。被告建设单位则认为：虽然有设计变更、工程量增加等事实，但由于承包人在施工过程中从未提出过工期顺延请求，未按合同规定办理过任何工期签证，因此可以认为承包人放弃了增加工期的权利。因此，索赔需要注意程序及时效。

具体工程的索赔程序，应根据双方签订的施工合同产生。在工程实践中，比较详细的索赔程序一般可分为如下主要步骤。

1. 索赔意向的提出

在工程实施过程中，一旦出现索赔事件，承包商应在合同规定的时间内，及时向业主或监理工程师书面提出索赔意向通知，即向业主或监理工程师就某一个或若干个索赔事件表示索赔愿望、要求或声明保留索赔的权利。索赔意向的提出是索赔工作程序中的第一步，其关键是抓住索赔机会，及时提出索赔意向。

合同通用条款要求：承包人应在知道或应当知道索赔事件发生后 28 天内，向监理人递交索赔意向通知书，并说明发生索赔事件的事由。承包人未在前述 28 天内发出索赔意向通知书的，丧失要求追加付款和（或）延长工期的权利。

施工合同要求承包人在规定期限内首先提出索赔意向，是基于以下考虑。

1）提醒发包人或监理人及时关注索赔事件的发生、发展等全过程。

2）为发包人或监理人的索赔管理做准备，如可进行合同分析、收集证据等。

3）如属发包人责任引起索赔，发包人有机会采取必要的改进措施，防止损失的进一步扩大。

4）对于承包人来讲，意向通知也可以起到保护作用。

索赔意向通知一般应包括以下内容。

1）事件发生的时间、地点或工程部位。

2）事件发生的双方当事人或其他有关人员。

3）事件发生的原因及性质，应特别说明并非承包人的责任。

4）承包人对发生事件的态度。应说明承包人为控制事件的发展、减少损失所采取的措施。

5）说明事件的发生将会使承包人产生额外经济支出或其他不利影响。

6）提出索赔意向，注明合同条款依据。

2. 索赔资料的准备

从提出索赔意向到提交索赔报告是属于承包人索赔的内部处理阶段和索赔资料准备阶段。此阶段的主要工作有：

1）跟踪和调查干扰事件，掌握事件产生的详细经过和前因后果。

2）分析干扰事件产生原因，划清各方责任，确定由谁承担，并分析这些干扰事件是否违反了合同规定，是否在合同规定的赔偿或补偿范围内。

3）损失或损害调查或计算，通过对比实际和计划的施工进度和成本，分析经济损失或权利损害的范围和大小，并由此计算出工期索赔和费用索赔值。

4）收集证据，从干扰事件产生、持续至结束的全过程，都必须保留完整的当时记录，这是索赔能否成功的重要条件。

5）起草索赔文件。按照索赔文件的格式和要求，将上述各项内容系统反映在索赔文件中。

3. 索赔报告的提交

承包人必须在合同规定的索赔时限内向发包人或监理人提交正式的书面索赔报告。合同通用条款规定，承包人应在发出索赔意向通知书后28天内，向监理人正式递交索赔通知书。索赔通知书应详细说明索赔理由以及要求追加的付款金额和（或）延长的工期，并附必要的记录和证明材料；索赔事件具有连续影响的，承包人应按合理时间间隔继续递交延续索赔通知，说明连续影响的实际情况和记录，列出累计的追加付款金额和（或）工期延长天数；在索赔事件影响结束后的28天内，承包人应向监理人递交最终索赔通知书，说明最终要求索赔的追加付款金额和延长的工期，并附必要的记录和证明材料。

索赔报告是承包人向监理人提交的，要求发包人给予一定经济补偿或延长工期的正式报告。索赔报告通常是在干扰事件结束后，承包人在收集整理相关资料的基础上编写的。索赔报告一般包括以下三部分内容。第一部分是致监理人的索赔说明信。信中简明扼要地说明索赔的事项、理由和金额（工期）。第二部分为索赔报告正文，包括标题、事实与理由、损失计算。标题应该简要地概括索赔的中心内容；事实与理由部分则是准确叙述客观事实，合理引用合同规定，通过正确的论证推理，建立事实与损失结果之间的因果关系，说明索赔的合法合理性；损失部分则是主要计算过程和计算结果的汇总。第三部分为详细的计算结果和证明材料，作为对正文的补充。

编写索赔报告是一项比较复杂的工作，需要多方面的知识、经验和能力，如合同、法律、计划、组织、工程技术、成本核算、财务管理等。对于较大、较复杂的索赔，有必要向法律专家或索赔专家进行咨询或鉴定。

4. 监理工程师（业主）对索赔文件的审核

监理工程师是受业主的委托和聘请，对工程项目的实施进行组织、协调、监督和控制工作。监理工程师根据业主的委托或授权，对承包商的索赔文件进行审核（主要分为判定索赔事件是否成立和核查承包商的索赔计算是否正确、合理两个方面），并可在业主授权的范围内做出自己独立的判断。

承包商索赔要求的成立必须同时具备如下四个条件。

1）与合同相比较已经造成了实际的额外费用增加或工期损失。

2）费用增加或工期损失不是由于承包商自身的过失所造成。

3）这种经济损失或权利损害也不是由承包商应承担的风险所造成。

4）承包商在合同规定的期限内提交了书面索赔意向通知或索赔文件。

上述四个条件没有先后主次之分，同时具备时，承包商的索赔才能成立。其后监理人对索赔文件的审查重点主要有两步：第一步，重点审查承包人的申请是否有理有据，即承包人的索赔要求是否有合同依据，所受损失确属不应由承包人负责的原因造成，提出的证据是否足以证明索赔要求成立，是否需要提交其他补充材料等。第二步，监理人以公正的立场、科学的态度，审查并核算承包人的索赔计算，分清责任，剔除承包人索赔计算中的不合理部分，确定索赔金额和工期延长天数。

5. 索赔解决方法

从递交索赔文件到索赔结束是索赔的处理解决过程。经过监理工程师对索赔文件的评审，与承包商进行充分讨论后，监理工程师应提出对索赔处理决定的初步意见，并参加业主和承包商之间的索赔协商，通过协商或谈判达成索赔最后处理的一致意见。如果业主和承包商不能达成一致，则可通过调解解决或根据合同规定，将索赔争议提交仲裁或诉讼，使索赔问题达到最终解决。

6.2.5　费用索赔

1. 承包人向发包人的费用索赔

承包人向发包人的费用索赔是指承包人在非自身因素影响下遭受经济损失时向发包人提出补偿其额外费用损失的要求，是承包人根据合同条款的有关规定，向发包人索取的合同价款以外的费用。

承包人索赔费用的项目主要包括以下几种：人工费、材料费、施工机械使用费、现场管理费、总部（企业）管理费、利息、保函手续费、保险费、利润及分包费用。

（1）人工费　索赔费用中的人工费是指完成合同之外的额外工作所花费的人工费用；由于非承包商责任的工效降低所增加的人工费用；超过法定工作时间加班劳动；法定人工费增长以及非承包商责任工程延期导致的人员窝工费和工资上涨费等。

【案例分析 6-6】　某路基开挖后，发现局部有软弱下卧层。甲方代表指示乙方配合进行地质复查，共用工 10 个工日。地质复查和处理费用为 4 万元，同时工期延长 3 天，人员窝工 15 工日。若用工按 100 元/工日，窝工按 50 元/工日。试问乙方可就该事件索赔的费用是多少？

分析：基坑开挖后，发现局部有软弱下卧层，甲方代表指示乙方配合进行地质复查发生的各项费用以及人员窝工费，乙方可以索赔。索赔费用为：40000 元+(10×100)元+(15×50)元=41750 元

(2) 材料费　材料费的索赔包括：由于索赔事项材料实际用量超过计划用量而增加的材料费；由于客观原因材料价格大幅度上涨；由于非承包商责任工程延期导致的材料价格上涨和超期储存费用。材料费中应包括运输费、仓储费，以及合理的损耗费用。如果由于承包商管理不善，造成材料损坏失效，则不能列入索赔计价。

(3) 施工机械使用费　施工机械使用费的索赔包括：由于完成额外工作增加的机械使用费；非承包商责任工效降低增加的机械使用费；由于业主或监理工程师原因导致机械停工的窝工费。窝工费的计算，如系租赁设备，一般按实际租金和调进调出费的分摊计算；如系承包商自有设备，一般按台班折旧费计算，而不能按台班费计算，因台班费中包括了设备使用费。

【案例分析 6-7】　某工程，建设单位与施工总承包单位签订了施工总承包合同。双方约定工期为 20 个月，建设单位供应部分主要材料。

在合同履行过程中，发生了以下事件：

工作 B（特种混凝土工程）进行 1 个月后，因建设单位原因修改设计导致停工 2 个月。设计变更后，施工总承包单位及时向监理工程师提出了费用索赔申请（见表 6-1），索赔内容和数量经监理工程师审查符合实际情况。

表 6-1　费用索赔申请一览表

序号	内容	数量	计算式	备注
1	新增特种混凝土工程费	$500m^3$	$500m^3$ × 1050 元/m^3 = 525000 元	新增特种混凝土工程综合单价 1050 元/m^3
2	机械设备闲置费补偿	60 台班	60 台班 × 210 元/台班 = 12600 元	台班费 210 元/台班
3	人工窝工费补偿	1600 工日	1600 工日 × 85 元/工日 = 136000 元	人工工日单价 85 元/工日

在此事件中，费用索赔申请一览表中有哪些不妥之处？分别说明理由。

分析：在索赔申请表中有下列不妥。

1) 机械设备闲置费补偿计算不妥，不应按台班单价计算。理由是：根据相关规定，机械设备闲置分两种情况，一种是自有设备，台班费含有设备使用费应按照折旧费计算索赔费用；另一种是租赁设备，按照实际租金和调进调出费用分摊计算。

2) 人工窝工补偿计算不妥。理由：根据相关规定，人工窝工应按工效降低计算，不应按原人工费单价计算。

3) 新增特种混凝土工程费列入索赔申请不妥。理由：新增特种混凝土工程费属于设计变更引起的，应该按照变更处理，确定新综合单价后，提交变更估价申请。

(4) 现场管理费　索赔款中的现场管理费是指承包商完成额外工程、索赔事项工作以

及工期延长期间的现场管理费，包括管理人员工资、办公费、通信费、交通费、固定资产使用费、工具器具使用费等。

现场管理费的索赔计算方法一般有两种情况。

1）对于发生直接成本的索赔事件，其现场管理费索赔额一般可按照下式计算。

$$\text{直接成本的现场管理费索赔}=\text{索赔事件直接费}\times\text{现场管理费费率} \tag{6-1}$$

$$\text{现场管理费费率}=\frac{\text{本合同工程的现场管理费总额}}{\text{本合同工程直接成本总额}}\times100\% \tag{6-2}$$

2）工程延期的现场管理费索赔。如果某项工程延误索赔不涉及直接费的增加，或由于工期延误时间较长，按直接成本的现场管理费索赔方法计算的金额不足以补偿工期延误所造成的实际现场管理费支出，则可按如下方法计算：

$$\text{工期延误的现场管理费索赔}=\text{单位时间现场管理费费率}\times\text{可索赔的延期时间} \tag{6-3}$$

$$\text{单位时间现场管理费费率}=\frac{\text{实际（或合同）现场管理费总额}}{\text{实际（或合同）工期}}\times100\% \tag{6-4}$$

（5）总部（企业）管理费　索赔款中的总部（企业）管理费主要指的是工程延期期间所增加的企业总部为支持项目部工作的经营运作和服务所发生的管理费用。包括总部管理人员工资、差旅交通费、办公费、财务管理费、固定资产折旧费等。企业管理费分摊的方法主要有两种。

1）总直接费分摊法。总直接费分摊法是将工程直接费作为基础来分摊企业管理费。其计算公式为

$$\text{企业管理费索赔}=\text{单位直接费的企业管理费费率}\times\text{索赔事件直接费} \tag{6-5}$$

$$\text{单位直接费的企业管理费费率}=\frac{\text{企业管理费总额}}{\text{合同期承包人完成的总直接费}}\times100\% \tag{6-6}$$

2）日费率分摊法。日费率分摊法基本思路是按合同额分配企业管理费，再用日费率分摊法计算应分摊的总部管理费索赔额。其计算公式为

$$\text{企业管理费索赔}=\text{本工程每日企业管理费费率}\times\text{工期延误天数} \tag{6-7}$$

$$\text{本工程每日企业管理费费率}=\frac{\text{本工程应分摊的企业管理费}}{\text{合同工期}} \tag{6-8}$$

$$\text{本工程应分摊的企业管理费}=\text{同期内企业的总管理费}\times\frac{\text{本工程的合同额}}{\text{合同期内企业的总合同额}} \tag{6-9}$$

（6）利息　利息的索赔额通常是根据利息的本金、种类和利率以及发生利息的时间来确定。在合同执行过程中，如发生下列情况，承包商可向业主提出利息索赔。

1）业主推迟按工程合同规定的时间支付工程款。

2）业主推迟退还工程质保金。

3）承包商垫付资金来建造业主修改过的工程或被业主延误的过程。

但应注意的是：承包商提出索赔后，如索赔成功，则索赔额本身的利息不应计算。

（7）保函手续费　工程延期时，保函手续费应增加；反之，取消部分工程且发包人与承包人达成提前竣工协议时，承包人的保函金额相应折减，则计入合同价内的保函手续费也应扣减。

（8）保险费　当业主要求增加工程内容，而且增加的工程使工期延长时，承包商必须

购买增加工程的各种保险，办理已购保险的延期手续。对增加部分的保险费用，承办商可向业主提出索赔。

(9) 利润　一般来讲，由于工程范围的变更、文件有缺陷或技术性错误、业主未能提供现场等引起的索赔，承包商可以列入利润。但对于工程暂停的索赔，由于利润通常是包括在各项实施工程内容的价格之内的，而延长工期并未影响削减某些项目的实施，也未导致利润减少，故工程暂停不能计算利润索赔。业主难以预见的事项造成的损失，承包人也是不能索赔利润的。

(10) 分包费用　分包索赔是指分包商的索赔费，其索赔费用构成与上述相同。分包商的索赔应如数列入总承包商的索赔款总额以内。

【拓展思考 6-5】　所有的分包索赔都通过总包进行吗？

(1) 发包人独立发包　发包人独立分包通常是指在建筑工程施工过程中，对于总承包合同以外的专项（专业）工程及材料、设备、服务采购、供应、安装、施工，由业主直接选定专项（专业）分包单位进行施工或选定供应商，服务商提供材料、设备、服务的行为。

发包人独立分包单位与总承包单位没有合同关系，二者的施工范围也不尽相同，出于工程协调的方便，业主一般会要求总承包单位就分包工程给予发包人独立分包单位一定的协助和配合。因此，总承包单位只负责配合、协助发包人独立分包单位的工作，发包人独立分包单位在施工中所出现工期、质量等问题均与总承包单位无关。发包人独立分包单位直接向发包人索赔。若因发包人独立分包单位的原因造成总承包单位的工期延误、费用增加，总承包单位则可以基于其与发包人之间订立的施工合同，向发包人进行建设工程索赔。

(2) 甲指分包　甲指分包是指业主指定分包商，该分包工程合同是由总承包单位和分包单位签订的，即总承包合同中约定了部分的甲指分包项目，并约定总承包单位应当与甲方指定的分包商签订分包合同。

总承包单位就总承包合同约定的全部义务的履行，包括该分包工程部分向业主负责。因此，甲指分包向发包人的索赔应如数列入总承包商的索赔款总额以内。

在甲指分包模式下，由于该分包单位在法律意义上系总承包单位的施工单位，若因甲指分包单位原因给总承包单位造成损失，总承包单位可以向该甲指分包单位进行索赔，但不能向业主进行索赔。

(3) 总承包单位直接分包　总承包单位的直接分包是指由总承包单位选定，并由其和分包商直接签订分包合同的分包模式，这是施工过程中最常见的一种模式。在总承包单位直接分包模式下，该分包单位在法律意义上与发包人无合同关系，若因该分包单位原因发生索赔，总承包单位应向该分包单位主张，但不能向业主主张。

综上所述，并不是所有的分包索赔都通过总包来进行。

2. 发包人向承包人的费用索赔

按照通用条款中的责任规定，发包人因承包人责任原因而受到损害时，提出的索赔有以下三种情况。

(1) 由于承包人原因导致工程延期　承包人没有合法的理由延长工期，而又不能按时竣工，就要承担延期违约赔偿责任。条件内规定的延期违约赔偿费并不是“罚款”，只是要求承包人补偿由于发包人不能将合同工程按期投入使用而蒙受的经济损失。

延期违约赔偿费的计算办法是，按照合同内约定的每延误一天的损失赔偿费乘以拖延的天数。但延期违约赔偿费最高不得超过合同内约定的最高限额。

如果在整个合同约定的竣工日期以前，已对分阶段移交的部分工程颁发了工程移交证书且证书中注明的该部分工程竣工日期并未超过约定的分阶段竣工时间，则全部工程剩余部分的延期违约日的赔偿额，在合同中没有另外规定时，应相应折减。折减的原则应为，将未颁发证书部分的工程金额除以整个工程的总金额所得比例来折算，但不影响约定的最高赔偿限额。这个原则同样适用于合同内约定竣工日期的分阶段移交的单位工程。折减的方法为

$$\frac{\text{折减的误期损害赔偿金}}{\text{天}}=\frac{\text{合同约定赔偿金}}{\text{天}}\times\frac{\text{未颁发移交证书部分工程金额}}{\text{全部工程总金额}} \tag{6-10}$$

$$\text{拖期赔偿费总金额}=\text{折减的误期损害赔偿金}\times\text{延误天数}(\leqslant\text{最高赔偿限额}) \tag{6-11}$$

（2）承包人原因导致施工缺陷的索赔　承包人的原因导致施工质量不符合技术规范的要求，或使用的材料、设备质量不满足要求，以及在缺陷责任期满前未完成应进行的缺陷工程修复工作时，发包人有权追究承包人的责任。在承包人没能于监理人规定时间内完成质量缺陷的补救工作，发包人有权向承包人进行索赔。这部分索赔内容可以是直接损失，也可以包括与违约行为有因果关系的间接损失。

（3）承包人原因导致其他损失的索赔

1）承包人在运输材料设备过程中，因承包人应承担的责任（如损坏了公路和桥梁等设施）导致发包人受到交通管理部门的罚款后，发包人向承包人的索赔。

2）对承包人不合格材料或设备进行的重复检验费。

3）承包人应以双方共同名义投保失效，给发包人带来的损失。

4）因承包人原因工程延期，需加班赶工时，所增加的监理服务费。

6.2.6　工期索赔

工期索赔的计算主要有网络分析法和比例类推法。

1. 网络分析法

网络分析法是利用进度计划的网络图，分析其关键线路。如果延误的工作为关键工作，则延误的时间为索赔的工期。如果延误的工作为非关键工作，当该工作由于延误超过时间限制而成为关键时，可以索赔延误时间与时差的差值；若该工作延误后仍为非关键工作，则不存在工期索赔问题。

可以看出，网络分析要求承包商切实使用网络技术进行进度控制，才能依据网络计划提出工期索赔。按照网络分析得出的工期索赔值是科学合理的，容易得到认可。

【案例分析 6-8】　某路线工程，建设单位与施工总承包单位签订了施工总承包合同，双方约定工期为 20 个月。施工总承包单位按规定向项目监理工程师提交了施工总进度计划网络图（图 6-1），该计划通过了监理工程师的审查和确认。

在合同履行过程中，发生了以下事件。

在施工过程中，由于建设单位供应的主材未能按时交付施工总承包单位，致使工作 K 的实际进度在第 11 月底时拖后三个月；部分施工机械由于施工总承包单位原因未能按时进场，致使工作 H 的实际进度在第 11 月底时拖后一个月；在工作 F 进行过程中，由于施工工艺不符合施工规范要求导致发生质量问题，被监理工程师责令整改，致使工作 F 的实际进度在第 11 月底时拖后一个月。施工总承包单位就工作 K、H、F 工期拖后分别提出了工期索

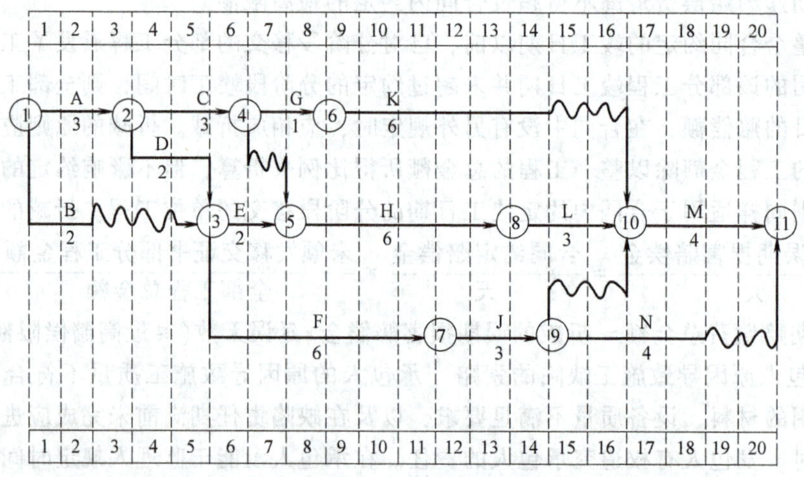

图 6-1 施工总进度计划网络图（单位：月）

赔。试问在此事件中，分别分析工作 K、H、F 的总时差，并判断其进度偏差对施工总工期的影响，分别判断施工总承包单位就工作 K、H、F 工期索赔是否成立？

分析：

1）关键线路为：A→D→E→H→L→M。

双代号时标网络计划中，自终点节点向起点节点观察，凡自始至终不出现自由时差（波形线）的通路，就是关键线路。

2）自由时差：双代号时标网络计划中，工作的自由时差表示在该工作的箭线上的波形线部分在坐标轴上的水平投影长度。

3）总时差：$TF_K=2$ 月，$TF_H=0$，$TF_F=2$ 月。

4）工期索赔计算：分析非承包商原因延误时间 T 与延误事件在工序的总时差 TF 关系。

① 若 $T \geqslant TF=0$，T 为工期索赔值。

② 若 $TF>T>0$，没有工期索赔。

③ 若 $T>TF>0$，$T-TF$ 为工期索赔值。

事件中，$TF_K=2$ 月，K 工作拖后 3 个月，影响工期 1 个月，因此，施工单位提出工期索赔成立，理由是：该事件是由于建设单位供应的主材未及时交付施工单位所致。

$TF_H=0$ 月，H 工作拖后 1 个月，影响工期 1 个月，但施工单位提出工期索赔不成立，理由是：该事件是由于施工单位施工机械未及时进场所致。

$TF_F=2$ 月，F 工作拖后 1 个月，不影响总工期，因此，施工单位提出工期索赔不成立，理由是：该工作总时差为 2 个月，延误时间 1 个月，不影响工期，并且该事件也是由于施工单位施工质量不符合要求所致。

2. 比例类推法

在实际工程中，若干扰事件仅影响某些单项工程、单位工程或分部分项工程的工期，要分析它们对总工期的影响，可采用比例类推法。比例类推法可根据工程量进行类推，也可根据工程造价进行类推。

按工程造价进行类推：

$$工期索赔值=\frac{额外增加的工程量造价金额}{原合同总价}\times原合同总工期 \tag{6-12}$$

按工程量进行类推：

$$工期索赔值=\frac{额外增加的工程量}{原合同工程量}\times原合同总工期 \tag{6-13}$$

比例类推法简单方便，但不尽科学合理。因为实际中变更可能会使合同价增加，但不一定影响工期；有时实际中变更可能会使合同价变化不大，却会显著地延长工期。因此使用比例类推法时，应当与进度计划结合起来。

【案例分析 6-9】　某工程项目合同总价 1000 万元，合同工期为 18 个月，现承包人因建设条件发生变化需要增加额外工程费用 50 万元，则承包方提出工期索赔为多少个月？

$$工期索赔值=\frac{额外增加的工程量造价金额}{原合同总价}\times原合同总工期$$

$$工期索赔值=\frac{50万元}{1000万元}\times18月=0.9月$$

6.2.7　不可抗力引起的索赔

1. 不可抗力的确认

不可抗力是指合同当事人在签订合同时不可预见，在合同履行过程中不可避免且不能克服的自然灾害和社会性突发事件，如地震、海啸、瘟疫、骚乱、戒严、暴动、战争和专用合同条款中约定的其他情形。

不可抗力发生后，发包人和承包人应收集证明不可抗力发生及不可抗力造成损失的证据，并及时认真统计所造成的损失。合同当事人对是否属于不可抗力或其损失的意见不一致的，由监理人按相应的约定处理。发生争议时，按相应争议的约定处理。

2. 不可抗力的通知

合同一方当事人遇到不可抗力事件，使其履行合同义务受到阻碍时，应立即通知合同另一方当事人和监理人，书面说明不可抗力和受阻碍的详细情况，并提供必要的证明。

不可抗力持续发生的，合同一方当事人应及时向合同另一方当事人和监理人提交中间报告，说明不可抗力和履行合同受阻的情况，并于不可抗力事件结束后 28 天内提交最终报告及有关资料。

3. 不可抗力后果的承担

1）不可抗力引起的后果及造成的损失由合同当事人按照法律规定及合同约定各自承担。不可抗力发生前已完成的工程应当按照合同约定进行计量支付。

2）不可抗力导致的人员伤亡、财产损失、费用增加和（或）工期延误等后果，由合同当事人按以下原则承担。

① 永久工程、已运至施工现场的材料和工程设备的损坏，以及因工程损坏造成的第三方人员伤亡和财产损失由发包人承担。

② 承包人施工设备的损坏由承包人承担。

③ 发包人和承包人承担各自人员伤亡和财产的损失。

④ 因不可抗力影响承包人履行合同约定的义务，已经引起或将引起工期延误的，应当

顺延工期，由此导致承包人停工的费用损失由发包人和承包人合理分担，停工期间必须支付的工人工资由发包人承担。

⑤ 因不可抗力引起或将引起工期延误，发包人要求赶工的，由此增加的赶工费用由发包人承担。

⑥ 承包人在停工期间按照发包人要求照管、清理和修复工程的费用由发包人承担。

不可抗力发生后，合同当事人均应采取措施尽量避免和减少损失的扩大，任何一方当事人没有采取有效措施导致损失扩大的，应对扩大的损失承担责任。

因合同一方迟延履行合同义务，在迟延履行期间遭遇不可抗力的，不免除其违约责任。

【案例分析 6-10】 建筑安装工程施工单位与建设单位按《建设工程施工合同（示范文本）》（GF-2017-0201）签订合同后，在施工中突遇合同中约定属不可抗力的事件，造成经济损失（见表 6-2）和工地全面停工 15 天。

合同双方均未投保，建安工程施工单位在合同约定的有效期内，向项目监理机构提出了费用补偿和工程延期申请。承包单位可以向建设单位索赔哪些费用？

表 6-2 不可抗力经济损失 （单位：万元）

序号	项 目	金额
1	建安工程施工单位采购的已运至现场待安装的设备修理费	5.0
2	现场施工人员受伤医疗补偿费	2.0
3	已通过工程验收的供水管爆裂修复费	0.5
4	建设单位采购的已运至现场的水泥损失费	3.5
5	建安工程施工单位配备的停电时用于应急施工的发电机修复费	0.2
6	停工期间必要的留守管理人员工资	1.5
7	现场清理费	0.3

承包单位可以向建设单位索赔的费用有 1、3、4、6、7 项。费用合计为（5.0+0.5+3.5+1.5+0.3）万元＝10.8 万元。

6.3 价格调整

公路建设项目规模大、工期长、技术复杂，施工中具有较大的风险性。其中，由价格变动带来的经济风险常常是难以避免的。工程中可能造成价格变动的原因主要有两种：一是物价变动引起的，如人工、材料、运输费用上涨；二是在标价做出后，由于国家政策、法律、法规的变更引起的，如增加了某项税收，这种变更会增加施工成本，同时又是承包人在编制标书时无法准确预料的。如果合同规定不允许调价，承包人必然会将此风险计入报价中，承包人考虑的费用未必是合理费用，结果导致发包人得到一种较高的不合理报价。为了避免这种情况的出现，公路工程多采用可调的合同单价，合同条款中专门做出了相关规定。

1. 物价变动引起的价格调整

一般情况下，因物价波动引起的价格调整，可采用以下两种方法中的某一种计算。

（1）价格指数调整价格差额 因人工、材料和设备等价格波动影响合同价格时，根据投标函附录中的价格指数和权重表约定的数据，按式（6-14）计算差额并调整合同价格。

$$\Delta P=P_0\left[A+\left(B_1\frac{F_{t1}}{F_{01}}+B_2\frac{F_{t2}}{F_{02}}+B_3\frac{F_{t3}}{F_{03}}+\cdots+B_n\frac{F_{tn}}{F_{0n}}\right)-1\right] \tag{6-14}$$

式中　ΔP——需调整的价格差额；

P_0——根据进度付款、竣工付款和最终结清等付款证书中承包人应得到的已完成工程量的金额。此项金额应不包括价格调整、不计质量保证金的扣留和支付、预付款的支付和扣回。约定的变更及其他金额已按现行价格计价的，也不计在内；

A——定值权重（即不调部分的权重），$A=1-(B_1+B_2+B_3+\cdots+B_n)$；

B_1、B_2、B_3、…、B_n——各可调因子的变值权重（即可调部分的权重），为各可调因子在投标函投标总报价中所占的比例；

F_{t1}、F_{t2}、F_{t3}、…、F_{tn}——各可调因子的现行价格指数（报告期），指约定的付款证书相关周期最后一天的前 42 天的各可调因子的价格指数；

F_{01}、F_{02}、F_{03}、…、F_{0n}——各可调因子的基本价格指数（基准期），指基准期的各可调因子的价格指数。

【拓展思考 6-6】　怎么确定价格指数？

根据式（6-14），价格指数包括基本价格指数（基准期价格指数）和现价指数（现行价格指数）。

投标截止日期前第 28 天原产地国家相关部门公布的材料价格指数为基准期价格指数；根据进度付款、竣工付款和最终结清等付款证书相关周期最后一天的前 42 天原产地国家相关部门公布的材料价格指数为现行价格指数。

现价指数按指数选择基期的不同分为定基价格指数和环比价格指数。定基价格指数是以某一固定期为基期所计算的相对价格指数，而环比价格指数是以计算期的前一时期为基期所计算的相对价格指数，如规定以一个年度期限编制的环比指数为年度环比指数。国际上习惯使用定基价格指数，而我国的统计方法一般采用环比指数即今年/去年，每年公布一次本年度相对于上年度的各种价格指数，公布时间一般为次年 3 月，所以采用时要进行换算。

【案例分析 6-11】　某高速公路，合同工期为 36 个月，1989 年获得世行贷款 1.1 亿美元，并于当年 8 月 30 日开标，9 月 28 日监理下达开工令。发包人在招标文件的“投标须知”中声明本工程投资随物价变化而进行合同价格调整，投标人报价时以 1989 年市场物价为基础不考虑物价风险，并在合同专用条件中规定了人民币调价公式：

$$\Delta P=P_0\times\left(0.20+0.15\frac{\mathrm{LL}_1}{\mathrm{LL}_0}+0.10\frac{\mathrm{PL}_1}{\mathrm{PL}_0}+0.12\frac{\mathrm{CE}_1}{\mathrm{CE}_0}+0.05\frac{\mathrm{TI}_1}{\mathrm{TI}_0}\right.$$
$$\left.+0.12\frac{\mathrm{ST}_1}{\mathrm{ST}_0}+0.10\frac{\mathrm{BI}_1}{\mathrm{BI}_0}+0.06\frac{\mathrm{LT}_1}{\mathrm{LT}_0}+0.10\frac{\mathrm{LM}_1}{\mathrm{LM}_0}-1\right)$$

已知，该高速公路第 5 合同段合同价为 20337.6 万美元，外汇比例为 27.19%，1989 年完成工作量 818 万美元，1990 年完成 6471 万美元，1991 年完成 9345 万美元，1992 年完成 3665 万美元。工程所在地统计局公布的 8 个指标各年度相对于上年度环比指数见表 6-3。试计算各年度应调整金额的人民币部分的净值。

表 6-3 各指标现价环比指数

序号	指标名称	1990 年	1991 年	1992 年
1	劳力 LL	112	126	128
2	设备 PL	135	127	128
3	水泥 CE	106	114	123
4	木材 TI	101	108	110
5	钢材 ST	123	141	129
6	沥青 BI	105	115	120
7	运输 LT	111	124	129
8	地材 LM	107	113	122

根据招标文件规定，招标当年完成的工作量不予调整，所以 1989 年完成的 818 万美元不参与调价。根据合同中约定的调价公式及环比指数计算人民币净调整额如下：

（1）1990 年度净调价金额

$$\Delta P_{1990}=\frac{6471}{27.19\%}\times\left(0.20+0.15\times\frac{112}{100}+0.10\times\frac{135}{100}+0.12\times\frac{106}{100}+0.05\times\frac{101}{100}+0.12\times\frac{123}{100}+\right.$$

$$\left.0.10\times\frac{105}{100}+0.06\times\frac{111}{100}+0.10\times\frac{107}{100}-1\right)\text{万元人民币}$$

$$=2544.1335\text{ 万元人民币}$$

（2）1991 年度净调价金额

$$\Delta P_{1991}=\frac{9345}{27.19\%}\times\left(0.20+0.15\times\frac{112}{100}\times\frac{126}{100}+0.10\times\frac{135}{100}\times\frac{127}{100}+0.12\times\frac{106}{100}\times\frac{114}{100}+0.05\times\frac{101}{100}\times\frac{108}{100}+\right.$$

$$\left.0.12\times\frac{123}{100}\times\frac{141}{100}+0.10\times\frac{105}{100}\times\frac{115}{100}+0.06\times\frac{111}{100}\times\frac{124}{100}+0.10\times\frac{107}{100}\times\frac{113}{100}-1\right)\text{万元人民币}$$

$$=10827.6209\text{ 万元人民币}$$

（3）1992 年度净调价金额

$$\Delta P_{1992}=\frac{3665}{27.19\%}\times\left(0.20+0.15\times\frac{112}{100}\times\frac{126}{100}\times\frac{128}{100}+0.10\times\frac{135}{100}\times\frac{127}{100}\times\frac{128}{100}+0.12\times\frac{106}{100}\times\frac{114}{100}\times\right.$$

$$\frac{123}{100}+0.05\times\frac{101}{100}\times\frac{108}{100}\times\frac{110}{100}+0.12\times\frac{123}{100}\times\frac{141}{100}\times\frac{129}{100}+0.10\times\frac{105}{100}\times\frac{115}{100}\times\frac{120}{100}+0.06\times$$

$$\left.\frac{111}{100}\times\frac{124}{100}\times\frac{129}{100}+0.10\times\frac{107}{100}\times\frac{113}{100}\times\frac{122}{100}-1\right)\text{万元人民币}$$

$$=8035.9531\text{ 万元人民币}$$

（4）总调价金额

本合同工程自开工至竣工承包人共获得物价调整金额为

$$\Delta P_{总}=\Delta P_{1990}+\Delta P_{1991}+\Delta P_{1992}=2544.1335\text{ 万元人民币}+$$

$$10827.6209\text{ 万元人民币}+8035.9531\text{ 万元人民币}$$

$$=21407.7075\text{ 万元人民币}$$

《标准施工招标文件》“通用合同条款”中规定：

1）暂时确定调整差额：在计算调整差额时得不到现行价格指数的，可暂用上一次价格指数计算，并在以后的付款中再按实际价格指数进行调整。

2）权重的调整：价格调整公式中的各可调因子、定值权重以及基本价格指数及其来源，由发包人在投标函附录价格指数和权重表中约定。价格指数应首先采用国家或省、自治区、直辖市价格部门或统计部门提供的价格指数，缺乏上述价格指数时，可采用上述部门提供的价格代替。

3）承包人工期延误后的价格调整：由于承包人原因未在约定的工期内竣工的，则对原约定竣工日期后继续施工的工程，在使用价格调整公式时，应采用原约定竣工日期与实际竣工日期的两个价格指数中较低的一个作为现行价格指数。

【拓展思考6-7】 怎么选择调价的材料种类？

施工中使用的资源种类很多，就工程材料而言，建设一条高速公路需要投入水泥、木材、钢材、预应力钢材、沥青、普通碎石、中砂、粗砂、石灰、粉煤灰、汽油、砖、料石、片石以及各种预制件等。如果全部考虑调价，一方面使调价的计算工作难度增加，另一方面也没有必要。实际中一般选择对工程投资、工程成本影响较大且投入数量较多的主要材料作为代表。一般来说，品种不宜太多，参与调价的资源种类取5~10种为宜，如设备、水泥、钢材、木材、沥青和人工单价等，这样便于计算。

价格调整公式中的变值权重，由发包人根据项目实际情况测算确定范围，并在投标函附录价格指数和权重表中约定范围；承包人在投标时在此范围内填写各可调因子的权重，合同实施期间将按此权重进行调价。

【案例分析6-12】 某高速公路E标段有效合同价（CP）为24187万元，参与调价的指标有8个，经分析合同价格构成中人工费用（W_1）占1208.4万元，钢材费用（W_2）占3036.2万元，试测算人工（C_1）、钢材（C_2）的变值权重；若包括其他6个指标在内的汇总变值权重为0.84，试确定定值权重（C_0）。

（1）确定人工、钢材的变值权重

$$C_1 = W_1/\text{CP} = 1208.4\text{万元}/24187\text{万元} = 0.05$$

$$C_2 = W_2/\text{CP} = 3036.2\text{万元}/24187\text{万元} = 0.13$$

（2）确定定值权重

定值权重为：$C_0 = 1 - \sum C_i = 1 - 0.84 = 0.16$

【案例分析6-13】 某项目2018年9月完成工程价款为100万元。其组成为：土方工程费10万元，占10%；砌筑工程费40万元，占40%；钢筋混凝土工程费50万元，占50%。这三个组成部分的人工费和材料费占工程价款85%，人工材料费中各项费用比例如下：

1）土方工程：人工费50%，机具折旧费26%，柴油24%。

2）砌体工程：人工费53%，钢材5%，水泥20%，骨料5%，片石12%，柴油5%。

3）钢筋混凝土工程：人工费53%，钢材22%，水泥10%，骨料7%，木材4%，柴油4%。

根据合同规定，该工程的其他费用不用调整（即不调值的费用）占工程价款的15%，计算出各项参与调值的费用占工程价款的比例如下：

人工费：（50%×10%+53%×40%+53%×50%）×85%≈45%

钢材：（5%×40%+22%×50%）×85%≈11%

水泥：（20%×40%+10%×50%）×85%≈11%

骨料：（5%×40%+7%×50%）×85%≈5%

柴油：（24%×10%+5%×40%+4%×50%）×85%≈5%

机具折旧：26%×10%×85%≈2%

片石：12%×40%×85%≈4%

木材：4%×50%×85%≈2%

根据价格调整计算公式，其具体的人工费及材料费的调值公式为

$$\Delta P=P_0\times\left(0.15+0.45\frac{A_1}{A_0}+0.11\frac{B_1}{B_0}+0.11\frac{C_1}{C_0}+0.05\frac{D_1}{D_0}+0.05\frac{E_1}{E_0}+0.02\frac{F_1}{F_0}+\right.$$

$$\left.0.04\frac{G_1}{G_0}+0.02\frac{H_1}{H_0}-1\right)$$

假定该合同的原始报价日期为 2017 年 1 月 5 日，2018 年 9 月完成的工程价款为 100 万元，有关月报的工资、材料价格指数见表 6-4。

表 6-4 工资、材料价格指数

费用名称	代号	2017 年 1 月 5 日指数	2018 年 9 月指数
人工费	A	100.0	116.0
钢材	B	153.4	187.6
水泥	C	154.8	175.0
骨料	D	132.6	169.3
柴油	E	178.3	192.8
机具折旧	F	154.4	162.5
片石	G	160.1	162.0
木材	H	142.7	159.5

则 2018 年 9 月的工程款经过调价后其调增金额为

$$\Delta P=100\times\left(0.15+0.45\times\frac{116}{100}+0.11\times\frac{187.6}{153.4}+0.11\times\frac{175.0}{154.8}+0.05\times\frac{162.3}{132.6}+\right.$$

$$\left.0.05\times\frac{192.8}{178.3}+0.02\times\frac{162.5}{154.4}+0.04\times\frac{162.0}{160.1}+0.02\times\frac{159.5}{142.7}-1\right)\text{万元}=13.3\text{ 万元}$$

由此可见，通过调整，2018 年 9 月实得工程款比原工程价款多 13.3 万元。

（2）造价信息调整价格差额　施工期内，因人工、材料、设备和机械台班价格波动影响合同价格时，人工、机械使用费按照国家或省、自治区、直辖市建设行政管理部门、行业建设管理部门或其授权的工程造价管理机构发布的人工成本信息、机械台班单价或机械使用费系数进行调整；需要进行价格调整的材料，其单价和采购数应由监理人复核，监理人确认需调整的材料单价及数量，作为调整工程合同价格差额的依据。

在采用造价信息调整价格差额时，应注意以下几点。

1）人工单价发生变化时，发、承包双方应按省级或行业建设主管部门或其授权的工程造价管理机构发布的人工成本文件调整工程价款。

【案例分析 6-14】　某项目 2016 年 9 月完成的建筑工程，人工费为 130780 元；安装工程，人工费为 145010.77 元。试计算调整后的人工费。

1）2016年8月建筑人工费调整系数为22%，安装人工费调整费系数为27%；2017年9月建筑人工费调整系数为27%，安装人工费调整系数为33%。

2）建筑人工费调整：130780元×(27%-22%)=6539元

安装人工费调整：145010.77元×(33%-27%)=8700.65元

3）调整后的人工费。

建筑工程：130780元+6539元=137319元

安装工程：145010.77元+8700.65元=153711.42元

2）材料价格变化超过省级或行业建设主管部门或其授权的工程造价管理机构规定的幅度时应当调整，承包人应在采购材料前就采购数量和新的材料单价报发包人核对，确认用于本合同工程时，发包人应确认采购材料的数量和单价。发包人在收到承包人报送的确认资料后3个工作日内不予答复的视为已经认可，作为调整工程价款的依据。如果承包人未报经发包人核对即自行采购材料，再报发包人确认调整工程价款的，如发包人不同意，则不做调整。

【案例分析6-15】 某公路工程项目材料信息见表6-5。试对柴油（机械）、汽油（机械）、钢筋HPB300≤ϕ10mm进行材料价格的调整。

表6-5 材料调差信息

名称、规格、型号	单位	数量	基准单价（元）	投标单价（元）	信息价（元）
柴油（机械）	kg	41600.7	6.51	6.56	6.01
汽油（机械）	kg	20.751	8.38	8	7.41
HPB300≤ϕ10mm	t	94.068	2222	2899	3181.77

（1）材料风险幅度范围的约定 一般情况下，承包人承担的材料价格风险幅度值在5%以内取定。该项目合同约定：钢材、水泥等材料的风险幅度值为3%；柴油（机械）、汽油（机械）的风险系数为5%。

（2）由发承包双方约定的风险范围按下列规定调整合同价款。

1）当承包人投标报价中可调价材料的价格低于基准价：施工期间可调价材料的价格上涨，其涨幅以基准价为基础超过合同约定的风险幅度值时，或可调价材料价格下跌，其跌幅以投标报价为基础超过合同约定的风险幅度值时，其超过部分按实调整。

2）当承包人投标报价中可调价材料的价格高于基准价：施工期间可调价材料的价格下跌，其跌幅以基准价为基础超过合同约定的风险幅度值时，或可调价材料价格上涨，其涨幅以投标报价为基础超过合同约定的风险幅度值时，其超过部分按实调整。

3）当承包人投标报价中可调价材料的价格等于基准价：施工期间可调价材料价格的涨、跌幅以基准价为基础超过合同约定的风险幅度值时其超过部分按实调整。

（3）对可调材料进行单价调整

1）柴油（机械）。

跌幅：(6.51-6.01)元/6.51元=7.68%>5%，故对此材料进行价格调整。

调差单价：(7.68%-5%)×6.51元=0.174元，故材料单价调减0.174元。

2）汽油（机械）。

跌幅：(8-7.41)元/8元=7.375%>5%，故对此材料进行价格调整。

调差单价：(7.375%-5%)×8 元=0.19 元，故材料单价调减 0.19 元

3）HPB300 ≤ϕ10mm。

涨幅：(3181.77-2899)元/2899 元=10%>3%，故对此材料进行价格调整。

调差单价：(10%-3%)×2899 元=202.93 元，故材料单价调增 202.93 元。

2. 后继法律、法规变动引起的价格调整

在基准日后，因法律、政策变化导致承包人在合同履行中所需要的工程费用发生增减时，应根据法律、国家或省、自治区、直辖市有关部门的规定，商定或确定需调整的合同价款。如措施费费率的变化。

3. 工程拖期引起的价格调整

工程拖期后的价格调整按照拖期原因的不同分别处理：

1）如果承包人未能在投标书附录中写明的工期内完成本合同工程，则在该交工日期以后施工的工程，其价格调整计算应采用该交工日期所在年份的价格指数作为当期价格指数。

2）如果工程拖期不是承包人应负责的，且监理工程师已批准延期，则在该延长的交工日期到期以后施工的工程，其价格调整计算，应采用该延长的交工日期所在年份的价格指数作为当期价格指数。

4. 工程变更引起的价格调整

详见本书 6.1.3。

6.4 工程进度款

工程进度款即施工过程中按照工程完成进度（一般按月）进行的付款，在承包人计量支付期（本月）内完成的合格工程价值的基础上，计算需扣回的款额、应当保留的款额以及按照合同文件的规定成立的各费用项目，最终得到应支付给承包人的款额后，由监理工程师开具进度付款证书，再由发包人付款。进度付款的性质是属于一种临时性的付款（期中结算)，发包人付款的依据就是监理工程师开出的进度付款证书。发包人付款时间按“通用合同条款”的规定，在监理人收到进度付款申请单后的 28 天内，将进度款支付给承包人。

6.4.1 进度款结算的费用项目

进度款结算的实质是根据承包人完成的合格工程量或工作量进行合理计价并办理支付的过程，包括计量、计价、支付等工作内容，是业主、监理工程师、承包人共同参与完成的工作。

以目前普遍采用的工程量清单单价合同为例，进行结算的内容包括构成合同价格的工程量清单中的工程细目、计日工、暂列金额、暂估价等项目费用，也包括在工程实施过程中引起合同价格发生变化的工程变更、索赔、价格调整等项目费用。如何对这些项目进行计量、计价并进行支付，构成了进度款结算的内容。

1. 工程量清单中的工程细目

工程量清单中的工程细目的结算是根据承包人每月实际完成的符合质量要求并经监理人计量确认的工程数量乘以相应的合同单价计算确定的。

2. 计日工

计日工是指工程实施中，在工程细目表以外，有一些临时性的或新增的小型变更项目，为避免按工程变更处理的繁琐程序，通过监理工程师指示承包人按计日工方式完成，以计日工（或计时）使用人工、材料、施工机械所需的费用进行结算。计日工分计日工劳务、材料、施工机械单价表，招标文件中计日工数量一般是根据经验估计的数量，承包人投标时按估计数量填写单价、金额，并汇总而得到合同价格中这一部分的金额，列于汇总表中。结算时，计日工由承包人汇总后，按合同的约定列入进度付款申请单，由监理人复核并经发包人同意后列入进度付款。

3. 暂列金额

暂列金额在招标时由招标人在工程量清单中列出，用于在签订协议书时尚未确定或不可预见变更的施工及其所需的材料、工程设备、服务等的金额，包括以计日工方式支付的金额。这部分费用一般由业主掌握，用于支付工程细目表超支部分与计日工金额以及由工程变更、索赔、价格调整及施工阶段出现无法预料情况增加的其他费用。其支付的范围、条件、要求等应在合同条款中明确。

暂列金额应由监理人报发包人批准后指令全部或部分使用，或者根本不予动用。对于经发包人批准的每一笔暂列金额，监理人有权向承包人发出实施工程或提供材料、工程设备或服务的指令。这些指令应由承包人完成，监理人应根据合同约定的变更估价原则对合同价格进行相应调整。当监理人提出要求时，承包人应提供有关暂列金额支出的所有报价单、发票、凭证和账单或收据，除非该工作是根据已标价工程量清单列明的单价或总额价进行的估价。

4. 暂估价

暂估价是指工程招标阶段，已经确定的材料、工程设备或工程项目，但又无法在当时确定准确价格，由招标人在招标文件中暂时估定的金额。因此，暂估价是指发包人在工程量清单或预算书中提供的用于支付必然发生但暂时不能确定价格的材料、工程设备的单价或专业工程以及服务工作的金额。

暂估价在工程实施过程中，对于不同类型的材料与专业工程采用不同的计价方法。

发包人在工程量清单中给定暂估价的材料、工程设备和专业工程属于依法必须招标的范围并达到规定的规模标准的，由发包人和承包人以招标的方式选择供应商或分包人。发包人和承包人的权利义务关系在专用合同条款中约定。中标金额与工程量清单中所列的暂估价的金额差以及相应的税金等其他费用列入合同价格。

发包人在工程量清单中给定暂估价的材料和工程设备不属于依法必须招标的范围或未达到规定的规模标准的，应由承包人按合同的约定提供。经监理人确认的材料、工程设备的价格与工程量清单中所列的暂估价的金额差以及相应的税金等其他费用列入合同价格。

发包人在工程量清单中给定暂估价的专业工程不属于依法必须招标的范围或未达到规定的规模标准的，由监理人按照合同规定进行估价，但专用合同条款另有约定的除外。经估价的专业工程与工程量清单中所列的暂估价的金额差以及相应的税金等其他费用列入合同价格。

5. 开工预付款

开工预付款的金额在“项目专用合同条款数据表”中约定。在承包人签订了合同协议书且承包人承诺的主要设备进场后，监理人应在当期进度付款证书中向承包人支付开工预付款。

承包人不得将该预付款用于与本工程无关的支出，监理人有权监督承包人对该项费用的使用，如经查实承包人滥用开工预付款，发包人有权立即向银行索赔履约保证金，并解除合同。

开工预付款属于发包人的预付，因此，要在中期结算（支付）中由发包人逐次扣回。开工预付款在进度付款证书的累计金额未达到签约合同价的30%之前不予扣回，在达到签约合同价的30%之后，开始按工程进度以固定比例（即每完成签约合同价的1%，扣回开工预付款的2%）分期从各月的进度付款证书中扣回，全部金额在进度付款证书的累计支付金额达到签约合同价的80%时扣完。

6. 材料、设备预付款

材料、设备预付款按项目专用合同条款数据表中所列主要材料、设备单据费用（进口的材料、设备为到岸价，国内采购的为出厂价或销售价，地方材料为堆场价）的百分比支付。其预付条件为：

1）材料、设备符合规范要求并经监理人认可。

2）承包人已出具材料、设备费用凭证或支付单据。

3）材料、设备已在现场交货，且存储良好，监理人认为材料、设备的存储方法符合要求。

则监理人应将此项金额作为材料、设备预付款计入下一次的进度付款证书中。在预计交工前3个月，将不再支付材料、设备预付款。

当材料、设备已用于或安装在永久工程之中时，材料、设备预付款应从进度付款证书中扣回，扣回时间不超过3个月。已经支付材料、设备预付款的材料、设备的所有权属于发包人。

7. 质量保证金

质量保证金（以下简称保证金）是指发包人与承包人在工程承包合同中约定，从应付的工程款中预留，用以保证承包人在缺陷责任期内对工程出现的缺陷进行维修的资金。质量保证金的计算额度不包括预付款的支付、扣回以及价格调整的金额。

（1）保证金的扣留　保证金的金额是按项目专用合同条款数据表规定的百分比扣留。扣留时间从第一个付款周期开始，在应支付给承包人的进度款款额中扣留，直至金额达到项目专用合同条款数据表规定的限额为止，质量保证金的计算额度不包括预付款的支付以及扣回的金额。

（2）保证金的缺陷修复责任　缺陷责任期内由承包人原因造成的缺陷，承包人应负责维修，并承担鉴定及维修费用。如承包人不维修也不承担费用，发包人可按合同约定扣除保证金，并由承包人承担违约责任。承包人维修并承担相应费用后，不免除对工程的一般损失赔偿责任。由他人原因造成的缺陷，发包人负责组织维修，承包人不承担费用，且发包人不得从保证金中扣除费用。

缺陷责任期满时，承包人没有完成缺陷责任的，发包人有权扣留与未履行责任剩余工作所需金额相应的质量保证金余额，并有权根据约定要求延长缺陷责任期，直至完成剩余工作为止。

（3）保证金的退还　缺陷责任期内，承包人认真履行合同约定的责任。约定的缺陷责任期满，承包人向发包人申请退还保证金。发包人在接到承包人返还保证金申请后，应予 14 日内会同承包人按照合同约定的内容进行核实。如无异议，发包人应当在核实后 14 日内将保证金返还给承包人，逾期支付的，从逾期之日起，按照同期银行贷款利率计付利息，并承担违约责任。发包人在接到承包人返还保证金申请后 14 日内不予答复，经催告后 14 日内仍不予答复，视同认可承包人的返还保证金申请。

8. 工程变更费用

工程变更是指在工程实施中，对某些工作内容做出修改或者追加或取消某一工作内容。显然，由于勘测、设计、试验与实际的差异，在合同执行过程中，工程变更是不可避免的，为了更加合理地完成工程，工程变更也是很有必要的。当工程发生变更时，监理人应根据合同文件和工程实际情况对工程变更费用进行合理的估价，见本章 6.1 节。

9. 价格调整费用

工程建设的周期往往都较长，在这样一个比较长的建设周期中，无论是发包人还是承包人都必须考虑到与工程有关的各种价格变化。为了避免双方的风险损失，降低投标报价及合理确定工程造价，应按规定进行价格调整，见本章 6.3 节。

10. 索赔费用

在进度款结算时，承包人向发包人的索赔金额，经监理人确认后计入支付证书，发包人向承包人的索赔金额，则从支付证书中扣除，见本章 6.2 节。

6.4.2　工程进度款的确定

1. 工程进度款的确定依据

工程进度款的确定依据主要有国家和地方主管部门颁发的工程造价相关文件、工程承包合同、技术规范、合同预算书或工程量清单及说明、计量的工程量、证实工程质量合格的各项资料、工程变更令、索赔审批书和施工记录等。

2. 工程计量

工程计量是按照合同文件技术规范中规定的方法对承包人符合要求的已完工程的实际数量所进行的测量、计算、核查和确认的过程。

工程计量的任务是确定实际工程数量的多少。工程量有预估工程量和实际工程量之分，合同预算或工程量清单的工程量仅是估算工程量，不能作为承包人应予完成的工程的实际和确切工程量。实际工程量的多少只有通过计量才能确定。计量必须准确、真实、合法和及时。

工程计量一方面是准确地测定和计算已完工程的数量，另一方面也是对已完工程进行综合评价。因此，对进行计量的工程，必须满足以下条件。

1）计量的项目应符合合同要求。合同规定计量的项目包括预算或清单中的工程子目、合同文件中规定的项目、工程变更项目三个方面。

2）质量必须达到合同规范标准的要求。

3）验收手续必须齐全。

工程计量的程序为：

1）承包人提出计量申请并附各种证实质量合格的资料。

2）监理工程师审查计量申请，认为需要计量，则通知承包人。

3）承包人做计量准备工作。

4）承包人与监理工程师双方委派合格人员参加计量，填写“中间计量单”并签认。

5）监理工程师审核、确认。经监理工程师审核确认的工程量，是计算支付费用额的依据。

工程计量的方法有：现场量测、按图样计算、图样结合施工记录计量。工程计量、计算的规则和方法要严格按照所在工程合同文件中的预算书或工程量清单说明、技术规范中的计量细则进行。

工程计量的权力在监理工程师手中。计量时，要按规定的程序进行工程计量，按规定的方法进行工程计量、按规定的项目进行工程计量，并应准确测定已完合格工程的数量。经监理工程师确认的工程细目中间计量单或完工计量证书见表6-6。

表6-6 工程细目完工计量证书

合同段编号：06

清单编号	工程细目名称	单位	合同工程量	计量的工程量	工程量增减(+/-)	备注
203-1-1	路基挖方土方	m^3	1240000	1243740	+3740	路基已验收
203-1-2	路基挖方石方	m^3	455000	453450	-1550	路基已验收
…	…	…	…	…	…	…

监理工程师（签发人）： 年 月 日

3. 工程进度款的计算

进度款支付的项目、内容、应扣减的款项及实际支付额的计算程序与方法见表6-7。

表6-7 支付项目及计算程序

序号	项目		计算方法	说明
1	支付项目	工程量各预算或清单项目	截至本月完成累计金额	按计量证书中的合同预算或工程量清单及预算或工程量清单中相应单价计算
2		计日工		
3		工程变更		按计量证书中的合同预算或工程量清单与变更工程通知书中相应单价计算
4		工程索赔		按索赔审批书中确认（或暂定）累计金额计算
5		价格调整		按价格调整一览表累计金额计算
6		本期完成的工程总金额	6=1+2+3+4+5	
7	扣款项目	扣回动员预付款	截至本月累计扣款金额	按合同规定的方法计算
8		扣回材料预付款		按合同规定的方法计算
9		业主供材时扣回供应材料款		按合同辅助表中业主供材相应价格计算
10		扣保留金		按合同规定的百分比计算
11		本期应支付	11=6-7-8-9-10	
12		上期未支付		
13		加延期付款利息		按合同规定的办法计算
14		本期实际支付款	14=11+12+13	

【案例分析 6-16】 某项工程业主与承包商签订了施工合同，合同中含有两个子项工程，估算工程量 A 项为 2300m³，B 项为 3200m³，经协商合同价 A 项为 180 元/m³，B 项为 160/m³。承包合同规定：

开工前业主应向承包商支付合同价 20%的预付款。

业主自第一个月起，从承包商的工程款中，按 5%的比例扣留保修金。

当子项工程实际工程量超过估算工程量 10%时，可进行调价，调整系数为 0.9。

根据市场情况规定价格调整系数平均按 1.2 计算。

工程师签发月度付款最低金额为 25 万元。

预付款在最后两个月扣除，每月扣 50%。

承包商每月实际完成并经工程师签证确认的工程量见表 6-8。

工程每月实际完成并经工程师签证确认的工程量单位：m³。

表 6-8 工程师签证确认工程量 （单位：m³）

月份	1	2	3	4
A 项	500	800	800	600
B 项	700	900	800	600

问题：计算每个月的工程进度款。

(1) 第一个月

工程量价款为：500m³×180 元/m³+700m³×160 元/m³ = 20.2 万元

本月完成的工程总金额为：20.2 万元×1.2=24.24 万元

扣保留金：24.24 万元×5%=1.212 万元

本月应支付：24.24 万元−1.212 万元=23.028 万元

由于合同规定工程师签发的最低金额为 25 万元，故本月实际支付款为 0 元。

(2) 第二个月

工程量价款为：800m³×180 元/m³+900m³×160 元/m³ = 28.8 万元

本月完成的工程总金额为：28.8 万元×1.2=34.56 万元

扣保留金：34.56 万元×5%=1.728 万元

本月应支付：34.56 万元−1.728 万元=32.832 万元

上月未支付 23.028 万元。

本月实际支付款：32.832 万元+23.028 万元=55.86 万元。

(3) 第三个月

工程量价款为：800m³×180 元/m³+800m³×160 元/m³ = 27.2 万元

本月完成的工程总金额为：27.2 万元×1.2=32.64 万元

预付款金额为：(2300×180+3200×160)元×20% = 18.52 万元

应扣预付款为：18.52 万元×50%=9.26 万元

扣保留金：32.64 万元×5%=1.632 万元

本月应支付：32.64 万元−9.26 万元−1.632 万元=21.748 万元

由于合同规定工程师签发的最低金额为 25 万元，故本月实际支付款为 0 元。

(4) 第四个月

A 项工程累计完成工程量 $2700m^3$，比原估算工程量 $2300m^3$ 超出 $400m^3$，已超过估算工程量的 10%，超出部分其单位应进行调整。则：超过估算工程量 10%的工程量为：$2700m^3-2300m^3\times(1+10\%)=170m^3$，这部分工程量单价应调整为：180 元/$m^3\times0.9=162$ 元/m^3。A 项工程量价款为：$(600-170)m^3\times180$ 元/$m^3+170m^3\times162$ 元/$m^3=10.494$ 万元

B 项工程累计完成工程量为 $3000m^3$，比原估价工程量 $3200m^3$ 减少 $200m^3$，未超过估算工程量，其单价不予进行调整。B 项工程工程量价款为：$600m^3\times160$ 元/$m^3=9.6$ 万元

工程量价款合计为：10.494 万元+9.6 万元=20.094 万元

本月完成的工程总金额为：20.094 万元×1.2=24.113 万元

应扣预付款为：18.52 万元×50%=9.26 万元

扣保留金：24.113 万元×5%=1.206 万元

本月应支付：24.113 万元-9.26 万元-1.206 万元=13.647 万元

上月未支付 21.748 万元。

本月实际支付款：13.647 万元+21.748 万元=35.395 万元。

6.4.3 工程进度付款的结算程序

工程进度款（期中）结算是合同履行过程中对每月所发生的付款申请、审查和支付工作。通用合同条款规定的进度款结算程序如图 6-2 所示。

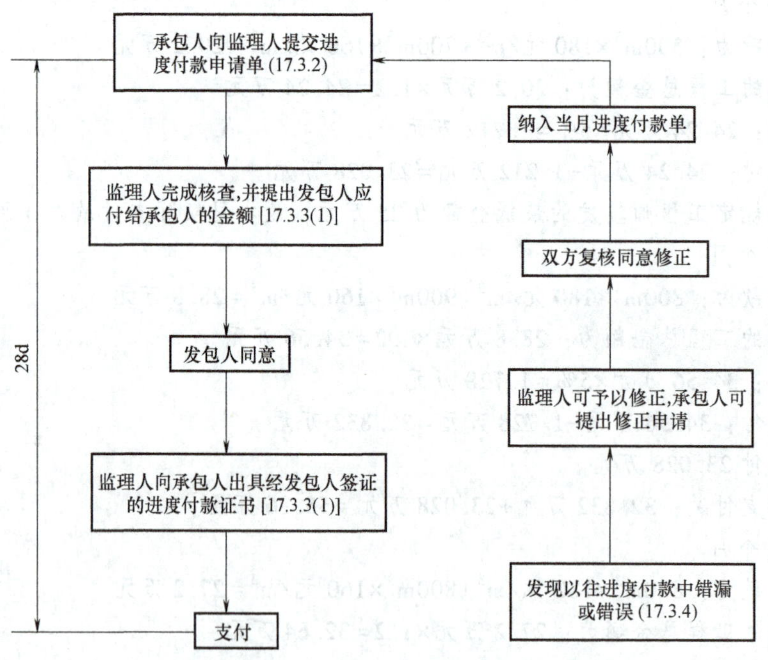

图 6-2 通用合同条款规定的进度款结算程序

1. 承包人提出进度付款申请

承包人提出工程进度付款申请单，并附各类结账单（支付报表）。按照《公路工程标准施工招标文件》通用条款 17.3.2，进度付款申请单应包括下列内容。

1）截至本次付款周期末已实施工程的价款。

2）按照变更应增加和扣减的变更金额。

3）根据索赔应增加和扣减的索赔金额。

4）根据预付款的约定应支付的预付款和扣减的返还预付款。

5）根据约定应扣减的质量保证金。

6）根据合同应增加和扣减的其他金额。

2. 监理人核查进度付款申请单

按照《公路工程标准施工招标文件》通用条款 17.3.3（1），监理人应在收到承包人进度付款申请单以及相应的支持性材料后的 14 天内完成核查。

对进度付款申请的核查，主要核查支付申请的格式和内容是否满足要求，各项资料、证明文件手续是否齐全，各款项计算与汇总是否正确；除了特殊费用项（如计日工、暂列金额、索赔费用等）外，其余费用项目的金额应基本正确。核查确认后报送发包人审查确认；发包人审查确认后，由监理人签发进度付款证书。

监理人可通过以后任何一期进度付款证书对已支付的工程款中发现的问题或已颁发的进度付款证书的错误进行更正。

监理人在核查时，要与合同文件中规定的支付最低限额进行比较。有的合同文件对进度付款规定了最低限额，承包人的当期支付净额未达此限额时，监理工程师则不向发包人报送进度付款申请。

3. 发包人付款

根据《公路工程标准施工招标文件》通用条款 17.3.3 的有关规定，发包人应在收到期中支付证书后 28 天内将应付款项支付给承包人。如果发包人未能在规定期限内付款，则应按投标书附录规定的利率支付全部未付款额的利息。如果发包人收到承包人通知后的 28 天内仍不履行付款义务，承包人有权暂停施工。暂停施工 28 天后，发包人仍不纠正违约行为的，承包人可向发包人发出解除合同通知。

6.5 工程结算

工程结算按时间可划分为期中结算、交工结算和最终结算。

期中结算，即工程进度款支付，是施工中进行的结算。一般按月进度支付，是根据每月完成的工程量按合同价格计算的工程价款及合同规定应结算（支付）的其他款项，见本书 6.4 节。

交工结算，即在本合同段完工或基本完工，监理工程师签发交工证书后办理的结算（支付）工作。

最后结算，即在缺陷责任期结束，监理工程师签发缺陷责任证书后，办理的最后一次结算（支付）工作。

6.5.1 工程结算的作用

1. 促使各方严格遵守合同

通过工程费用结算，可以促进业主与承包人恪守承包合同。通过结算，一方面可以使业主了解工程进展情况，及时组织资金和有关工作；另一方面则使承包人的施工消耗及时得到补偿。另外，还可以使双方发现问题并及时解决，改进和提高项目管理水平。

2. 强化监理工程师的监督作用

对有监理参与的工程费用结算，其结算凭证由监理工程师签认。结算过程实际上是监理工程师对工程费用进行监理的过程。

3. 确定工程费用的实际数额

工程费用的实际数值是通过工程结算来揭示的，无论在施工之前对工程费用进行了多少次预算，签订合同所形成的合同价始终只是估算价，费用究竟是多少，只有通过施工过程中结算才能确定。结算的主要作用之一就是对实际工程费用予以确定。

4. 发包人与承包人办理财务结账的依据

项目结算包含确定各阶段已完工程造价以及根据确定的造价进行费用支付两层含义。费用的支付以确定的造价为基础，期中结算的金额作为各期进度款支付的依据；竣工结算造价确定之后，根据期中结算累计支付总额可计算竣工支付金额及缺陷责任期满后的最终支付金额，作为支付的依据。

5. 发包人编制竣工决算报告的基础资料

竣工决算是建设单位编制的公路工程建设成果和财务情况的总结。在建设成本方面，根据竣工项目的所有工程的竣工结算汇总，加上设备仪器购置及工程建设其他费用的结算造价，是计算项目实际总投资、编制竣工决算的依据。

6. 承包人核对工程成本、考核企业盈亏的依据

双方办理的期中及竣工结算，是承包人完成承包工程内容所获取的总报酬费用，与工程施工过程所花费的实际成本进行比较与分析，考核企业的盈亏。

6.5.2 工程结算的编制

1. 编制要求

1）工程结算一般经过发包人或有关单位验收合格且点交后方可进行。

2）工程结算应以施工发承包合同为基础，按合同约定的工程价款调整方式对原合同价款进行调整。

3）工程结算应核查设计变更、工程洽商等工程资料的合法性、有效性、真实性和完整性。对有疑义的工程实体项目，应视现场条件和实际需要核查隐蔽工程。

4）建设项目由多个单项工程或单位工程构成的，应按建设项目划分标准的规定，将各单项工程或单位工程竣工结算汇总，编制相应的工程结算书，并撰写编制说明。

5）实行分阶段结算的工程，应将各阶段工程结算汇总，编制工程结算书，并撰写编制说明。

6）实行专业分包结算的工程，应将各专业结算汇总在相应的单项工程或单位工程结算内，并撰写编制说明。

7）工程结算编制应采用书面形式，有电子文本要求的应一并报送与书面形式内容一致的电子版本。

8）工程结算应严格按工程结算编制程序进行编制，做到程序化、规范化，结算资料必须完整。

2. 编制程序

工程结算应按准备、编制和定稿三个工作阶段进行，并实行编制人、校对人和审核人分别署名盖章确认的内部审核制度。

（1）结算编制准备阶段

1）收集与工程结算编制相关的原始资料。

2）熟悉工程结算资料内容，进行分类、归纳、整理。

3）召集相关单位或部门的有关人员参加工程结算预备会议，对结算内容和结算资料进行核对与充实完善。

4）收集建设期内影响合同价格的法律和政策性文件。

（2）结算编制阶段

1）根据竣工图及施工图以及施工组织设计进行现场踏勘，对需要调整的工程项目进行对照，必要的进行现场实测和计算，并做好书面记录和摄像。

2）按既定的工程量计算规则计算需调整的分部分项、施工措施或其他项目工程量。

3）按招标文件、施工发承包合同规定的计价原则和计价办法对分部分项、施工措施或其他项目进行计价。

4）对于工程量清单或定额缺项以及采用新材料、新设备、新工艺的，应根据施工过程中的合理消耗和市场价格，编制综合单价或单位估价分析表。

5）工程索赔应按合同约定的索赔处理原则、程序和计算方法，提出索赔费用，经发包人确认后作为结算依据。

6）汇总计算工程费用，包括编制分部分项费、施工措施项目费、其他项目费、零星工作项目费或直接费、间接费、利润和税金等表格，初步确定工程结算价格。

7）编写编制说明。

8）计算主要技术经济指标。

9）提交结算编制的初步成果文件待校对、审核。

（3）结算编制定稿阶段

1）由结算编制受托人单位的部门负责人对初步成果文件进行检查、校对。

2）由结算编制受托人单位的主管负责人审核批准。

3）在合同约定的期限内，向委托人提交经编制人、校对人、审核人和受托人单位盖章确认的正式结算编制文件。

3. 编制的成果文件

工程结算的成果文件包括：

1）工程结算书封面：工程名称、编制单位和印章、日期等。

2）签署页：工程名称、编制人、审核人、审定人姓名和执业（从业）印章、单位负责人印章（或签字）等。

3）目录。

4）工程结算编制说明。

5）工程结算相关表格。

6）必要的附件。

6.6 公路工程施工阶段工程造价管理

6.6.1 项目资金使用计划的编制

为了确保施工阶段工程造价目标的实现，必须编制资金使用计划，合理地确定分解工程造价控制目标值。如果没有明确的造价控制目标，就无法进行工程项目造价实际支出值与目标值的比较，不能进行比较也就不能找出偏差，不知道偏差程度，就会使控制措施缺乏针对性。在确定造价控制目标时，应与本工程的工程量、人工单价、材料预算价、机械使用费等各项有关费用及取费标准相一致，使确定的目标值切实可行。资金使用计划的编制步骤和方法如下。

（1）按不同子项目编制资金使用计划　一个建设项目往往由多个单项工程组成，每个单项工程还可能由多个单位工程组成，而单位工程总是由若干个分部分项工程组成。按不同子项目划分资金的使用，进而做到合理分配，首先必须对工程项目进行合理划分，划分的粗细程度根据实际需要而定。

（2）按时间编制资金使用计划　通过计算网络计划各项工作的最早开始时间和最早完成时间，就可获得项目进度计划的横道图。在横道图的基础上便可编制按时间进度划分的投资支出预算，进而绘制时间——投资累计曲线（S形图线）。时间—投资累计曲线的绘制步骤如下。

1）确定工程进度计划，编制进度计划的横道图，见表6-9。

表6-9　某工程进度计划横道图　（单位：万元）

分项工程	进度计划(周)											
	1	2	3	4	5	6	7	8	9	10	11	12
A	100	100	100	100	100	100	100					
B		100	100	100	100	100	100	100				
C			100	100	100	100	100	100	100	100		
D				200	200	200	200	200	200			
E					100	100	100	100	100	100	100	
F						200	200	200	200	200	200	200

2）根据每单位时间内完成的工程量或投入的人力、物力和财力，计算出单位时间的投资，见表6-10。

表6-10　按月编制的资金使用计划表

时间/月	1	2	3	4	5	6	7	8	9	10	11	12
投资(万元)	100	200	300	500	600	800	800	700	600	400	300	200

3）计算规定时间 t 计划累计完成的资金额。其计算方法为：各单位时间计划完成的资金额累加求和，可按式（6-15）计算：

$$Q_t = \sum q_n \tag{6-15}$$

式中　Q_t——某时间 t 计划累计完成资金额；

q_n——单位时间 n 的计划完成资金额；

t——某规定计划时刻。

4）绘制 S 形曲线。按各规定时间的 Q 值，绘制 S 形曲线，如图 6-3 所示。

按某一时间开始的施工项目的进度计划与累计费用的关系都可以用一条 S 形曲线表示。由于施工项目的网络计划，在理论上总是分为最早和最迟两种开始与完成时间的。因此，一般情况下，任何一个施工项目的网络计划，都可以绘制出两条曲线。其一是计划以各项工作的最早开始时间安排进度而绘制的 S 形曲线，称为 ES 曲线。其二是计划以各项工作的最迟开始时间安排进度，而绘制的 S 形曲线，称为 LS 曲线。两条 S 形曲线都是从计划的开始时刻开始和完成时刻结束，因此两条曲线是闭合的。一般情况，ES 曲线上的各点均落在 LS 曲线相应点的左侧，形成一个形如香蕉的曲线，故此称为香蕉形曲线，如图 6-4 所示。

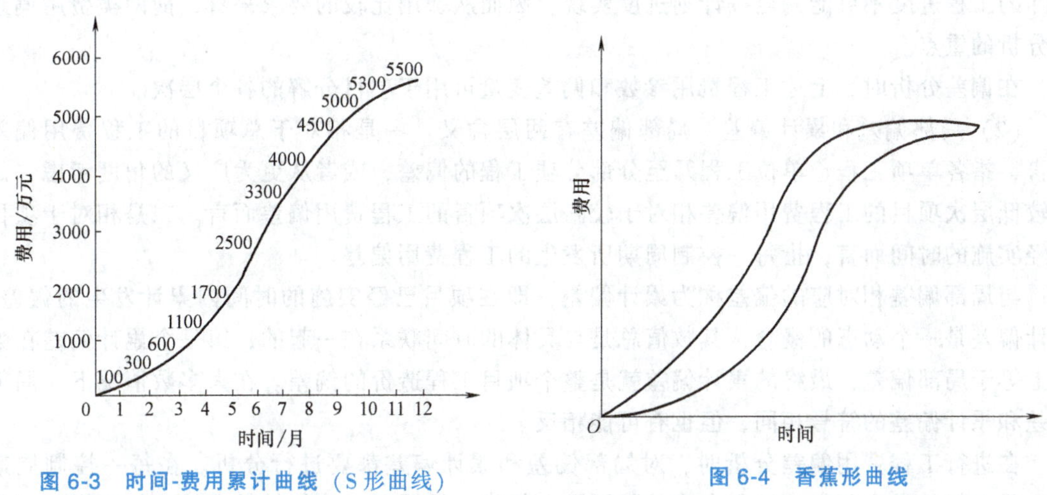

图 6-3　时间-费用累计曲线（S 形曲线）

图 6-4　香蕉形曲线

在项目的实施中资金控制的理想状况是任一时刻按实际进度描绘的点，均应落在香蕉曲线的区域内。

一般而言，在编制资金使用计划时，所有工作都按最迟开始时间开始，对节约建设资金贷款利息是有利的，但同时也增加了项目按期竣工的风险。因为施工中如果有意外情况发生，就不能再利用时差。因此，造价控制与进度控制二者密切相关，在编制资金使用计划时，要合理地确定资金支出的预算，达到既节约资金支出，又能控制项目工期的双重目的。

6.6.2　投资偏差分析的方法及纠正措施

1. 偏差概念

费用比较的结果总会显示出计划值与实际值之间存在差异，在工程造价控制中把这种差异称为费用偏差，在特定的情况下可简称为偏差。为了对工程费用偏差进行全面客观的分析，涉及一些关于偏差的概念，需要加以明确地定义。

（1）工程费用参数和偏差变量　由于偏差是费用比较的结果，因而某一偏差的出现必然同时与两个费用变量有关。在费用分析中，一般涉及以下三个与工程费用有关的参数。

1）拟完工程计划费用。

2）已完工程计划费用。

3）已完工程实际费用。

相应地，就有三种工程费用偏差变量：

费用偏差 1= 已完工程实际费用-拟完工程计划费用　(6-16)

费用偏差 2= 已完工程实际费用-已完工程计划费用　(6-17)

费用偏差 3= 已完工程计划费用-拟完工程计划费用　(6-18)

所谓拟完工程计划费用，是指根据计划安排在某一确定时间内所应完成的工程数量的计划费用，即拟完工程量与计划单价的乘积。故费用偏差 1 包含了实际完成工程数量与计划完成工程数量以及实际单价与计划单价两方面的偏差。已完工程计划费用，是指按照计划单价计算的实际完成工程数量的费用。因而费用偏差 2 只包含实际单价与计划单价的偏差，费用偏差 3 则只包含实际完成工程数量与计划完成工程数量的偏差，反映的是进度的偏差。由于实际的工程进度不可能完全按计划进度实现，因而从费用比较的要求来看，前两类费用偏差是分析的重点。

在偏差分析时，上述工程费用参数和偏差变量可用于项目分解的各个层次。

（2）局部偏差和累计偏差　局部偏差有两层含义。一是相对于总项目的工程费用偏差而言，指各单项工程、单位工程乃至分部分项工程的偏差，或者从更为广义的角度考虑，是指较低层次项目的工程费用偏差相对于较高层次项目的工程费用偏差而言。二是相对于项目已经实施的时间而言，指每一控制周期所发生的工程费用偏差。

与局部偏差相对应的偏差称为累计偏差，即在项目已经实施的时间内累计发生的偏差。累计偏差是一个动态的概念，其数值总是与具体的时间联系在一起的，第一个累计偏差在数值上等于局部偏差，最终的累计偏差就是整个项目工程造价的偏差。在大多数情况下，局部偏差和累计偏差的符号相同，但也有可能相反。

在进行工程费用偏差分析时，对局部偏差和累计偏差都要进行分析。在每一控制周期内，局部偏差发生所在的工程内容及其原因一般都比较明确，分析结果也就比较可靠；而累计偏差所涉及的工程内容较多，范围较大，原因也较复杂，因而累计偏差分析必须以局部偏差分析为基础。否则，累计偏差分析的结果就会流于空泛而缺乏可靠性。从这个意义上讲，局部偏差分析比累计偏差分析更为重要。从另一方面来看，累计偏差分析并不是局部偏差分析的简单汇总，而需要对局部偏差分析的结果进行综合分析，其结果更能显示出代表性、规律性，对工程造价控制工作在较大范围内具有指导作用。

（3）绝对偏差和相对偏差　所谓绝对偏差，是指工程费用计划值与实际值比较所得到的差额，如工程费用偏差 1、工程费用偏差 2 和工程费用偏差 3 都是绝对偏差。而所谓相对偏差，则是指工程费用偏差的相对数或比例数，通常是用绝对偏差与工程费用计划值的比值来表示，见式（6-19）。

相对偏差 = 绝对偏差/费用计划值 =（费用实际值-费用计划值）/费用计划值　(6-19)

在进行工程费用偏差分析时，对绝对偏差和相对偏差都要进行计算。绝对偏差的结果比较直观，其作用主要在于了解项目工程费用偏差的绝对数额，指导资金支出计划和资金筹措计划的制定或调整。由于项目规模、性质、内容不同，其工程造价总额会有很大差异，同一数额的绝对偏差在不同的项目上就表现出不同的重要性。同样，在同一项目的不同层次和内容或不同控制周期，也都有类似的问题。因此，绝对偏差就显得有一定的局限性，而相对偏差就能较客观地反映工程费用偏差的严重程度和合理程度，并且可以与项目不同层次工程造价控制人员的偏差控制范围结合起来。从对工程造价控制工作的要求来看，相对偏差比绝对偏差更有意义，应当予以更高的重视。

绝对偏差和相对偏差是对工程费用偏差的两种具体表达方法，任何工程费用偏差都会同时表现出绝对偏差和相对偏差。在对局部偏差和累计偏差进行分析时，绝对偏差和相对偏差的数值不会影响分析的结果，但其数值的大小可以对分析工作起一定的指导作用，即对偏差数值大者进行较深入细致的分析，反之则分析可以相对简单一些。

（4）偏差程度　所谓偏差程度，是指工程费用实际值对计划值的偏离程度，通常以工程费用实际值与计划值的比值来表示，见式（6-20）。

$$\text{费用偏差程度}=\frac{\text{费用实际值}}{\text{费用计划值}} \tag{6-20}$$

偏差程度与相对偏差既有联系又有区别，其联系表现在两者都是反映偏差相对性的尺度，都与计划值和实际值有关。两者的区别表现在：其一，相对偏差是与绝对偏差相对应的，没有绝对偏差，也就无所谓相对偏差，而偏差程度则是一个独立的概念，与绝对偏差无关；其二，相对偏差的数值可正可负，而偏差程度的数值总是正值，大于 1 为正偏差，表示工程费用增加，等于 1 表示无偏差；小于 1 为负偏差，表示工程费用节约。

与局部偏差和累计偏差相对应，可分为工程费用局部偏差程度和工程费用累计偏差程度。显然，累计偏差程度在数值上不等于局部偏差程度之和，两者要分别计算，详见式（6-21）、式（6-22）。

$$\text{局部偏差程度}=\frac{\text{当月实际费用值}}{\text{当月计划费用值}} \tag{6-21}$$

$$\text{累计偏差程度}=\frac{\text{累计实际费用值}}{\text{累计计划费用值}} \tag{6-22}$$

上述局部偏差和累计偏差、绝对偏差和相对偏差、偏差程度等概念都是偏差分析的基本内容，可以应用于项目的各个层次。偏差分析所达到的项目层次越深，分析结果就越可靠，对工程造价控制工作就越有指导意义。在工程造价控制的实践中，应当要求项目各层次工程造价控制人员所做的偏差分析至少达到该项目层次的下一层次。

2. 偏差分析的方法

偏差分析可以采用不同的方法，常用的有横道图法、表格法和挣值法。在工程造价控制的实际工作中，可以根据具体情况选择其中 1～2 种方法。必要时，也可以把这三种方法综合起来应用。

（1）横道图法　这种方法的基本特点是用不同的横道标识不同的工程费用参数，而各工程费用参数横道的长度与其数额成正比，但整个项目的横道与分部分项工程横道的单位长度所表示的工程费用数额不同。工程费用偏差和进度偏差数额可以用数字或横道表示，如图 6-5 所示。

在采用横道图法时，一般以分部分项工程为基础，按项目分解的层次逐层汇总，对各单

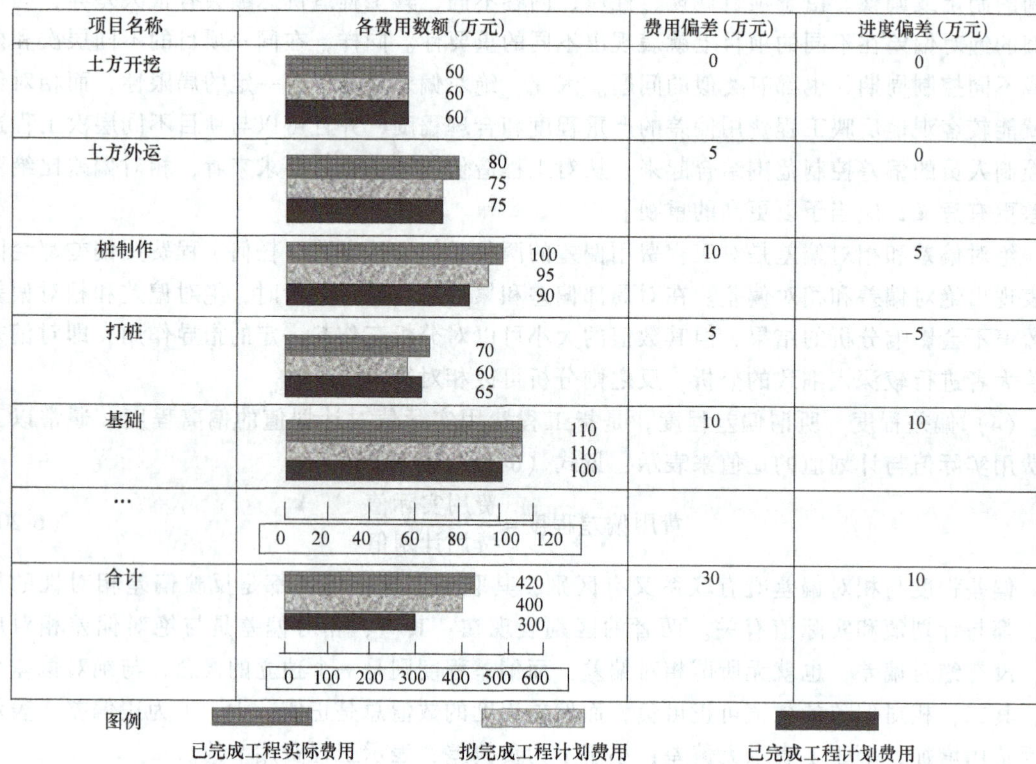

图 6-5 ××项目费用偏差分析横道图

位工程和分项工程以及整个项目分别制表。对于同一层次的不同项目，单位长度横道所表示的工程费用参数数额应当相同。这种方法不适宜同时表示局部偏差和累计偏差，因而对这两种偏差要分别制表。

横道图的突出优点是较为形象和直观，便于了解项目工程费用的概貌。但是，由于这种方法所反映的信息量较少，主要反映累计偏差和绝对偏差，一般不反映相对偏差和偏差程度。因而其应用有一定的局限性。

（2）表格法　表格法是进行偏差分析最常采用的一种方法，它具有许多突出的优点，具体详见表 6-11。

1）灵活、适用性强，可以根据项目的具体情况、数据来源、工程造价控制工作的要求等条件来设计表格。当然，在同一项目中，不同项目内容和层次的表格应当保持一致；在项目实施的不同阶段，可以采用不同的表格，而施工阶段表格的内容是最全面的。

2）信息量大，可以反映各种偏差变量和指标。只要需要，工程费用偏差和进度偏差，局部偏差和累计偏差、绝对偏差和相对偏差、偏差程度和偏差原因等都可以在表格中得到反映。这对全面、深入地了解项目工程费用的实际情况和动态是非常有益的，有利于工程造价控制人员及时采取针对性措施，加强对项目工程费用的控制。

3）便于用计算机辅助工程造价控制，减少工程造价控制人员在处理费用数据方面所消耗的时间和精力。

表 6-11 ××项目费用偏差分析表

项目名称		(1)	土方开挖	2.0m 盖板涵	浆砌片石挡土墙	C40 预应力混凝土箱梁	基础挖方
工程量单位		(2)	m^3	m	m^3	m^3	m^3
计划单价(元)		(3)	5.50	3415.00	153.75	599.25	16.8
拟完工程量		(4)	15197	18	25	150	294
拟完计划费用(元)		(5)=(3)×(4)	83583.5	61470	3843.75	89887.5	4939.2
已完工程量		(6)	14000	20	25	145	340
已完计划费用(元)		(7)=(3)×(6)	77000	68300	3843.75	86891.25	5712.00
实际单价(元)		(8)	5.50	3865.00	153.75	599.25	16.5
其他款项(元)		(9)	0	0	0	0	0
已完实际费用(元)		(10)=(6)×(8)	77000	77300	3843.75	86891.25	5610.00
局部偏差							
费用	绝对偏差	(11)=(10)-(7)	0	9000	0	0	-102.00
	相对偏差	(12)=(11)/(7)	0	13.18%	0	0	-1.79%
	偏差程度	(13)=(10)/(7)	1	1.13	1	1	0.982
进度	绝对偏差	(14)=(7)-(5)	-6583.5	6830	0	-2996.25	772.8
	相对偏差	(15)=(14)/(5)	-7.88%	11.11%	0	-3.33%	15.65%
	偏差程度	(16)=(7)/(5)	0.92	1.11	1	0.967	1.16
累计偏差							
费用	绝对偏差	(17)=Σ(11)					
	相对偏差	(18)=Σ(11)/Σ(7)					
	偏差程度	(19)=Σ(10)/Σ(7)					
进度	绝对偏差	(20)=Σ(14)					
	相对偏差	(21)=Σ(14)/Σ(5)					
	偏差程度	(22)=Σ(16)/Σ(5)					

(3) 挣值法　挣值法是一种分析目标实施与目标期望之间差异的方法。在工程项目造价控制中，应用挣值法来分析建设项目实际费用与工程项目预算（计划）费用之间存在的偏差，故而又称偏差分析法。挣值法是通过测量和计算已完工作量的预算（计划）费用与已完工作量的实际费用和计划工作量的预算（计划）费用，得到有关计划实施进度和费用偏差情况，从而达到分析工程项目预算（计划）费用和进度计划执行情况的目的。

挣值法是因为这种分析方法应用了一个关键数值——“挣得值”而命名的。所谓挣得值，就是已完成工作量的预算（计划）费用，是指项目实施某阶段实际完成工程量按预算（计划）价格计算出来的费用。

1）挣值法的三个基本参数。

① 计划工作量的预算（计划）费用 BCWS（Budgeted Cost for Work Scheduled）。BCWS 是指项目实施过程中某阶段计划要求完成的工作量所需的预算（计划）工时（或费用）。计算公式详见式（6-23）。

BCWS=计划工作量×预算(计划)定额 (6-23)

BCWS 主要是反映进度计划应当完成的工作量，而不是反映应消耗的工时或费用。

② 已完成工作量的实际费用 ACWP (Actud Cost for Work Performed)。ACWP 是指项目实施过程中某阶段实际完成的工作量所消耗的工时（或费用）。ACWP 主要反映项目执行的实际消耗指标。

③ 已完工作量的预算（计划）费用 BCWP (Budgeted Cost for Work Performed)。BCWP 是指项目实施过程中某阶段实际完成工作量及按预算（计划）定额计算出来的工时（或费用），即挣得值（Earned Value）。BCWP 的计算公式详见式（6-24）。

BCWP=已完成工作量×预算(计划)定额 (6-24)

2）挣值法的四个评价指标。

① 费用偏差 CV（Cost Variance）。CV 是指检查期间 BCWP 与 ACWP 之间的差异，计算公式详见式（6-25）。

CV=已完工作量的预算费用-已完工作量的实际费用 (6-25)

当 CV 为负值时，表示执行效果不佳，即实际消耗人工（或费用）超过预算（计划）值，即超支，如图 6-6 所示。

当 CV 为正值时，表示实际消耗人工（或费用）低于预算（计划）值，即有结余或效率高，如图 6-7 所示。

当 CV 等于零时，表示实际消耗人工（或费用）等于预算（计划）值。

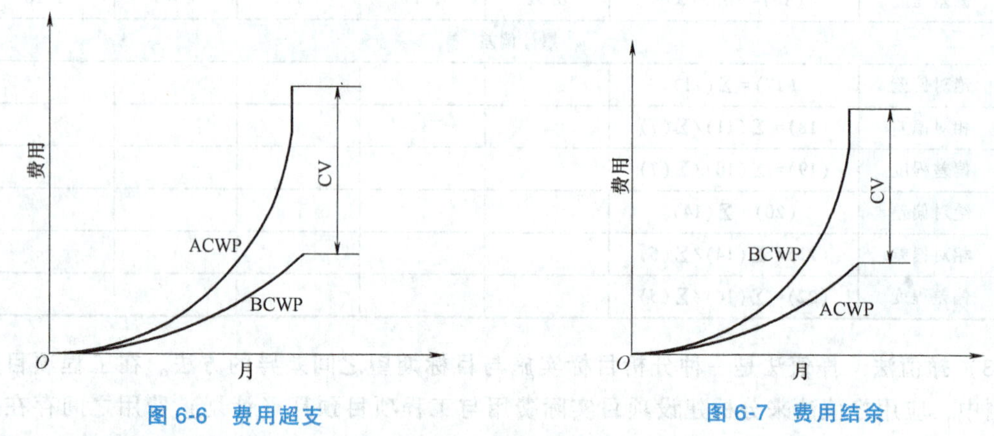

图 6-6 费用超支　　图 6-7 费用结余

② 进度偏差 SV（Schedule Variance）。SV 是指检查 BCWP 与 BCWS 之间的差异。其计算公式详见式（6-26）。

SV=已完成工作量的预算费用-计划工作量的预算费用 (6-26)

当 SV 为正值时，表示进度提前，如图 6-8 所示。

当 SV 为负值时，表示进度延误，如图 6-9 所示。

当 SV 为零时，表示实际进度与计划进度一致。

③ 费用执行指标 CPI（Cost Peformed Index）。CPI 是指预算（计划）费用与实际费用值之或工时值之比。计算公式详见式（6-27）。

$$CPI=\frac{\text{已完工作量的预算费用}}{\text{已完工作量的实际费用}} \qquad (6-27)$$

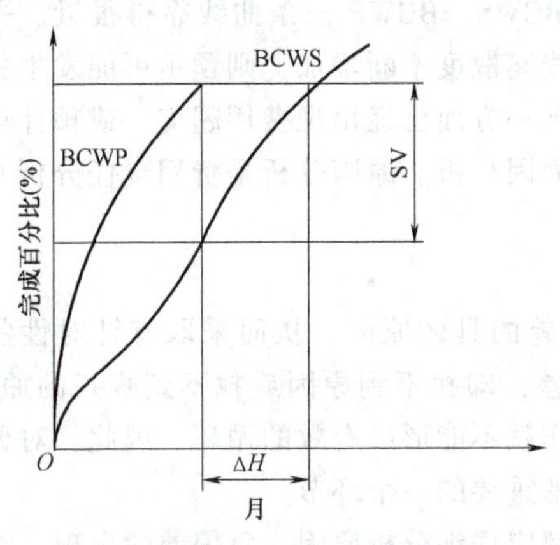

图 6-8　进度提前

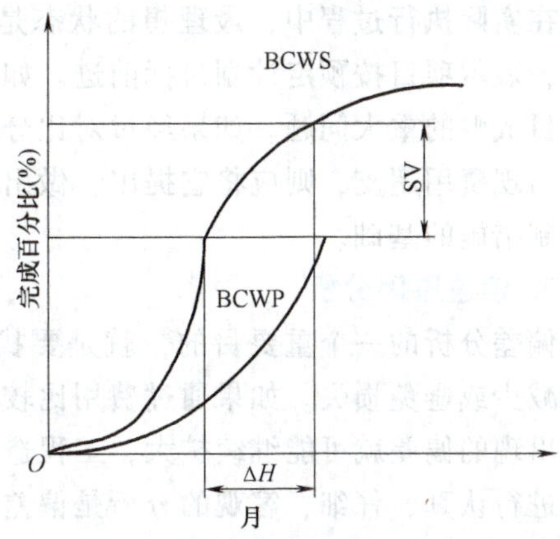

图 6-9　进度延误

当 CPI>1 时，表示低于预算（计划），即实际费用低于预算（计划）费。

当 CPI<1 时，表示超出预算（计划），即实际费用高于预算（计划）费用。

当 CPI = 1 时，表示实际费用与预算（计划）费用吻合。

④ 进度执行指标 SPI（Schedule Performed Index）。SPI 是指项目挣得值与计划之比，计算公式详见式（6-28），即

$$SPI=\frac{已完工作量的预算费用}{计划工作量的预算费用} \tag{6-28}$$

当 SPI>1 时，表示进度提前，即实际进度比计划进度快。

当 SPI<1 时，表示进度延误，即实际进度比计划进度慢。

当 SPI = 1 时，表示实际进度等于计划进度。

3）挣值法评价曲线。挣值法评价曲线如图 6-10 所示。图的横坐标表示时间，纵坐标则表示费用（以实物工程工时或金额表示）。图中 BCWS 按 S 形曲线路径不断增加，直至项目结束达到它的最大值。可见 BCWS 是一种 S 曲线。ACWP 同样是进度的时间参数，随项目推进而不断增加的，也是 S 形曲线。利用挣值法评价曲线可进行费用进度评价，如图 6-10 所示。CV<0，SV<0，表示项目执行效果不佳，即费用超支，进度延误，应采取相应的补救措施。

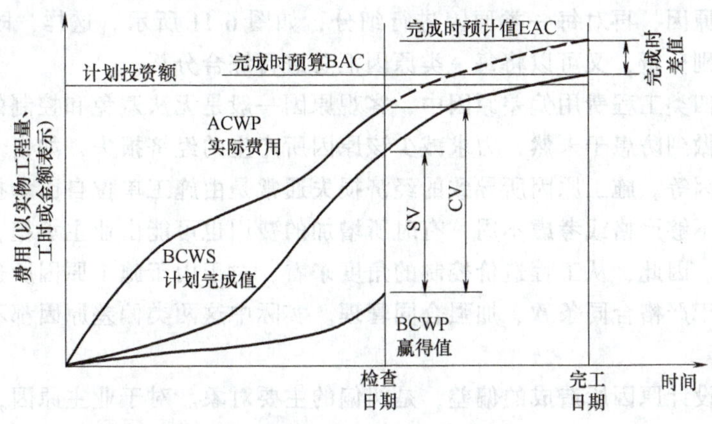

图 6-10　挣值法评价曲线

在实际执行过程中，最理想的状态是 ACWP、BCWS、BCWP 三条曲线靠得很近、平稳上升，表示项目按预定计划目标前进。如果三条曲线离散度不断增加，则预示可能发生关系到项目成败的重大问题。如果经过对比分析，发现某一方面已经出现费用超支，或预计最终将会出现费用超支，则应将它提出，做出进一步的原因分析。原因分析是费用责任分析和费用控制措施的基础。

3. 偏差原因分析

偏差分析的一个重要目的，就是要找出引起偏差的具体原因，从而采取有针对性的措施，减少或避免损失。如果通过费用比较发现了偏差，却找不到原因或找不到真正的原因，已经出现的偏差就可能继续扩大，工程造价控制工作就不能形成有效的循环。因此，对偏差原因进行认真、仔细、客观的分析是偏差分析中非常重要的一个环节。

在进行偏差分析时，无论是正偏差还是负偏差都应仔细分析原因。负偏差的出现，有时是因为已完工程实际费用的计算有差错，如漏项、缺项、计算依据不当等，或已完工程实物量已经统计却未及时办理结算手续，从而使计算出的已完工程实际费用低于其真正的数值；有时则是因为在确定工程造价目标时所考虑的各种风险和不确定费用明显高于实际发生的相应的费用。以上两种情况都不是实质意义上的负偏差，尤其是第二种情况，在纠正了计算错误之后，仍然有可能出现正偏差。当然，负偏差的出现，也可能是工程造价控制措施和方法积极而有效的结果。在这种情况下，正确分析负偏差的具体原因就是总结对工程造价进行有效控制的经验，从而有可能广泛采用，扩大工程造价控制工作的效果。

要进行偏差原因分析，首先应当将已经导致和可能导致偏差的各种原因一一列举出来，并加以适当的归纳或分类。导致不同工程项目出现工程费用偏差的原因具有一定的共性，因而通过对已经建成的工程项目、特别是与拟建项目相类似的工程项目的费用偏差原因的分析，可以在拟建项目施工之前就预先充分考虑到可能导致工程费用偏差的各种原因。对偏差原因的归纳和分类，不能过于笼统，否则就不能正确、客观地分析各种原因导致工程费用偏差的结果；也不宜过于具体，增加执行的难度。有些实际发生的偏差原因可能找不到适当的“归宿”，而不得不临时补充或调整，原因太具体，会使分析结果缺乏综合性和一般性，未必是一种好的选择。当然，在偏差原因分类时，也需要尽可能考虑拟建项目的“个性”。对于预先未考虑到而实际发生的偏差原因，应当留有临时补充的余地。

从“共性”出发：可以把工程费用偏差原因先分为四个方面，即客观原因、业主原因、设计原因和施工原因，再对每一类原因进行细分，如图 6-11 所示。这样，既可以对每一个具体原因进行个别分析，又可以将每一类原因汇总进行综合分析。

在所列举的四类工程费用偏差原因中，客观原因一般是无法避免和控制的，充其量只能对其中少数原因做到防患于未然，力求减少该原因所产生的经济损失，如自然因素、地基原因、交通运输原因等。施工原因所导致的经济损失通常是由施工单位自己承担，但是如果合同中的有关条款不够严格或考虑不周，有时所增加的费用也可能由业主承担，如对第三方经济损失的赔偿等。因此，从工程造价控制的角度来看，对于由于施工原因所造成的工程费用偏差，关键还在于严格合同条款、加强合同管理。实际中这两类偏差原因都不是纠偏的主要对象。

业主原因和设计原因所造成的偏差，是纠偏的主要对象。对于业主原因，首先在思想上要有足够的认识，不能认为业主的失误是不可避免的，更不能认为是理所当然的。实际上，

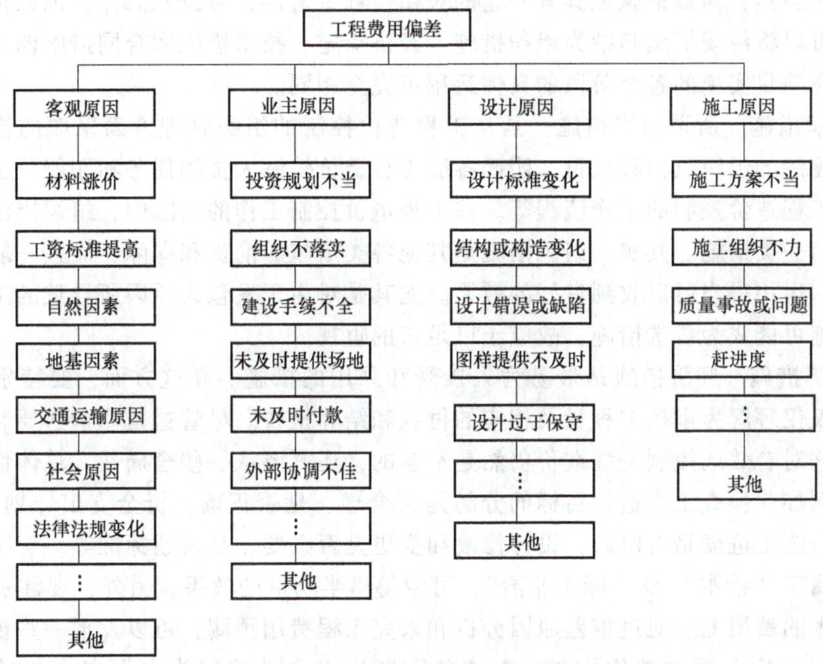

图 6-11　偏差原因分析

业主人员在工程造价控制方面的工作是主动还是被动、是积极还是消极、是认真还是敷衍、是严格还是随意，对工程造价控制的结果影响极大。因此，必须使项目管理人员中的每个人都了解其行为对项目工程造价的影响，创造一种人人关心项目工程造价的氛围。

对于设计原因所造成的偏差，应做进一步分析，在设计深化过程中（包括施工过程），设计变更总是时有发生。设计变更的原因可分为以下五类：功能性、装饰性（设计标准）、技术性、经济性和不可控制性的变更。其中前两类变更往往是由于发包人的意愿，若如此，应归入业主原因；不可控制性变更则可归入客观原因。把设计原因作为纠偏的主要对象，是设计对项目经济性起决定性作用的体现。这里要注意纠正一种片面的观念，不能认为设计变更总是导致工程造价增加。设计变更也可以节约工程造价，这就属于经济性的设计变更。从工程造价控制的要求出发，大多数设计变更应属于经济性变更。这意味着，对于设计变更所造成的工程造价偏差，需要采取设计变更（当然是经济性变更）来纠偏。这也是发挥设计对工程造价控制作用极其重要而有效的工作。

除了分析费用偏差的原因外，还应分析每种原因今后可能发生的频率（概率）及其影响程度（平均绝对偏差或相对偏差）。对于那些发生频率和影响程度均很小的原因，可以不必采取纠偏措施，而采取被动控制的策略，即问题发生后再做处理，因为任何纠偏措施都是需要付出代价的，有时被动控制比主动控制要更经济。

4. 纠偏措施

在确定了纠偏的主要对象之后，就需要采取针对性的纠偏措施。所谓纠偏，是对系统实际运行状态偏离标准状态的纠正，以使实际运行状态恢复到或保持在标准状态。与一般工业控制系统不同的是，工程费用偏差的纠偏措施主要取决于项目本身的具体情况以及控制人员的知识结构、分析问题和解决问题的能力和经验。因此，工程费用的纠偏措施更主要地表现为实践问题。当然，纠偏措施也具有一定的规律性和普遍性，可以从总体上加以把握。

为此，可以将纠偏措施归纳为组织措施、经济措施、技术措施和合同措施四个方面。这四方面措施在项目实施的各个阶段的具体运用不完全相同。

(1) 组织措施　所谓组织措施，是从工程造价控制的组织管理方面采取的措施，如落实工程造价控制的组织机构和人员，明确各级工程造价控制人员的任务和职能分工、权力和责任、改善工程造价控制的工作流程等。在工程造价控制工作的实践中，组织措施往往是最容易被忽视的一类措施。其实，组织措施是其他各类措施的前提和保障，而且一般不需要增加什么费用，运用得当可以收到良好的效果。尤其是对由于发包人原因所导致的工程造价偏差，这类措施可能成为首选措施，故应予以足够的重视。

(2) 经济措施　经济措施是最易为人接受和采用的措施。在这方面，要特别注意不要把经济措施仅仅理解为审核工程量及相应的付款和结算报告。尽管这是非常必要和非常重要的工作，但这对有效地控制工程造价仍然是不够的，还需要从一些全局性、总体性的问题上加以考虑。例如，检查工程造价目标的分解是否合理、是否正确，资金支出计划是否合理、有无保障、与施工进度是否协调，设计修改和变更是否必要、是否超标准等。解决这些方面的问题有时属于“治本”或“标本兼治”，可取得事半功倍的效果。另外，要注意不要仅仅局限在已发生的费用上。通过偏差原因分析和未完工程费用预测，可以发现一些现有和潜在的问题将引起未完工程的费用增加，对这些问题应以主动控制为出发点，及时采取预防措施。

(3) 技术措施　技术措施不仅对于解决项目实施过程中的技术问题是不可缺少的，而且对于纠正工程费用偏差也有相当重要的作用。但在实践中，人们往往注意到技术措施的前一类作用，而忽视了它的后一类作用。从工程造价控制的要求来看，技术措施并不一定是因为发生了技术问题才加以考虑，也可以完全是因为出现了经济问题（如工程费用偏差较大）而加以运用。任何一个技术方案都有基本确定的经济效果，不同的技术方案就有着不同的经济效果。因此，运用技术措施纠偏的关键，一是要能提出多个不同的技术方案，二是要对不同的技术方案进行技术经济分析。技术措施的具体内容很多，如主体结构和基础形式、设备选型、结构材料和装饰材料选用、施工方案选择等，在这些方面都存在多种可能性，需要经过技术经济分析慎重地加以选择。在实践中，要避免仅从技术角度选定技术方案而忽视对其经济效果的分析。

(4) 合同措施　合同措施在纠偏方面主要是索赔管理。在施工过程中，承包人有时会提出索赔要求。工程造价控制人员或合同管理人员要审查承包人的索赔依据是否符合合同有关条款的规定，索赔事件是否属实、是否确实是非承包人的责任，索赔的计算方法是否合理等。在必要和可能的情况下，可对已签订并执行的合同做一些补充或修改。从主动控制的要求出发，应做好日常的合同管理，着重根据偏差原因分析的结果研究合同的有关内容而采取针对性的措施，特别要注意合同中所规定的发包人和监理人的责任，并切实予以履行。

需要强调指出，在出现工程费用偏差之后，总是有可能采取纠偏措施来减少工程造价目标的超出，例如，极端的纠偏措施就是取消部分项目乃至全部项目。但是，应当认识到，工程造价控制的目标是为整个项目建设的目标服务的。在已经出现超工程造价的情况下，有时坚决保证工程造价不超的方案未必是最佳的选择，某些纠偏措施所带来的结果可能比超工程造价更糟糕，如取消部分项目可能导致预定的项目整体功能和收益不能实现，实际上是得不偿失。在这种情况下，超工程造价是可以接受的，并将其考虑到未完工程费用预算之中。采取纠偏措施的任务就是要选择一个超工程造价尽可能小的方案，也就是说，在绝大多数情况下，应以保证整个项目建设目标，项目功能和内容基本不变为前提来选择适当的纠偏措施。对于那些极端的纠偏措施所产生的工程造价控制结果，要做具体的分析。例如，如果取消部分项目总工程造价控制在工程造价目标之内，应当根据所实现的项目内容对应的计划工程造价（即以“新项目”的工程造价目标）来评价其工程造价控制的结果。

第7章 公路工程竣工阶段计价与管理

7.1 竣工验收

7.1.1 公路工程竣（交）工验收阶段划分及验收依据

为了规范公路工程竣（交）工验收工作，保障公路安全有效运营，根据《中华人民共和国公路法》，交通部制定了《公路工程竣（交）工验收办法》（交通部2004年3号）。为了进一步规范和完善公路工程竣（交）工验收工作，交通运输部又制定了《公路工程竣（交）工验收办法实施细则》（交公路发［2010］65号）。

对于新建和改建的公路工程，未经验收或者验收不合格的，不得交付使用。

1. 公路工程验收阶段划分

公路工程验收分为交工验收和竣工验收两个阶段。

1）交工验收是检查施工合同的执行情况，评价工程质量是否符合技术标准及设计要求，是否可以移交下一阶段施工或是否满足通车要求，对各参建单位工作进行初步评价。

2）竣工验收是综合评价工程建设成果，对工程质量、参建单位和建设项目进行综合评价。

2. 公路工程竣（交）工验收依据

1）批准的工程可行性研究报告。

2）批准的工程初步设计、施工图设计及变更设计文件。

3）批准的招标文件及合同文本。

4）行政主管部门的有关批复、批示文件。

5）交通运输部颁布的公路工程技术标准、规范、规程及国家有关部门的相关规定。

交工验收由项目法人负责。竣工验收由交通主管部门按项目管理权限负责。交通运输部负责国家、部重点公路工程项目中100km以上的高速公路、独立特大型桥梁和特长隧道工程的竣工验收工作；其他公路工程建设项目，由省级人民政府交通主管部门确定的相应交通主管部门负责竣工验收工作。

7.1.2 公路工程交工验收

1. 公路工程交工验收条件

公路工程交工验收工作一般按合同段进行，并应具备以下条件。

1）合同约定的各项内容已完成。

2）施工单位按交通运输部《公路工程质量检验评定标准》及相关规定的要求对工程质量自检合格。

3）监理工程师对工程质量评定合格。

4）质量监督机构按交通运输部《公路工程质量鉴定办法》对工程质量进行检测（必要时可委托有相应资质的检测机构承担检测任务），并出具检测意见。

5）竣工文件已按交通运输部规定的内容编制完成。

6）施工单位、监理单位已完成本合同段的工作总结。

公路工程各合同段符合交工验收条件后，经监理工程师同意，由施工单位向项目法人提出申请，项目法人应及时组织对该合同段进行交工验收。

2. 公路工程交工验收的主要工作内容

1）检查合同执行情况。

2）检查施工自检报告、施工总结报告及施工资料。

3）检查监理单位独立抽检资料、监理工作报告及质量评定资料。

4）检查工程实体，审查有关资料，包括主要产品质量的抽（检）测报告。

5）核查工程完工数量是否与批准的设计文件相符，是否与工程计量数量一致。

6）对合同是否全面执行、工程质量是否合格做出结论，按交通主管部门规定的格式签署合同段交工验收证书。

7）按交通运输部规定的办法对设计单位、监理单位、施工单位的工作进行初步评价。

3. 公路工程交工验收参加单位及其主要职责

项目法人负责组织公路工程各合同段的设计、监理、施工等单位参加交工验收。路基工程作为单独合同段进行交工验收时，应邀请路面施工单位参加。拟交付使用的工程，应邀请运营、养护管理单位参加。参加验收单位的主要职责是：

1）项目法人负责组织各合同段参建单位完成交工验收工作的各项内容，总结合同执行过程中的经验，对工程质量是否合格做出结论。

2）设计单位负责检查已完成的工程是否与设计相符，是否满足设计要求。

3）监理单位负责完成监理资料的汇总、整理，协助项目法人检查施工单位的合同执行情况，核对工程数量，科学公正地对工程质量进行评定。

4）施工单位负责提交竣工资料，完成交工验收准备工作。

4. 公路工程交工验收工程质量等级评定

各合同段工程质量评分采用所含各单位工程质量评分的加权平均值。工程各合同段交工验收结束后，由项目法人对整个工程项目进行工程质量评定，工程质量评分采用各合同段工程质量评分的加权平均值，即：

$$合同段工程质量评分值=\frac{\sum(单位工程质量评分值\times该单位工程投资额)}{\sum单位工程投资额}$$

$$工程质量评分值=\frac{\sum(合同段工程质量评分值\times该合同段投资额)}{\sum合同段投资额}$$

项目投资额原则上使用结算价，当结算价暂时未确定时，可使用招标合同价，但在评分计算时应统一。

交工验收不合格的工程应返工整改，直至合格。交工验收提出的工程质量缺陷等遗留问题，由项目法人责成施工单位限期完成整改。对通过交工验收的工程，应及时安排养护管理。

5. 公路工程交工验收程序

1）施工单位完成合同约定的全部工程内容，且经施工自检和监理检验评定均合格后，提出合同段交工验收申请报监理单位审查。交工验收申请应附自检评定资料和施工总结报告。

2）监理单位根据工程实际情况、抽检资料以及对合同段工程质量评定结果，对施工单位交工验收申请及其所附资料进行审查并签署意见。监理单位审查同意后，应同时向项目法人提交独立抽检资料、质量评定资料和监理工作报告。

3）项目法人对施工单位的交工验收申请、监理单位的质量评定资料进行审定，必要时可委托有相应资质的检测机构进行重点抽查检测，认为合同段满足交工验收条件时应及时组织交工验收。

4）对若干合同段完工时间相近的，项目法人可合并组织交工验收。对分段通车的项目，项目法人可按合同约定分段组织交工验收。

5）通过交工验收的合同段，项目法人应及时颁发“公路工程交工验收证书”。

6）各合同段全部验收合格后，项目法人应及时完成“公路工程交工验收报告”，并向交通主管部门备案。

公路工程各合同段验收合格后，质量监督机构应向交通主管部门提交项目的检测报告。交通主管部门在15天内未对备案的项目交工验收报告提出异议，项目法人可开放交通进入试运营期。试运营期不得超过3年。

7.1.3 公路工程竣工验收

1. 公路工程竣工验收条件

1）通车试运营2年后。

2）交工验收提出的工程质量缺陷等遗留问题已处理完毕，并经项目法人验收合格。

3）工程决算已按交通运输部规定的办法编制完成，竣工决算已经审计，并经交通主管部门或其授权单位认定。

4）竣工文件已按交通运输部规定的内容完成。

5）对需进行档案、环保等单项验收的项目，已经有关部门验收合格。

6）各参建单位已按交通运输部规定的内容完成各自的工作报告。

7）质量监督机构已按交通运输部规定的公路工程质量鉴定办法对工程质量检测鉴定合格，并形成工程质量鉴定报告。

公路工程符合竣工验收条件后，项目法人应按照项目管理权限及时向交通主管部门申请验收。交通主管部门应当自收到申请之日起30日内，对申请人递交的材料进行审查，对于不符合竣工验收条件的，应当及时退回并告知理由；对于符合验收条件的，应自收到申请文件之日起3个月内组织竣工验收。

2. 公路工程竣工验收准备工作程序

1）公路工程符合竣工验收条件后，项目法人应按照公路工程管理权限及时向相关交通运输主管部门提出验收申请，其主要内容包括：

① 交工验收报告。

② 项目执行报告、设计工作报告、施工总结报告和监理工作报告。

③ 项目基本建设程序的有关批复文件。

④ 档案、环保等单项验收意见。

⑤ 土地使用证或建设用地批复文件。

⑥ 竣工决算的核备意见、审计报告及认定意见。

2）相关交通运输主管部门对验收申请进行审查，必要时可组织现场核查。审查同意后报负责竣工验收的交通运输主管部门。

3）以上文件齐全且符合条件的项目，由负责竣工验收的交通运输主管部门通知所属的质量监督机构开展质量鉴定工作。

4）质量监督机构按要求完成质量鉴定工作，出具工程质量鉴定报告，并审核交工验收对设计、施工、监理初步评价结果，报送交通运输主管部门。

5）工程质量鉴定等级为合格及以上的项目，负责竣工验收的交通运输主管部门及时组织竣工验收。

3. 公路工程竣工验收的主要工作内容

1）成立竣工验收委员会。

2）听取公路工程项目执行报告、设计工作报告、施工总结报告、监理工作报告及接管养护单位项目使用情况报告。

3）听取公路工程质量监督报告及工程质量鉴定报告。

4）竣工验收委员会成立专业检查组检查工程实体质量，审阅有关资料，形成书面检查意见。

5）对项目法人建设管理工作进行综合评价，审定交工验收对设计单位、施工单位、监理单位的初步评价。

6）对工程质量进行评分，确定工程质量等级，并综合评价建设项目。

7）形成并通过“公路工程竣工验收鉴定书”。

8）负责竣工验收的交通运输主管部门印发“公路工程竣工验收鉴定书”。

9）质量监督机构依据竣工验收结论，对各参建单位签发“公路工程参建单位工作综合评价等级证书”。

竣工验收委员会由交通主管部门、公路管理机构、质量监督机构、造价管理机构等单位代表组成。大中型项目及技术复杂工程，应邀请有关专家参加。国防公路应邀请军队代表参加。

4. 公路工程竣工验收参加单位及其主要职责

1）竣工验收委员会负责对工程实体质量及建设情况进行全面检查。按交通运输部规定的办法对工程质量进行评分，对各参建单位进行综合评价，对建设项目进行综合评价，确定工程质量和建设项目等级，形成工程竣工验收鉴定书。

2）项目法人负责提交项目执行报告及验收所需资料，协助竣工验收委员会开展工作。

3）设计单位负责提交设计工作报告，配合竣工验收检查工作。

4）监理单位负责提交监理工作报告，提供工程监理资料，配合竣工验收检查工作。

5）施工单位负责提交施工总结报告，提供各种资料，配合竣工验收检查工作。

6）接管养护单位负责提交项目使用情况报告，配合竣工验收检查工作。

5. 公路工程竣工验收工程质量等级评定

竣工验收工程质量评分采取加权平均法计算，其中交工验收工程质量得分权值为 0.2，质量监督机构工程质量鉴定得分权值为 0.6，竣工验收委员会对工程质量评定得分权值为 0.2。

工程质量评定得分大于等于 90 分为优良，小于 90 分且大于等于 75 分为合格，小于 75 分为不合格。

6. 公路工程竣工验收参加单位工作综合评价

竣工验收委员会按交通运输部规定的办法对参建单位的工作进行综合评价。评定得分大于等于 90 分且工程质量等级优良的为好，大于等于 75 分为中，小于 75 分为差。

7. 公路工程竣工验收建设项目综合评价

竣工验收建设项目综合评分采取加权平均法计算，其中竣工验收工程质量得分权值为 0.7，参建单位工作评价得分权值为 0.3（项目法人占 0.15，设计、施工、监理各占 0.05）。

评定得分大于等于 90 分且工程质量等级优良的为优良，大于等于 75 分为合格，小于 75 分为不合格。

发生过重大及以上生产安全事故的建设项目综合评定等级不得评为优良。

根据《国务院关于促进节约集约用地的通知》（国发［2008］3 号）要求，竣工验收时需要核验建设项目依法用地和履行土地出让合同、划拨等情况。

7.2 竣工决算的编制

7.2.1 公路工程竣工决算的概念及作用

1. 公路工程竣工决算的概念

竣工决算是以实物数量和货币指标为计量单位，综合反映竣工项目从筹建开始到项目竣工交付使用为止的全部建设费用、投资效果和财务情况的总结性文件，是竣工验收报告的重要组成部分。

竣工决算是建设项目经济效益的全面反映，是项目法人核定各类新增资产价值，考核分析投资效果，办理交付使用，建立健全经济责任制的依据。通过竣工决算，一方面能够正确反映建设项目的实际造价和投资结果；另一方面可以通过竣工决算与概算、预算的对比分析，考核投资控制的工作成效，总结经验教训，积累技术经济方面的基础资料，提高未来建设项目的投资效益。

交通基本建设项目竣工后，应按照国家有关规定及《交通基本建设项目竣工决算报告编制办法》（交财发［2000］207 号）编制竣工决算报告。没有编制竣工决算报告的项目不得进行竣工验收。竣工决算报告是考核交通基本建设项目投资效益、反映建设成果的文件，是确定交付使用财产价值、办理交付使用手续的依据。根据《交通基本建设项目竣工决算报告编制办法》《公路建设项目工程决算编制办法》等有关规定编制竣工决算，其编制原则、程序和办法，既不同于估算、概算和预算，也不同于招标控制价和投标报价。因为从估算到报价的多次造价的编制，都是在工程开工之前进行的，要按照一定的编制程序和方法，通过各种计算表格进行大量的分析和累计计算，并经过一定的审批程序，才能成立；而竣工决算则是在工程竣工之后，根据实际发生的工程量和大量的施工统计原始资料，以工程承包合同价为依据来编制的，其主要表现形式，是要进行大量的统计分析而不是计算来重新确定工程造价文件。

建设单位要有专人负责有关资料的收集、整理、分析、保管工作。项目建完后，要组织工程技术、计划、财务、物资、统计等有关部门的人员共同编制项目竣工决算报告。设计、施工、监理等单位应积极配合建设单位做好竣工决算报告的编制工作。

2. 公路工程竣工决算的作用

竣工决算的作用是由编制竣工决算报告的目的所决定的，主要有以下几个方面。

1）全面反映竣工项目最初计划和最终建成的工程概况。竣工决算报告要求编制的概况表及有关说明，反映了竣工项目计划和实际的建设规模、技术标准、建设工期、投资、用地、质量及主要工程数量、材料消耗等工程的全面情况。

2）考核竣工项目设计概算的执行结果。竣工决算与设计概算逐项进行比较，可以反映设计概算的实际执行情况。通过比较分析，总结成绩与经验教训，为今后修订概（预）算定额与补充定额、改进设计、推广先进技术、降低建设成本、提高投资效益、提供参考。

3）竣工决算核定竣工项目的新增固定资产和流动资产价值，是建设单位向使用或管理单位移交财产的依据。

竣工决算报告要求编制“交付使用财产总表”和明确交付具体项目的名称、价值、规格、数量等资料的“交付使用财产明细表”，详细计算交付财产的全部项目的价值，其中包括形成固定资产的建筑安装工程、设备、其他费用以及流动资产的价值，作为建设单位向使用或管理单位移交财产的依据。

4）竣工决算全面反映了竣工项目建设全过程的财务情况。竣工决算报告要求编制的财务有关表格，反映了竣工项目从工程可行性研究至竣工为止，全部资金来源和运用情况，以及最终的汇总情况与成果，为改进财务管理和贷款监督工作提供了重要资料。

5）竣工决算界定了项目经营的基础，为项目进行后评价提供依据。及时编制竣工决算，办理新增固定资产及流动资产移交手续，可以缩短建设周期，界定项目经营的期限和资产，核定节约基建投资额。否则，不仅不能及时提取固定资产折旧费，而且公路桥梁项目运营所发生的养护费、设备更新维修费、人工工资等继续在基建投资中开支，增加了基建费用，也不利于项目管理。

6）竣工决算报告作为重要的技术经济文件，是存档的需要，也是工程造价积累的基础资料之一。

根据要求，竣工决算报告在竣工验收委员会审查同意后 3 个月内报出。大中型建设项目的竣工决算报告报送交通运输部一式四份，报送中国人民建设银行总行一份。属于经营性投资的建设项目还需报送国家投资公司一式四份。小型建设项目竣工决算报告报送项目主管单位。

7.2.2　公路工程竣工决算的编制依据

《交通基本建设项目竣工决算报告编制办法》（交财发［2000］207 号）、《公路建设项目工程决算编制办法》（交公路发［2004］507 号）要求：公路建设项目工程决算是建设项目竣工验收工作的重要组成部分，各级交通主管部门要加强对公路建设项目工程决算编制工作的指导，项目法人要做好项目建设过程中有关资料的收集、整理和分析工作，按照《公路建设项目工程决算编制办法》要求，组织编制工程决算文件。竣工决算报告应当依据以下文件、资料编制。

1）经交通主管部门批准的设计文件，以及批准的概（预）算或调整概（预）算文件。

2）招标文件、标底（如果有）及与各有关单位签订的合同文件。

3）建设过程中的文件及有关支付凭证。

4）竣工图样。

5）批复的设计变更相关资料。

6）其他有关文件、资料、凭证等。

7.2.3 公路工程竣工决算的编制方法

1. 公路工程竣工决算的编制步骤

（1）收集、整理和分析有关依据资料　在工程竣工验收阶段，应注意收集资料，系统地整理所有的技术资料、工程结算的经济文件、施工图样，审查施工过程中各项工程变更、索赔、价格调整、暂定金额等支付项目是否符合合同文件规定，签证手续是否完备；审查各中期支付和最终支付是否与竣工图表资料、合同文件相符。

（2）清理各项财务、债务和结余物资　在收集、整理和分析有关资料中，要特别注意建设项目从筹建到竣工投产（或使用）的全部费用的各项财务、债权和债务的清理，做到工完账清。既要核对账目，又要查点库存实物的数量，做到账与物相等、账与账相符。对结余的各种材料、工器具和设备要逐项清点核实，妥善管理，并按规定及时处理，收回资金。对各种往来款项要及时进行全面清理，为编制竣工决算提供准确的数据和结果。

（3）填写竣工决算报表　按照公路工程决算表格中的内容，根据编制依据中的有关资料进行统计或计算各个项目的数量，并将其结果填到相应表格的栏目，完成所有报表的填写。

（4）编制建设项目竣工决算说明　主要内容包括对工程进度、质量、安全和造价等四方面的总的评价，以及对各项财务和技术经济指标的分析。

（5）做好工程造价对比分析　在报告中，必须对控制工程造价所采取的措施、效果以及其动态的变化进行认真的比较分析，总结经验教训。批准的概算是考核建设项目造价的依据，在分析时，可将决算报表中所提供的实际数据和相关资料与批准的概算、预算指标进行对比，以考核竣工项目总投资控制的水平，在对比的基础上总结先进经验，找出落后的原因，提出改进措施。

（6）上报主管部门审查　上述编写的文字说明和填写的表格经核对无误，装订成册，即为建设项目竣工决算文件，将其上报主管部门审查，并把其中财务成本部分送交开户银行签证。竣工决算在上报主管部门的同时，抄送有关设计单位。大中型建设项目的竣工决算还应抄送财政部、建设银行总行以及省、市、自治区财政局和建设银行各一份。

2. 公路工程竣工决算报告的内容

建设单位从项目筹建开始，即应明确专人负责，根据竣工决算报告要求的内容，做好有关资料的收集、整理、积累和分析工作。项目完建后，应组织工程技术、计划、财务、物资、统计等有关人员共同完成竣工决算报告的编制工作。竣工决算报告的具体内容如下。

(1) 交通基本建设项目竣工决算报告封面

1) “主管部门” 填写建设单位的主管部门。

2) “建设项目名称” 填写批准的项目初步设计文件中注明的项目名称。

3) “建设项目类别” 填写 “大中型” 或 “小型”。

4) “建设性质” 填写建设项目是属于续建、新建、改建、迁建还是恢复建设等。

5) “级别” 填写项目是中央级还是地方级的建设项目。

(2) 竣工工程平面示意图　公路建设项目可按设计文件中的大小比例平面示意图编制，独立的公路桥梁项目可按桥位平面图进行编制。

(3) 竣工决算报告说明书　竣工决算报告说明书是竣工决算报告的重要组成部分，主要内容包括：

1) 工程决算概况。

2) 工程概（预）算执行情况说明，其中应说明招标方式、结果及重大设计变更情况。

3) 设备、工具、器具购置情况的说明。

4) 工程建设其他费用使用情况的说明（包括征地拆迁费、建设单位管理费、监理费等）。

5) 预留费用使用情况的说明。

6) 工程决算编制中有关问题处理的说明。

7) 造价控制的经验与教训总结。

8) 工程遗留问题。

9) 其他需要说明的事项。

(4) 竣工决算表格　竣工决算报告表分为竣工决算审批表、建设项目概况表和财务通用表。竣工决算报告按照建设项目类型分公路建设项目、桥梁隧道建设项目、内河航运建设项目、港口（码头）建设项目和不能归入上述四类的其他建设项目等分别编报。编制竣工决算报告时，必须填制本类建设项目概况表和全套财务通用表。竣工决算表包括：

1) 竣工决算审批表。

2) 建设项目概况表。分为：

① 公路建设项目概况表。

② 桥梁隧道建设项目概况表。

③ 内河航运建设项目概况表。

④ 港口（码头）建设项目概况表。

⑤ 其他建设项目概况表。

3) 财务通用表。包括：

① 基本建设项目竣工财务决算总表。

② 资金来源情况表。

③ 待核销基建支出及转出投资明细表。

④ 工程造价和概算执行情况表。

⑤ 外资使用情况表。

⑥ 交付使用资产总表和交付使用资产明细表。

3. 公路工程竣工决算报告表的编制方法

竣工图表编制不需要编制概预算那样进行各种资料的分析计算，而是主要对建设项目的各种原始资料进行全面的审查与统计汇总，然后按照竣工决算表的内容与要求，将各种数据资料摘录填入；同时做好决算与概预算的对比分析，编制技术经济指标比较表。

(1) 竣工决算审批表　中央级大中型基本建设项目，其项目竣工决算报告经省级交通主管部门或部属一级单位签署意见后报部备案。

(2) 建设项目概况表　本表集中反映了已完工的建设项目的建设周期、完成的主要工程数量、主要材料消耗、占地拆迁面积、工程投资、新增资产和新增生产能力。编制本表时应根据可行性报告的批复、初步设计概算等文件明确的主要指标和实际完成情况进行填列。

表中各项内容的填列方法如下。

1) 建设时间开工和竣工日期按照实际开工和办理竣工验收的日期填列。如实际开工日期与批准的开工日期不符应做出说明。

2) 表中初步设计、调整概算的批准机关、日期、文号应按历次审批文件填列。

3) 表中有关项目的设计、概算、决算等指标，根据批准的设计文件和概算、决算等确定的数字填写。

4) 表中“总投资”按批准的概算和调整概算数及累计实际投资数填列。

5) 表中“基建支出合计”是指建设项目从开工起至竣工止发生的全部基本建设支出，根据财政部门或主管部门历年批准的“基建投资表”中有关数字填列。

6) 表中所列工程主要特征、完成主要工程量、主要材料消耗量、主要技术经济指标等，根据主管部门批准的概算、建设单位统计资料和施工企业提供的有关成本核算资料等分别填列。

7)“主要收尾工程”填写工程内容和名称、预计投资额及完成时间等。如果收尾工程内容较多，可增设“收尾工程项目明细表”。这部分工程的实际成本，可根据具体情况进行估算，并做说明，完工以后不再调整竣工决算，但应将收尾工程执行结果按规定程序补报有关资料。

8)“工程质量评定”填列经工程质量监督部门检测评定的单项工程质量评定及工程综合评价结果。

(3) 财务通用表　财务通用表反映竣工工程从开始建设至竣工为止全部资金来源和运用情况。

1) 基本建设项目竣工财务决算总表。

① 表中有关“交付使用资产”“基建拨款”“项目资本”“基建借款”等项目，填列自开工建设至竣工止的累计数，上述指标根据历年批复的年度基本建设财务决算和竣工年度的基本建设财务决算中资金平衡表相应项目的数字进行汇总填列（包括收尾工程的估列数）。

② 表中其余各项目反映办理竣工验收时的结余数，根据竣工年度财务决算中资金平衡表的有关项目期末数填列。

③ 资金占用总额应等于资金来源总额。

④ 补充资料的“基建投资借款期末余额”反映竣工时尚未偿还的基建投资借款数，应根据竣工年度资金平衡表内的“基建投资借款”项目期末数填列；“应收生产单位投资借款

期末数”应根据竣工年度资金平衡表内的“应收生产单位投资借款”项目的期末数填列；“基建结余资金”反映竣工时的结余资金，应根据竣工财务决算总表中有关项目计算填列。

⑤ 基建结余资金的计算。基建结余资金=基建拨款+项目资本+项目资本公积+基建投资借款+企业债券资金+待冲基建支出-基本建设支出-应收生产单位投资借款。

2）资金来源情况表。本表反映建设项目分年度的投资计划与资金拨付到位情况，表中有关基建拨款、项目资本、基建投资借款等资金来源内容，根据历年批复的年度基本建设财务决算和竣工年度的基本建设财务决算中资金平衡表相应项目的数字填列（包括收尾工程的估列数）。

3）待核销基建支出及转出投资明细表。

①“待核销基建支出”反映非经营性项目发生的江河清障、航道清淤、补助群众造林、水土保持、取消项目的可行性研究费以及项目报废等不能形成资产部分的投资支出。

②“转出投资”反映非经营性项目为项目配套而建成的、产权不归属本单位的专用设施的实际成本，按照规定的内容分项逐笔填列。

4）工程造价和概算执行情况表。

① 本表反映工程实际建设成本和总造价，以及概算投资节余和概算投资包干部分节余的情况，应按照概算项目或单项工程（费用项目）填列。

② 待摊投资按照某一单项工程投资额占全部投资的比例分摊到单项工程上。不计入固定资产价值的支出不分摊待摊投资。

5）外资使用情况表。本表反映建设项目外资使用情况，按照使用外资支出费用项目填列。应说明批准初步设计时的汇率、记账汇率、竣工时的汇率以及外资贷款的转贷金额和转贷单位等情况。各有关表格中，外币折合人民币时，应以项目竣工时的汇率为准。

6）交付使用资产总表和交付使用资产明细表。

① 交付使用资产总表中各栏数字应根据交付使用资产明细表中相应项目的数字汇总填列。交付使用资产明细表作为建设单位管理项目资产使用，可不纳入上报的竣工决算报告，其具体格式各单位可根据情况进行修改。

② 交付使用资产总表中固定资产、流动资产、无形资产和递延资产各栏的合计数，应分别与竣工财务决算表交付使用资产的相应数字相符。

【拓展思考 7-1】 工程决算和竣工决算的区别？

工程决算和竣工决算是从不同的侧面对建设单位在项目管理过程中费用支出情况的反映，是对项目建设成果的反映。但两者之间存在着一定的差异。

工程决算是从工程管理的角度出发，侧重于工程实体形成过程中“量”“价”“费”的分析，以建安工程费用为重点，以签订的合同为基础，以实施工程量、合同单价及合同相关条款为核算依据，同时反映工程管理过程中量的变化引起的费用变化和非量变化引起的费用变化，最终形成以建设项目的费用构成为表现形式并反映项目分部、分项工程的工程量大小以及综合单价的高低。在编制过程中侧重于对计价依据执行情况的考核，能够确定费用支出的必要性和合理性（因此它不仅是对项目实际造价的反映），同时也是规范工程管理过程、提高管理水平的一个重要手段，并且完善了以“量”“价”“费”为主线的估、概、预、决算体系。

竣工决算则是从财务管理的角度出发，侧重于对资金的流向、大小和在时间上分布的分析，以现行的财税制度为依据，以资金的流动情况为重点进行分析，形成符合基本建设财务管理办法的科目体系，来反映竣工工程从开始建设起至竣工为止的全部资金来源和运用情况，达到核定使用资产价值的目的。由于它侧重于对财务制度执行情况的反映，能够确定资金流动的真实性和合法性，是办理资产交付使用手续的依据。

7.3 公路工程竣工阶段造价管理

7.3.1 新增资产价值的确定

1. 新增资产的分类

建设项目竣工投入运营后，所花费的总投资形成相应的资产。按照财务制度和企业会计准则，新增资产按资产性质可分为固定资产、流动资产、无形资产、递延资产和其他资产等五大类。

(1) 固定资产 固定资产是指使用期限超过一年，单位价值在规定标准以上（如1000元、1500元或2000元），并且在使用过程中保持原有物质形态的资产；包括房屋及建筑物、机电设备、运输设备、工具器具等。不同时具备以上两个条件的资产为低值易耗品，应列入流动资产范围内，如企业自身使用的工具、器具、家具等。

(2) 流动资产 流动资产是指可以在一年内或超过一年的一个营业周期内变现或者运用的资产，包括现金及各种存货、应收及预付款项等。

(3) 无形资产 无形资产是指企业长期使用但没有实物形态的资产，包括专利权、著作权、非专利技术、商誉等。

(4) 递延资产 递延资产是指不能全部计入当年损益，应当在以后年度分期摊销的各项费用，包括开办费、租入固定资产的改良工程（如延长使用寿命的改装、翻修、改造等）支出等。

(5) 其他资产 其他资产是指具有专门用途，但不参加生产经营的经国家批准的特种物资，银行冻结存款和冻结物资、涉及诉讼的财产等。

2. 新增资产价值的确定方法

(1) 新增固定资产价值的确定 新增固定资产价值的计算是以独立发挥生产能力的单项工程为对象的。单项工程建成经有关部门验收鉴定合格，正式移交生产或使用，即应计算新增固定资产价值。一次交付生产或使用的工程一次计算新增固定资产价值，分期分批交付生产或使用的工程，应分期分批计算新增固定资产。在计算时应注意以下几种情况。

1）对于为了提高产品质量、改善劳动条件、节约材料消耗、保护环境而建设的附属辅助工程，只要全部建成，正式验收交付使用后就要计入新增固定资产价值。

2）对于单项工程中不构成生产系统，但能独立发挥效益的非生产性项目，如住宅、食堂、医务所、托儿所、生活服务网点等，在建成并交付使用后，也要计算新增固定资产价值。

3）凡购置达到固定资产标准不需安装的设备、工器具，应在交付使用后计入新增固定资产价值。

4）属于新增固定资产价值的其他投资，应随同受益工程交付使用的同时一并计入。

5）交付使用财产的成本，应按下列内容计算。

① 房屋、建筑物、管道、线路等固定资产的成本包括：建筑工程成本和应分摊的待摊投资。

② 动力设备和生产设备等固定资产的成本包括：需要安装设备的采购成本，安装工程成本，设备基础支柱等建筑工程成本或砌筑锅炉及各种特殊炉的建筑工程成本，应分摊的待摊投资。

③ 运输设备及其他不需要安装的设备、工具、器具、家具等固定资产一般仅计算采购成本，不计分摊的“待摊投资”。

6）共同费用的分摊方法。一般情况下，建设单位管理费按建筑安装工程费、需安装设备价值总额作比例分摊，而土地征用费、地质勘查和建筑工程设计费等费用按建筑工程造价比例分摊，生产工艺流程系统设计费按安装工程造价比例分摊。

【例 7-1】 某公路建设项目建筑安装工程投资中，桥梁工程投资4258万元，路线及其防护、排水工程等投资为19288万元，需要安装设备价值为1565万元，待摊投资为征地、迁移补偿等费用3250万元，建设单位管理费895万元。试计算路线工程、桥梁工程、需要安装设备各自应分摊的待摊投资。

解：(1) 计算分摊率

对建设单位管理费分摊的分摊率 = [895万元 ÷ (4258 + 19288 + 1565)万元] × 100% = 3.5642%

对征地、迁移补偿等费用分摊的分摊率 = [3250万元 ÷ (4258 + 19288)万元] × 100% = 13.8028%

(2) 分摊额的计算

1) 桥梁工程分摊额 = 4258万元 × (3.5642% + 13.8028%) = 739.48万元

2) 路线工程分摊额 = 19288万元 × (3.5642% + 13.8028%) = 3349.74万元

3) 需要安装设备分摊额 = 1565万元 × 3.5642% = 55.78万元

---

(2) 新增流动资产价值的确定　流动资产是指可以在一年内或者超过一年的一个营业周期内变现或者运用的资产。新增流动资产是指新增加的在一年内或者超过一年的一个营业周期内变现或者运用的资产，包括现金及各种存款、存货、应收及预付款等。在确定流动资产价值时，按以下原则处理。

1）货币性资金。指现金、各种银行存款及其他货币资金。

2）应收及预付款项。包括应收票据、应收款项、其他应收款、预付货款和待摊费用，按实际成本金额入账核算。

3）短期投资。包括股票、债券、基金。股票和债券根据是否可以上市流通分别采用市场法和收益法确定其价值。

4）存货。指企业的库存材料、在产品、产成品等。各种存货应按取得时的实际成本计价。

(3) 新增无形资产价值的确定　无形资产是指特定主体所控制的，不具有实物形态，对生产经营长期发挥作用且能够带来经济利益的资源。新增无形资产是指企业长期使用但没有实物形态的资产，包括专利权、商标权、著作权、土地使用权、非专利技术、商誉等。无形资产的计价，原则上应按取得时的实际成本费用计价；企业取得无形资产的途径不同，所发生的支出也不一样，无形资产的计价也不相同。按现行财务制度，无形资产价值的计价原则和计价方式如下。

1）无形资产的计价原则　投资者按无形资产作为资本金或合作条件投入时，按评估确认或合同协议约定的金额计价。

① 购入的无形资产，按照实际支付的价款计价。

② 企业自创并依法申请取得的，按开发过程中的实际支出计价。

③ 企业接受捐赠的无形资产，按发票账单所载金额或同类无形资产市场价计价。

④ 无形资产计价入账后，应在其有效使用期内分期摊销，即企业为无形资产支出的费用应在无形资产有效期内得到及时补偿。

2）无形资产的计价方法。

① 专利权的计价。分为自制和外购两类。前者价值包括直接成本和间接成本，后者价值按其所能带来的超额收益计价。

② 非专利技术的计价。自制的一般不作为资产入账，自制过程中发生的费用，按当期费用处理；对于外购非专利技术，应由法定评估机构确认后再估价，其方法往往通过能产生的收益采用收益法估价。

③ 商标权的计价。一般根据被许可方新增的收益确定。

④ 土地使用权的计价。根据取得土地使用权的方式计价。

（4）递延资产和其他资产价值的确定

1）递延资产价值的确定。

① 开办费是指在筹集期间发生的费用，不能计入固定资产或无形资产价值的费用，主要包括筹建期间人员工资、办公费、员工培训费、差旅费、印刷费、注册登记费以及不计入固定资产和无形资产购建成本的汇兑损益、利息支出等。根据现行财务制度规定，企业筹建期间发生的费用，应于开始生产经营起一次计入开始生产经营当期的损益。企业筹建期间开办费的价值可按其账面价值确定。

② 以经营租赁方式租入的固定资产改良工程支出的计价，应在租赁有限期内摊入制造费用或管理费用。

2）其他资产，包括特准储备物资等，主要以实际入账价值核算。

7.3.2　建设项目保修及其保修费用的处理

1. 建设项目保修及其意义

（1）保修的含义　建设工程质量保修制度是国家确定的重要法律制度，它是指建设工程在办理交工验收手续后，在规定的保修期限内（按合同有关保修期的规定），因勘察设计、施工、材料等原因造成的质量缺陷，应由责任单位负责维修。2000 年 1 月国务院发布的第 279 号令《建设工程质量管理条例》中规定，建设工程实行保修制度。建设工程承包人在向发包人提交工程竣工验收报告时，应当向发包人出具质量保修书。质量保修书应当明确建设项目的保修范围、保修期限和保修责任等。建设项目在保修期内和保修范围内发生的质量问题，承包人应履行保修义务，并对造成的损失承担赔偿责任。《中华人民共和国合同法》规定："建设工程的施工合同内容包括对工程质量保修的范围和保证期。"

建设项目保修是项目竣工验收交付使用后，在一定期限内由承包人对发包人或用户进行回访，按照国家或行业现行的有关技术标准、设计文件以及合同中对质量的要求，对于工程发生的确实是由于承包人施工责任造成的建筑物使用功能不良或无法使用的问题，由承包人负责修理，直到达到正常使用标准。保修回访制度属于建筑工程竣工后的管理范畴。

(2) 保修的意义　建设项目保修是一种售后服务方式，是《中华人民共和国建筑法》和《建设工程质量管理条例》规定的承包人的质量责任。对于促进承包人加强质量管理、改进工程质量，保护用户及消费者的合法权益能够起到重要的作用。

2. 保修的范围和最低保修期限

根据《中华人民共和国建筑法》《建设工程质量管理条例》《建设工程质量保证金管理暂行办法》的有关规定：承包人在向业主提交工程竣工报告时，应向业主出具质量保修书。质量保修书应当明确建设项目的保修范围、保修期限和保修责任等。建设项目在保修期限内和保修范围内发生的质量问题，承包人应履行保修义务，并对造成的损失承担赔偿责任。

(1) 保修的范围　在正常使用条件下，公路工程的保修范围应包括路基、路面、涵洞、桥梁、隧道、砌筑工程等项目。一般包括以下问题。

1) 路基：压实度、弯沉。

2) 路面：压实度、弯沉、平整度、抗滑性、是否损坏。

3) 涵洞：承载力、强度、几何尺寸、是否淤塞。

4) 桥梁：承载力、强度、几何尺寸、中线偏差。

5) 隧道：防排水、有无渗水或淤积、堵塞。

6) 砌筑工程：强度、中线偏差、平面尺寸、高程。

(2) 保修的期限　保修的期限应当按照保证建筑物合理寿命内正常使用，维护使用者合法权益的原则确定。

质量保修期从工程实际竣工验收合格之日起算起。根据《建筑工程质量管理条例》规定，公路工程质量保修期限一般为1~2年。

3. 保修的经济责任

1) 由承包人施工造成的质量缺陷，应当由承包人负责修理并承担经济责任；由承包人采购的建筑材料、建筑构配件、设备等不符合质量要求，或承包人应进行而没有进行试验或检验，进入现场使用造成质量问题的，应由承包人负责修理并承担经济责任。

2) 由于勘察、设计方面的原因造成的质量缺陷，由勘察、设计单位负责并承担经济责任，由施工单位负责维修或处理。勘察、设计人应当继续完成勘察、设计，减收或免收勘察、设计费并赔偿损失。当由承包人进行维修或处理时，费用数额应按合同约定，通过发包人向设计人索赔，不足部分由发包人补偿。

3) 由于发包人供应的材料、构配件或设备不合格造成的质量缺陷，属于承包人采购的或经其验收同意的，由承包人承担经济责任；如果发包人竣工验收后未经许可自行改建造成的质量问题，应由发包人或使用人自行承担经济责任；由发包人指定的分包人或不能肢解而肢解发包的工程，致使施工接口不好造成质量缺陷的，或发包人或使用人竣工验收后使用不当造成的损坏，应由发包人或使用人自行承担经济责任。

4) 不可抗力造成的质量缺陷不属于规定的保修范围。所以由于地震、洪水、台风等不可抗力原因造成损坏，或非施工原因造成的事故，承包人不承担经济责任。

5）有的项目经发包人和承包人协商，根据工程的合理使用年限，采用保修保险方式。该方式不需扣保留金，保险费由发包人支付，承包人应按约定的保修承诺，履行其保修职责和义务。建设工程在保修范围和保修期限内发生质量问题的，承包人应当履行保修义务，并对造成的损失承担赔偿责任。凡是由于用户使用不当而造成建筑功能不良或损坏，不属于保修范围；凡属工业产品项目发生问题，也不属保修范围。以上两种情况应由发包人自行组织修理。

4. 保修的操作方法

（1）发送保修证书（房屋保修卡） 在工程竣工验收的同时（最迟不应超过三天到一周），由承包人向发包人发送“工程保修证书”。保修证书的主要内容包括：

1）工程简况。

2）保修范围和内容。

3）保修时间。

4）保修说明。

5）保修情况记录。

6）保修单位（即承包人）的名称、详细地址等。

（2）填写“工程质量修理通知书” 保修期内，建设项目出现质量问题影响使用，使用人应填写“工程质量修理通知书”告知承包人，注明质量问题及部位、联系维修方式，要求承包人指派人前往检查修理。修理通知书发出日期为约定起始日期，承包人应在7天内派出人员执行保修任务。

（3）实施保修服务 承包人接到“工程质量修理通知书”后，必须尽快派人检查，并会同发包人共同做出鉴定，提出修理方案，明确经济责任，尽快组织人力物力进行修理，履行工程质量保修的承诺。建设项目在保修期间出现质量缺陷，发包人或项目所有人应当向承包人发出保修通知，承包人接到保修通知后，应到现场检查情况，在保修书约定的时间内予以保修，发生涉及结构安全或者严重影响使用功能的紧急抢修事故，承包人接到保修通知后，应当立即到达现场抢修。发生涉及结构安全的质量缺陷，发包人或者项目产权人应当立即向当地建设主管部门报告，采取安全防范措施；由原设计单位或者具有相应资质等级的设计单位提出保修方案；承包人实施保修，原工程质量监督机构负责监督。

（4）验收 在发生问题的部位或项目修理完毕后，要在“工程保修证书”的保修记录栏内做好记录，并经发包人验收签字，此时修理工作完毕。

5. 保修的费用及其处理

（1）保修费用的含义 保修费用是指对保修期间和保修范围内所发生的维修、返工等各项费用支出。保修费用应按合同和有关规定合理确定和控制。保修费用一般可参照建筑安装工程造价的确定程序和方法计算，也可以按照项目造价或承包工程合同价的一定比例计算。一般工程竣工后，承包人保留工程款的5%作为保修费用即保留金。保留金是一种现金保证金，目的是保证承包人在工程执行过程中恰当履行合同的约定。

（2）保修费用的处理 根据《中华人民共和国建筑法》的规定，在保修费用的处理问题上，必须根据修理项目的性质、内容以及检查修理等多种因素的实际情况，区别保修责任。保修的经济责任应当由有关责任方承担，由发包人和承包人共同商定经济处理办法。根据《中华人民共和国建筑法》第七十五条的规定，建筑施工企业违反该法规定，不履行保修义务的，责令改正，可以处以罚款。在保修期间因路基沉陷、路面松散与坑槽等质量缺陷，有关责任企业应依据实际损失给予实物或价值补偿。因勘察设计原因、监理原因或者建筑材料、建筑构配件和设备等原因造成的质量缺陷，根据民法规定，施工企业可以在保修和赔偿损失之后，向有关责任者追偿。因建设工程质量不合格而造成损害的，受损害人有权向责任者要求赔偿。因发包人或勘察设计的原因、施工的原因、监理的原因产生的建设质量问题，造成他人损失的，以上单位应当承担相应的赔偿责任。受损害人可以向任何一方要求赔偿，也可以向以上各方提出共同赔偿要求。有关各方之间在赔偿后，可以在查明原因后向真正责任人追偿。涉外工程的保修问题，除参照有关经济责任的划分进行处理外，还应依照原合同条款的有关规定执行。

7.3.3　公路建设项目后评价

公路建设项目后评价是指在公路通车运营 2~3 年后，用系统工程的思想方法，对建设项目的立项决策、方案设计、工程施工和运营管理全过程各阶段工作及其变化的成因，进行全面的跟踪、调查、分析和评价。其目的是通过对项目投资全过程的综合研究、衡量和分析项目的实际情况及其与预计情况的差距，确定有关预测和判断是否正确并分析其原因，从而总结经验教训，为今后改进公路建设项目的决策、设计、管理等工作创造条件，并为改善和提高项目的投资效益和改善营运状况提出切实可行的对策与措施。

后评价的主要内容包括对道路建设项目前期工作的后评价，对项目实施阶段内容的后评价及对项目营运状况的后评价等。评价指标的确定及评价方法的选择，是后评价研究的重点。

1. 后评价的意义和作用

所谓项目后评价，就是在项目建成投产或投入使用一定时期后，对项目的运行进行全面评价，即对投资项目的实际费用—效益进行系统审计。将项目初期的预算效果与项目实施后的终期实际结果进行全面的对比考核，对建设项目投资产业的财务、经济、社会和环境等方面的效益与影响进行全面科学的评估。

开展项目后评价，对投资决策的科学化和项目的投资控制具有重要作用。

1）系统地对项目进行后评价，有利于投资项目的最优化控制。

2）对项目开展后评价，有利于提高以后对项目投资决策的科学性。

2. 后评价的内容

建设项目的类型不同，后评价所要求的内容在深度和广度上也会有所不同。归纳起来，项目后评价的内容可分为以下几个方面。

（1）目标评估　评定项目立项时各项预期目标的实现程度，并要对项目原定决策目标的正确性、合理性和实践性进行分析评价。

（2）执行情况评估　项目在执行过程中，对设计施工、资金使用、设备采购、竣工验收和生产准备进行评估，找出偏离预期目标的原因，并提出对策建议，以不断提高项目的建设水平。

（3）成本效益评估　成本效益是衡量项目成功与否的关键因素，项目建成后，通过分析成本构成，进行财务评价和国民经济评价，并以一些主要经济指标进行衡量，如经济内部收益率等。

（4）影响评估　评估项目建成运营后对国家、项目所在地区的社会、经济发展、健康教育、生态环境所产生的实际影响，据此判断项目的决策宗旨是否实现。项目影响评估，一般都是有选择进行的，而且一般都是在项目交付使用7~8年后进行。

（5）持续性评估　项目的持续性是指在项目的资金投入全部完成之后，项目的既定目标是否还能继续，项目是否可以持续地发展下去，项目业主是否可能依靠自己的力量独立继续去实现既定目标，项目是否具有可重复性，即是否可在将来以同样的方式建设同类项目。

3. 后评价的方法和指标

项目后评价是运用控制论的基本原理，通过项目实际实施结果与预期结果的对比，寻找项目实施中存在的偏差，通过对产生偏差因素的分析，采用相应的控制措施，保证项目投资实现预期目标。为定量分析项目实施过程中各主要目标的实现情况，一般采用指标计算和指标对比等分析研究方法。指标计算就是通过计算项目实际投资利润率、实际内部收益率等反映项目实施和运营各阶段实际效果的指标，来衡量和分析建设项目的投资效果。指标对比是通过各种项目后评价指标与预测指标或国内外同类项目的相关指标进行对比，来衡量项目建设实际效果。

一般来说，项目后评价主要是通过以下一些指标的计算和对比，来分析项目实施中的偏差，并寻求解决问题的方案。

（1）项目前期和实施阶段的后评价指标

1）竣工项目定额工期率。该指标反映项目实际建设工期与国家统一制定的定额工期或与确定的、计划安排的计划工期的偏离程度。

$$\text{竣工项目定额工期率}=\frac{\text{竣工项目实际工期}}{\text{竣工项目定额(计划工期)}}\times100\% \tag{7-1}$$

2）实际建设成本变化率。该指标反映项目实际建设成本与批准的概（预）算所规定的建设成本的偏离程度。

$$\text{实际建设成本变化率}=\frac{\text{实际建设成本}-\text{预计建设成本}}{\text{预计建设成本}}\times100\% \tag{7-2}$$

3）实际工程合格（优良）品率。该指标反映建设项目的工程质量。

$$\text{实际工程合格(优良)品率}=\frac{\text{实际单位工程合格(优良)品数量}}{\text{验收鉴定的单位工程总数}}\times100\% \tag{7-3}$$

4）实际投资总额变化率。该指标反映实际投资总额与项目前评估中预计投资总额的偏差程度，包括静态投资总额变化率和动态投资总额变化率。

$$\text{静态(动态)投资总额变化率}=\frac{\text{实际静态(动态)投资总数}-\text{预计静态(动态)投资总数}}{\text{预计静态(动态)投资总数}}\times100\% \tag{7-4}$$

（2）项目营运阶段的后评价指标

1）国民经济效益变化率。该指标反映公路竣工以后实际国民经济效益与预测国民经济效益的偏离程度，用于非收费项目社会效益评估。

$$\text{国民经济效益变化率}=\frac{\text{实际国民经济效益}-\text{预计国民经济效益}}{\text{预计国民经济效益}}\times100\% \tag{7-5}$$

2）实际运营利润变化率。该指标反映收费项目实际投资效益，并衡量项目实际投资效益与预期投资效益的偏差。其计算分为两步进行。

① 计算考核期内各年实际运营利润变化率。

$$各年实际运营利润变化率=\frac{该年实际运营利润-预期该年运营利润}{预期该年运营利润}\times100\% \tag{7-6}$$

② 计算实际运营利润变化率。

$$实际运营利润变化率=\frac{各年实际运营利润变化率之和}{考核年限}\times100\% \tag{7-7}$$

3）实际投资利润（利税）率。该指标指项目达到实际交通能力后的年实际利润（利税）总额与项目实际投资额的比率，是反映建设项目投资效果的一个重要指标。

$$实际投资利润(利税)率=\frac{年实际利润(利税)或年平均实际利润(利税)额}{实际投资额}\times100\% \tag{7-8}$$

4）实际投资利润（利税）年变化率。该指标反映项目实际投资利润（利税）率与预测投资利润（利税）率或国内外其他同类项目实际投资利润（利税）率的偏差。

$$实际投资利润(利税)变化率=\frac{实际投资利润(利税)率-预测投资利润(利税)率}{预测投资利润(利税)率}\times100\% \tag{7-9}$$

5）实际净现值（RNPV）。该指标是反映收费项目生命期内获利能力的动态评价指标，它的计算是依据项目运营后的年实际净现金流量或根据情况重新预测的项目生命期内各年的净现金流量，并按重新选定的折现率，将各年现金流量折现到建设期，求现值之和。

$$RNPV=\sum_{t=1}^{n}(RCI-RCO)_t(1+i_k)^{-t} \tag{7-10}$$

式中　RCI——项目实际的或根据实际情况重新预测的年现金流入量；

RCO——项目实际的或根据实际情况重新预测的年现金流出量；

i_k——根据实际情况重新选定的一个折现率；

t——考核期的某一具体年份，$t=1，2，\cdots，n$；

n——项目生命期。

6）实际内部收益率（RIRR）。该指标是指根据实际发生的年净现金流量和重新预测的项目生命周期计算的各年净现金流量现值为零的折现率。

$$\sum_{t=1}^{n}(RCI-RCO)_t(1+i_{RIRR})^{-t}=0 \tag{7-11}$$

式中　i_{RIRR}——以实际内部收益率为折现率。

7）实际投资回收期。该指标是以项目实际产生的净收益或根据实际情况重新预测的项目净收益抵偿实际投资总额所需要的时间，分为静态投资回收期和实际动态投资回收期。

① 实际静态投资回收期（P_{Rt}）：

$$\sum_{t=0}^{P_{Rt}}(RCI-RCO)_t=0 \tag{7-12}$$

② 实际动态投资回收期（P'_{Rt}）：

$$\sum_{t=0}^{P'_{Rt}}(RCI-RCO)_t(1+i_k)^{-t}=0 \tag{7-13}$$

8 第8章 公路工程造价编制实例

本章结合工程实例，对公路工程预算的编制进行完整示范。

8.1 项目概况

二级公路，长8.573km。

填方路基利用路基挖方中选取合格材料作为路堤填料，并应优先选用级配较好的砾类土、砂类土等粗粒土以及以砂岩为主的破碎岩石作为填料，浸水路堤应选用渗水性良好的材料填筑。当路堤填筑高度小于8m时，边坡坡度采用1∶1.5；当填筑高度大于8m时，则在其高度6~8m处设置不小于2.0m宽的边坡平台，平台以上边坡坡度采用1∶1.50，以下边坡坡度采用1∶1.75~1∶2.00。

低填浅挖路基设计：当填方高度≤1.5m时，视为低填路基，对路床范围（即路面底面以下0~80cm）填料或表土必须认真处理。当土层最小强度（CBR）满足规范要求且含水量适度时，可采取翻挖后压实处理；当土层含水量较大或土层最小强度（CBR）不能满足规范要求时，一般采取换填碎砾石等透水性材料进行处理，处理后上、下路床压实度均不得小于95%。当土质挖方路基路床的强度不够或路床含水量过大难以压实时，须对路面结构层以下土基进行处理，处理方式及压实度、填料最小强度要求同低填路基。

深挖路基设计：公路K6+230~K6+300段路基以挖方路堑形式通过，右侧最大边坡高度约42.96m。

桥头路基设计：桥头路基处理采用在桥台搭板下面采用透水型材料回填。桥台台背采用片碎石回填，路基压实度不应小于96%。

陡坡路堤处理：当地表坡度陡于1∶5时，路堤填筑前应先清除表土，在稳定岩土层上开挖成向内倾斜2%~4%的反向台阶，台阶宽度不得小于3.0m，之后分层填筑路堤。当地表坡度陡于1∶2.5且路堤边坡高度大于8.0m时，除按上述要求开挖台阶外，还应在路床范围内铺设2层双向土工格栅。

填挖交界及过渡段处理：当原地面线与路槽底部交于左半幅内时，对左半幅挖方部分0.8m的路床进行超挖回填处理，并在左半幅路床范围内铺设两层双向土工格栅；反之对于右半幅挖方部分 0.8m 的路床进行超挖回填处理，并在全断面路床范围内铺设两层双向土工格栅。

纵向填挖交界处，挖方段超挖长度为 10m（短边），最大超挖深度≤2m，若交界处与坡底高差 h 小于 2.0m，最大超挖深度等于 h，并在路床范围内铺设两层双向土工格栅。填挖交界过渡段填料要求：当挖方区为土质及软质岩时，优先采用渗水性好的碎石土、砂砾土等材料填筑；当挖方区为硬质岩石时，按填石路堤处理。

特殊路基设计：本路段地形起伏较大，工程地质条件复杂，在详勘阶段，经过线路的平面、纵面的多次优化调整，特殊路基及不良地质路段大为减少。工程实施后主要为滑坡地段路基稳定问题。经调查及勘探取样试验，全线滑坡地段路基共 2 处，WJ 坪滑坡、ZH 山庄滑坡。WJ 坪滑坡上边坡采用打锚杆挂钢筋网喷射混凝土处理。

面层结构：根据交通量，结合省内同类工程路面的经验和国内外路面技术的发展情况，并考虑到施工工艺和施工管理的需要，拟定的路面结构为：

（1）行车道、硬路肩路面结构　上面层 5cm SBS 改性沥青混凝土 AC-13C；下面层 6cm 沥青混凝土 AC-20；基层 20cm 5%水泥稳定碎石；底基层 20cm 4%水泥稳定碎石；垫层为 18cm 级配碎石。

（2）土路肩加固　土路肩采用 C25 现浇混凝土加固，具体构造见“路面结构设计图”。

（3）桥面沥青铺装层结构　上面层为 5cm SBS 改性沥青混凝土 AC-13C；下面层为 5cm 沥青混凝土 AC-20；并于桥面涂刷防水粘结。

大桥：本桥上跨柏木沟而设，桥位处上覆块卵石土，下伏粉砂质泥岩、砾岩及砂岩，最大桥高 56m。上部结构由于两侧桥台控制采用 7×41m 预应力混凝土简支 T 梁，桥面连续，T 梁预制梁长在通用图基础上加 1m。1 号、6 号桥台均设置 160 型伸缩缝，1、7 号桥台采用桥面连续。桥墩采用柱式墩及空心薄壁墩、桩基础。桥台均采用重力式台、扩大基础。桩基均为端承桩。

8.2 项目施工图

项目施工图（部分节选）如图 8-1～图 8-11 所示。

墩柱桩基钢筋材料信息见表 8-1～表 8-4。

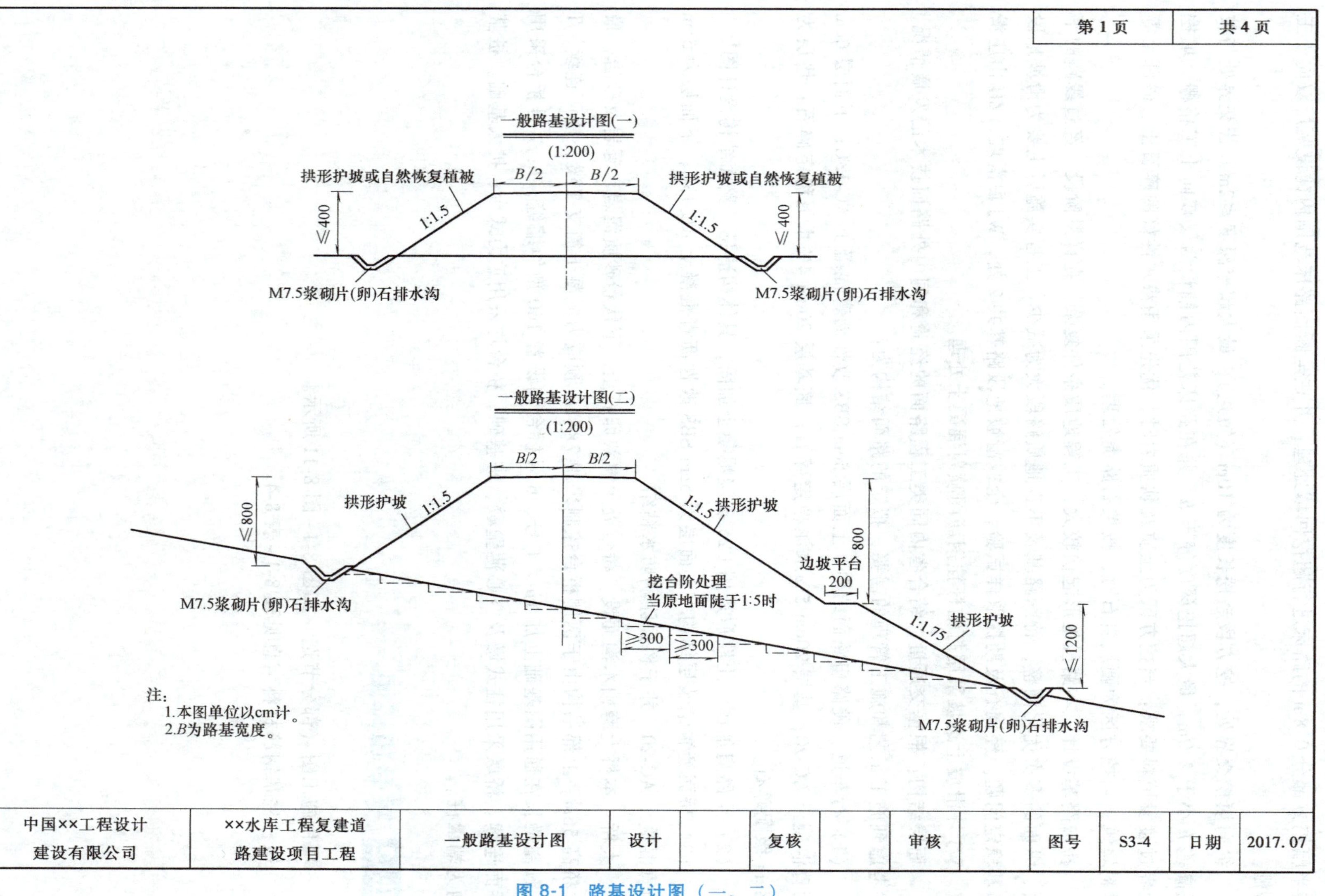

第1页
共4页
一般路基设计图(一)
(1:200)
B/2
B/2
拱形护坡或自然恢复植被
拱形护坡或自然恢复植被
1:1.5
1:1.5
≤400
≤400
M7.5浆砌片(卵)石排水沟
M7.5浆砌片(卵)石排水沟
一般路基设计图(二)
(1:200)
B/2
B/2
拱形护坡
1:1.5
1:1.5
拱形护坡
≤800
800
边坡平台
200
挖台阶处理
当原地面陡于1:5时
≥300
≥300
1:1.75
拱形护坡
≤1200
M7.5浆砌片(卵)石排水沟
M7.5浆砌片(卵)石排水沟
注：
1.本图单位以cm计。
2.B为路基宽度。
中国××工程设计建设有限公司
××水库工程复建道路建设项目工程
一般路基设计图
设计
复核
审核
图号
S3-4
日期
2017. 07

图 8-1　路基设计图（一、二）

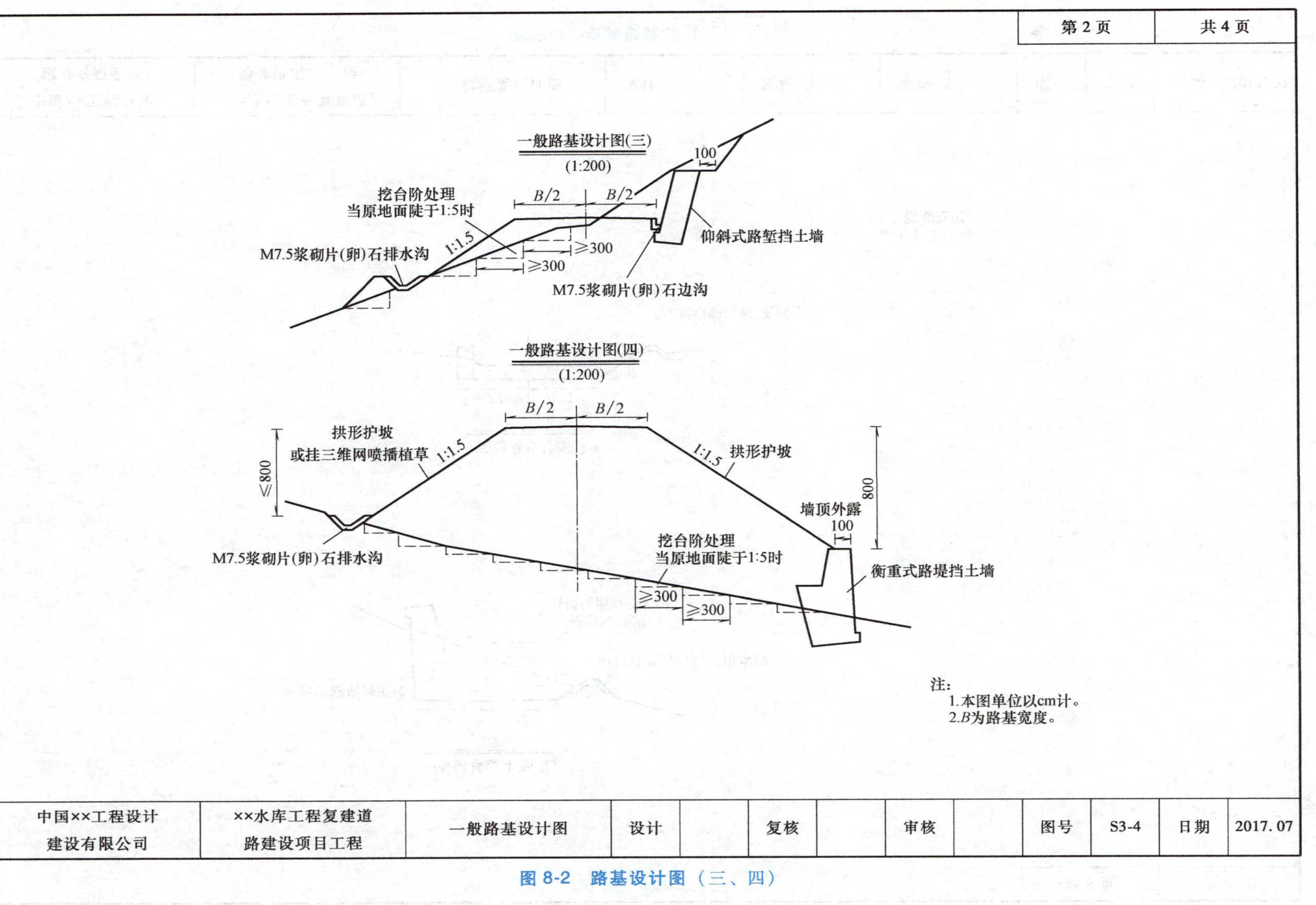
第2页
共4页
一般路基设计图(三)
(1:200)
100
挖台阶处理
当原地面陡于1:5时
B/2
B/2
仰斜式路堑挡土墙
1:1.5
M7.5浆砌片(卵)石排水沟
≥300
≥300
M7.5浆砌片(卵)石边沟
一般路基设计图(四)
(1:200)
B/2
B/2
拱形护坡
或挂三维网喷播植草
1:1.5
1:1.5
拱形护坡
≤800
800
墙顶外露
100
挖台阶处理
当原地面陡于1:5时
M7.5浆砌片(卵)石排水沟
衡重式路堤挡土墙
≥300
≥300
注：
1.本图单位以cm计。
2.B为路基宽度。
中国××工程设计建设有限公司
××水库工程复建道路建设项目工程
一般路基设计图
设计
复核
审核
图号
S3-4
日期
2017.07

图8-2 路基设计图（三、四）

第 3 页	共 4 页

一般路基设计图(五)

(1:200)

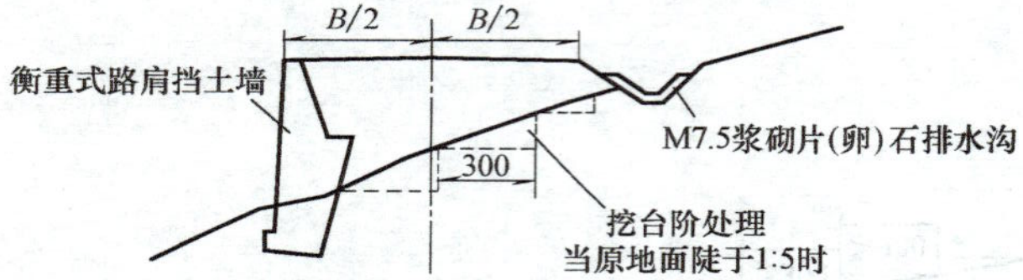

B/2　B/2

衡重式路肩挡土墙

M7.5浆砌片(卵)石排水沟

300

挖台阶处理
当原地面陡于1:5时

一般路基设计图(六)

(1:200)

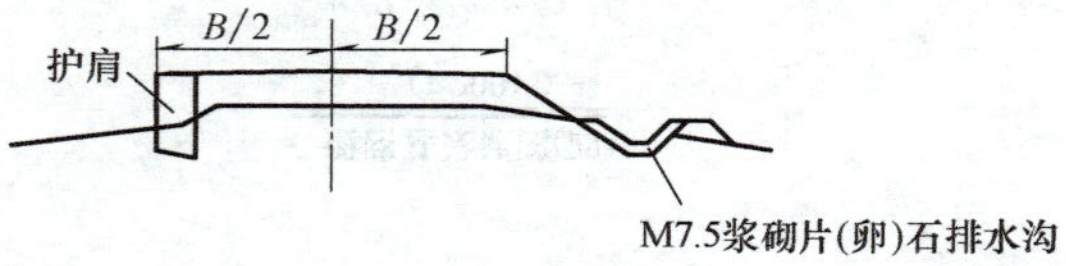

B/2　B/2

护肩

M7.5浆砌片(卵)石排水沟

注：
1.本图单位以cm计。
2.B为路基宽度。

中国××工程设计建设有限公司	××水库工程复建道路建设项目工程	一般路基设计图	设计		复核		审核		图号	S3-4	日期	2017. 07

图 8-3　路基设计图（五、六）

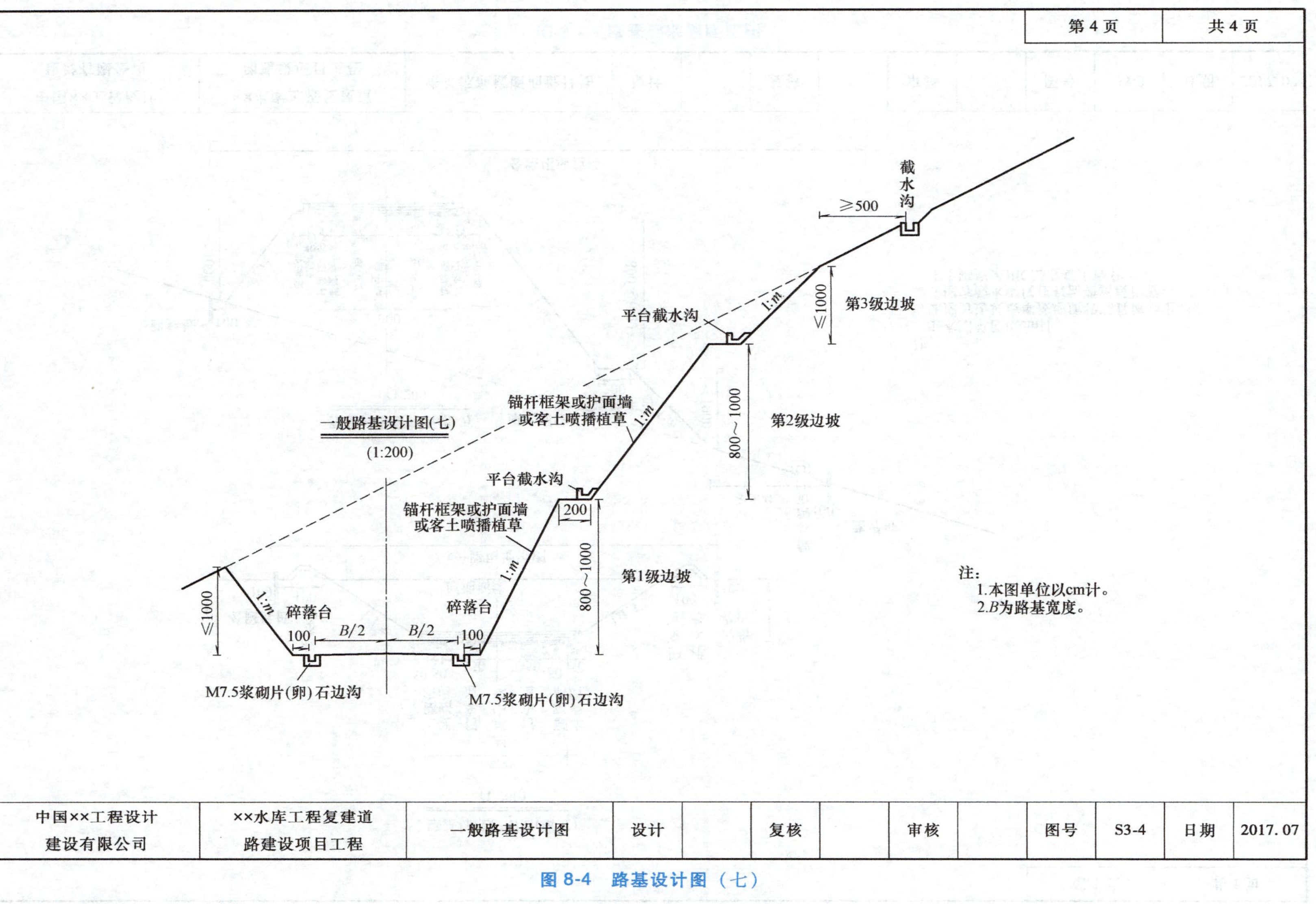

第 4 页
共 4 页
截水沟
≥500
第3级边坡
≤1000
1:m
平台截水沟
第2级边坡
800～1000
锚杆框架或护面墙
或客土喷播植草
1:m
一般路基设计图(七)
(1:200)
平台截水沟
200
锚杆框架或护面墙
或客土喷播植草
1:m
第1级边坡
800～1000
≤1000
1:m
碎落台
100
B/2
B/2
100
碎落台
M7.5浆砌片(卵)石边沟
M7.5浆砌片(卵)石边沟
注：
1.本图单位以cm计。
2.B为路基宽度。
中国××工程设计建设有限公司
××水库工程复建道路建设项目工程
一般路基设计图
设计
复核
审核
图号
S3-4
日期
2017.07

图 8-4　路基设计图（七）

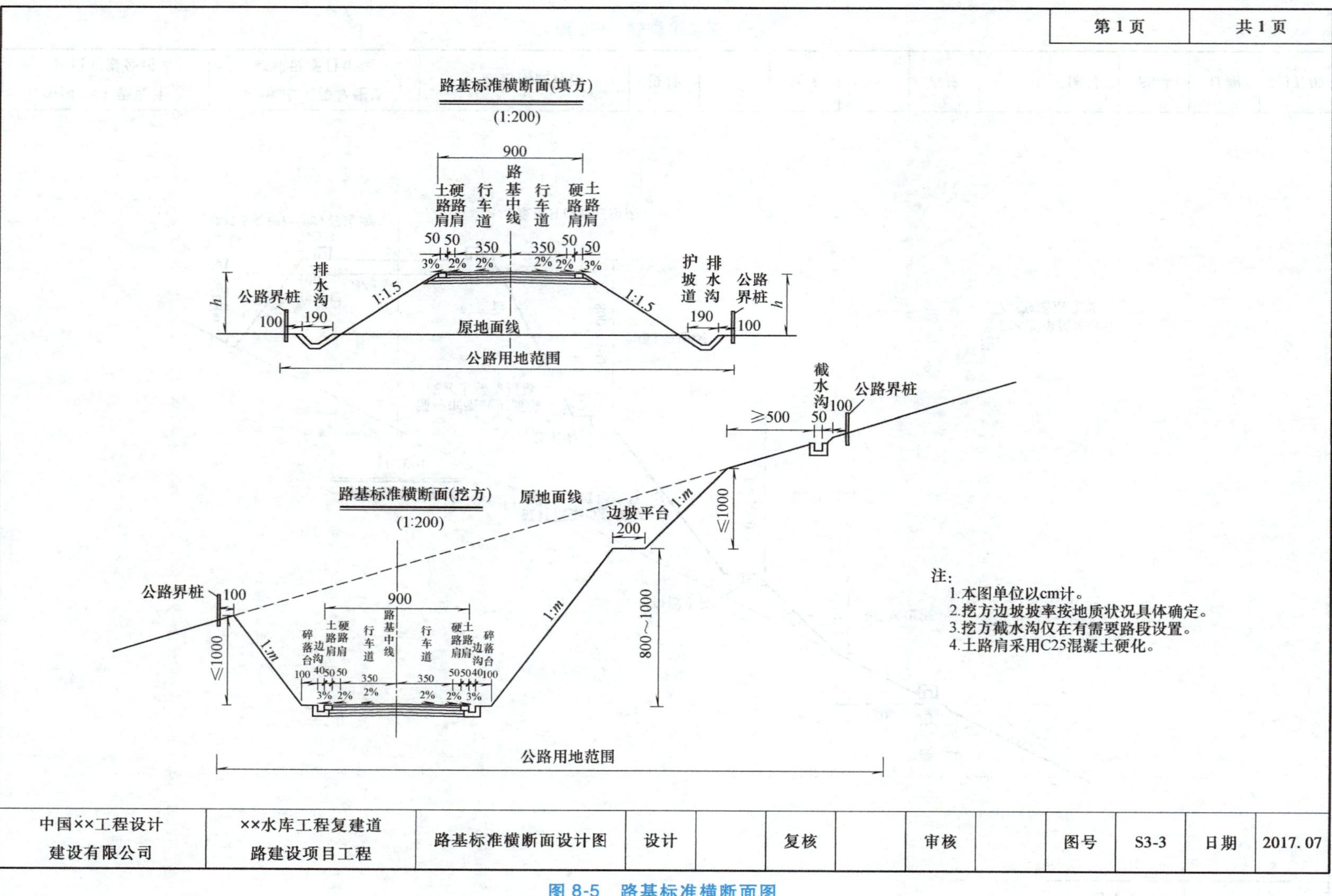

图 8-5 路基标准横断面图

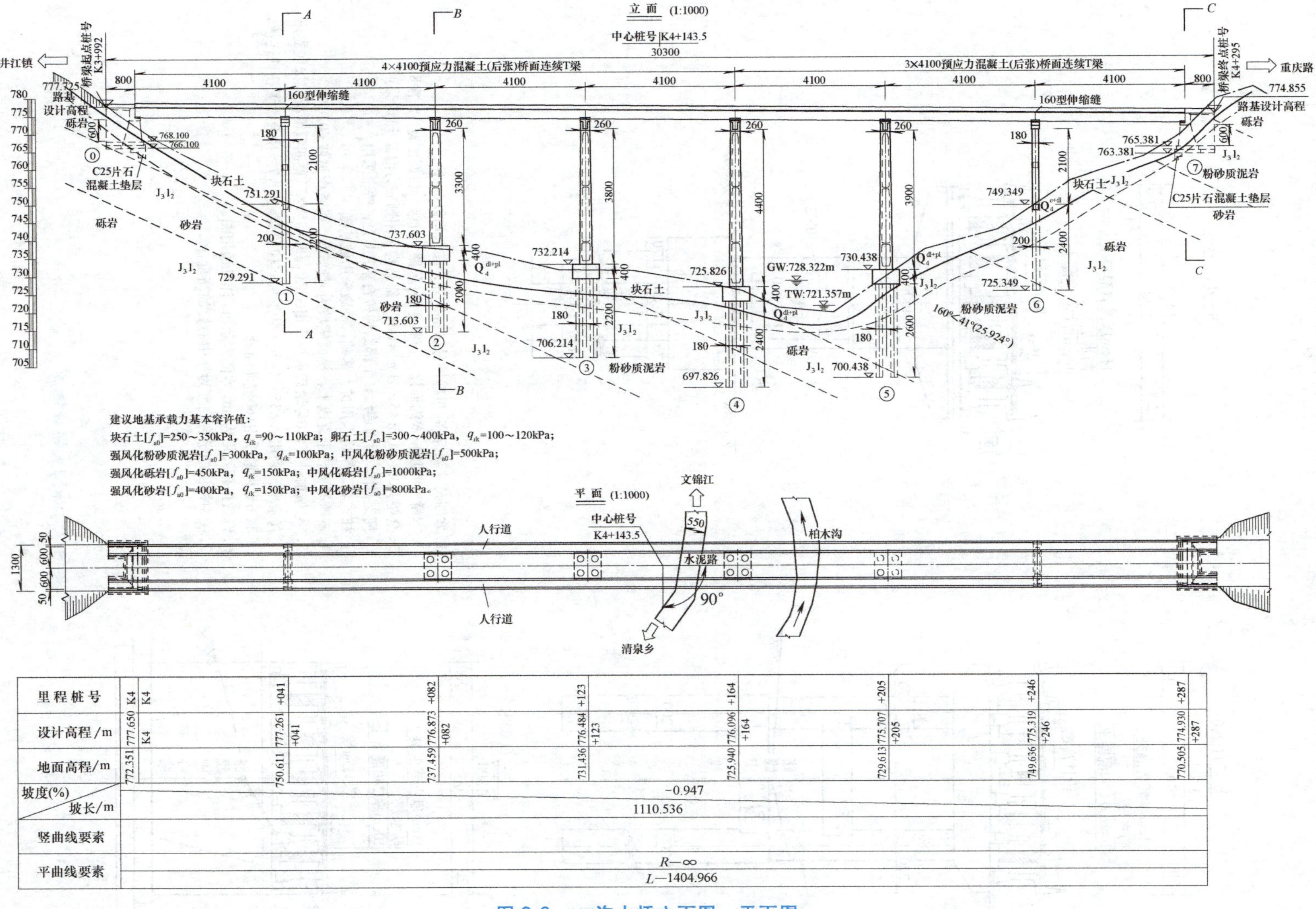

里程桩号	K4	+041	+082	+123	+164	+205	+246	+287
设计高程/m	777.650	777.261	776.873	776.484	776.096	775.707	775.319	774.930
地面高程/m	772.351	750.611	737.459	731.436	725.940	729.613	749.636	770.505
坡度(%) / 坡长/m	-0.947 / 1110.536							
竖曲线要素								
平曲线要素	R—∞ / L—1404.966							

图 8-6　××沟大桥立面图、平面图

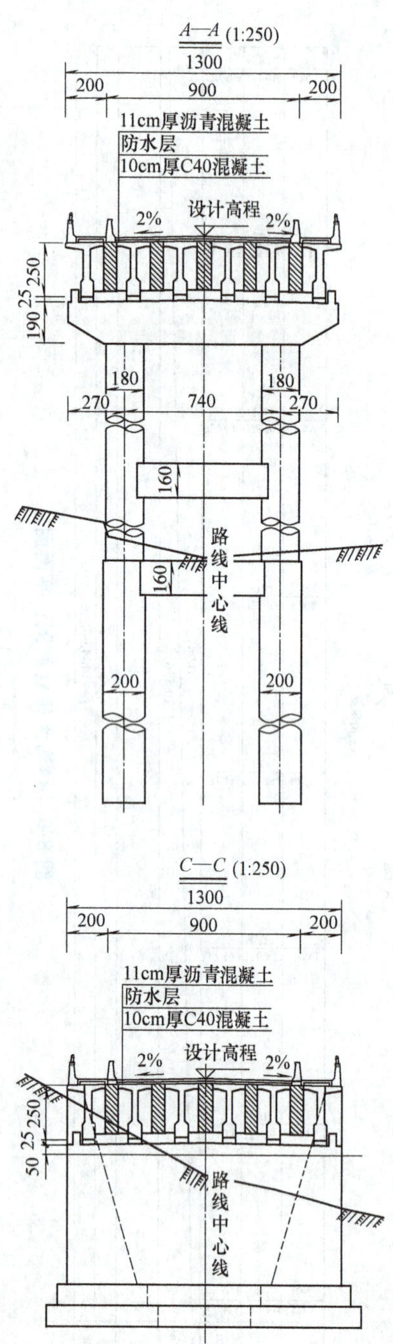

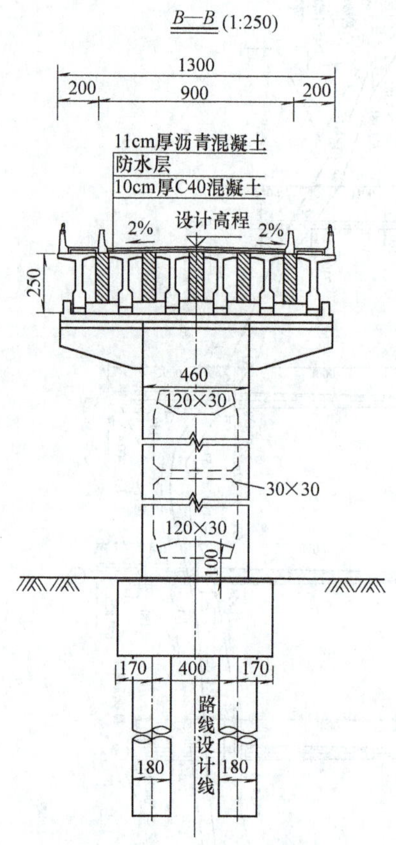

注：

1. 本图尺寸除标高、里程桩号以m计外，其余均以cm计。
2. 本桥为跨越柏木沟而设；荷载等级：公路—Ⅰ级；桥面净宽：1×净8m。
3. 全桥共3联：41m+5×41m+41m；上部结构采用预应力混凝土(后张)简支T梁，桥面连续；下部结构桥台采用U台，桥墩采用柱式墩，桥台采用扩大基础，桥墩采用桩基础。
4. 本桥平面位于直线上，桥面横坡为双向2%，纵断面纵坡-0.95%。
5. 1号墩前进岸、6号墩后退岸采用$GJZF_4$ 350×450×71型四氟滑板式橡胶支座；其余墩台采用GJZ350×450×69型板式橡胶支座；0、7号桥台设置桥面连续，1、6号桥墩采用160型伸缩缝。
6. 台后搭板长度为8m，本图未示出，详见通用图。
7. 图中标注的墩台高度为桥中心处的高度。

图 8-7　××沟大桥详图 1

图 8-8　××沟大桥详图 2

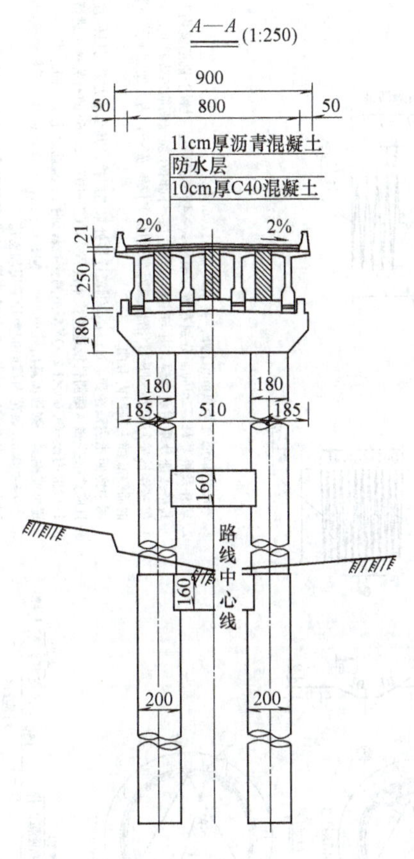

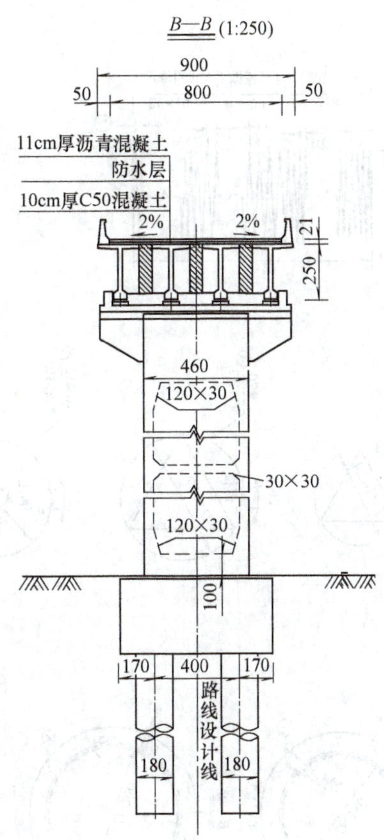

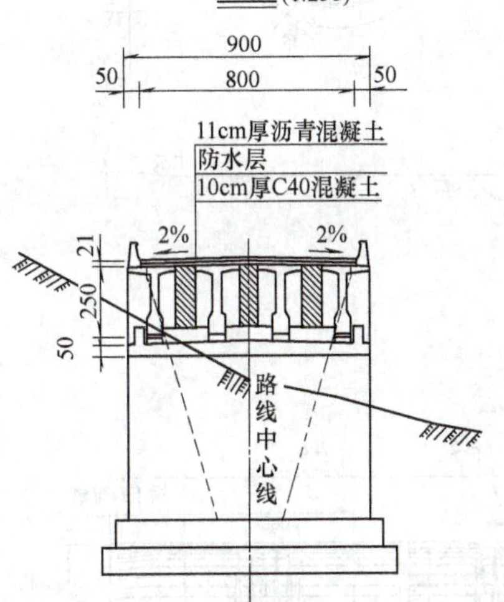

注：

1. 本图尺寸除标高、里程桩号以m计外，其余均以cm计。
2. 本桥为跨越柏木沟而设；荷载等级：公路—Ⅰ级；桥面净宽：1×净8m。
3. 全桥共3联：41m+5×41m+41m；上部结构采用预应力混凝土(后张)简支T梁，桥面连续；下部结构桥台采用U台，桥墩采用柱式墩，桥台采用扩大基础，桥墩采用桩基础。
4. 本桥平面位于直线上，桥面横坡为双向2%，纵断面纵坡−0.95%。
5. 1号墩前进岸、6号墩后退岸采用$GJZF_4$ 350×450×71型四氟滑板式橡胶支座；其余墩台采用GJZ350×450×69型板式橡胶支座；0、7号桥台设置桥面连续，1、6号桥墩采用160型伸缩缝。
6. 台后搭板长度为8m，本图未示出，详见通用图。
7. 图中标注的墩台高度为桥中心处的高度。

图 8-8　××沟大桥详图 2

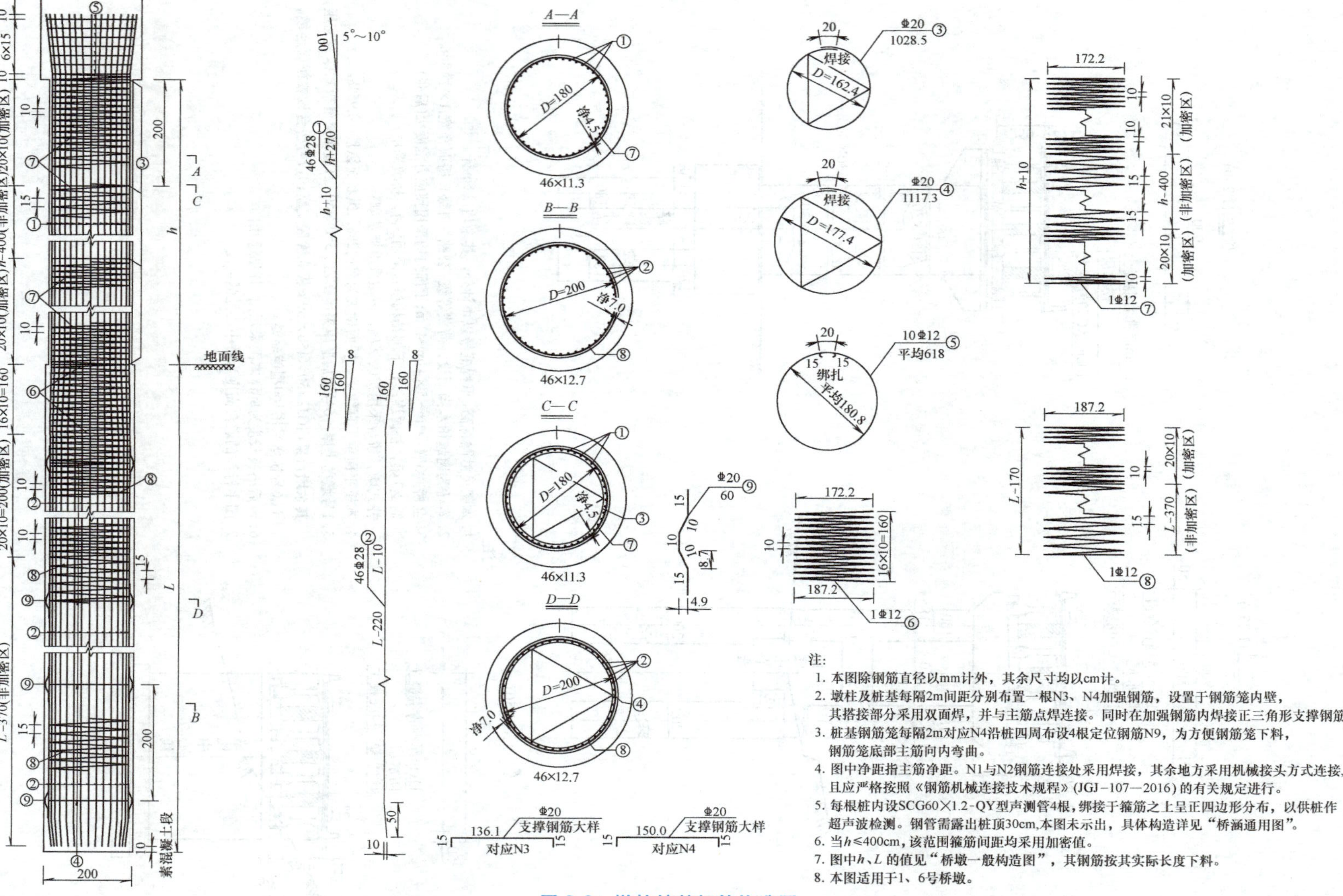

注：

1. 本图除钢筋直径以mm计外，其余尺寸均以cm计。
2. 墩柱及桩基每隔2m间距分别布置一根N3、N4加强钢筋，设置于钢筋笼内壁，其搭接部分采用双面焊，并与主筋点焊连接。同时在加强钢筋内焊接正三角形支撑钢筋。
3. 桩基钢筋笼每隔2m对应N4沿桩四周布设4根定位钢筋N9，为方便钢筋笼下料，钢筋笼底部主筋向内弯曲。
4. 图中净距指主筋净距。N1与N2钢筋连接处采用焊接，其余地方采用机械接头方式连接，且应严格按照《钢筋机械连接技术规程》(JGJ－107—2016)的有关规定进行。
5. 每根桩内设SCG60×1.2-QY型声测管4根，绑接于箍筋之上呈正四边形分布，以供桩作超声波检测。钢管需露出桩顶30cm,本图未示出，具体构造详见“桥涵通用图”。
6. 当$h \leqslant 400$cm，该范围箍筋间距均采用加密值。
7. 图中h、L的值见“桥墩一般构造图”，其钢筋按其实际长度下料。
8. 本图适用于1、6号桥墩。

图 8-9　墩柱桩基钢筋构造图

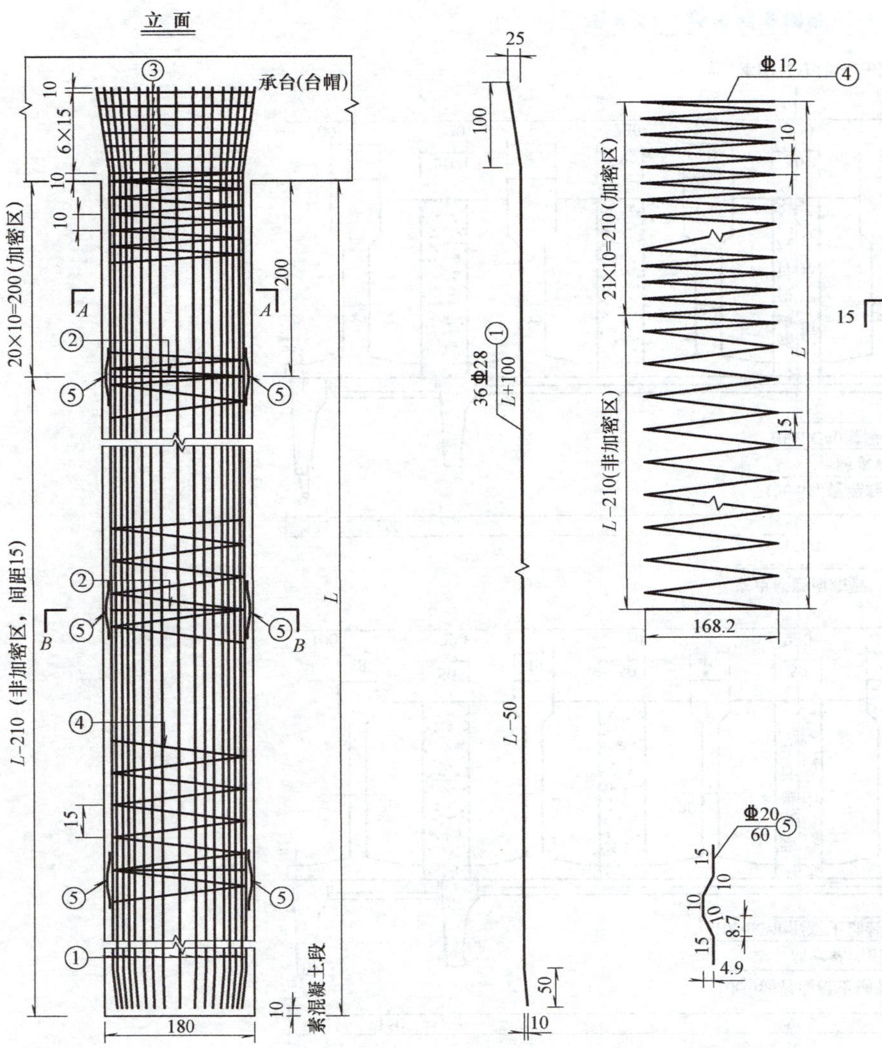

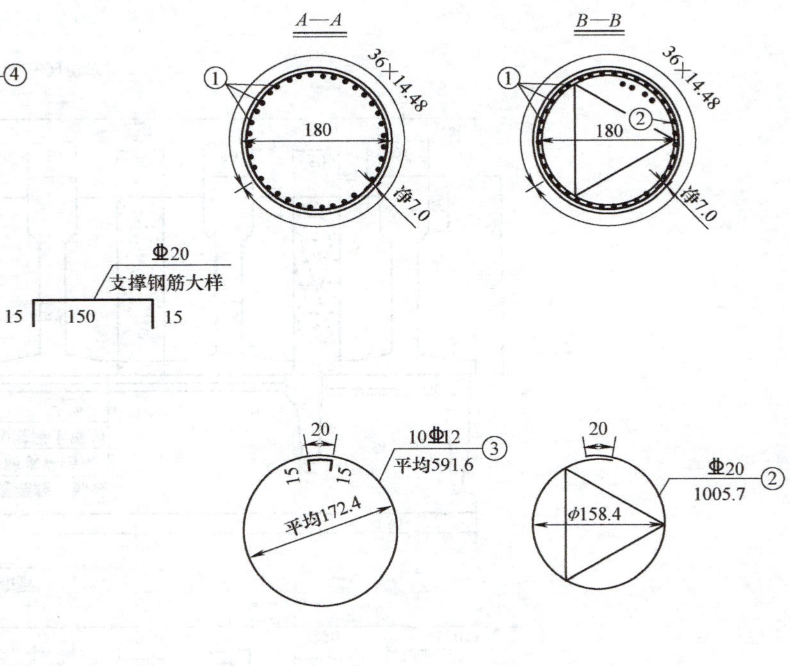

注：

1. 本图尺寸除钢筋直径以mm计外，其余尺寸以cm计。
2. N2钢筋为加强箍筋，每2m设置一道，设置于钢筋笼内部，其搭接部分采用双面焊，并与主筋点焊连接，同时在加强钢筋内焊接正三角形内支撑钢筋。
3. N5钢筋为定位箍筋，每一截面内布置4根，均匀设于加强筋N2四周。为方便钢筋笼下料，钢筋笼底部主筋向内弯曲。
4. 图中净距指主筋净距，钢筋笼主筋采用机械接头方式连接，且应严格按照《钢筋机械连接技术规程》(JGJ-107—2016)的有关规定进行。
5. 每根桩内设SCG60×1.2-QY型声测管4根，绑接于箍筋之上呈正四边形分布，钢管需露出桩顶30cm，以供桩作超声波检测，图中未示，具体构造详见“桥涵通用图”。
6. 本图适用于2～5号桥墩桩基。

图 8-10　桥墩桩基钢筋构造图

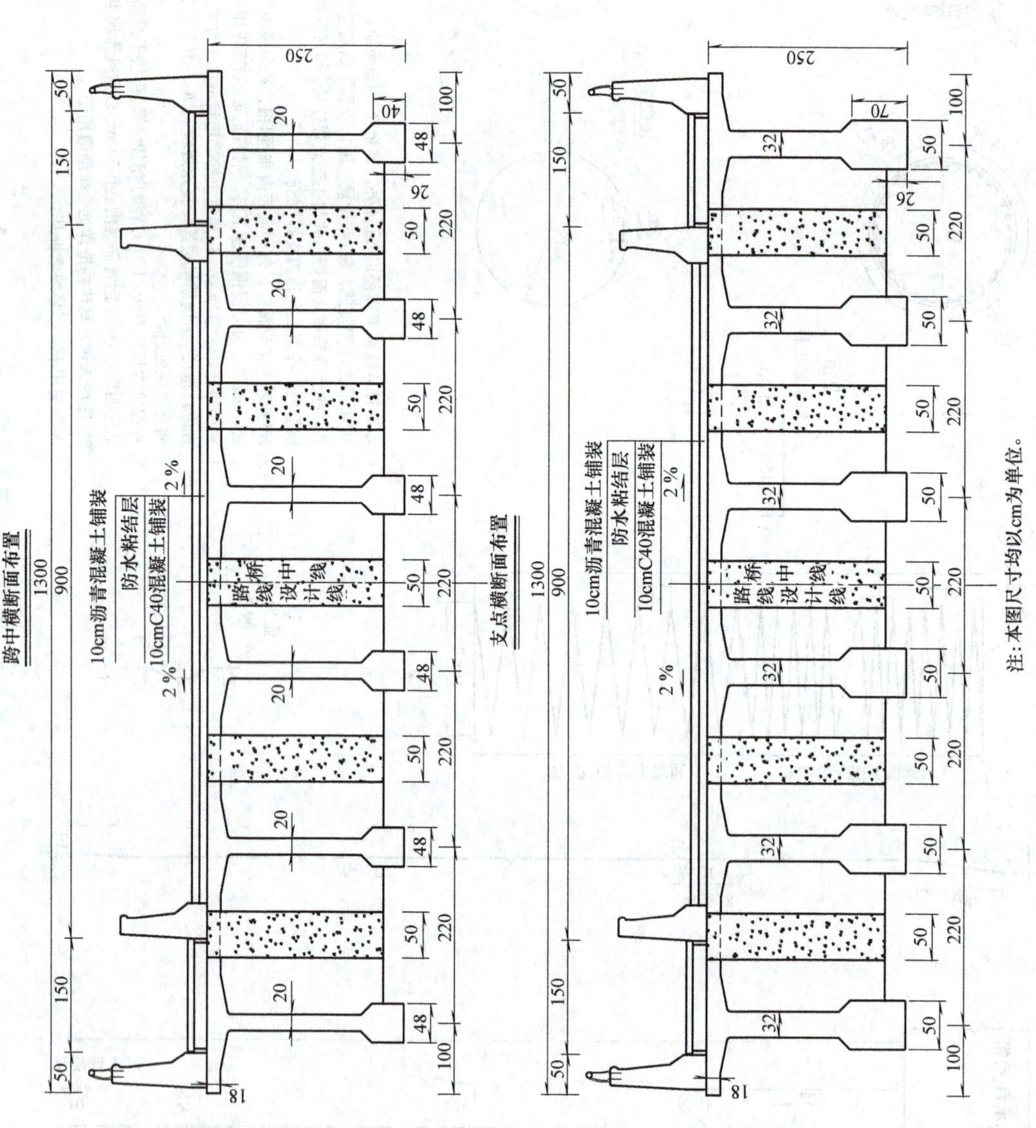

注：本图尺寸均以cm为单位。

图 8-11 桥梁标准横断面（跨中、支点）

表 8-1　墩柱桩基钢筋材料表（一）

桥墩编号	桩柱长度/cm	钢筋							C30 混凝土
		编号	直径	单根长	根数	总长	总重	合计	
			mm	cm		m	kg	kg	m³
1 号墩	墩柱	1	28	2370.0	46	1090.20	5265.67	5265.7	53.44
	L1:2100	3	20	1028.5	11	113.14	279.44	279.4	
		5	12	平均 618.0	7	43.26	38.41	789.2	
		7		84548.5	1	845.48	750.79		
	桩基	2	28	2190.0	46	1007.40	4865.74	4865.7	69.12
	L1:2200	4	20	1117.3	11	122.90	303.57	368.8	
		9		60.0	44	26.40	65.21		
		6	12	9044.2	1	90.44	80.31	833.6	
		8		84832.8	1	848.33	753.31		
		SCG60×1.2-QY型声测管		2230.0	4	89.20	155.21	155.2	
	L2:2100	3	20	1028.5	11	113.14	279.44	279.4	53.44
		5	12	平均 618.0	7	43.26	38.41	789.2	
		7		84548.5	1	845.48	750.79		
	桩基	2	28	2190.0	46	1007.40	4865.74	4865.7	69.12
	L2:2200	4	20	1117.3	11	122.90	303.57	368.8	
		9		60.0	44	26.40	65.21		
		6	12	9044.2	1	90.44	80.31	833.6	
		8		84832.8	1	848.33	753.31		
		SCG60×1.2-QY型声测管		2230.0	4	89.20	155.21	155.2	

注：1. 本表结合“墩柱桩基钢筋构造图（一）”执行。

2. 桩基采用水下混凝土。

表 8-2 墩柱桩基钢筋材料表（二）

桥墩编号	桩柱长度/cm	钢筋							C30 混凝土
		编号	直径	单根长	根数	总长	总重	合计	
			mm	cm		m	kg	kg	m^3
6 号墩	墩柱	1	28	2370.0	46	1090.20	5265.67	5265.7	53.44
	L1:2100	3	20	1028.5	11	113.14	279.44	279.4	
		5	12	平均 618.0	7	43.26	38.41	789.2	
		7		84548.5	1	845.48	750.79		
	桩基	2	28	2390.0	46	1099.40	5310.10	5310.1	75.40
	L1:2400	4	20	1117.3	12	134.08	331.17	402.3	
		9		60.0	48	28.80	71.14		
		6	12	9044.2	1	90.44	80.31	901.6	
		8		92488.8	1	924.89	821.30		
		SCG60×1.2-QY 型声测管		2430.0	4	97.20	169.13	169.1	
	L2:2100	3	20	1028.5	11	113.14	279.44	5265.7	53.44
		5	12	平均 618.0	7	43.26	38.41	279.4	
		7		84548.5	1	845.48	750.79	789.2	
	桩基	2	28	2390.0	46	1099.40	5310.10	5310.1	75.40
	L2:2400	4	20	1117.3	12	134.08	331.17	402.3	
		9		60.0	48	28.80	71.14		
		6	12	9044.2	1	90.44	80.31	901.6	
		8		92488.8	1	924.89	821.30		
		SCG60×1.2-QY 型声测管		2430.0	4	97.20	169.13	169.1	

注：1. 本表结合“墩柱桩基钢筋构造图（一）”执行。

2. 桩基采用水下混凝土。

表 8-3 墩柱桩基钢筋材料表（三）

<table>
<tr><th rowspan="3">墩号</th><th rowspan="3">参数</th><th colspan="7">钢 筋</th><th>C30</th></tr>
<tr><th rowspan="2">编号</th><th>直径</th><th>单根长</th><th rowspan="2">根数</th><th>总长</th><th>总重</th><th>合计</th><th>混凝土</th></tr>
<tr><th>mm</th><th>cm</th><th>m</th><th>kg</th><th>kg</th><th>m³</th></tr>
<tr><td rowspan="6">2 号墩</td><td rowspan="5">2000</td><td>1</td><td>28</td><td>2100.0</td><td>36</td><td>756.00</td><td>3653.75</td><td>3653.7</td><td rowspan="6">50.89</td></tr>
<tr><td>2</td><td>20</td><td>1005.7</td><td>11</td><td>110.63</td><td>273.25</td><td rowspan="2">338.5</td></tr>
<tr><td>5</td><td>20</td><td>60.0</td><td>44</td><td>26.40</td><td>65.21</td></tr>
<tr><td>3</td><td>12</td><td>平均 591.6</td><td>7</td><td>41.41</td><td>36.77</td><td rowspan="2">704.4</td></tr>
<tr><td>4</td><td>12</td><td>75182</td><td>1</td><td>751.82</td><td>667.61</td></tr>
<tr><td colspan="3">SCG60×1.2-QY 型声测管</td><td>2030</td><td>4</td><td>81.20</td><td>141.29</td><td>141.3</td></tr>
<tr><td rowspan="6">3 号墩</td><td rowspan="5">2200</td><td>1</td><td>28</td><td>2300.0</td><td>36</td><td>828.00</td><td>4001.72</td><td>4001.7</td><td rowspan="6">55.98</td></tr>
<tr><td>2</td><td>20</td><td>1005.7</td><td>12</td><td>120.68</td><td>298.09</td><td rowspan="2">369.2</td></tr>
<tr><td>5</td><td>20</td><td>60.0</td><td>48</td><td>28.80</td><td>71.14</td></tr>
<tr><td>3</td><td>12</td><td>平均 591.6</td><td>7</td><td>41.41</td><td>36.77</td><td rowspan="2">765.5</td></tr>
<tr><td>4</td><td>12</td><td>82062</td><td>1</td><td>820.62</td><td>728.71</td></tr>
<tr><td colspan="3">SCG60×1.2-QY 型声测管</td><td>2230</td><td>4</td><td>89.20</td><td>155.21</td><td>155.2</td></tr>
<tr><td rowspan="6">4、5 号墩</td><td rowspan="5">2400</td><td>1</td><td>28</td><td>2500.0</td><td>36</td><td>900.00</td><td>4349.70</td><td>4349.7</td><td rowspan="6">61.07</td></tr>
<tr><td>2</td><td>20</td><td>1005.7</td><td>13</td><td>130.74</td><td>322.93</td><td rowspan="2">400.0</td></tr>
<tr><td>5</td><td>20</td><td>60.0</td><td>52</td><td>31.20</td><td>77.06</td></tr>
<tr><td>3</td><td>12</td><td>平均 591.6</td><td>7</td><td>41.41</td><td>36.77</td><td rowspan="2">831.3</td></tr>
<tr><td>4</td><td>12</td><td>89471</td><td>1</td><td>894.71</td><td>794.51</td></tr>
<tr><td colspan="3">SCG60×1.2-QY 型声测管</td><td>2430</td><td>4</td><td>97.20</td><td>169.13</td><td>169.1</td></tr>
</table>

表 8-4 墩柱桩基钢筋材料表（四）

<table>
<tr><td rowspan="2">桥墩</td><td>28mm</td><td>20mm</td><td>12mm</td><td>C30 混凝土</td><td rowspan="2">—</td></tr>
<tr><td>21062.66kg</td><td>1117.77kg</td><td>3156.82kg</td><td>213.75m³</td></tr>
<tr><td rowspan="2">桩基</td><td>28mm</td><td>20mm</td><td>12mm</td><td>C30 混凝土</td><td>SCG60×1.2-QY 型声测管</td></tr>
<tr><td>85771.18kg</td><td>7572.85kg</td><td>16000.21kg</td><td>1205.11m³</td><td>3187.68m</td></tr>
</table>

8.3 预算的编制

按预算书的编订顺序，完整的公路工程预算表见表 8-5～表 8-13。

表 8-5 封面

××水库复建道路建设项目公路预算

（ ）

第 册 共 册

编制：________________

复核：________________

（ ）

表 8-6 报表目录

项目名称：××水库工程复建道路建设项目

序号	图表名称	编号	备注
1	2	3	4
	甲组文件		
1	编制说明		本书省略
2	表 A. 0. 2-2 总预算汇总表	01-1 表	本书省略
3	表 A. 0. 2-3 总预算人工、主要材料、机械台班数量汇总表	02-1 表	本书省略
4	表 A. 0. 2-4 总预算表	01 表	
5	表 A. 0. 2-5 人工、主要材料、施工机械台班数量汇总表	02 表	本书省略
6	表 A. 0. 2-6 建筑安装工程费计算表	03 表	
7	表 A. 0. 2-7 综合费率计算表	04 表	
8	综合费用计算表	04-1 表	
9	表 A. 0. 2-8 设备费计算表	05 表	本书省略
10	表 A. 0. 2-9 专项管理费计算表	06 表	本书省略
11	表 A. 0. 2-10 土地使用及拆迁补偿费计算表	07 表	本书省略
12	表 A. 0. 2-11 工程建设其他费用计算表	08 表	本书省略
13	表 A. 0. 2-12 人工、材料、施工机械台班单价汇总表	09 表	
	乙组文件		
1	表 A. 0. 3-1 分项工程预算计算数据表	21-1 表	
2	表 A. 0. 3-2 分项工程预算表	21-2 表	本书省略
3	表 A. 0. 3-3 材料预算单价计算表	22 表	本书省略
4	表 A. 0. 3-4 自采材料料场价格计算表	23-1 表	本书省略
5	表 A. 0. 3-5 材料自办运输单位运费计算表	23-2 表	本书省略
6	表 A. 0. 3-6 施工机械台班单价计算表	24 表	
7	表 A. 0. 3-7 辅助生产人工、材料、施工机械台班单价数量表	25 表	本书省略

表 8-7　总预算表

建设项目名称：××水库工程复建道路建设项目

编制范围：××水库复建道路建设项目　　第 1 页　共 6 页　01 表

分项编号	工程或费用名称	单位	数量	预算金额(元)	技术经济指标	各项费用比例(%)	备注
1	第一部分 建筑安装工程费	公路公里		62601264		100.00	建设项目路线总长度(主线长度)
102	路基工程			36661346		58.56	
LJ01	场地清理			245876			
LJ0101	清理与掘除			148889			
LJ010101	清理现场	m^2	5460	2681	0.49		
LJ010102	砍伐树木	棵	4075	123001	30.18		
LJ010103	伐树及挖树根	棵	765	23207	30.34		
LJ0102	挖除旧路面			26246			
LJ010201	挖除水泥混凝土路面	m^3	100	8703	87.03		
LJ010202	挖除沥青混凝土路面	m^3	100	11453	114.53		
LJ010203	挖除碎(砾)石路面	m^3		6090			
LJ0103	拆除结构物			70741			
LJ010301	拆除钢筋混凝土结构	m^3	100	32590	325.90		
LJ010302	拆除混凝土结构	m^3	100	32590	325.90		
LJ010303	拆除砖石及其他砌体	m^3	100	5561	55.61		
LJ02	路基挖方			2360025			
LJ0201	挖土方	m^3	35354.25	300686	8.50		
LJ0202	挖石方	m^3	152812.26	2059339	13.48		
10905	改河、改渠、改路挖方			266897			
LJ0201	挖土方(改路)	m^3	5369	35191	6.55		
LJ0202	挖石方(改路)	m^3	7748	138153	17.83		
LJ0201	挖土方(低填浅挖路基处理)	m^3	1133	19362	17.09		
LJ0201	桥台挖台阶土方	m^3	1534	48756	31.78		
LJ0201	路堤及填挖交接处超挖及台阶土方	m^3	2929	25436	8.68		

编制：　　复核：

建设项目名称：××水库工程复建道路建设项目

编制范围：××水库复建道路建设项目　　　　第 2 页　共 6 页　　01 表

分项编号	工程或费用名称	单位	数量	预算金额(元)	技术经济指标	各项费用比例(%)	备注
LJ03	路基填筑(包括填前压实)			5703467			
LJ0301	路堤及填挖交接处回填	m^3	2929	35439	12.10		
LJ0302	利用土方	m^3	14637	121256	8.28		
LJ0303	利用石方	m^3	59731	5516162	92.35		
LJ0304	桥头台背回填碎石土	m^3	5965	30609	5.13		
10905	改河、改渠、改路填筑			99486			
LJ0301	利用土方	m^3	3434	19418	5.65		
LJ0303	利用石方	m^3	2676	80068	29.92		
LJ05	软土路基处理			224101			
LJ0501	软土地区路基处理			224101			
LJ050101	换填碎砾石(低填浅挖路基处理)	m^3	1133	134484	118.70		
LJ050103	土工织物(陡坡路堤或填挖交界处理)	m^3	5938	89617	15.09		
LJ06	排水工程			2842118			
LJ0601	M7.5 浆砌片石边沟(1m×0.7m)			762503			
LJ060103	M7.5 浆砌片石边沟(1m×0.7m)	m	5331	762503	143.03		
LJ0601	M7.5 浆砌片石边沟(1m×0.7m)(改路)			188642			
LJ060103	M7.5 浆砌片石边沟(1m×0.7m)(改路)	m	1897	188642	99.44		
LJ0602	M7.5 浆砌片石排水沟(1.8m×0.7m)			1213438			
LJ060203	M7.5 浆砌片石排水沟(1.8m×0.7m)	m	4929	1213438	246.18		
LJ0603	M7.5 浆砌片石堑顶截水沟(1.1m×0.8m)			445118			
LJ060302	M7.5 浆砌片石堑顶截水沟(1.1m×0.8m)	m	1065	319166	299.69		
LJ060302	M7.5 浆砌片石路堑平台顶截水沟(1.4m×0.8m)	m	790	125953	159.43		
LJ0604	M7.5 浆砌片石急流槽			128127			
LJ060402	M7.5 浆砌片石急流槽	m^3	368	128127	348.17		
LJ0606	路基盲沟(600mm×600mm)	m	544	11531	21.20		

LJ0601	涵洞上下游改沟、改渠铺砌	m^3	148.146	92758	626.13		
108	边坡防护			5077165			
LH01	植物护坡			1699586			
LH0102	护坡平台种草	m^2	830	17887	21.55		
LH0106	客土喷播护坡	m^2	9629	1681699	174.65		
LJ07	M7.5 浆砌片石护坡			3377579			
LJ0701	M7.5 浆砌片(卵)石拱形护坡	m^2	12611	1029819	81.66		
LJ0702	C25 普通锚杆框架护坡(路基支挡、防护)	m^2	3692	1475766	399.72		
LJ0702	C25 普通锚杆框架护坡(智慧山庄滑坡)	m^2	2940	871993	296.60		
LJ08	护面墙			857509			
LJ0801	M7.5 浆砌片(块)石	m^3	2030	857509	422.42		
LJ08	砌体挡土墙			6963184			
LJ0801	M7.5 浆砌片(块)石	m^3	270	146440	542.37		
LJ0802	仰斜式路堑挡土墙	m^3	1840.4	799446	434.39		
LJ0803	M7.5 浆砌片(卵)石衡重式路堤挡土墙		450	191244	424.99		
LJ0804	M7.5 浆砌片(卵)石衡重式路肩挡土墙		12304.1	5826054	473.51		
LJ08	混凝土挡土墙			1733569			
LJ0806	C25 混凝土护肩、护脚		1981	1733569	875.10		
LJ07	挂网锚喷混凝土防护边坡(全坡面)			2430239			
LJ0702	挂网锚喷混凝土防护边坡(全坡面)			2430239			
1	厚 150mm 喷混凝土防护边坡	m^2	4934	1026718	208.09		
2	ϕ8mm 钢筋网	kg	19739	132200	6.70		
3	ϕ25mm 螺纹钢筋锚杆	m	6414.2	1271321	198.20		
LJ07	混凝土抗滑桩			7857709			
LJ0703	2m×2.5m,C30 混凝土抗滑桩(智慧山庄)	m	1050	7857709	7483.53		

编制：　　　　　　　　　　复核：

建设项目名称：××水库工程复建道路建设项目

编制范围：××水库复建道路建设项目　　　　第 3 页　共 6 页　　01 表

分项编号	工程或费用名称	单位	数量	预算金额(元)	技术经济指标	各项费用比例(%)	备注
103	路面工程			7166432		11.45	
10301	沥青混凝土路面			6123496			
LM0101	路面垫层			1527767			
LM010101	碎石垫层			1484930			
1	厚 180mm 级配碎石垫层	m^2	62722.7	1449636	23.11		
2	厚 150mm(改路-沥青路面)	m^2	1914	35294	18.44		
LM010102	砂砾垫层			42838			
1	厚 200mm(改路-混凝土路面)	m^2	2573	42838	16.65		
LM0102	路面底基层			3698848			
LM010202	水泥稳定类底基层			1410398			
1	厚 200mm 4%水泥稳定碎石底基层	m^2	58750.2	1370410	23.33		
2	厚 180mm 4%水泥稳定碎石底基层(改路-沥青路面)	m^2	1866	39988	21.43		
LM010202	水泥稳定类底基层			2288449			
1	厚 200mm 5%水泥稳定碎石底基层	m^2	50105.3	2126252	42.44		
2	厚 180mm 5%水泥稳定碎石底基层(改路-沥青路面)	m^2	1614	62134	38.50		
3	厚 200mm 水泥稳定碎石底基层(改路-混凝土路面)	m^2	2358	100063	42.44		
LM0104	透层、粘层			410398			
LM010401	透层	m^2	51719.3	220247	4.26		
LM010402	粘层	m^2	100210.5	190150	1.90		
LM0105	沥青混凝土面层			194485			
LM010503	细粒式沥青混凝土面层			88753			
1	厚 50mm SBS 改性沥青混凝土 AC-13C 上面层	m^2	50105.3	86522	1.73		
2	厚 40mm SBS 改性沥青混凝土 AC-13C 上面层(改路-沥青路面)	m^2	1614	2231	1.38		
LM010502	中粒式沥青混凝土面层			105733			
1	厚 60mm SBS 沥青混凝土 AC-20 下面层	m^2	50105.3	102968	2.06		

2	厚 50mm SBS 沥青混凝土 AC-20 下面层(改路-沥青路面)	m^2	1614	2764	1.71		
LM0104	封层			291999			
LM010403	下封层	m^2	50105.3	291999	5.83		
10302	水泥混凝土路面			241203			
LM0205	水泥混凝土板			189853			
LM020501	厚 200mm C25(混凝土弯拉强度 4.5MPa)	m^2	2144	189853	88.55		
LM0205	桥头搭接过渡板			51351			
LM020501	桥头搭接过渡板			51351			
1	C30 水泥混凝土过渡板	m^2	93.6	48035	513.20		
2	HRB335 钢筋	kg	657	3315	5.05		
LM04	路槽、路肩及中央分隔带	m^2		774913			
LM0402	路肩			774913			
LM040202	土路肩加固			774913			
LM04020201	C25 现浇混凝土加固土路肩(300mm)	m^3	11374.6	774913	68.13		
LM05	路面排水			26820			
LM0504	排水管			26820			
LM050401	混凝土管(φ500mm)(改路)	m	76	26820	352.89		
104	桥梁涵洞工程	km		16905232		27.00	
10404	大桥工程	m		16905232			
1040401	柏木沟大桥	m	303	16905232	55792.85		
QL01	基础钢筋			887136			
1	带肋钢筋(HRB335、HRB400)	kg	177.849	866783	4873.70		
2	声测管	kg	3188	20353	6.38		
QL02	下部结构钢筋			1505499			
1	光圆钢筋(HPB235、HPB300)	kg	3135.37	28127	8.97		

编制：　　　　　　　　　　　　复核：

建设项目名称：××水库工程复建道路建设项目

编制范围：××水库复建道路建设项目　　　　第 4 页　共 6 页　　01 表

分项编号	工程或费用名称	单位	数量	预算金额(元)	技术经济指标	各项费用比例(%)	备注
2	带肋钢筋(HRB335、HRB400)	kg	285329	1477373	5.18		
QL03	上部结构钢筋			3243560			
1	光圆钢筋(HPB235、HPB300)	kg	77919	610050	7.83		
2	带肋钢筋(HRB335、HRB400)	kg	465378	2598832	5.58		
3	人行道护栏栏杆	kg	6104	34677	5.68		
QL05	附属结构钢筋			26910			
1	带肋钢筋(HRB335、HRB400)	kg	5332.6	26910	5.05		
LJ02	干处挖方			147928			
LJ0201	干处挖土方	m^3	1567	41337	26.38		
LJ0202	干处挖石方	m^3	1814	106592	58.76		
QL01	灌注桩			1490124			
QL0102	钻孔灌注桩			1490124			
QL010201	钻孔灌注桩(ϕ1.8m)	m	180	525453	2919.18		
QL010201	钻孔灌注桩(ϕ2m)	m	92	311649	3387.49		
QL010201	混凝土基础 C30 水下混凝土(桩基混凝土)	m^3	1205	653023	541.93		
QL01	承台混凝土			305353			
QL0105	混凝土承台 C30	m^3	657.2	302676	460.55		
QL0105	承台垫层 C20 素混凝土	m^3	33	2677	81.12		
QL02	混凝土下部结构			1614998			
1	系梁-C30	m^3	64.3	46578	724.38		
2	盖梁-C30	m^3	101.8	91911	902.86		
3	盖梁-C40	m^3	232	209464	902.86		
4	圆柱式墩柱-C30	m^3	213.8	141371	661.23		
5	方柱式墩柱-C40	m^3	1137.5	984396	865.40		

6	耳背墙混凝土-C30	m^3	144.18	123717	858.08		
7	台帽-C30	m^3	20.8	17560	844.24		
QL03	混凝土上部结构			1350022			
QL0307	现浇混凝土上部结构			1272382			
1	T 梁隔板-C50 湿接缝	m^3	252.9	228334	902.86		
2	防撞护栏-C30	m^3	442.5	1038359	2346.57		
3	支座、垫石-C40	m^3	5.6	5689	1015.89		
QL0307	上部结构现浇人行道混凝土			55458			
1	人行道板-C30	m^3	80.6	49722	616.89		
2	人行道 M10 砂浆抹灰	m^2	1030	5736	5.57		
QL0306	现浇混凝土搭板			22182			
1	搭板-C30	m^3	36	19651	545.87		
2	搭板下垫层-C20 素混凝土	m^3	31.2	2531	81.12		
QL06	铸铁泄水管	套	112	7160	63.93		
QL06	后张法钢绞线预应力			452213			
1	5 孔 20m 内	kg	1135.2	16141	14.22		
2	7 孔 20m 内	kg	4244.4	59492	14.02		
3	8 孔 80m 内	kg	40661.88	376580	9.26		
QL03	预制、安装预应力混凝土上部结构			2156011			
QL0305	预制、安装预应力混凝土上部结构			2156011			
1	简支 T 梁 C50 预制	m^3	1890.5	1721250	910.47		
2	预制 T 梁安装	m^3	1890.5	434762	229.97		
QL02	混凝土桥台			1007597			
QL0201	混凝土桥台			1007597			
1	桥台基础 C25 片石混凝土	m^3	748.5	306813	409.90		

编制：　　　　　　　　　　　　复核：

建设项目名称：××水库工程复建道路建设项目

编制范围：××水库复建道路建设项目　　　　第 5 页　共 6 页　　01 表

分项编号	工程或费用名称	单位	数量	预算金额(元)	技术经济指标	各项费用比例(%)	备注
2	台身 C25 片石混凝土	m^3	1340.6	700784	522.74		
QL04	桥面铺装			1570233			
QL0401	沥青混凝土桥面铺装(厚 100mm)			247238			
1	黏层	m^2	2424	4600	1.90		
2	厚 40mm SBS 改性沥青混凝土 AC-13C 上面层	m^2	2424	83714	34.54		
3	厚 60mm 沥青混凝土 AC-20 下面层	m^2	2424	83024	34.25		
4	水性沥青基层防水涂料	m^2	2424	75900	31.31		
QL0402	水泥混凝土桥面铺装			1322995			
1	水泥混凝土桥面铺装(C40,厚 100mm)	m^2	2424	1320488	544.76		
2	SBS 防水卷材防水层(厚 3.5mm)	m^2	48	2507	52.23		
QL05	桥梁附属结构			133209			
QL0501	桥台支座			114126			
QL050101	矩形板式橡胶支座			114126			
1	GJZ 400mm×450mm×69mm	个	72	64283	892.82		
2	GJZ 400mm×450mm×71mm	个	12	11024	918.70		
3	300mm×300mm×50mm 橡胶垫片	个	120	38818	323.49		
QL0502	伸缩缝			19083			
QL050201	伸缩装置			19083			
1	伸缩缝 160 型	m	26	17065	656.35		
2	伸缩缝-C50 钢纤维混凝土	m^3	2.4	2018	840.82		
QL06	桩基础护筒			82078			
1	钢护筒	t	54.936	82078	1494.06		
QL06	构件或混凝土运输及搅拌			315987			
1	混凝土搅拌	m^3	9074.81	108188	11.92		
2	混凝土运输	m^3	7165.4	141327	19.72		
3	预制 T 梁运输	m^3	1890.5	66471	35.16		
QL06	柱墩提升架			147483			

1	柱墩提升架	t	63. 4	147483	2326. 24		
QL06	塔式起重机			210944			
1	塔式起重机	座	1	210944	210944. 48		
QL06	吊装设备			250787			
1	吊装设备	t	165	250787	1519. 92		
107	交通工程	公路公里		1651036		2. 64	
10701	交通安全设施	公路公里		1651036			
H01	C25 混凝土护栏			903483			
H0104	墙式护栏(二号配建路)	m	80	47108	588. 86		
H0105	波形钢板护栏			856374			
H010501	单面波形钢板护栏			856374			
1	Gr-B-2E	m	1993	447254	224. 41		
2	Gr-B-2C	m	1816	394424	217. 19		
3	Gr-B-2E(一号配建路)	m	26	5629	216. 52		
4	Gr-B-2C(二号配建路)	m	40	9066	226. 66		
H03	标志牌			747553			
H0301	单柱式标志牌			592912			
H030101	单柱式交通标志牌			159650			
1	圆形, $D=80$cm	个	12	22831	1902. 58		
2	圆形, $D=60$cm	个	4	12137	3034. 25		
3	三角形, $A=90$cm	个	26	47558	1829. 16		
4	三角形, $A=70$cm	个	15	13913	927. 53		
5	长方形, 76cm×40cm	个	20	37636	1881. 82		
6	三角形 $A=90$cm+圆形 $D=80$cm	个	8	16986	2123. 29		
7	圆形, $D=60$cm(一号配建路)	个	2	1931	965. 66		
8	三角形, $A=70$cm(一号配建路)	个	2	1931	965. 66		
9	圆形, $D=60$cm(二号配建路)	个	2	1935	967. 57		
10	三角形, $A=70$cm(二号配建路)	个	3	2790	930. 01		

编制：　　　　　　　　　　复核：

建设项目名称：××水库工程复建道路建设项目

编制范围：××水库复建道路建设项目　　　　第 6 页　共 6 页　　01 表

分项编号	工程或费用名称	单位	数量	预算金额(元)	技术经济指标	各项费用比例(%)	备注
H030103	单悬臂交通标志牌			433261			
1	长方形,229.5cm×90cm	个	1	22133	22132.98		
2	长方形,306cm×135cm	个	12	276640	23053.37		
3	长方形,288cm×130cm	个	4	90799	22699.71		
4	长方形,170cm×75cm(一号配建路)	个	2	43689	21844.57		
H0303	标线			153970			
H030301	溶剂加热涂料路面标线			153970			
1	车行道边缘白色实线	m^2	2572.86	101766	39.55		
2	车行道边缘黄色实线	m^2	829.8	32821	39.55		
3	车行道边缘黄色虚线	m^2	186.58	7380	39.55		
4	人行道边缘白色实线	m^2	4.86	192	39.55		
5	车行道边缘白色实线(一号配建路)	m^2	138.106	5463	39.55		
6	车行道边缘黄色实线(一号配建路)	m^2	41.999	1661	39.55		
7	车行道边缘黄色虚线(一号配建路)	m^2	8.4	332	39.55		
8	人行道边缘白色实线(二号配建路)	m^2	110.1	4355	39.55		
H0306	轮廓标			671			
H030603	柱式轮廓标			671			
H03060303	附着式轮廓标	个	123	671	5.45		
QL06	K4+541.468~K4+639.312 铺装及石栏杆			217218		0.35	
QL0402	水泥混凝土铺装	m^2	1300	57205	44.00		
H0104	石栏杆	m	110	160013	1454.67		
2	第二部分 土地征用及拆迁补偿费	公路公里					
3	第三部分 工程建设其他费用	公路公里					
4	第四部分 预备费	公路公里					
401	基本预备费	元					
402	价差预备费	元					
5	第一至四部分合计	元		62601264		100.00	
6	概(预)算总金额	元		62601264		100.00	

编制：　　　　复核：

表 8-8　建筑安装工程费计算表

建设项目名称：××水库工程复建道路建设项目

编制范围：××水库复建道路建设项目　　　　第 1 页　共 7 页　　03 表

序号	分项编号	工程名称	单位	工程量	定额直接费（元）	设备基价费（元）	直接费（元）				设备购置费（元）	企业管理费（元）	措施费（元）	规费（元）	利润（元）	税金（元）	金额合计（元）	
							人工费	材料与设备费	施工机具使用费	合计					费率 7.42%	税率 9%	合计	单价
1	2	3	4	5	6	7	8	9	10	11	12	13	14	15	16	17	18	19
	LJ010101	清理现场	m^2	5460.000	2026		1161		865	2026		61	21	195	156	221	2681.00	0.49
	LJ010102	砍伐树木	棵	4075.000	93271		51971		41300	93271		2807	976	8589	7201	10156	123000.96	30.18
	LJ010103	伐树及挖树根	棵	765.000	17600		9788		7812	17600		530	184	1619	1359	1916	23207.11	30.34
	LJ010201	挖除水泥混凝土路面	m^3	100.000	6574		2763		3811	6574		176	85	642	507	719	8703.17	87.03
	LJ010202	挖除沥青混凝土路面	m^3	100.000	8858		4039		4819	8858		240	117	609	684	946	11452.73	114.53
	LJ010203	挖除碎（砾）石路面	m^3		4955		148		4807	4955		117	44	92	380	503	6089.92	
	LJ010301	拆除钢筋混凝土结构	m^3	100.000	24172		14135	635	9402	24172		1242	462	2103	1920	2691	32590.05	325.90
	LJ010302	拆除混凝土结构	m^3	100.000	24172		14135	635	9402	24172		1242	462	2103	1920	2691	32590.05	325.90
	LJ010303	拆除砖石及其他砌体	m^3	100.000	4082		3295		788	4082		146	57	499	318	459	5561.27	55.61
	LJ0201	挖土方	m^3	35354.250	239514		44224		195290	239514		5636	2136	10224	18349	24827	300685.99	8.50
	LJ0202	挖石方	m^3	152812.26	1657570		142415	33636	1481519	1657570		40387	14064	50249	127032	170037	2059339.09	13.48
	LJ0201	挖土方（改路）	m^3	5369.000	28419		1484		26936	28419		650	249	791	2175	2906	35191.39	6.55

编制：　　　　复核：

建设项目名称：××水库工程复建道路建设项目

编制范围：××水库复建道路建设项目　　　　第 2 页　共 7 页　03 表

序号	分项编号	工程名称	单位	工程量	定额直接费（元）	设备基价费（元）	直接费（元）				设备购置费（元）	企业管理费（元）	措施费（元）	规费（元）	利润（元）	税金（元）	金额合计（元）	
							人工费	材料与设备费	施工机具使用费	合计					费率 7.42%	税率 9%	合计	单价
1	2	3	4	5	6	7	8	9	10	11	12	13	14	15	16	17	18	19
	LJ0202	挖石方（改路）	m^3	7748.000	112084		5148		106936	112084		2449	914	2733	8566	11407	138152.77	17.83
	LJ0201	挖土方（低填浅挖路基处理）	m^3	1133.000	15851		373		15478	15851		294	123	288	1207	1599	19361.68	17.09
	LJ0201	桥台挖台阶土方	m^3	1534.000	36888		23721		13167	36888		958	350	3700	2834	4026	48755.97	31.78
	LJ0201	路堤及填挖交接处超挖及台阶土方	m^3	2929.000	20695		965		19730	20695		430	171	459	1580	2100	25435.69	8.68
	LJ0301	路堤及填挖交接处回填	m^3	2929.000	26735		15845	561	10329	26735		805	277	2633	2064	2926	35439.45	12.10
	LJ0302	利用土方	m^3	14637.000	96847		3267		93580	96847		2839	995	3093	7471	10012	121256.30	8.28
	LJ0303	利用石方	m^3	59731.000	4331398		1487005	1027909	1816484	4331398		130827	36412	228263	333799	455463	5516161.81	92.35
	LJ0304	桥头台背回填碎石土	m^3	5965.000	24397		1331		23066	24397		734	255	812	1884	2527	30609.22	5.13
	LJ0301	利用土方	m^3	3434.000	15465		766		14699	15465		465	162	528	1194	1603	19417.81	5.65
	LJ0303	利用石方	m^3	2676.000	62962		17889	10478	34595	62962		1916	554	3170	4855	6611	80068.34	29.92
	LJ050101	换填碎砾石（低填浅挖路基处理）	m^3	1133.000	108760		2083	103563	3114	108760		4393	1325	408	8494	11104	134483.66	118.70
	LJ050103	土工织物（陡坡路堤或填挖交界处理）	m^3	5938.000	70625		15651	54974		70625		2853	905	2316	5519	7400	89617.12	15.09
	LJ060103	M7.5 浆砌片石边沟（1m×0.7m）	m	5331.000	593176		187286	387669	18221	593176		23662	7694	28672	46340	62959	762503.11	143.03

	LJ060103	M7.5 浆砌片石边沟(1m×0.7m)(改路)	m	1897.000	146654		46225	95981	4447	146654		5923	1944	7080	11465	15576	188642.50	99.44
	LJ060203	M7.5 浆砌片石排水沟(1.8m×0.7m)	m	4929.000	943349		297344	617398	28607	943349		38102	12503	45540	73751	100192	1213437.85	246.18
	LJ060302	M7.5 浆砌片石堑顶截水沟(1.1m×0.8m)	m	1065.000	244666		114993	97729	31944	244666		8584	2902	17655	19006	26353	319165.97	299.69
	LJ060302	M7.5 浆砌片石路堑平台顶截水沟(1.4m×0.8m)	m	790.000	97918		30864	64085	2969	97918		3955	1298	4727	7655	10400	125952.50	159.43
	LJ060402	M7.5 浆砌片石急流槽	m^3	368.000	99614		32542	59584	7487	99614		3876	1264	5021	7773	10579	128126.69	348.17
	LJ0606	路基盲沟(600mm×600mm)	m	544.000	8641		5862	1032	1747	8641		279	97	893	669	952	11530.81	21.20
	LJ0601	涵洞上下游改沟、改渠铺砌	m^3	148.146	72127		23204	44365	4558	72127		2837	936	3567	5632	7659	92758.14	626.13
	LH0102	护坡平台种草	m^2	830.000	13886		3458	10428		13886		697	218	512	1098	1477	17887.28	21.55
	LH0106	客土喷播护坡	m^2	9629.000	1302867		397660	505198	400010	1302867		49669	16851	71847	101609	138856	1681699.02	174.65
	LJ0701	M7.5 浆砌片(卵)石拱形护坡	m^2	12611.000	789540		354365	389263	45911	789540		29990	10049	53655	61555	85031	1029819.29	81.66
	LJ0702	C25 普通锚杆框架护坡(路基支挡、防护)	m^2	3692.000	1143010		375799	524980	242232	1143010		43250	14193	64387	89074	121852	1475766.17	399.72
	LJ0702	C25 普通锚杆框架护坡(智慧山庄滑坡)	m^2	2940.000	676752		222425	344805	109522	676752		25452	8195	36884	52712	71999	871993.34	296.60
	LJ0801	M7.5 浆砌片(块)石	m^3	2030.000	653390		306416	313698	33276	653390		26627	9135	46418	51135	70803	857509.01	422.42

编制：　　　　　　　　　　复核：

建设项目名称：××水库工程复建道路建设项目

编制范围：××水库复建道路建设项目 第3页 共7页 03表

序号	分项编号	工程名称	单位	工程量	定额直接费（元）	设备基价费（元）	直接费（元）				设备购置费（元）	企业管理费（元）	措施费（元）	规费（元）	利润（元）	税金（元）	金额合计（元）	
							人工费	材料与设备费	施工机具使用费	合计					费率 7.42%	税率 9%	合计	单价
1	2	3	4	5	6	7	8	9	10	11	12	13	14	15	16	17	18	19
	LJ0801	M7.5浆砌片（块）石	m^3	270.000	112443		43067	54102	15274	112443		4782	1632	6673	8819	12091	146440.20	542.37
	LJ0802	仰斜式路堑挡土墙	m^3	1840.400	615158		231452	345568	38138	615158		26033	8723	35300	48224	66009	799446.22	434.39
	LJ0803	M7.5浆砌片（卵）石衡重式路堤挡土墙		450.000	147339		54394	83371	9574	147339		6188	2071	8310	11545	15791	191243.63	424.99
	LJ0804	M7.5浆砌片（卵）石衡重式路肩挡土墙		12304.100	4487378		1651563	2504271	331543	4487378		189570	63332	252995	351729	481050	5826053.53	473.51
	LJ0806	C25混凝土护肩、护脚		1981.000	1336995		384576	891046	61372	1336995		67900	21680	58003	105852	143139	1733569.22	875.10
	1	厚150mm喷混凝土防护边坡	m^2	4934.000	796010		194217	439388	162405	796010		35903	11949	35467	62615	84775	1026718.26	208.09
	2	ϕ8mm钢筋网	kg	19739.000	104975		23872	67779	13324	104975		3018	592	4642	8057	10916	132199.71	6.70
	3	ϕ25mm螺纹钢筋锚杆	m	6414.200	966420		414364	147163	404893	966420		39034	14556	70656	75685	104971	1271321.42	198.20
	LJ0703	2m×2.5m，C30混凝土抗滑桩（智慧山庄）	m	1050.000	6100521		1893634	3297209	909678	6100521		227477	72214	333800	474896	648802	7857709.37	7483.53

1	厚 180mm 级配碎石垫层	m^2	62722.700	1189856		13332	1063903	112621	1189856		33542	10435	4558	91550	119695	1449635.53	23.11
2	厚 150mm（改路-沥青路面）	m^2	1914.000	29024		102	27056	1866	29024		818	248	57	2233	2914	35293.97	18.44
1	厚 200mm（改路-混凝土路面）	m^2	2573.000	35123		547	30575	4002	35123		990	313	172	2703	3537	42837.69	16.65
1	厚 200mm 4% 水泥稳定碎石底基层	m^2	58750.200	1116495		59942	818565	237987	1116495		30786	10415	13660	85901	113153	1370410.37	23.33
2	厚 180mm 4% 水泥稳定碎石底基层（改路-沥青路面）	m^2	1866.000	32567		1785	23456	7326	32567		896	305	413	2506	3302	39988.12	21.43
1	厚 200mm 5% 水泥稳定碎石底基层	m^2	50105.300	1740238		58577	1474320	207341	1740238		48406	15358	12831	133857	175562	2126251.99	42.44
2	厚 180mm 5% 水泥稳定碎石底基层（改路-沥青路面）	m^2	1614.000	50842		1750	42791	6301	50842		1414	450	387	3911	5130	62133.97	38.50
3	厚 200mm 水泥稳定碎石底基层（改路-混凝土路面）	m^2	2358.000	81897		2757	69383	9758	81897		2278	723	604	6299	8262	100063.31	42.44
LM010401	透层	m^2	51719.300	181193		1099	173898	6196	181193		5108	1523	301	13937	18186	220247.10	4.26
LM010402	黏层	m^2	100210.500	156663			154992	1671	156663		4416	1291	32	12048	15700	190150.42	1.90
1	厚 50mm SBS 改性沥青混凝土 AC-13C 上面层	m^2	50105.300	68783		6497		62286	68783		1939	946	2392	5318	7144	86521.54	1.73

编制：　　　　　　　　　　复核：

建设项目名称：××水库工程复建道路建设项目

编制范围：××水库复建道路建设项目　　　　第 4 页　共 7 页　　03 表

序号	分项编号	工程名称	单位	工程量	定额直接费（元）	设备基价费（元）	直接费（元）				设备购置费（元）	企业管理费（元）	措施费（元）	规费（元）	利润（元）	税金（元）	金额合计（元）	
							人工费	材料与设备费	施工机具使用费	合计					费率 7.42%	税率 9%	合计	单价
1	2	3	4	5	6	7	8	9	10	11	12	13	14	15	16	17	18	19
	2	厚 40mm SBS 改性沥青混凝土 AC-13C 上面层（改路-沥青路面）	m^2	1614.000	1774		168		1606	1774		50	24	62	137	184	2230.99	1.38
	1	厚 60mm SBS 沥青混凝土 AC-20 下面层	m^2	50105.300	81891		7413		74479	81891		2309	1126	2809	6331	8502	102968.48	2.06
	2	厚 50mm SBS 沥青混凝土 AC-20 下面层（改路-沥青路面）	m^2	1614.000	2198		199		1999	2198		62	30	75	170	228	2764.05	1.71
	LM010403	下封层	m^2	50105.300	238314		14378	211352	12585	238314		6718	2100	2420	18337	24110	291998.85	5.83
	LM020501	厚 200mm C25（混凝土弯拉强度 4.5MPa）	m^2	2144.000	150594		39694	97179	13721	150594		4166	1486	6337	11593	15676	189852.87	88.55
	1	C30 水泥混凝土过渡板	m^2	93.600	37733		14026	22675	1032	37733		1085	213	2142	2896	3966	48035.17	513.20
	2	HRB335 钢筋	kg	657.000	2677		440	2195	42	2677		77	15	67	205	274	3315.43	5.05
	LM04020201	C25 现浇混凝土加固土路肩（300mm）	m^3	11374.600	607840		141433	400495	65912	607840		24551	8047	22972	47520	63984	774912.69	68.13

	LM050401	混凝土管(φ500mm)(改路)	m	76.000	21625		937	20356	332	21625		873	264	153	1689	2214	26819.56	352.89
	1	带肋钢筋(HRB335、HRB400)	kg	177.849	703428		83322	598623	21483	703428		20224	3967	13606	53989	71569	866782.72	4873.70
	2	声测管	kg	3188.000	16560		1491	14445	624	16560		476	93	272	1271	1681	20352.87	6.38
	1	光圆钢筋(HPB235、HPB300)	kg	3135.370	22695		3602	18381	712	22695		652	128	587	1742	2322	28126.62	8.97
	2	带肋钢筋(HRB335、HRB400)	kg	285329.00	1191990		179994	958512	53484	1191990		34270	6723	30917	91487	121985	1477372.69	5.18
	1	光圆钢筋(HPB235、HPB300)	kg	77919.000	478271		72585	376841	28846	478271		23704	7165	12761	37778	50371	610050.41	7.83
	2	带肋钢筋(HRB335、HRB400)	kg	465378.00	2048904		361274	1592649	94981	2048904		89446	25289	60067	160542	214582	2598831.62	5.58
	3	人行道护栏栏杆	kg	6104.000	27340		5968	21372		27340		1104	350	883	2137	2863	34677.49	5.68
	1	带肋钢筋(HRB335、HRB400)	kg	5332.600	21726		3571	17818	337	21726		625	123	548	1667	2222	26909.94	5.05
	LJ0201	干处挖土方	m^3	1567.000	30797		18186		12610	30797		1316	501	2890	2420	3413	41336.63	26.38
	LJ0202	干处挖石方	m^3	1814.000	79243		45750	6327	27166	79243		3772	1393	7120	6263	8801	106591.59	58.76
	QL010201	钻孔灌注桩(φ1.8m)	m	180.000	385735		174491	12033	199210	385735		20270	7513	37866	30683	43386	525452.97	2919.18
	QL010201	钻孔灌注桩(φ2m)	m	92.000	228775		103321	6829	118624	228775		12022	4457	22464	18198	25732	311648.73	3387.49
	QL010201	混凝土基础C30水下混凝土(桩基混凝土)	m^3	1205.000	509080		97331	396562	15187	509080		26752	8302	14595	40375	53919	653022.58	541.93

编制：　　　　　　　　复核：

建设项目名称：××水库工程复建道路建设项目

编制范围：××水库复建道路建设项目 第 5 页 共 7 页 03 表

序号	分项编号	工程名称	单位	工程量	定额直接费（元）	设备基价费（元）	直接费（元）				设备购置费（元）	企业管理费（元）	措施费（元）	规费（元）	利润（元）	税金（元）	金额合计（元）	
							人工费	材料与设备费	施工机具使用费	合计					费率 7.42%	税率 9%	合计	单价
1	2	3	4	5	6	7	8	9	10	11	12	13	14	15	16	17	18	19
	QL0105	混凝土承台 C30	m^3	657.200	235751		46099	178200	11452	235751		12389	3868	6978	18699	24992	302676.04	460.55
	QL0105	承台垫层 C20 素混凝土	m^3	33.000	1903		1789	114		1903		100	37	265	151	221	2676.96	81.12
	1	系梁-C30	m^3	64.300	36223		7107	25219	3897	36223		1904	603	1129	2874	3846	46577.95	724.38
	2	盖梁-C30	m^3	101.800	71395		13741	45391	12263	71395		3752	1208	2303	5665	7589	91911.35	902.86
	3	盖梁-C40	m^3	232.000	162707		31314	103446	27947	162707		8550	2752	5248	12912	17295	209463.97	902.86
	4	圆柱式墩柱-C30	m^3	213.800	109082		28403	70684	9995	109082		5732	1839	4389	8656	11673	141371.31	661.23
	5	方柱式墩柱-C40	m^3	1137.500	764014		160788	467251	135974	764014		40149	13001	25318	60634	81280	984395.71	865.40
	6	耳背墙混凝土-C30	m^3	144.180	94814		27123	45956	21735	94814		4982	1664	4513	7528	10215	123717.39	858.08
	7	台帽-C30	m^3	20.800	13548		3692	9534	322	13548		712	225	550	1075	1450	17560.24	844.24
	1	T 梁隔板-C50 湿接缝	m^3	252.900	177365		34135	112765	30465	177365		9321	3000	5720	14075	18853	228333.79	902.86
	2	防撞护栏-C30	m^3	442.500	800171		288749	457426	53995	800171		32319	10844	46714	62575	85736	1038359.04	2346.57
	3	支座、垫石-C40	m^3	5.600	4342		1357	1858	1127	4342		228	77	227	345	470	5689.48	1015.98
	1	人行道板-C30	m^3	80.600	38385		9423	24456	4506	38385		2017	649	1519	3046	4105	49721.51	616.89
	2	人行道 M10 砂浆抹灰	m^2	1030.000	4376		1587	2789		4376		230	74	235	347	474	5736.12	5.57

	1	搭板-C30	m^3	36.000	15484		5395	9692	397	15484		445	87	824	1188	1623	19651.34	545.87
	2	搭板下垫层-C20 素混凝土	m^3	31.200	1799		1691	108		1799		95	35	250	143	209	2530.94	81.12
	QL06	铸铁泄水管	套	112.000	5695		238	5457		5695		299	89	35	451	591	7160.27	63.93
	1	5 孔 20m 内	kg	1135.200	13083		1193	10442	1448	13083		376	74	271	1004	1333	16140.88	14.22
	2	7 孔 20m 内	kg	4244.400	48226		4985	39332	3909	48226		1386	272	994	3701	4912	59491.51	14.02
	3	8 孔 80m 内	kg	40661.880	307430		21608	274184	11638	307430		8839	1734	3889	23596	31094	376580.49	9.26
	1	简支 T 梁 C50 预制	m^3	1890.500	1310668		405863	750939	153866	1310668		68876	22518	73033	104033	142122	1721249.57	910.47
	2	预制 T 梁安装	m^3	1890.500	318289		176812	67064	74413	318289		16726	5957	32591	25300	35898	434761.91	229.97
	1	桥台基础 C25 片石混凝土	m^3	748.500	238183		52503	172637	13043	238183		12517	3939	7947	18894	25333	306812.74	409.90
	2	台身 C25 片石混凝土	m^3	1340.600	537067		163851	306411	66805	537067		28223	9233	25768	42630	57863	700783.80	522.74
	1	黏层	m^2	2424.000	3790			3749	40	3790		107	31	1	291	380	4599.56	1.90
	2	厚 40mm SBS 改性沥青混凝土 AC-13C 上面层	m^2	2424.000	66551		6286		60265	66551		1876	915	2315	5145	6912	83713.81	34.54
	3	厚 60mm 沥青混凝土 AC-20 下面层	m^2	2424.000	66030		5977		60053	66030		1861	908	2265	5105	6855	83024.18	34.25
	4	水性沥青基层防水涂料	m^2	2424.000	58645		15457	43188		58645		3082	967	2288	4652	6267	75900.17	31.31
	1	水泥混凝土桥面铺装（C40，厚 100mm）	m^2	2424.000	1020185		257623	735092	27470	1020185		53611	16889	39844	80929	109031	1320488.27	544.76
	2	SBS 防水卷材防水层(厚 3.5mm)	m^2	48.000	1951		408	1543		1951		103	32	60	155	207	2506.95	52.23

编制：　　　　　　　　　　　　复核：

建设项目名称：××水库工程复建道路建设项目

编制范围：××水库复建道路建设项目　　第 6 页　共 7 页　03 表

序号	分项编号	工程名称	单位	工程量	定额直接费（元）	设备基价费（元）	直接费（元）				设备购置费（元）	企业管理费（元）	措施费（元）	规费（元）	利润（元）	税金（元）	金额合计（元）	
							人工费	材料与设备费	施工机具使用费	合计					费率 7.42%	税率 9%	合计	单价
1	2	3	4	5	6	7	8	9	10	11	12	13	14	15	16	17	18	19
	1	GJZ 400mm × 450mm×69mm	个	72.000	51810		9504	42306		51810		1490	292	1407	3977	5308	64283.16	892.82
	2	GJZ 400mm × 450mm×71mm	个	12.000	8885		1630	7255		8885		255	50	241	682	910	11024.41	918.70
	3	300mm×300mm ×50mm 橡胶垫片	个	120.000	31287		5739	25547		31287		899	176	849	2401	3205	38818.33	323.49
	1	伸缩缝 160 型	m	26.000	13544		622	12460	462	13544		712	213	115	1074	1409	17065.20	656.35
	2	伸缩缝-C50 钢纤维混凝土	m^3	2.400	1527		630	811	86	1527		80	27	96	121	167	2017.97	840.82
	1	钢护筒	t	54.936	61977		25690	26991	9296	61977		3257	1101	4044	4922	6777	82077.68	1494.06
	1	混凝土搅拌	m^3	9074.810	84023				84023	84023		4415	1648	2485	6684	8933	108188.42	11.92
	2	混凝土运输	m^3	7165.400	116657				116657	116657		1902	842	1398	8860	11669	141326.94	19.72
	3	预制 T 梁运输	m^3	1890.500	53727		5023	2891	45812	53727		876	371	1930	4079	5488	66471.27	35.16
	1	柱墩提升架	t	63.400	111611		42348	40052	29211	111611		5865	2019	6944	8867	12178	147483.46	2326.24
	1	塔式起重机	座	1.000	163984		24359	16133	123492	163984		6623	2502	7573	12845	17417	210944.48	210944.48
	1	吊装设备	t	165.000	190408		72249	112129	6030	190408		10006	3258	11295	15112	20707	250786.97	1519.92
	H0104	墙式护栏（二号配建路）	m	80.000	37177		10114	26024	1039	37177		1278	349	1535	2879	3890	47108.49	588.86
	1	Gr-B-2E	m	1993.000	367086		13740	345122	8225	367086		10554	2070	2440	28175	36929	447254.49	224.41
	2	Gr-B-2C	m	1816.000	319690		34762	276963	7964	319690		9855	2274	5416	24621	32567	394423.91	217.19

	3	Gr-B-2E（一号配建路）	m	26.000	4622		166	4357	99	4622		133	26	29	355	465	5629.45	216.52
	4	Gr-B-2C（二号配建路）	m	40.000	7347		814	6348	185	7347		226	52	127	566	749	9066.33	226.66
	1	圆形，$D=80cm$	个	12.000	18514		1821	15848	845	18514		576	131	299	1426	1885	22831.00	1902.58
	2	圆形，$D=60cm$	个	4.000	9944		367	9230	347	9944		297	63	67	765	1002	12137.48	3034.37
	3	三角形，$A=90cm$	个	26.000	38540		3933	32782	1825	38540		1202	275	645	2969	3927	47558.25	1829.16
	4	三角形，$A=70cm$	个	15.000	11252		1168	9487	597	11252		363	88	192	868	1149	13913.02	927.53
	5	长方形，76cm×40cm	个	20.000	30515		3029	26090	1396	30515		950	216	497	2351	3108	37636.49	1881.82
	6	三角形 $A=90cm$ +圆形 $D=80cm$	个	8.000	13733		1470	11574	689	13733		443	107	241	1060	1403	16986.29	2123.29
	7	圆形，$D=60cm$（一号配建路）	个	2.000	1563		156	1325	82	1563		50	12	26	121	159	1931.31	965.66
	8	三角形，$A=70cm$（一号配建路）	个	2.000	1563		156	1325	82	1563		50	12	26	121	159	1931.31	965.66
	9	圆形，$D=60cm$（二号配建路）	个	2.000	1566		156	1325	85	1566		50	12	26	121	160	1935.13	967.56
	10	三角形，$A=70cm$（二号配建路）	个	3.000	2257		234	1897	126	2257		73	18	39	174	230	2790.03	930.01
	1	长方形，229.5cm×90cm	个	1.000	17914		1882	15498	534	17914		577	141	291	1383	1827	22132.98	22132.98
	2	长方形，306cm×135cm	个	12.000	224084		22609	195618	5857	224084		7191	1747	3486	17290	22842	276640.48	23053.37
	3	长方形，288cm×130cm	个	4.000	73528		7534	64094	1900	73528		2364	576	1161	5674	7497	90798.85	22699.71

编制：　　　　　　　　　　复核：

建设项目名称：××水库工程复建道路建设项目

编制范围：××水库复建道路建设项目　　　　第7页　共7页　　03表

序号	分项编号	工程名称	单位	工程量	定额直接费（元）	设备基价费（元）	直接费（元）				设备购置费（元）	企业管理费（元）	措施费（元）	规费（元）	利润（元）	税金（元）	金额合计（元）	
							人工费	材料与设备费	施工机具使用费	合计					费率 7.42%	税率 9%	合计	单价
1	2	3	4	5	6	7	8	9	10	11	12	13	14	15	16	17	18	19
	4	长方形，170cm×75cm（一号配建路）	个	2.000	35353		3763	30564	1025	35353		1140	280	580	2729	3607	43689.13	21844.57
	1	车行道边缘白色实线	m^2	2572.860	80907		8477	57640	14790	80907		3268	1055	1809	6324	8403	101765.56	39.55
	2	车行道边缘黄色实线	m^2	829.800	26094		2734	18590	4770	26094		1054	340	583	2040	2710	32821.48	39.55
	3	车行道边缘黄色虚线	m^2	186.580	5867		615	4180	1073	5867		237	77	131	459	609	7379.89	39.55
	4	人行道边缘白色实线	m^2	4.860	153		16	109	28	153		6	2	3	12	16	192.23	39.55
	5	车行道边缘白色实线（一号配建路）	m^2	138.106	4343		455	3094	794	4343		175	57	97	339	451	5462.73	39.55
	6	车行道边缘黄色实线（一号配建路）	m^2	41.999	1321		138	941	241	1321		53	17	30	103	137	1661.25	39.55
	7	车行道边缘黄色虚线（一号配建路）	m^2	8.400	264		28	188	48	264		11	3	6	21	27	332.25	39.55
	8	人行道边缘白色实线（二号配建路）	m^2	110.100	3462		363	2467	633	3462		140	45	77	271	360	4354.84	39.55
	H03060303	附着式轮廓标	个	123.000	532		92	441		532		21	7	14	42	55	670.92	5.45
	QL0402	水泥混凝土铺装	m^2	1300.000	45415		9222	34078	2115	45415		1609	521	1409	3528	4723	57204.62	44.00
	H0104	石栏杆	m	110.000	132000			132000		132000		3973	688		10140	13212	160013.26	1454.67
		各项费用合计	公路公里	8.573	48991821		12762150	26752787	9476884	48991821		1875222	593925	2152980	3818404	5168912	62601263.69	7302142.04

编制：　　　　复核：

表 8-9　综合费率计算表

建设项目名称：××水库工程复建道路建设项目

编制范围：××水库复建道路建设项目

第 1 页　共 1 页　　04 表

序号	工程类别	措施费(%)											企业管理费(%)						规费(%)					
		冬季施工增加费	雨季施工增加费	夜间施工增加费	高原地区施工增加费	风沙地区施工增加费	沿海地区施工增加费	行车干扰工程施工增加费	施工辅助费	工地转移费	综合费率		基本费用	主副食运费补贴	职工探亲路费	职工取暖补贴	财务费用	综合费率	养老保险费	失业保险费	医疗保险费	工伤保险费	住房公积金	综合费率
											Ⅰ	Ⅱ												
1	2	3	4	5	6	7	8	9	10	11	12	13	14	15	16	17	18	19	20	21	22	23	24	25
01	土方		0.53						0.52		0.53	0.52	2.75				0.26	3.01	7.50	0.60	2.70	0.70	3.30	14.80
02	石方		0.49						0.47		0.49	0.47	2.79				0.25	3.04	7.50	0.60	2.70	0.70	3.30	14.80
03	运输		0.57						0.15		0.57	0.15	1.37				0.26	1.63	7.50	0.60	2.70	0.70	3.30	14.80
04	路面		0.56						0.82		0.56	0.82	2.43				0.39	2.82	7.50	0.60	2.70	0.70	3.30	14.80
05	隧道								1.20			1.20	3.57				0.50	4.07	7.50	0.60	2.70	0.70	3.30	14.80
06	构造物Ⅰ		0.36						1.20		0.36	1.20	3.59				0.45	4.04	7.50	0.60	2.70	0.70	3.30	14.80
06-1	构造物Ⅰ(绿化)		0.36						1.20		0.36	1.20	3.59				0.45	4.04	7.50	0.60	2.70	0.70	3.30	14.80
07	构造物Ⅱ		0.42						1.54		0.42	1.54	4.73				0.53	5.26	7.50	0.60	2.70	0.70	3.30	14.80
08	构造物Ⅲ(一般)		0.83						2.73		0.83	2.73	5.98				1.06	7.04	7.50	0.60	2.70	0.70	3.30	14.80
08-1	构造物Ⅲ(室内及设备安装)								2.73			2.73	5.98				1.06	7.04	7.50	0.60	2.70	0.70	3.30	14.80
08-2	构造物Ⅲ(桥梁)																							
09	技术复杂大桥		0.51						1.68		0.51	1.68	4.14				0.62	4.76	7.50	0.60	2.70	0.70	3.30	14.80
10	钢材及钢结构(一般)								0.56			0.56	2.24				0.63	2.88	7.50	0.60	2.70	0.70	3.30	14.80
10-1	钢材及钢结构(桥梁)								0.56			0.56	2.24				0.63	2.88	7.50	0.60	2.70	0.70	3.30	14.80
11	设备																							
12	利润和税金																							
13	不计																							
07	其他路面																							
12	隧道																							
13	钢材及钢结构(一般)																							

编制：　　　　　　　　　　复核：

表 8-10 综合费用计算表

建设项目名称：××水库工程复建道路建设项目

编制范围：××水库复建道路建设项目

第 1 页 共 7 页 04-1 表

序号	工程类别	企业管理费（元）						措施费（元）											规费（元）					
		基本费用	主副食运费补贴	职工探亲路费	职工取暖补贴	财务费用	综合费用	冬季施工增加费	雨季施工增加费	夜间施工增加费	高原地区施工增加	风沙地区施工增加	沿海地区施工增加	行车干扰工程施工	施工辅助费	工地转移费	综合费用 Ⅰ	综合费用 Ⅱ	养老保险费	失业保险费	医疗保险费	工伤保险费	住房公积金	综合费用
1	2	3	4	5	6	7	8	9	10	11	12	13	14	15	16	17	18	19	20	21	22	23	24	25
1	清理现场	56				5	61		11						11		21		99	8	36	9	43	195
2	砍伐树木	2562				245	2807		490						486		976		4353	348	1567	406	1915	8589
3	伐树及挖树根	483				46	530		92						92		184		820	66	295	77	361	1619
4	挖除水泥混凝土路面	151				25	176		37						49		85		325	26	117	30	143	642
5	挖除沥青混凝土路面	207				34	240		49						67		117		309	25	111	29	136	609
6	挖除碎（砾）石路面	104				13	117		27						17		44		47	4	17	4	21	92
7	拆除钢筋混凝土结构	1116				126	1242		101						361		462		1066	85	384	99	469	2103
8	拆除混凝土结构	1116				126	1242		101						361		462		1066	85	384	99	469	2103
9	拆除砖石及其他砌体	129				17	146		16						41		57		253	20	91	24	111	499
10	挖土方	5014				622	5636		1306						829		2136		5181	415	1865	484	2280	10224
11	挖石方	36191				4196	40387		8521						5542		14064		25464	2037	9167	2377	11204	50249

12	挖土方（改路）	577				74	650		156						94		249		401	32	144	37	176	791
13	挖石方（改路）	2164				285	2449		603						312		914		1385	111	499	129	609	2733
14	挖土方（低填浅挖路基处理）	253				41	294		89						34		123		146	12	53	14	64	288
15	桥台挖台阶土方	862				96	958		198						152		350		1875	150	675	175	825	3700
16	路堤及填挖交接处超挖及台阶土方	376				53	430		115						56		171		233	19	84	22	102	459
17	路堤及填挖交接处回填	734				70	805		137						139		277		1334	107	480	125	587	2633
18	利用土方	2584				254	2839		511						484		995		1567	125	564	146	690	3093
19	利用石方	119951				10875	130827		16273						20139		36412		115674	9254	41643	10796	50896	228263
20	桥头台背回填碎石土	670				64	734		128						127		255		411	33	148	38	181	812
21	利用土方	425				41	465		81						81		162		268	21	96	25	118	528
22	利用石方	1758				158	1916		258						296		554		1607	129	578	150	707	3170
23	换填碎砾石（低填浅挖路基处理）	3901				492	4393		19						1306		1325		207	17	74	19	91	408
24	土工织物（陡坡路堤或填挖交界处理）	2533				319	2853		56						848		905		1174	94	423	110	516	2316
25	M7.5 浆砌片石边沟（1m × 0.7m）	20944				2718	23662		728						6966		7694		14530	1162	5231	1356	6393	28672

编制：　　　　　　　　　　复核：

建设项目名称：××水库工程复建道路建设项目

编制范围：××水库复建道路建设项目　　　　第 2 页　共 7 页　　04-1 表

序号	工程类别	企业管理费(元)						措施费(元)											规费(元)					
		基本费用	主副食运费补贴	职工探亲路费	职工取暖补贴	财务费用	综合费用	冬季施工增加费	雨季施工增加费	夜间施工增加费	高原地区施工增加	风沙地区施工增加	沿海地区施工增加	行车干扰工程施工	施工辅助费	工地转移费	综合费用		养老保险费	失业保险费	医疗保险费	工伤保险费	住房公积金	综合费用
																	Ⅰ	Ⅱ						
1	2	3	4	5	6	7	8	9	10	11	12	13	14	15	16	17	18	19	20	21	22	23	24	25
26	M7.5 浆砌片石边沟(1m×0.7m)(改路)	5260				663	5923		182						1761		1944		3588	287	1292	335	1579	7080
27	M7.5 浆砌片石排水沟(1.8m×0.7m)	33838				4264	38102		1173						11330		12503		23078	1846	8308	2154	10154	45540
28	M7.5 浆砌片石堑顶截水沟(1.1m×0.8m)	7660				924	8584		696						2206		2902		8947	716	3221	835	3937	17655
29	M7.5 浆砌片石路堑平台顶截水沟(1.4m×0.8m)	3512				443	3955		122						1176		1298		2395	192	862	224	1054	4727
30	M7.5 浆砌片石急流槽	3452				424	3876		174						1090		1264		2544	204	916	237	1120	5021
31	路基盲沟(600mm×600mm)	251				27	279		40						57		97		452	36	163	42	199	893
32	涵洞上下游改沟、改渠铺砌	2519				318	2837		108						828		936		1808	145	651	169	795	3567
33	护坡平台种草	625				71	697		14						204		218		259	21	93	24	114	512
34	客土喷播护坡	43347				6322	49669		2796						14055		16851		36409	2913	13107	3398	16020	71847

35	M7.5浆砌片（卵）石拱形护坡	26724				3266	29990		1703						8346		10049		27190	2175	9788	2538	11964	53655
36	C25普通锚杆框架护坡（路基支挡、防护）	37630				5620	43250		2061						12131		14193		32629	2610	11746	3045	14357	64387
37	C25普通锚杆框架护坡（智慧山庄滑坡）	22100				3352	25452		1097						7097		8195		18691	1495	6729	1744	8224	36884
38	M7.5浆砌片（块）石	23664				2963	26627		1267						7868		9135		23522	1882	8468	2195	10350	46418
39	M7.5浆砌片（块）石	4261				521	4782		241						1391		1632		3381	271	1217	316	1488	6673
40	仰斜式路堑挡土墙	23182				2850	26033		1052						7670		8723		17889	1431	6440	1670	7871	35300
41	M7.5浆砌片（卵）石衡重式路堤挡土墙	5509				679	6188		251						1821		2071		4211	337	1516	393	1853	8310
42	M7.5浆砌片（卵）石衡重式路肩挡土墙	168673				20896	189570		7798						55534		63332		128207	10257	46154	11966	56411	252995
43	C25混凝土护肩、护脚	60982				6918	67900		1887						19793		21680		29394	2351	10582	2743	12933	58003
44	厚150mm喷混凝土防护边坡	32067				3836	35903		1352						10597		11949		17973	1438	6470	1677	7908	35467
45	ϕ8mm钢筋网	2354				664	3018								592		592		2352	188	847	220	1035	4642

编制：　　　　复核：

建设项目名称：××水库工程复建道路建设项目

编制范围：××水库复建道路建设项目

第 3 页　共 7 页　04-1 表

序号	工程类别	企业管理费(元)						措施费(元)											规费(元)					
		基本费用	主副食运费补贴	职工探亲路费	职工取暖补贴	财务费用	综合费用	冬季施工增加费	雨季施工增加费	夜间施工增加费	高原地区施工增加	风沙地区施工增加	沿海地区施工增加	行车干扰工程施工	施工辅助费	工地转移费	综合费用 Ⅰ	综合费用 Ⅱ	养老保险费	失业保险费	医疗保险费	工伤保险费	住房公积金	综合费用
1	2	3	4	5	6	7	8	9	10	11	12	13	14	15	16	17	18	19	20	21	22	23	24	25
46	ϕ25mm 螺纹钢筋锚杆	34665				4368	39034		2949						11607		14556		35805	2864	12890	3342	15754	70656
47	2m×2.5m,C30混凝土抗滑桩(智慧山庄)	197421				30056	227477		9352						62863		72214		169155	13532	60896	15788	74428	333800
48	厚 180mm 级配碎石垫层	28878				4664	33542		702						9733		10435		2310	185	832	216	1016	4558
49	厚 150mm (改路-沥青路面)	704				114	818		11						237		248		29	2	10	3	13	57
50	厚 200mm (改路-混凝土路面)	852				138	990		25						287		313		87	7	31	8	38	172
51	厚 200mm 4%水泥稳定碎石底基层	26488				4298	30786		1666						8749		10415		6922	554	2492	646	3046	13660
52	厚 180mm 4%水泥稳定碎石底基层(改路-沥青路面)	771				125	896		51						254		305		209	17	75	20	92	413
53	厚 200mm 5%水泥稳定碎石底基层	41659				6747	48406		1487						13871		15358		6502	520	2341	607	2861	12831

54	厚 180mm 5%水泥稳定碎石底基层（改路-沥青路面）	1217				197	1414		45						405		450		196	16	71	18	86	387
55	厚 200mm 水泥稳定碎石底基层（改路-混凝土路面）	1960				318	2278		70						653		723		306	24	110	29	135	604
56	透层	4398				710	5108		41						1482		1523		153	12	55	14	67	301
57	黏层	3802				614	4416		9						1282		1291		16	1	6	1	7	32
58	厚 50mm SBS 改性沥青混凝土 AC-13C 上面层	1669				270	1939		383						563		946		1212	97	436	113	533	2392
59	厚 40mm SBS 改性沥青混凝土 AC-13C 上面层（改路-沥青路面）	43				7	50		10						15		24		31	3	11	3	14	62
60	厚 60mm SBS 沥青混凝土 AC-20 下面层	1988				321	2309		456						670		1126		1424	114	513	133	626	2809
61	厚 50mm SBS 沥青混凝土 AC-20 下面层(改路-沥青路面)	53				9	62		12						18		30		38	3	14	4	17	75
62	下封层	5784				934	6718		150						1949		2100		1226	98	441	114	539	2420
63	厚 200mm C25（混凝土弯拉强度 4.5MPa）	3585				581	4166		298						1188		1486		3211	257	1156	300	1413	6337

编制：　　　　　　　　　　　　　　　　复核：

建设项目名称：××水库工程复建道路建设项目

编制范围：××水库复建道路建设项目　　　　第 4 页　共 7 页　　04-1 表

序号	工程类别	企业管理费(元)						措施费(元)											规费(元)					
		基本费用	主副食运费补贴	职工探亲路费	职工取暖补贴	财务费用	综合费用	冬季施工增加费	雨季施工增加费	夜间施工增加费	高原地区施工增加	风沙地区施工增加	沿海地区施工增加	行车干扰工程施工	施工辅助费	工地转移费	综合费用 I	综合费用 II	养老保险费	失业保险费	医疗保险费	工伤保险费	住房公积金	综合费用
1	2	3	4	5	6	7	8	9	10	11	12	13	14	15	16	17	18	19	20	21	22	23	24	25
64	C30 水泥混凝土过渡板	846				239	1085								213		213		1086	87	391	101	478	2142
65	HRB335 钢筋	60				17	77								15		15		34	3	12	3	15	67
66	C25 现浇混凝土加固土路肩(300mm)	21803				2747	24551		746						7300		8047		11641	931	4191	1086	5122	22972
67	混凝土管(ϕ500mm)(改路)	776				98	873		5						260		264		78	6	28	7	34	153
68	带肋钢筋(HRB335、HRB400)	15771				4453	20224								3967		3967		6895	552	2482	644	3034	13606
69	声测管	371				105	476								93		93		138	11	50	13	61	272
70	光圆钢筋(HPB235、HPB300)	509				144	652								128		128		298	24	107	28	131	587
71	带肋钢筋(HRB335、HRB400)	26724				7545	34270								6723		6723		15668	1253	5640	1462	6894	30917
72	光圆钢筋(HPB235、HPB300)	21111				2593	23704		399						6767		7165		6467	517	2328	604	2845	12761
73	带肋钢筋(HRB335、HRB400)	77811				11635	89446		1248						24041		25289		30439	2435	10958	2841	13393	60067
74	人行道护栏栏杆	981				124	1104		21						328		350		448	36	161	42	197	883
75	带肋钢筋(HRB335、HRB400)	487				138	625								123		123		278	22	100	26	122	548

76	干处挖土方	1176				140	1316		143						358		501		1465	117	527	137	644	2890
77	干处挖石方	3383				390	3772		325						1068		1393		3608	289	1299	337	1588	7120
78	钻孔灌注桩（ϕ1.8m）	18230				2041	20270		1584						5929		7513		19189	1535	6908	1791	8443	37866
79	钻孔灌注桩（ϕ2m）	10812				1210	12022		941						3516		4457		11384	911	4098	1063	5009	22464
80	混凝土基础 C30 水下混凝土（桩基混凝土）	24059				2693	26752		477						7825		8302		7396	592	2663	690	3254	14595
81	混凝土承台 C30	11142				1247	12389		244						3624		3868		3536	283	1273	330	1556	6978
82	承台垫层 C20 素混凝土	90				10	100		8						29		37		134	11	48	13	59	265
83	系梁-C30	1712				192	1904		47						557		603		572	46	206	53	252	1129
84	盖梁-C30	3374				378	3752		110						1097		1208		1167	93	420	109	513	2303
85	盖梁-C40	7690				861	8550		251						2501		2752		2659	213	957	248	1170	5248
86	圆柱式墩柱-C30	5155				577	5732		163						1677		1839		2224	178	801	208	979	4389
87	方柱式墩柱-C40	36107				4042	40149		1258						11743		13001		12830	1026	4619	1197	5645	25318
88	耳背墙混凝土-C30	4481				502	4982		207						1457		1664		2287	183	823	213	1006	4513
89	台帽-C30	640				72	712		17						208		225		279	22	100	26	123	550
90	T 梁隔板-C50 湿接缝	8382				938	9321		274						2726		3000		2899	232	1044	271	1275	5720
91	防撞护栏-C30	28702				3617	32319		1234						9610		10844		23673	1894	8522	2209	10416	46714
92	支座、垫石-C40	205				23	228		11						67		77		115	9	41	11	51	227

编制：　　　　　　　　　　复核：

建设项目名称：××水库工程复建道路建设项目

编制范围：××水库复建道路建设项目　　　　第 5 页　共 7 页　　04-1 表

序号	工程类别	企业管理费(元)						措施费(元)											规费(元)					
		基本费用	主副食运费补贴	职工探亲路费	职工取暖补贴	财务费用	综合费用	冬季施工增加费	雨季施工增加费	夜间施工增加费	高原地区施工增加	风沙地区施工增加	沿海地区施工增加	行车干扰工程施工	施工辅助费	工地转移费	综合费用 Ⅰ	综合费用 Ⅱ	养老保险费	失业保险费	医疗保险费	工伤保险费	住房公积金	综合费用
1	2	3	4	5	6	7	8	9	10	11	12	13	14	15	16	17	18	19	20	21	22	23	24	25
93	人行道板-C30	1814				203	2017		59						590		649		770	62	277	72	339	1519
94	人行道 M10 砂浆抹灰	207				23	230		7						67		74		119	10	43	11	52	235
95	搭板-C30	347				98	445								87		87		418	33	150	39	184	824
96	搭板下垫层-C20 素混凝土	85				10	95		7						28		35		127	10	46	12	56	250
97	铸铁泄水管	269				30	299		1						88		89		18	1	6	2	8	35
98	5 孔 20m 内	293				83	376								74		74		137	11	49	13	60	271
99	7 孔 20m 内	1081				305	1386								272		272		504	40	181	47	222	994
100	8 孔 80m 内	6893				1946	8839								1734		1734		1971	158	709	184	867	3889
101	简支 T 梁 C50 预制	61942				6933	68876		2373						20145		22518		37010	2961	13324	3454	16284	73033
102	预制 T 梁安装	15042				1684	16726		1065						4892		5957		16516	1321	5946	1541	7267	32591
103	桥台基础 C25 片石混凝土	11257				1260	12517		278						3661		3939		4027	322	1450	376	1772	7947
104	台身 C25 片石混凝土	25382				2841	28223		978						8255		9233		13058	1045	4701	1219	5746	25768

105	黏层	92				15	107		0						31		31		0	0	0	0	0	1
106	厚 40mm SBS 改性沥青混凝土 AC-13C 上面层	1615				261	1876		371						544		915		1173	94	422	109	516	2315
107	厚 60mm 沥青混凝土 AC-20 下面层	1603				259	1861		368						540		908		1148	92	413	107	505	2265
108	水性沥青基层防水涂料	2772				310	3082		66						901		967		1159	93	417	108	510	2288
109	水泥混凝土桥面铺装(C40,厚 100mm)	48214				5397	53611		1209						15680		16889		20191	1615	7269	1885	8884	39844
110	SBS 防水卷材防水层(厚 3.5mm)	92				10	103		2						30		32		31	2	11	3	13	60
111	GJZ 400mm×450mm×69mm	1162				328	1490								292		292		713	57	257	67	314	1407
112	GJZ 400mm×450mm×71mm	199				56	255								50		50		122	10	44	11	54	241
113	300mm × 300mm × 50mm 橡胶垫片	701				198	899								176		176		430	34	155	40	189	849
114	伸缩缝 160 型	640				72	712		5						208		213		58	5	21	5	26	115
115	伸缩缝-C50 钢纤维混凝土	72				8	80		3						23		27		49	4	18	5	21	96
116	钢护筒	2929				328	3257		148						953		1101		2049	164	738	191	902	4044
117	混凝土搅拌	3971				444	4415		356						1291		1648		1259	101	453	118	554	2485

编制：　　　　复核：

建设项目名称：××水库工程复建道路建设项目

编制范围：××水库复建道路建设项目　　　　第 6 页　共 7 页　　04-1 表

序号	工程类别	企业管理费(元)						措施费(元)											规费(元)					
		基本费用	主副食运费补贴	职工探亲路费	职工取暖补贴	财务费用	综合费用	冬季施工增加费	雨季施工增加费	夜间施工增加费	高原地区施工增加	风沙地区施工增加	沿海地区施工增加	行车干扰工程施工	施工辅助费	工地转移费	综合费用		养老保险费	失业保险费	医疗保险费	工伤保险费	住房公积金	综合费用
																	Ⅰ	Ⅱ						
1	2	3	4	5	6	7	8	9	10	11	12	13	14	15	16	17	18	19	20	21	22	23	24	25
118	混凝土运输	1603				299	1902		663						180		842		708	57	255	66	312	1398
119	预制T梁运输	738				138	876		289						83		371		978	78	352	91	430	1930
120	柱墩提升架	5275				590	5865		303						1715		2019		3519	282	1267	328	1548	6944
121	塔式起重机	5882				741	6623		532						1969		2502		3838	307	1382	358	1689	7573
122	吊装设备	8999				1007	10006		332						2927		3258		5724	458	2061	534	2518	11295
123	墙式护栏(二号配建路)	1076				202	1278		26						323		349		778	62	280	73	342	1535
124	Gr-B-2E	8230				2324	10554								2070		2070		1237	99	445	115	544	2440
125	Gr-B-2C	7946				1909	9855		105						2169		2274		2745	220	988	256	1208	5416
126	Gr-B-2E(一号配建路)	104				29	133								26		26		15	1	5	1	7	29
127	Gr-B-2C(二号配建路)	182				44	226		2						50		52		64	5	23	6	28	127
128	圆形,$D=80$cm	464				112	576		5						126		131		152	12	55	14	67	299
129	圆形,$D=60$cm	235				62	297		1						61		63		34	3	12	3	15	67
130	三角形,$A=$90cm	970				232	1202		11						264		275		327	26	118	31	144	645
131	三角形,$A=$70cm	297				66	363		5						83		88		97	8	35	9	43	192
132	长方形,76cm×40cm	766				184	950		8						208		216		252	20	91	24	111	497

133	三角形, A = 90cm+圆形 D= 80cm	362				80	443		6						102	107	122	10	44	11	54	241
134	圆形, D = 60cm（一号配建路）	41				9	50		1						11	12	13	1	5	1	6	26
135	三角形, A = 70cm（一号配建路）	41				9	50		1						11	12	13	1	5	1	6	26
136	圆形, D = 60cm（二号配建路）	41				9	50		1						11	12	13	1	5	1	6	26
137	三角形, A = 70cm（二号配建路）	60				13	73		1						17	18	20	2	7	2	9	39
138	长方形, 229.5cm×90cm	473				104	577		8						133	141	147	12	53	14	65	291
139	长方形, 306cm×135cm	5881				1309	7191		94						1653	1747	1766	141	636	165	777	3486
140	长方形, 288cm×130cm	1935				429	2364		31						545	576	588	47	212	55	259	1161
141	长方形, 170cm × 75cm（一号配建路）	935				205	1140		16						264	280	294	24	106	27	129	580
142	车行道边缘白色实线	2902				366	3268		84						972	1055	917	73	330	86	403	1809
143	车行道边缘黄色实线	936				118	1054		27						313	340	296	24	106	28	130	583
144	车行道边缘黄色虚线	210				27	237		6						70	77	66	5	24	6	29	131

编制：　　　　　　　　　　复核：

建设项目名称：××水库工程复建道路建设项目

编制范围：××水库复建道路建设项目　　　　第 7 页　共 7 页　　04-1 表

序号	工程类别	企业管理费(元)						措施费(元)											规费(元)					
		基本费用	主副食运费补贴	职工探亲路费	职工取暖补贴	财务费用	综合费用	冬季施工增加费	雨季施工增加费	夜间施工增加费	高原地区施工增加	风沙地区施工增加	沿海地区施工增加	行车干扰工程施工	施工辅助费	工地转移费	综合费用		养老保险费	失业保险费	医疗保险费	工伤保险费	住房公积金	综合费用
																	Ⅰ	Ⅱ						
1	2	3	4	5	6	7	8	9	10	11	12	13	14	15	16	17	18	19	20	21	22	23	24	25
145	人行道边缘白色实线	5				1	6		0						2		2		2	0	1	0	1	3
146	车行道边缘白色实线(一号配建路)	156				20	175		4						52		57		49	4	18	5	22	97
147	车行道边缘黄色实线(一号配建路)	47				6	53		1						16		17		15	1	5	1	7	30
148	车行道边缘黄色虚线(一号配建路)	9				1	11		0						3		3		3	0	1	0	1	6
149	人行道边缘白色实线(二号配建路)	124				16	140		4						42		45		39	3	14	4	17	77
150	附着式轮廓标	19				2	21		0						6		7		7	1	2	1	3	14
151	水泥混凝土铺装	1412				196	1609		52						468		521		714	57	257	67	314	1409
152	石栏杆	3626				347	3973								688		688							
153	合计：	1651660				223562	1875222		91463						502462		593925		1091037	87283	392773	101830	480056	2152980

编制：　　　　　　　　　　　　复核：

表 8-11　人工、材料、施工机械台班单价汇总表

建设项目名称：××水库工程复建道路建设项目
编制范围：××水库复建道路建设项目

第 1 页　共 3 页　　09 表

序号	名称	单位	代号	预算单价（元）	备注	序号	名称	单位	代号	预算单价（元）	备注
1	人工	工日	1	49.20		17	20~22 号镀锌钢丝	kg	2001022	4.79	
2	机械工	工日	2	49.20		18	钢丝编织网镀锌钢丝（包括加强钢丝、花篮螺丝）	m^2	2001026	20.43	
3	人工	工日	1001001	106.28		19	型钢工字钢，角钢	t	2003004	3504.27	
4	机械工	工日	1050001	106.28		20	钢板 A3，$\delta=5\sim40$mm	t	2003005	3547.01	
5	土工布	m^2	770	8.30		21	无缝钢管	t	2003008	4179.49	
6	柴油	kg	863	4.19		22	镀锌钢板 $\delta=1$mm，$\delta=1.5$mm，$\delta=3$mm	t	2003012	4538.46	
7	碎石（4cm）	m^3	952	53.40		23	钢管立柱	t	2003015	5128.21	
8	预制构件	m^3	1517001			24	波形钢板镀锌（包括端头板、撑架）	t	2003017	5299.15	
9	预制混凝土排水管直径 500mm 以内	m	1517006	122.14		25	钢护筒	t	2003022	4273.50	
10	HPB300 钢筋 10~14mm	t	2001001	3333.33		26	各类定型大块钢模板	t	2003025	5384.62	
11	HRB400 钢筋 15 ~ 24mm，25mm 以上	t	2001002	3247.86		27	组合钢模板	t	2003026	4700.85	
12	冷轧带肋钢筋网 7~9mm	t	2001003	4290.60		28	门式钢支架	t	2003027	4700.85	
13	钢绞线普通，无松弛	t	2001008	4786.32		29	安全爬梯	t	2003028	8076.92	
14	钢丝绳股丝（6~7）×19mm，绳径 7.1~9mm；股丝 6×37mm，绳径 14.1~15.5mm	t	2001019	5970.09		30	铸铁	kg	2003040	2.22	
						31	26 号镀锌薄钢板	m^2	2003044	22.91	
						32	钢钎 $\phi22\sim\phi25$mm，$\phi32$mm	kg	2009002	6.32	
15	钢纤维扁丝切断型、钢丝切断型、高强铣销型、剪切波纹型、剪切压痕型	t	2001020	5128.21		33	空心钢钎优质碳素工具钢	kg	2009003	6.84	
						34	$\phi50$mm 以内合金钻头 $\phi43$mm	个	2009004	31.88	
16	8~12 号镀锌钢丝	kg	2001021	4.36		35	电焊条结 422（502、506、507）3.2mm、4.0mm、5.0mm	kg	2009011	5.73	

编制：　　　　　　　　　　　　复核

建设项目名称：××水库工程复建道路建设项目

编制范围：××水库复建道路建设项目

第 2 页　共 3 页　　09 表

序号	名称	单位	代号	预算单价（元）	备注	序号	名称	单位	代号	预算单价（元）	备注
36	钢筋连接套筒 $\phi16\sim\phi40$mm	个	2009012	5.98		76	砂砾堆方	m^3	5503007	46.60	
37	螺栓混合规则	kg	2009013	7.35		77	路面用石屑	m^3	5503015	106.80	
38	铁件	kg	2009028	4.53		78	片石码方	m^3	5505005	63.11	
39	镀锌铁件	kg	2009029	5.73		79	碎石（2cm）最大粒径 2cm 堆方	m^3	5505012	88.35	
40	铁钉混合规格	kg	2009030	4.70		80	碎石（4cm）最大粒径 4cm 堆方	m^3	5505013	86.41	
41	铸铁管	kg	2009033	3.42		81	碎石（8cm）最大粒径 8cm 堆方	m^3	5505015	82.52	
42	U 形锚钉	kg	2009034	4.27		82	碎石未筛分碎石统料堆方	m^3	5505016	75.73	
43	石油沥青	t	3001001	4529.91		83	32.5 级水泥	t	5509001	307.69	
44	阳离子类乳化沥青、阳离子类乳化改性沥青、阴离子类乳化改性沥青	t	3001005	3333.33		84	42.5 级水泥	t	5509002	367.52	
45	重油	kg	3003001	3.59		85	板式橡胶支座 GJZ 系列、GYZ 系列	dm^3	6001003	47.01	
46	汽油 93 号	kg	3003002	8.29		86	模数式伸缩装置 160 型	m	6003003	1880.34	
47	柴油 0 号，-10 号，-20 号	kg	3003003	7.44		87	钢绞线群锚（3 孔）包括夹片、锚垫板和螺旋筋	套	6005005	61.54	
48	煤	t	3005001	561.95		88	钢绞线群锚（7 孔）包括夹片、锚垫板和螺旋筋	套	6005009	143.59	
49	电	kW·h	3005002	0.85		89	钢绞线群锚（12 孔）包括夹片、锚垫板和螺旋筋	套	6005013	246.15	
50	水	m^3	3005004	2.72		90	铝合金标志包括板面、立柱、横梁、法兰盘、垫板及其他金属附件	t	6007002	16666.67	
51	原木混合规格	m^3	4003001	1283.19							
52	锯材中板 $\delta=19\sim35$mm，中方混合规格	m^3	4003002	1504.42							
53	草籽	kg	4013001	70.80							
54	三维植被网 EM2、EM3、EM4、EM5	m^2	5001009	8.97							

55	PVC 塑料管(ϕ50mm)	m	5001013	6.41	
56	塑料波纹管 SBG-50Y	m	5001034	4.27	
57	塑料波纹管 SBG-60Y	m	5001035	5.13	
58	塑料波纹管 SBG-75Y	m	5001036	6.41	
59	PVC 塑料管(ϕ160mm)	m	5001039	31.37	
60	压浆料	t	5003003	1709.40	
61	1号、2号岩石硝铵炸药	kg	5005002	11.97	
62	非电毫秒雷管导爆管长3~7m	个	5005008	3.16	
63	导爆索爆速6000~7000m/s	m	5005009	2.05	
64	土工布4~5m宽	m^2	5007001	4.27	
65	土工格栅宽6m,聚乙烯单向、双向拉伸、聚炳烯双向、玻璃纤维	m^2	5007003	8.29	
66	油漆	kg	5009002	15.38	
67	防水卷材	m^2	5009006	29.06	
68	热熔涂料	kg	5009008	4.10	
69	油毛毡 400g,0.915m×21.95m	m^2	5009012	3.42	
70	黏土堆方	m^3	5501003	11.65	
71	碎石土天然堆方	m^3	5501005	31.55	
72	种植土	m^3	5501007	11.65	
73	植物营养土	m^3	5501008	291.26	
74	熟石灰	t	5503003	276.70	
75	中(粗)砂混凝土、砂浆用堆方	m^3	5503005	87.38	

91	反光玻璃珠 JT/T 280—2004 1、2号(A类)	kg	6007003	3.33	
92	反光膜	m^2	6007004	170.94	
93	其他材料费	元	7801001	1.00	
94	设备摊销费	元	7901001	1.00	
95	预制混凝土排水管直径500mm以内	m	B77	140.00	
96	塑料薄膜	m^2	BC39	0.25	
97	成品石头栏杆	m	成品石头栏杆	1200.00	
98	2.0m^3履带式单斗挖掘机	台班	1032	958.39	
99	75kW以内履带式推土机 TY100	台班	8001002	884.21	
100	90kW以内履带式推土机 T120A	台班	8001003	1046.80	
101	105kW以内履带式推土机 T140-1带松土器	台班	8001004	1179.91	
102	8m^3内拖式铲运机(含头)C2-6,CTY6	台班	8001022	1042.35	
103	1.0m^3以内履带式单斗挖土机 WY100液压	台班	8001027	1195.01	
104	2.0m^3以内履带式单斗挖土机 WY200A液压	台班	8001030	1501.23	
105	1.0m^3以内履带式单斗挖土机 WK100机械	台班	8001035	1052.19	

编制: 复核

建设项目名称：××水库工程复建道路建设项目

编制范围：××水库复建道路建设项目

第 3 页　共 3 页　　09 表

序号	名称	单位	代号	预算单价（元）	备注
106	$2.0m^3$ 以内履带式单斗挖土机 W200A 机械	台班	8001037	1641.53	
107	$1.0m^3$ 以内轮胎式装载机 ZL20	台班	8001045	585.22	
108	$2.0m^3$ 以内轮胎式装载机 ZL40	台班	8001047	985.54	
109	120kW 以内自行式平地机 F155	台班	8001058	1188.74	
110	12~15t 光轮压路机 3Y-12/15	台班	8001081	587.09	
111	18~21t 光轮压路机 3Y-18/21	台班	8001083	752.93	
112	15t 以内振动压路机 CA25PD	台班	8001089	1078.27	
113	蛙式夯土机 HW-280	台班	8001095	29.88	
114	气腿式风动凿岩机 7655	台班	8001103	18.81	
115	$\phi 38 \sim \phi 170mm$ 液压锚固钻机 YMG150A	台班	8001116	250.85	
116	液压喷播机 CYP-4456	台班	8001132	347.82	
117	235kW 以内稳定土拌和机 WB230	台班	8003005	2014.07	
118	石屑撒布机 SA3	台班	8003030	709.42	
119	8000L 以内沥青洒布车 LS-7500	台班	8003040	833.88	
120	9.0m 内沥青混合料摊铺机 S1700	台班	8003059	2650.43	
121	10t 以内振动压路机 YZC-10	台班	8003063	1095.48	
122	9~16t 轮胎式压路机 YL16	台班	8003066	650.94	
123	16~20t 轮胎式压路机 YL20	台班	8003067	765.52	
141	6t 以内载货汽车 CA141K，CA1091K	台班	8007005	492.45	
142	10t 以内载货汽车 JN161，JN162	台班	8007007	667.75	
143	15t 以内自卸汽车 SH361，T815	台班	8007017	926.78	
144	20t 以内自卸汽车 BJ374	台班	8007019	1120.52	
145	20t 以内平板拖车组	台班	8007024	949.74	
146	60t 以内平板拖车组	台班	8007028	1550.07	
147	6000L 以内洒水汽车 YGJ5102GSSEQ	台班	8007041	697.93	
148	10000L 以内洒水汽车 YGJ5170GSSJN	台班	8007043	1104.87	
149	1t 以内机动翻斗车 F10A	台班	8007046	212.72	
150	5t 以内汽车式起重机 QY5	台班	8009025	637.22	
151	8t 以内汽车式起重机 QY8	台班	8009026	713.36	
152	12t 以内汽车式起重机 QY12	台班	8009027	848.20	
153	16t 以内汽车式起重机 QY16	台班	8009028	1023.73	
154	20t 以内汽车式起重机 QY20	台班	8009029	1208.73	
155	25t 以内汽车式起重机 QY25	台班	8009030	1356.18	
156	40t 以内汽车式起重机 QY40	台班	8009032	2225.21	
157	10m 以内高空作业车 QYJ5040JGKZ10	台班	8009046	515.38	

124	20~25t 轮胎式压路机 YL27	台班	8003068	953.74		158	6t 内 80m 高塔式起重机 QTZ63	台班	8009049	941.09	
125	热熔标线设备	台班	8003070	792.97		159	30kN 内单筒慢动卷扬机 JJM-3	台班	8009080	154.03	
126	混凝土电动真空吸水机组含吸垫 5m×5m	台班	8003079	141.94		160	50kN 内单筒慢动卷扬机 JJM-5	台班	8009081	172.30	
127	混凝土电动切缝机 SLF	台班	8003085	210.28		161	50kN 内双筒快动卷扬机 JJ2K-5	台班	8009102	254.42	
128	机动破路机 LPR300	台班	8003101	212.08		162	泥浆分离器 ZX-200	台班	8011056	431.53	
129	250L 以内强制式混凝土搅拌机 JD250	台班	8005002	177.86		163	泥浆搅拌机	台班	8011057	124.50	
130	400L 以内灰浆搅拌机 UJ325	台班	8005010	137.79		164	ϕ150mm 电动多级水泵（≤180m）DA1-150-6，$H \leqslant 180$m	台班	8013013	460.99	
131	混凝土喷射机 HPH6	台班	8005011	318.17		165	ϕ100mm 以内泥浆泵 4PN	台班	8013024	267.63	
132	$3m^3$ 内混凝土搅拌运输车 JCQ3	台班	8005028	819.38		166	32kV·A 内交流电弧焊机 BX1-330	台班	8015028	184.23	
133	$6m^3$ 内混凝土搅拌运输车 MR45	台班	8005031	1312.95		167	42kV·A 内交流电弧焊机 BX2-500	台班	8015029	227.82	
134	$60m^3/h$ 以内混凝土输送泵 BSA1406，HBT60	台班	8005051	1260.30		168	75kV·A 以内交流对焊机 UN1-75	台班	8015047	272.18	
135	$15m^3/h$ 以内混凝土搅拌站 HZ15	台班	8005056	804.64		169	150kV·A 以内交流对焊机 LM-150-2	台班	8015049	494.88	
136	$60m^3/h$ 以内混凝土搅拌站 HZS60	台班	8005060	1713.74		170	$3m^3/min$ 内机动空压机 CV-3/8-1	台班	8017047	297.50	
137	智能张拉系统	台班	8005079	642.12		171	$6m^3/min$ 内机动空压机 WY-6/7A	台班	8017048	531.25	
138	智能压浆系统 LZJS10	台班	8005084	703.81		172	$9m^3/min$ 内机动空压机 VY-9/7	台班	8017049	719.10	
139	2t 以内载货汽车	台班	8007001	342.11		173	小型机具使用费	元	8099001	1.00	
140	4t 以内载货汽车 CA10B	台班	8007003	470.10		174	定额基价	元	1999	1.00	

编制：　　　　复核

表 8-12　分项工程预算计算数据表

建设项目名称：××水库工程复建道路建设项目　　编制范围：××水库复建道路建设项目　　数据文件编号：　　公路等级：二级公路

路线或桥梁长度（km）：　　路基或桥梁宽度（m）：　　第 1 页　共 28 页　　21-1 表

分项编号/定额代号/工料机代号	项目、定额或工料机的名称	单位	数量	输入单价（元）	输入金额（元）	分项组价类型或定额子目取费类别	定额调整情况或分项算式
LJ010101	清理现场	m^2	5460.00	0.49	2681.02		
8001081	12～15t 光轮压路机	台班	5460.00				
LJ010102	砍伐树木	棵	4075.00	30.18	123000.94		
8001027	1.0m^3 以内履带式单斗挖土机	台班	4075.00				
8099001	小型机具使用费	元	4075.00				
LJ010103	伐树及挖树根	棵	765.00	30.34	23207.11		
8001027	1.0m^3 以内履带式单斗挖土机	台班	765.00				
8099001	小型机具使用费	元	765.00				
LJ010201	挖除水泥混凝土路面	m^3	100.00	87.03	8703.17		
8003101	机动破路机	台班	100.00				
8007019	20t 以内自卸汽车	台班	100.00				
8099001	小型机具使用费	元	100.00				
LJ010202	挖除沥青混凝土路面	m^3	100.00	114.53	11452.73		
8007019	20t 以内自卸汽车	台班	100.00				
8017048	6m^3/min 内机动空压机	台班	100.00				
8099001	小型机具使用费	元	100.00				
LJ010301	拆除钢筋混凝土结构	m^3	100.00	325.90	32590.05		
2009002	钢钎	kg	100.00				
7801001	其他材料费	元	100.00				
8007019	20t 以内自卸汽车	台班	100.00				
8017047	3m^3/min 内机动空压机	台班	100.00				
8099001	小型机具使用费	元	100.00				
LJ010302	拆除混凝土结构	m^3	100.00	325.90	32590.05		
2009002	钢钎	kg	100.00				
7801001	其他材料费	元	100.00				
8007019	20t 以内自卸汽车	台班	100.00				
8017047	3m^3/min 内机动空压机	台班	100.00				
8099001	小型机具使用费	元	100.00				
LJ010303	拆除砖石及其他砌体	m^3	100.00	55.61	5561.27		

8007019	20t 以内自卸汽车	台班	100.00				
LJ0201	挖土方	m^3	35354.25	8.50	300686.13		
8001003	90kW 以内履带式推土机	台班	35354.25				
8001022	$8m^3$ 内拖式铲运机（含头）	台班	35354.25				
8001030	$2.0m^3$ 以内履带式单斗挖土机	台班	35354.25				
8007019	20t 以内自卸汽车	台班	35354.25				
LJ0202	挖石方	m^3	152812.26	13.48	2059339.28		
2009003	空心钢钎	kg	152812.26				
2009004	ϕ50mm 以内合金钻头	个	152812.26				
5005002	硝铵炸药	kg	152812.26				
5005008	非电毫秒雷管	个	152812.26				
5005009	导爆索	m	152812.26				
7801001	其他材料费	元	152812.26				
8001003	90kW 以内履带式推土机	台班	152812.26				
8001030	$2.0m^3$ 以内履带式单斗挖土机	台班	152812.26				
8007019	20t 以内自卸汽车	台班	152812.26				
8017049	$9m^3$/min 内机动空压机	台班	152812.26				
8099001	小型机具使用费	元	152812.26				
LJ0201	挖土方（改路）	m^3	5369.00	6.55	35191.38		
8001003	90kW 以内履带式推土机	台班	5369.00				
8007019	20t 以内自卸汽车	台班	5369.00				
LJ0202	挖石方（改路）	m^3	7748.00	17.83	138152.73		
8001003	90kW 以内履带式推土机	台班	7748.00				
8001030	$2.0m^3$ 以内履带式单斗挖土机	台班	7748.00				
8007019	20t 以内自卸汽车	台班	7748.00				
LJ0201	挖土方（低填浅挖路基处理）	m^3	1133.00	17.09	19361.68		
8001030	$2.0m^3$ 以内履带式单斗挖土机	台班	1133.00				
8007019	20t 以内自卸汽车	台班	1133.00				
LJ0201	桥台挖台阶土方	m^3	1534.00	31.78	48755.97		
8001047	$2.0m^3$ 以内轮胎式装载机	台班	1534.00				
8007019	20t 以内自卸汽车	台班	1534.00				
LJ0201	路堤及填挖交接处超挖及台阶土方	m^3	2929.00	8.68	25435.70		
8001030	$2.0m^3$ 以内履带式单斗挖土机	台班	2929.00				
8007019	20t 以内自卸汽车	台班	2929.00				

编制：　　　　　　　　　　　　　　　　复核：

建设项目名称：××水库工程复建道路建设项目　　编制范围：××水库复建道路建设项目　　数据文件编号：　　公路等级：二级公路

路线或桥梁长度（km）：　　路基或桥梁宽度（m）：　　第 2 页　共 28 页　　21-1 表

分项编号/定额代号/工料机代号	项目、定额或工料机的名称	单位	数量	输入单价（元）	输入金额（元）	分项组价类型或定额子目取费类别	定额调整情况或分项算式
LJ0301	路堤及填挖交接处回填	m^3	2929.00	12.10	35439.46		
3005004	水	m^3	2929.00				
8001058	120kW 以内自行式平地机	台班	2929.00				
8001089	15t 以内振动压路机	台班	2929.00				
LJ0302	利用土方	m^3	14637.00	8.28	121256.27		
8001003	90kW 以内履带式推土机	台班	14637.00				
8001022	$8m^3$ 内拖式铲运机（含头）	台班	14637.00				
8001058	120kW 以内自行式平地机	台班	14637.00				
8001089	15t 以内振动压路机	台班	14637.00				
8007019	20t 以内自卸汽车	台班	14637.00				
LJ0303	利用石方	m^3	59731.00	92.35	5516162.03		
2009003	空心钢钎	kg	59731.00				
2009004	ϕ50mm 以内合金钻头	个	59731.00				
5005002	硝铵炸药	kg	59731.00				
5005008	非电毫秒雷管	个	59731.00				
5005009	导爆索	m	59731.00				
7801001	其他材料费	元	59731.00				
8001003	90kW 以内履带式推土机	台班	59731.00				
8001004	105kW 以内履带式推土机	台班	59731.00				
8001089	15t 以内振动压路机	台班	59731.00				
8007019	20t 以内自卸汽车	台班	59731.00				
8017049	$9m^3$/min 内机动空压机	台班	59731.00				
8099001	小型机具使用费	元	59731.00				
LJ0304	桥头台背回填碎石土	m^3	5965.00	5.13	30609.22		
8001058	120kW 以内自行式平地机	台班	5965.00				
8001081	12～15t 光轮压路机	台班	5965.00				
LJ0301	利用土方	m^3	3434.00	5.65	19417.79		
8001003	90kW 以内履带式推土机	台班	3434.00				
8001058	120kW 以内自行式平地机	台班	3434.00				
8001089	15t 以内振动压路机	台班	3434.00				

LJ0303	利用石方	m^3	2676.00	29.92	80068.33		
2009003	空心钢钎	kg	2676.00				
2009004	ϕ50mm 以内合金钻头	个	2676.00				
5005002	硝铵炸药	kg	2676.00				
5005008	非电毫秒雷管	个	2676.00				
5005009	导爆索	m	2676.00				
7801001	其他材料费	元	2676.00				
8001003	90kW 以内履带式推土机	台班	2676.00				
8001004	105kW 以内履带式推土机	台班	2676.00				
8001089	15t 以内振动压路机	台班	2676.00				
8017049	$9m^3$/min 内机动空压机	台班	2676.00				
8099001	小型机具使用费	元	2676.00				
LJ050101	换填碎砾石(低填浅挖路基处理)	m^3	1133.00	118.70	134483.67		
5505016	碎石	m^3	1133.00				
8001002	75kW 以内履带式推土机	台班	1133.00				
8001081	12~15t 光轮压路机	台班	1133.00				
LJ050103	土工织物(陡坡路堤或填挖交界处理)	m^3	5938.00	15.09	89617.13		
2009034	U 形锚钉	kg	5938.00				
5007003	土工格栅	m^2	5938.00				
7801001	其他材料费	元	5938.00				
LJ060103	M7.5 浆砌片石边沟(1m×0.7m)	m	5331.00	143.03	762503.11		
1517001	预制构件	m^3	5331.00				
2001001	HPB300 钢筋	t	5331.00				
2001002	HRB400 钢筋	t	5331.00				
2001022	20~22 号钢丝	kg	5331.00				
2003025	钢模板	t	5331.00				
3005004	水	m^3	5331.00				
4003002	锯材	m^3	5331.00				
5503005	中(粗)砂	m^3	5331.00				
5505005	片石	m^3	5331.00				
5505012	碎石(2cm)	m^3	5331.00				
5509001	32.5 级水泥	t	5331.00				
7801001	其他材料费	元	5331.00				
8001045	$1.0m^3$ 以内轮胎式装载机	台班	5331.00				

编制：　　　　　　　　　　复核：

建设项目名称：××水库工程复建道路建设项目　　编制范围：××水库复建道路建设项目　　数据文件编号：　　公路等级：二级公路

路线或桥梁长度（km）：　　路基或桥梁宽度（m）：　　第 3 页　共 28 页　21-1 表

分项编号/定额代号/工料机代号	项目、定额或工料机的名称	单位	数量	输入单价（元）	输入金额（元）	分项组价类型或定额子目取费类别	定额调整情况或分项算式
8005002	250L 以内强制式混凝土搅拌机	台班	5331.00				
8005010	400L 以内灰浆搅拌机	台班	5331.00				
8007007	10t 以内载货汽车	台班	5331.00				
8009025	5t 以内汽车式起重机	台班	5331.00				
8099001	小型机具使用费	元	5331.00				
LJ060103	M7.5 浆砌片石边沟(1m×0.7m)(改路)	m	1897.00	99.44	188642.50		
3005004	水	m^3	1897.00				
5503005	中(粗)砂	m^3	1897.00				
5505005	片石	m^3	1897.00				
5509001	32.5 级水泥	t	1897.00				
7801001	其他材料费	元	1897.00				
8001045	1.0m^3 以内轮胎式装载机	台班	1897.00				
8005010	400L 以内灰浆搅拌机	台班	1897.00				
LJ060203	M7.5 浆砌片石排水沟(1.8m×0.7m)	m	4929.00	246.18	1213437.83		
3005004	水	m^3	4929.00				
5503005	中(粗)砂	m^3	4929.00				
5505005	片石	m^3	4929.00				
5509001	32.5 级水泥	t	4929.00				
7801001	其他材料费	元	4929.00				
8001045	1.0m^3 以内轮胎式装载机	台班	4929.00				
8005010	400L 以内灰浆搅拌机	台班	4929.00				
LJ060302	M7.5 浆砌片石堑顶截水沟(1.1m×0.8m)	m	1065.00	299.69	319165.97		
3005004	水	m^3	1065.00				
5503005	中(粗)砂	m^3	1065.00				
5505005	片石	m^3	1065.00				
5509001	32.5 级水泥	t	1065.00				
7801001	其他材料费	元	1065.00				
8001045	1.0m^3 以内轮胎式装载机	台班	1065.00				
8001047	2.0m^3 以内轮胎式装载机	台班	1065.00				
8005010	400L 以内灰浆搅拌机	台班	1065.00				

8007019	20t 以内自卸汽车	台班	1065.00				
LJ060302	M7.5 浆砌片石路堑平台顶截水沟（1.4m×0.8m）	m	790.00	159.43	125952.50		
3005004	水	m^3	790.00				
5503005	中（粗）砂	m^3	790.00				
5505005	片石	m^3	790.00				
5509001	32.5 级水泥	t	790.00				
7801001	其他材料费	元	790.00				
8001045	1.0m^3 以内轮胎式装载机	台班	790.00				
8005010	400L 以内灰浆搅拌机	台班	790.00				
LJ060402	M7.5 浆砌片石急流槽	m^3	368.00	348.17	128126.69		
3001001	石油沥青	t	368.00				
3005004	水	m^3	368.00				
5503005	中（粗）砂	m^3	368.00				
5505005	片石	m^3	368.00				
5509001	32.5 级水泥	t	368.00				
7801001	其他材料费	元	368.00				
8001045	1.0m^3 以内轮胎式装载机	台班	368.00				
8001047	2.0m^3 以内轮胎式装载机	台班	368.00				
8005010	400L 以内灰浆搅拌机	台班	368.00				
8007019	20t 以内自卸汽车	台班	368.00				
LJ0606	路基盲沟（600mm×600mm）	m	544.00	21.20	11530.81		
1	人工	工日	544.00				
770	土工布	m^2	544.00				
952	碎石（4cm）	m^3	544.00				
1001001	人工	工日	544.00				
8001047	2.0m^3 以内轮胎式装载机	台班	544.00				
8007019	20t 以内自卸汽车	台班	544.00				
LJ0601	涵洞上下游改沟、改渠铺砌	m^3	148.15	626.13	92758.14		
1517006	预制混凝土排水管直径 500mm 以内	m	148.15				
2003026	组合钢模板	t	148.15				
2009028	铁件	kg	148.15				
3001001	石油沥青	t	148.15				
3005004	水	m^3	148.15				

编制：　　　　　　　　　　复核：

建设项目名称：××水库工程复建道路建设项目　　编制范围：××水库复建道路建设项目　　数据文件编号：　　公路等级：二级公路

路线或桥梁长度（km）：　　路基或桥梁宽度（m）：　　第 4 页　共 28 页　　21-1 表

分项编号/定额代号/工料机代号	项目、定额或工料机的名称	单位	数量	输入单价（元）	输入金额（元）	分项组价类型或定额子目取费类别	定额调整情况或分项算式
5503005	中(粗)砂	m^3	148.15				
5505005	片石	m^3	148.15				
5505012	碎石(2cm)	m^3	148.15				
5509001	32.5 级水泥	t	148.15				
7801001	其他材料费	元	148.15				
8001030	2.0m^3 以内履带式单斗挖土机	台班	148.15				
8001045	1.0m^3 以内轮胎式装载机	台班	148.15				
8001095	蛙式夯土机	台班	148.15				
8005002	250L 以内强制式混凝土搅拌机	台班	148.15				
8005010	400L 以内灰浆搅拌机	台班	148.15				
8007019	20t 以内自卸汽车	台班	148.15				
8009026	8t 以内汽车式起重机	台班	148.15				
8099001	小型机具使用费	元	148.15				
LH0102	护坡平台种草	m^2	830.00	21.55	17887.28		
3005004	水	m^3	830.00				
4013001	草籽	kg	830.00				
5501007	种植土	m^3	830.00				
5503005	中(粗)砂	m^3	830.00				
5505013	碎石(4cm)	m^3	830.00				
5509001	32.5 级水泥	t	830.00				
7801001	其他材料费	元	830.00				
LH0106	客土喷播护坡	m^2	9629.00	174.65	1681698.98		
72	M30 水泥砂浆	m^3	9629.00				
2001001	HPB300 钢筋	t	9629.00				
2001002	HRB400 钢筋	t	9629.00				
2001021	8~12 号钢丝	kg	9629.00				
2001026	钢丝编织网	m^2	9629.00				
2003005	钢板	t	9629.00				
2009011	焊条	kg	9629.00				
2009028	铁件	kg	9629.00				

3005004	水	m^3	9629.00				
4003001	原木	m^3	9629.00				
4013001	草籽	kg	9629.00				
5501007	种植土	m^3	9629.00				
5501008	植物营养土	m^3	9629.00				
5503005	中(粗)砂	m^3	9629.00				
5505013	碎石(4cm)	m^3	9629.00				
5509001	32.5级水泥	t	9629.00				
7801001	其他材料费	元	9629.00				
8001116	ϕ38~ϕ170mm液压锚固钻机	台班	9629.00				
8001132	液压喷播机	台班	9629.00				
8005002	250L以内强制式混凝土搅拌机	台班	9629.00				
8007003	4t以内载货汽车	台班	9629.00				
8007041	6000L以内洒水汽车	台班	9629.00				
8009027	12t以内汽车式起重机	台班	9629.00				
8009080	30kN内单筒慢动卷扬机	台班	9629.00				
8015028	32kV·A内交流电弧焊机	台班	9629.00				
8017049	$9m^3$/min内机动空压机	台班	9629.00				
8099001	小型机具使用费	元	9629.00				
BC39	塑料薄膜	m^2	9629.00				
LJ0701	M7.5浆砌片(卵)石拱形护坡	m^2	12611.00		81.66	1029819.30	
2009034	U形锚钉	kg	12611.00				
3005004	水	m^3	12611.00				
4013001	草籽	kg	12611.00				
5001009	三维植被网	m^2	12611.00				
5501007	种植土	m^3	12611.00				
5503005	中(粗)砂	m^3	12611.00				
5505005	片石	m^3	12611.00				
5509001	32.5级水泥	t	12611.00				
7801001	其他材料费	元	12611.00				
8001045	$1.0m^3$以内轮胎式装载机	台班	12611.00				
8001047	$2.0m^3$以内轮胎式装载机	台班	12611.00				
8001132	液压喷播机	台班	12611.00				
8005010	400L以内灰浆搅拌机	台班	12611.00				

编制： 复核：

建设项目名称：××水库工程复建道路建设项目　　编制范围：××水库复建道路建设项目　　数据文件编号：　　公路等级：二级公路

路线或桥梁长度（km）：　　路基或桥梁宽度（m）：　　第 5 页　共 28 页　　21-1 表

分项编号/定额代号/工料机代号	项目、定额或工料机的名称	单位	数量	输入单价（元）	输入金额（元）	分项组价类型或定额子目取费类别	定额调整情况或分项算式
8007003	4t 以内载货汽车	台班	12611.00				
8007019	20t 以内自卸汽车	台班	12611.00				
8007041	6000L 以内洒水汽车	台班	12611.00				
8017049	$9m^3$/min 内机动空压机	台班	12611.00				
8099001	小型机具使用费	元	12611.00				
BC39	塑料薄膜	m^2	12611.00				
LJ0702	C25 普通锚杆框架护坡（路基支挡、防护）	m^2	3692.00	399.72	1475766.17		
72	M30 水泥砂浆	m^3	3692.00				
2001001	HPB300 钢筋	t	3692.00				
2001002	HRB400 钢筋	t	3692.00				
2001021	8~12 号钢丝	kg	3692.00				
2001022	20~22 号钢丝	kg	3692.00				
2001026	钢丝编织网	m^2	3692.00				
2003004	型钢	t	3692.00				
2003005	钢板	t	3692.00				
2003008	钢管	t	3692.00				
2003026	组合钢模板	t	3692.00				
2009011	焊条	kg	3692.00				
2009028	铁件	kg	3692.00				
3001001	石油沥青	t	3692.00				
3005004	水	m^3	3692.00				
4003001	原木	m^3	3692.00				
4003002	锯材	m^3	3692.00				
4013001	草籽	kg	3692.00				
5501003	黏土	m^3	3692.00				
5501008	植物营养土	m^3	3692.00				
5503005	中（粗）砂	m^3	3692.00				
5505013	碎石（4cm）	m^3	3692.00				
5509001	32.5 级水泥	t	3692.00				
7801001	其他材料费	元	3692.00				

8001116	ϕ38~ϕ170mm 液压锚固钻机	台班	3692.00				
8005002	250L 以内强制式混凝土搅拌机	台班	3692.00				
8005011	混凝土喷射机	台班	3692.00				
8007003	4t 以内载货汽车	台班	3692.00				
8007041	6000L 以内洒水汽车	台班	3692.00				
8009027	12t 以内汽车式起重机	台班	3692.00				
8009080	30kN 内单筒慢动卷扬机	台班	3692.00				
8015028	32kV · A 内交流电弧焊机	台班	3692.00				
8017049	9m^3/min 内机动空压机	台班	3692.00				
8099001	小型机具使用费	元	3692.00				
LJ0702	C25 普通锚杆框架护坡（智慧山庄滑坡）	m^2	2940.00	296.60	871993.33		
72	M30 水泥砂浆	m^3	2940.00				
2001001	HPB300 钢筋	t	2940.00				
2001002	HRB400 钢筋	t	2940.00				
2001021	8~12 号钢丝	kg	2940.00				
2001022	20~22 号钢丝	kg	2940.00				
2001026	钢丝编织网	m^2	2940.00				
2003004	型钢	t	2940.00				
2003005	钢板	t	2940.00				
2003008	钢管	t	2940.00				
2003026	组合钢模板	t	2940.00				
2009011	焊条	kg	2940.00				
2009028	铁件	kg	2940.00				
3001001	石油沥青	t	2940.00				
3005004	水	m^3	2940.00				
4003001	原木	m^3	2940.00				
4003002	锯材	m^3	2940.00				
4013001	草籽	kg	2940.00				
5501007	种植土	m^3	2940.00				
5501008	植物营养土	m^3	2940.00				
5503005	中（粗）砂	m^3	2940.00				
5505005	片石	m^3	2940.00				
5505013	碎石（4cm）	m^3	2940.00				
5509001	32.5 级水泥	t	2940.00				

编制：　　　　　　　　　　　　　　　　复核：

建设项目名称：××水库工程复建道路建设项目　　编制范围：××水库复建道路建设项目　　数据文件编号：　　公路等级：二级公路

路线或桥梁长度（km）：　　路基或桥梁宽度（m）：　　第 6 页　共 28 页　　21-1 表

分项编号/定额代号/工料机代号	项目、定额或工料机的名称	单位	数量	输入单价（元）	输入金额（元）	分项组价类型或定额子目取费类别	定额调整情况或分项算式
7801001	其他材料费	元	2940.00				
8001045	1.0m^3 以内轮胎式装载机	台班	2940.00				
8001116	ϕ38～ϕ170mm 液压锚固钻机	台班	2940.00				
8001132	液压喷播机	台班	2940.00				
8005002	250L 以内强制式混凝土搅拌机	台班	2940.00				
8005010	400L 以内灰浆搅拌机	台班	2940.00				
8007003	4t 以内载货汽车	台班	2940.00				
8007041	6000L 以内洒水汽车	台班	2940.00				
8009027	12t 以内汽车式起重机	台班	2940.00				
8009080	30kN 内单筒慢动卷扬机	台班	2940.00				
8015028	32kV · A 内交流电弧焊机	台班	2940.00				
8017049	9m^3/min 内机动空压机	台班	2940.00				
8099001	小型机具使用费	元	2940.00				
LJ0801	M7.5 浆砌片(块)石	m^3	2030.00	422.42	857509.01		
2001021	8～12 号钢丝	kg	2030.00				
2009030	铁钉	kg	2030.00				
3001001	石油沥青	t	2030.00				
3005004	水	m^3	2030.00				
4003001	原木	m^3	2030.00				
4003002	锯材	m^3	2030.00				
5001013	PVC 塑料管(ϕ50mm)	m	2030.00				
5007001	土工布	m^2	2030.00				
5501003	黏土	m^3	2030.00				
5503005	中(粗)砂	m^3	2030.00				
5505005	片石	m^3	2030.00				
5505015	碎石(8cm)	m^3	2030.00				
5509001	32.5 级水泥	t	2030.00				
7801001	其他材料费	元	2030.00				
8001037	2.0m^3 以内履带式单斗挖土机	台班	2030.00				
8001045	1.0m^3 以内轮胎式装载机	台班	2030.00				

8005010	400L 以内灰浆搅拌机	台班	2030.00				
8007019	20t 以内自卸汽车	台班	2030.00				
LJ0801	M7.5 浆砌片(块)石	m^3	270.00	542.37	146440.20		
2001021	8~12 号钢丝	kg	270.00				
2009003	空心钢钎	kg	270.00				
2009004	ϕ50mm 以内合金钻头	个	270.00				
2009030	铁钉	kg	270.00				
3001001	石油沥青	t	270.00				
3005004	水	m^3	270.00				
4003001	原木	m^3	270.00				
4003002	锯材	m^3	270.00				
5001013	PVC 塑料管(ϕ50mm)	m	270.00				
5005002	硝铵炸药	kg	270.00				
5005008	非电毫秒雷管	个	270.00				
5005009	导爆索	m	270.00				
5007001	土工布	m^2	270.00				
5501003	黏土	m^3	270.00				
5503005	中(粗)砂	m^3	270.00				
5503007	砂砾	m^3	270.00				
5505005	片石	m^3	270.00				
5505015	碎石(8cm)	m^3	270.00				
5509001	32.5 级水泥	t	270.00				
7801001	其他材料费	元	270.00				
8001035	1.0m^3 以内履带式单斗挖土机	台班	270.00				
8001037	2.0m^3 以内履带式单斗挖土机	台班	270.00				
8001045	1.0m^3 以内轮胎式装载机	台班	270.00				
8005010	400L 以内灰浆搅拌机	台班	270.00				
8007017	15t 以内自卸汽车	台班	270.00				
8017049	9m^3/min 内机动空压机	台班	270.00				
8099001	小型机具使用费	元	270.00				
LJ0802	仰斜式路堑挡土墙	m^3	1840.40	434.39	799446.22		
2001021	8~12 号钢丝	kg	1840.40				
2009003	空心钢钎	kg	1840.40				
2009004	ϕ50mm 以内合金钻头	个	1840.40				

编制：　　　　　　　　　　　　　　　　复核：

建设项目名称：××水库工程复建道路建设项目　　编制范围：××水库复建道路建设项目　　数据文件编号：　　公路等级：二级公路

路线或桥梁长度（km）：　　路基或桥梁宽度（m）：　　第 7 页　共 28 页　　21-1 表

分项编号/定额代号/工料机代号	项目、定额或工料机的名称	单位	数量	输入单价（元）	输入金额（元）	分项组价类型或定额子目取费类别	定额调整情况或分项算式
2009030	铁钉	kg	1840.40				
3001001	石油沥青	t	1840.40				
3005004	水	m^3	1840.40				
4003001	原木	m^3	1840.40				
4003002	锯材	m^3	1840.40				
5001013	PVC 塑料管（ϕ50mm）	m	1840.40				
5005002	硝铵炸药	kg	1840.40				
5005008	非电毫秒雷管	个	1840.40				
5005009	导爆索	m	1840.40				
5007001	土工布	m^2	1840.40				
5501003	黏土	m^3	1840.40				
5503003	熟石灰	t	1840.40				
5503005	中（粗）砂	m^3	1840.40				
5503007	砂砾	m^3	1840.40				
5505005	片石	m^3	1840.40				
5505015	碎石（8cm）	m^3	1840.40				
5509001	32.5 级水泥	t	1840.40				
7801001	其他材料费	元	1840.40				
8001035	1.0m^3 以内履带式单斗挖土机	台班	1840.40				
8001037	2.0m^3 以内履带式单斗挖土机	台班	1840.40				
8001045	1.0m^3 以内轮胎式装载机	台班	1840.40				
8005010	400L 以内灰浆搅拌机	台班	1840.40				
8007019	20t 以内自卸汽车	台班	1840.40				
8017049	9m^3/min 内机动空压机	台班	1840.40				
8099001	小型机具使用费	元	1840.40				
LJ0803	M7.5 浆砌片（卵）石衡重式路堤挡土墙		450.00	424.99	191243.63		
2001021	8～12 号钢丝	kg	450.00				
2009003	空心钢钎	kg	450.00				
2009004	ϕ50mm 以内合金钻头	个	450.00				
2009030	铁钉	kg	450.00				

3001001	石油沥青	t	450.00				
3005004	水	m^3	450.00				
4003001	原木	m^3	450.00				
4003002	锯材	m^3	450.00				
5001013	PVC 塑料管(ϕ50mm)	m	450.00				
5005002	硝铵炸药	kg	450.00				
5005008	非电毫秒雷管	个	450.00				
5005009	导爆索	m	450.00				
5007001	土工布	m^2	450.00				
5501003	黏土	m^3	450.00				
5503003	熟石灰	t	450.00				
5503005	中(粗)砂	m^3	450.00				
5503007	砂砾	m^3	450.00				
5505005	片石	m^3	450.00				
5505015	碎石(8cm)	m^3	450.00				
5509001	32.5 级水泥	t	450.00				
7801001	其他材料费	元	450.00				
8001035	1.0m^3 以内履带式单斗挖土机	台班	450.00				
8001037	2.0m^3 以内履带式单斗挖土机	台班	450.00				
8001045	1.0m^3 以内轮胎式装载机	台班	450.00				
8005010	400L 以内灰浆搅拌机	台班	450.00				
8007019	20t 以内自卸汽车	台班	450.00				
8017049	9m^3/min 内机动空压机	台班	450.00				
8099001	小型机具使用费	元	450.00				
LJ0804	M7.5 浆砌片(卵)石衡重式路肩挡土墙		12304.10	473.51	5826053.49		
2001001	HPB300 钢筋	t	12304.10				
2001021	8~12 号钢丝	kg	12304.10				
2001022	20~22 号钢丝	kg	12304.10				
2003026	组合钢模板	t	12304.10				
2009003	空心钢钎	kg	12304.10				
2009004	ϕ50mm 以内合金钻头	个	12304.10				
2009011	焊条	kg	12304.10				
2009028	铁件	kg	12304.10				
2009030	铁钉	kg	12304.10				

编制：　　　　　　　　　　　　　　　　复核：

建设项目名称：××水库工程复建道路建设项目　　编制范围：××水库复建道路建设项目　　数据文件编号：　　公路等级：二级公路

路线或桥梁长度（km）：　　路基或桥梁宽度（m）：　　第 8 页　共 28 页　　21-1 表

分项编号/定额代号/工料机代号	项目、定额或工料机的名称	单位	数量	输入单价（元）	输入金额（元）	分项组价类型或定额子目取费类别	定额调整情况或分项算式
3001001	石油沥青	t	12304.10				
3005004	水	m^3	12304.10				
4003001	原木	m^3	12304.10				
4003002	锯材	m^3	12304.10				
5001013	PVC 塑料管（ϕ50mm）	m	12304.10				
5001039	PVC 塑料管（ϕ160mm）	m	12304.10				
5005002	硝铵炸药	kg	12304.10				
5005008	非电毫秒雷管	个	12304.10				
5005009	导爆索	m	12304.10				
5007001	土工布	m^2	12304.10				
5501003	黏土	m^3	12304.10				
5503003	熟石灰	t	12304.10				
5503005	中（粗）砂	m^3	12304.10				
5503007	砂砾	m^3	12304.10				
5505005	片石	m^3	12304.10				
5505013	碎石（4cm）	m^3	12304.10				
5505015	碎石（8cm）	m^3	12304.10				
5509001	32.5 级水泥	t	12304.10				
7801001	其他材料费	元	12304.10				
8001035	1.0m^3 以内履带式单斗挖土机	台班	12304.10				
8001037	2.0m^3 以内履带式单斗挖土机	台班	12304.10				
8001045	1.0m^3 以内轮胎式装载机	台班	12304.10				
8005002	250L 以内强制式混凝土搅拌机	台班	12304.10				
8005010	400L 以内灰浆搅拌机	台班	12304.10				
8007019	20t 以内自卸汽车	台班	12304.10				
8009026	8t 以内汽车式起重机	台班	12304.10				
8015028	32kV·A 内交流电弧焊机	台班	12304.10				
8017049	9m^3/min 内机动空压机	台班	12304.10				
8099001	小型机具使用费	元	12304.10				
LJ0806	C25 混凝土护肩、护脚		1981.00	875.10	1733569.22		

2001001	HPB300 钢筋	t	1981.00				
2001021	8~12 号钢丝	kg	1981.00				
2001022	20~22 号钢丝	kg	1981.00				
2003026	组合钢模板	t	1981.00				
2009003	空心钢钎	kg	1981.00				
2009004	ϕ50mm 以内合金钻头	个	1981.00				
2009011	焊条	kg	1981.00				
2009028	铁件	kg	1981.00				
2009030	铁钉	kg	1981.00				
3001001	石油沥青	t	1981.00				
3005004	水	m^3	1981.00				
4003001	原木	m^3	1981.00				
5001013	PVC 塑料管(ϕ50mm)	m	1981.00				
5001039	PVC 塑料管(ϕ160mm)	m	1981.00				
5005002	硝铵炸药	kg	1981.00				
5005008	非电毫秒雷管	个	1981.00				
5005009	导爆索	m	1981.00				
5007001	土工布	m^2	1981.00				
5501003	黏土	m^3	1981.00				
5503003	熟石灰	t	1981.00				
5503005	中(粗)砂	m^3	1981.00				
5505013	碎石(4cm)	m^3	1981.00				
5509001	32.5 级水泥	t	1981.00				
7801001	其他材料费	元	1981.00				
8001035	1.0m^3 以内履带式单斗挖土机	台班	1981.00				
8001037	2.0m^3 以内履带式单斗挖土机	台班	1981.00				
8001081	12~15t 光轮压路机	台班	1981.00				
8005002	250L 以内强制式混凝土搅拌机	台班	1981.00				
8007019	20t 以内自卸汽车	台班	1981.00				
8009026	8t 以内汽车式起重机	台班	1981.00				
8015028	32kV · A 内交流电弧焊机	台班	1981.00				
8017049	9m^3/min 内机动空压机	台班	1981.00				
8099001	小型机具使用费	元	1981.00				
1	厚 150mm 喷混凝土防护边坡	m^2	4934.00	208.09	1026718.28		

编制：　　　　　　　　　　　　复核：

建设项目名称：××水库工程复建道路建设项目　　编制范围：××水库复建道路建设项目　　数据文件编号：　　公路等级：二级公路

路线或桥梁长度（km）：　　路基或桥梁宽度（m）：　　第 9 页　共 28 页　　21-1 表

分项编号/定额代号/工料机代号	项目、定额或工料机的名称	单位	数量	输入单价（元）	输入金额（元）	分项组价类型或定额子目取费类别	定额调整情况或分项算式
2003008	钢管	t	4934.00				
2009028	铁件	kg	4934.00				
3001001	石油沥青	t	4934.00				
3005004	水	m^3	4934.00				
5001013	PVC 塑料管（ϕ50mm）	m	4934.00				
5503005	中（粗）砂	m^3	4934.00				
5505012	碎石（2cm）	m^3	4934.00				
5509001	32.5 级水泥	t	4934.00				
7801001	其他材料费	元	4934.00				
8005002	250L 以内强制式混凝土搅拌机	台班	4934.00				
8005011	混凝土喷射机	台班	4934.00				
8017049	9m^3/min 内机动空压机	台班	4934.00				
8099001	小型机具使用费	元	4934.00				
2	ϕ8mm 钢筋网	kg	19739.00	6.70	132199.78		
2001001	HPB300 钢筋	t	19739.00				
2001022	20~22 号钢丝	kg	19739.00				
2009011	焊条	kg	19739.00				
8015028	32kV · A 内交流电弧焊机	台班	19739.00				
8099001	小型机具使用费	元	19739.00				
3	ϕ25mm 螺纹钢筋锚杆	m	6414.20	198.20	1271321.44		
72	M30 水泥砂浆	m^3	6414.20				
2001001	HPB300 钢筋	t	6414.20				
2001002	HRB400 钢筋	t	6414.20				
2009003	空心钢钎	kg	6414.20				
2009004	ϕ50mm 以内合金钻头	个	6414.20				
2009011	焊条	kg	6414.20				
2009028	铁件	kg	6414.20				
3005004	水	m^3	6414.20				
4003001	原木	m^3	6414.20				
5503005	中（粗）砂	m^3	6414.20				

5509001	32.5 级水泥	t	6414.20				
7801001	其他材料费	元	6414.20				
8001103	气腿式风动凿岩机	台班	6414.20				
8001116	ϕ38~ϕ170mm 液压锚固钻机	台班	6414.20				
8009027	12t 以内汽车式起重机	台班	6414.20				
8015028	32kV · A 内交流电弧焊机	台班	6414.20				
8017049	9m^3/min 内机动空压机	台班	6414.20				
8099001	小型机具使用费	元	6414.20				
LJ0703	2m×2.5m,C30 混凝土抗滑桩(智慧山庄)	m	1050.00	7483.53	7857709.37		
2001001	HPB300 钢筋	t	1050.00				
2001002	HRB400 钢筋	t	1050.00				
2001022	20~22 号钢丝	kg	1050.00				
2003004	型钢	t	1050.00				
2003005	钢板	t	1050.00				
2003008	钢管	t	1050.00				
2003026	组合钢模板	t	1050.00				
2009002	钢钎	kg	1050.00				
2009011	焊条	kg	1050.00				
2009028	铁件	kg	1050.00				
3005004	水	m^3	1050.00				
4003001	原木	m^3	1050.00				
4003002	锯材	m^3	1050.00				
5005002	硝铵炸药	kg	1050.00				
5005008	非电毫秒雷管	个	1050.00				
5503005	中(粗)砂	m^3	1050.00				
5505013	碎石(4cm)	m^3	1050.00				
5509001	32.5 级水泥	t	1050.00				
7801001	其他材料费	元	1050.00				
8001027	1.0m^3 以内履带式单斗挖土机	台班	1050.00				
8001037	2.0m^3 以内履带式单斗挖土机	台班	1050.00				
8005002	250L 以内强制式混凝土搅拌机	台班	1050.00				
8007019	20t 以内自卸汽车	台班	1050.00				
8009081	50kN 内单筒慢动卷扬机	台班	1050.00				
8015028	32kV · A 内交流电弧焊机	台班	1050.00				

编制：　　　　　　　　　　　　复核：

建设项目名称：××水库工程复建道路建设项目　　编制范围：××水库复建道路建设项目　　数据文件编号：　　公路等级：二级公路

路线或桥梁长度（km）：　　路基或桥梁宽度（m）：　　第 10 页　共 28 页　　21-1 表

分项编号/定额代号/工料机代号	项目、定额或工料机的名称	单位	数量	输入单价（元）	输入金额（元）	分项组价类型或定额子目取费类别	定额调整情况或分项算式
8017049	$9m^3$/min 内机动空压机	台班	1050.00				
8099001	小型机具使用费	元	1050.00				
1	厚 180mm 级配碎石垫层	m^2	62722.70	23.11	1449635.75		
5505016	碎石	m^3	62722.70				
8001058	120kW 以内自行式平地机	台班	62722.70				
8001081	12~15t 光轮压路机	台班	62722.70				
8001083	18~21t 光轮压路机	台班	62722.70				
8007043	10000L 以内洒水汽车	台班	62722.70				
2	厚 150mm（改路-沥青路面）	m^2	1914.00	18.44	35293.97		
5505016	碎石	m^3	1914.00				
8001058	120kW 以内自行式平地机	台班	1914.00				
8001081	12~15t 光轮压路机	台班	1914.00				
8001083	18~21t 光轮压路机	台班	1914.00				
8007043	10000L 以内洒水汽车	台班	1914.00				
1	厚 200mm（改路-混凝土路面）	m^2	2573.00	16.65	42837.70		
5503007	砂砾	m^3	2573.00				
8001058	120kW 以内自行式平地机	台班	2573.00				
8001081	12~15t 光轮压路机	台班	2573.00				
8001083	18~21t 光轮压路机	台班	2573.00				
8007043	10000L 以内洒水汽车	台班	2573.00				
1	厚 200mm 4%水泥稳定碎石底基层	m^2	58750.20	23.33	1370410.10		
5501005	碎石土	m^3	58750.20				
5509001	32.5 级水泥	t	58750.20				
7801001	其他材料费	元	58750.20				
8001058	120kW 以内自行式平地机	台班	58750.20				
8001081	12~15t 光轮压路机	台班	58750.20				
8001083	18~21t 光轮压路机	台班	58750.20				
8003005	235kW 以内稳定土拌和机	台班	58750.20				
8007017	15t 以内自卸汽车	台班	58750.20				
8007043	10000L 以内洒水汽车	台班	58750.20				

2	厚 180mm 4%水泥稳定碎石底基层(改路-沥青路面)	m^2	1866.00	21.43	39988.12		
5501005	碎石土	m^3	1866.00				
5509001	32.5 级水泥	t	1866.00				
7801001	其他材料费	元	1866.00				
8001058	120kW 以内自行式平地机	台班	1866.00				
8001081	12～15t 光轮压路机	台班	1866.00				
8001083	18～21t 光轮压路机	台班	1866.00				
8003005	235kW 以内稳定土拌和机	台班	1866.00				
8007017	15t 以内自卸汽车	台班	1866.00				
8007043	10000L 以内洒水汽车	台班	1866.00				
1	厚 200mm 5%水泥稳定碎石底基层	m^2	50105.30	42.44	2126251.98		
5505016	碎石	m^3	50105.30				
5509001	32.5 级水泥	t	50105.30				
7801001	其他材料费	元	50105.30				
8001058	120kW 以内自行式平地机	台班	50105.30				
8001081	12～15t 光轮压路机	台班	50105.30				
8001083	18～21t 光轮压路机	台班	50105.30				
8003005	235kW 以内稳定土拌和机	台班	50105.30				
8007017	15t 以内自卸汽车	台班	50105.30				
8007043	10000L 以内洒水汽车	台班	50105.30				
2	厚 180mm 5%水泥稳定碎石底基层(改路-沥青路面)	m^2	1614.00	38.50	62133.96		
5505016	碎石	m^3	1614.00				
5509001	32.5 级水泥	t	1614.00				
7801001	其他材料费	元	1614.00				
8001058	120kW 以内自行式平地机	台班	1614.00				
8001081	12～15t 光轮压路机	台班	1614.00				
8001083	18～21t 光轮压路机	台班	1614.00				
8003005	235kW 以内稳定土拌和机	台班	1614.00				
8007017	15t 以内自卸汽车	台班	1614.00				
8007043	10000L 以内洒水汽车	台班	1614.00				
3	厚 200mm 水泥稳定碎石底基层(改路-混凝土路面)	m^2	2358.00	42.44	100063.31		

编制：　　　　　　　　　　　　　　　　复核：

建设项目名称：××水库工程复建道路建设项目　　编制范围：××水库复建道路建设项目　　数据文件编号：　　公路等级：二级公路

路线或桥梁长度（km）：　　路基或桥梁宽度（m）：　　第 11 页　共 28 页　　21-1 表

分项编号/定额代号/工料机代号	项目、定额或工料机的名称	单位	数量	输入单价（元）	输入金额（元）	分项组价类型或定额子目取费类别	定额调整情况或分项算式
5505016	碎石	m^3	2358.00				
5509001	32.5 级水泥	t	2358.00				
7801001	其他材料费	元	2358.00				
8001058	120kW 以内自行式平地机	台班	2358.00				
8001081	12~15t 光轮压路机	台班	2358.00				
8001083	18~21t 光轮压路机	台班	2358.00				
8003005	235kW 以内稳定土拌和机	台班	2358.00				
8007017	15t 以内自卸汽车	台班	2358.00				
8007043	10000L 以内洒水汽车	台班	2358.00				
LM010401	透层	m^2	51719.30	4.26	220247.16		
3001005	乳化沥青	t	51719.30				
5503015	路面用石屑	m^3	51719.30				
8003040	8000L 以内沥青洒布车	台班	51719.30				
8003066	9~16t 轮胎式压路机	台班	51719.30				
LM010402	黏层	m^2	100210.50	1.90	190150.43		
3001005	乳化沥青	t	100210.50				
8003040	8000L 以内沥青洒布车	台班	100210.50				
1	厚 50mm SBS 改性沥青混凝土 AC-13C 上面层	m^2	50105.30	1.73	86521.33		
8003059	9.0m 内沥青混合料摊铺机	台班	50105.30				
8003063	10t 以内振动压路机	台班	50105.30				
8003067	16~20t 轮胎式压路机	台班	50105.30				
8003068	20~25t 轮胎式压路机	台班	50105.30				
8007043	10000L 以内洒水汽车	台班	50105.30				
2	厚 40mm SBS 改性沥青混凝土 AC-13C 上面层(改路-沥青路面)	m^2	1614.00	1.38	2230.98		
8003059	9.0m 内沥青混合料摊铺机	台班	1614.00				
8003063	10t 以内振动压路机	台班	1614.00				
8003067	16~20t 轮胎式压路机	台班	1614.00				
8003068	20~25t 轮胎式压路机	台班	1614.00				

8007043	10000L 以内洒水汽车	台班	1614.00				
1	厚 60mm SBS 沥青混凝土 AC-20 下面层	m^2	50105.30	2.06	102968.40		
8003059	9.0m 内沥青混合料摊铺机	台班	50105.30				
8003063	10t 以内振动压路机	台班	50105.30				
8003067	16~20t 轮胎式压路机	台班	50105.30				
8003068	20~25t 轮胎式压路机	台班	50105.30				
8007043	10000L 以内洒水汽车	台班	50105.30				
2	厚 50mm SBS 沥青混凝土 AC-20 下面层(改路-沥青路面)	m^2	1614.00	1.71	2764.06		
8003059	9.0m 内沥青混合料摊铺机	台班	1614.00				
8003063	10t 以内振动压路机	台班	1614.00				
8003067	16~20t 轮胎式压路机	台班	1614.00				
8003068	20~25t 轮胎式压路机	台班	1614.00				
8007043	10000L 以内洒水汽车	台班	1614.00				
LM010403	下封层	m^2	50105.30	5.83	291998.66		
3001005	乳化沥青	t	50105.30				
5503015	路面用石屑	m^3	50105.30				
8003030	石屑撒布机	台班	50105.30				
8003040	8000L 以内沥青洒布车	台班	50105.30				
8003066	9~16t 轮胎式压路机	台班	50105.30				
LM020501	厚 200mm C25(混凝土弯拉强度 4.5MPa)	m^2	2144.00	88.55	189852.87		
2001001	HPB300 钢筋	t	2144.00				
2003004	型钢	t	2144.00				
3001001	石油沥青	t	2144.00				
3005001	煤	t	2144.00				
3005004	水	m^3	2144.00				
4003002	锯材	m^3	2144.00				
5503005	中(粗)砂	m^3	2144.00				
5505013	碎石(4cm)	m^3	2144.00				
5509001	32.5 级水泥	t	2144.00				
7801001	其他材料费	元	2144.00				
8003079	混凝土电动真空吸水机组	台班	2144.00				
8003085	混凝土电动切缝机	台班	2144.00				
8005002	250L 以内强制式混凝土搅拌机	台班	2144.00				

编制：　　　　　　　　　　复核：

建设项目名称：××水库工程复建道路建设项目　　编制范围：××水库复建道路建设项目　　数据文件编号：　　公路等级：二级公路

路线或桥梁长度（km）：　　路基或桥梁宽度（m）：　　第 12 页　共 28 页　　21-1 表

分项编号/定额代号/工料机代号	项目、定额或工料机的名称	单位	数量	输入单价（元）	输入金额（元）	分项组价类型或定额子目取费类别	定额调整情况或分项算式
8005031	$6m^3$ 内混凝土搅拌运输车	台班	2144.00				
8007043	10000L 以内洒水汽车	台班	2144.00				
8099001	小型机具使用费	元	2144.00				
1	C30 水泥混凝土过渡板	m^2	93.60	513.20	48035.17		
2003004	型钢	t	93.60				
2003026	组合钢模板	t	93.60				
2009028	铁件	kg	93.60				
3005004	水	m^3	93.60				
4003001	原木	m^3	93.60				
4003002	锯材	m^3	93.60				
5503005	中(粗)砂	m^3	93.60				
5505013	碎石(4cm)	m^3	93.60				
5509001	32.5 级水泥	t	93.60				
7801001	其他材料费	元	93.60				
8007046	1t 以内机动翻斗车	台班	93.60				
8099001	小型机具使用费	元	93.60				
2	HRB335 钢筋	kg	657.00	5.05	3315.43		
2001002	HRB400 钢筋	t	657.00				
2001022	20~22 号钢丝	kg	657.00				
2009011	焊条	kg	657.00				
8015028	32kV · A 内交流电弧焊机	台班	657.00				
8099001	小型机具使用费	元	657.00				
LM04020201	C25 现浇混凝土加固土路肩(300mm)	m^3	11374.60	68.13	774912.71		
2003004	型钢	t	11374.60				
3005004	水	m^3	11374.60				
4003002	锯材	m^3	11374.60				
5503005	中(粗)砂	m^3	11374.60				
5505013	碎石(4cm)	m^3	11374.60				
5509001	32.5 级水泥	t	11374.60				
7801001	其他材料费	元	11374.60				

8001045	$1.0m^3$ 以内轮胎式装载机	台班	11374.60				
8005028	$3m^3$ 内混凝土搅拌运输车	台班	11374.60				
8005056	$15m^3/h$ 以内混凝土搅拌站	台班	11374.60				
8099001	小型机具使用费	元	11374.60				
LM050401	混凝土管(ϕ500mm)(改路)	m	76.00	352.89	26819.56		
1517006	预制混凝土排水管直径 500mm 以内	m	76.00				
3005004	水	m^3	76.00				
5503005	中(粗)砂	m^3	76.00				
5509001	32.5 级水泥	t	76.00				
7801001	其他材料费	元	76.00				
8009026	8t 以内汽车式起重机	台班	76.00				
8099001	小型机具使用费	元	76.00				
B77	预制混凝土排水管直径 500mm 以内	m	76.00				
1	带肋钢筋(HRB335、HRB400)	kg	177.85	4873.70	866782.72		
2001001	HPB300 钢筋	t	177.85				
2001002	HRB400 钢筋	t	177.85				
2001022	20~22 号钢丝	kg	177.85				
2009011	焊条	kg	177.85				
2009012	钢筋连接套筒	个	177.85				
8009030	25t 以内汽车式起重机	台班	177.85				
8015028	32kV · A 内交流电弧焊机	台班	177.85				
8099001	小型机具使用费	元	177.85				
2	声测管	kg	3188.00	6.38	20352.86		
2001022	20~22 号钢丝	kg	3188.00				
2003005	钢板	t	3188.00				
2003008	钢管	t	3188.00				
2009011	焊条	kg	3188.00				
7801001	其他材料费	元	3188.00				
8015028	32kV · A 内交流电弧焊机	台班	3188.00				
8099001	小型机具使用费	元	3188.00				
1	光圆钢筋(HPB235、HPB300)	kg	3135.37	8.97	28126.62		
2001001	HPB300 钢筋	t	3135.37				
2001002	HRB400 钢筋	t	3135.37				
2001022	20~22 号钢丝	kg	3135.37				

编制： 复核：

建设项目名称：××水库工程复建道路建设项目　　编制范围：××水库复建道路建设项目　　数据文件编号：　　公路等级：二级公路

路线或桥梁长度（km）：　　路基或桥梁宽度（m）：　　第 13 页　共 28 页　21-1 表

分项编号/定额代号/工料机代号	项目、定额或工料机的名称	单位	数量	输入单价（元）	输入金额（元）	分项组价类型或定额子目取费类别	定额调整情况或分项算式
2009011	焊条	kg	3135. 37				
8009081	50kN 内单筒慢动卷扬机	台班	3135. 37				
8015028	32kV · A 内交流电弧焊机	台班	3135. 37				
8099001	小型机具使用费	元	3135. 37				
2	带肋钢筋（HRB335、HRB400）	kg	285329. 00	5. 18	1477373. 64		
2001001	HPB300 钢筋	t	285329. 00				
2001002	HRB400 钢筋	t	285329. 00				
2001022	20～22 号钢丝	kg	285329. 00				
2009011	焊条	kg	285329. 00				
8009081	50kN 内单筒慢动卷扬机	台班	285329. 00				
8015028	32kV · A 内交流电弧焊机	台班	285329. 00				
8099001	小型机具使用费	元	285329. 00				
1	光圆钢筋（HPB235、HPB300）	kg	77919. 00	7. 83	610050. 45		
2001001	HPB300 钢筋	t	77919. 00				
2001002	HRB400 钢筋	t	77919. 00				
2001022	20～22 号钢丝	kg	77919. 00				
2009011	焊条	kg	77919. 00				
8009080	30kN 内单筒慢动卷扬机	台班	77919. 00				
8015028	32kV · A 内交流电弧焊机	台班	77919. 00				
8015047	75kV · A 以内交流对焊机	台班	77919. 00				
8015049	150kV · A 以内交流对焊机	台班	77919. 00				
8099001	小型机具使用费	元	77919. 00				
2	带肋钢筋（HRB335、HRB400）	kg	465378. 00	5. 58	2598833. 63		
2001001	HPB300 钢筋	t	465378. 00				
2001002	HRB400 钢筋	t	465378. 00				
2001003	冷轧带肋钢筋网	t	465378. 00				
2001022	20～22 号钢丝	kg	465378. 00				
2009011	焊条	kg	465378. 00				
8009080	30kN 内单筒慢动卷扬机	台班	465378. 00				
8015028	32kV · A 内交流电弧焊机	台班	465378. 00				

8015047	75kV · A 以内交流对焊机	台班	465378.00				
8015049	150kV · A 以内交流对焊机	台班	465378.00				
8099001	小型机具使用费	元	465378.00				
3	人行道护栏栏杆	kg	6104.00	5.68	34677.50		
2003008	钢管	t	6104.00				
2003040	铸铁	kg	6104.00				
2009028	铁件	kg	6104.00				
5009002	油漆	kg	6104.00				
7801001	其他材料费	元	6104.00				
1	带肋钢筋(HRB335、HRB400)	kg	5332.60	5.05	26909.95		
2001002	HRB400 钢筋	t	5332.60				
2001022	20~22 号钢丝	kg	5332.60				
2009011	焊条	kg	5332.60				
8015028	32kV · A 内交流电弧焊机	台班	5332.60				
8099001	小型机具使用费	元	5332.60				
LJ0201	干处挖土方	m^3	1567.00	26.38	41336.63		
8001037	2.0m^3 以内履带式单斗挖土机	台班	1567.00				
8007019	20t 以内自卸汽车	台班	1567.00				
LJ0202	干处挖石方	m^3	1814.00	58.76	106591.58		
2009003	空心钢钎	kg	1814.00				
2009004	ϕ50mm 以内合金钻头	个	1814.00				
5005002	硝铵炸药	kg	1814.00				
5005008	非电毫秒雷管	个	1814.00				
5005009	导爆索	m	1814.00				
7801001	其他材料费	元	1814.00				
8001035	1.0m^3 以内履带式单斗挖土机	台班	1814.00				
8007019	20t 以内自卸汽车	台班	1814.00				
8017049	9m^3/min 内机动空压机	台班	1814.00				
8099001	小型机具使用费	元	1814.00				
QL010201	钻孔灌注桩(ϕ1.8m)	m	180.00	2919.18	525452.97		
2009011	焊条	kg	180.00				
2009028	铁件	kg	180.00				
3005004	水	m^3	180.00				
4003002	锯材	m^3	180.00				

编制：　　　　　　　　　　　　　　　　复核：

建设项目名称：××水库工程复建道路建设项目　　编制范围：××水库复建道路建设项目　　数据文件编号：　　公路等级：二级公路

路线或桥梁长度（km）：　　路基或桥梁宽度（m）：　　第 14 页　共 28 页　　21-1 表

分项编号/定额代号/工料机代号	项目、定额或工料机的名称	单位	数量	输入单价（元）	输入金额（元）	分项组价类型或定额子目取费类别	定额调整情况或分项算式
5501003	黏土	m^3	180.00				
7801001	其他材料费	元	180.00				
7901001	设备摊销费	元	180.00				
8001035	1.0m^3 以内履带式单斗挖土机	台班	180.00				
8007007	10t 以内载货汽车	台班	180.00				
8009028	16t 以内汽车式起重机	台班	180.00				
8009102	50kN 内双筒快动卷扬机	台班	180.00				
8011056	泥浆分离器	台班	180.00				
8011057	泥浆搅拌机	台班	180.00				
8013024	ϕ100mm 以内泥浆泵	台班	180.00				
8015029	42kV · A 内交流电弧焊机	台班	180.00				
8099001	小型机具使用费	元	180.00				
QL010201	钻孔灌注桩（ϕ2m）	m	92.00	3387.49	311648.72		
2009011	焊条	kg	92.00				
2009028	铁件	kg	92.00				
3005004	水	m^3	92.00				
4003002	锯材	m^3	92.00				
5501003	黏土	m^3	92.00				
7801001	其他材料费	元	92.00				
7901001	设备摊销费	元	92.00				
8001035	1.0m^3 以内履带式单斗挖土机	台班	92.00				
8007007	10t 以内载货汽车	台班	92.00				
8009028	16t 以内汽车式起重机	台班	92.00				
8009102	50kN 内双筒快动卷扬机	台班	92.00				
8011056	泥浆分离器	台班	92.00				
8011057	泥浆搅拌机	台班	92.00				
8013024	ϕ100mm 以内泥浆泵	台班	92.00				
8015029	42kV · A 内交流电弧焊机	台班	92.00				
8099001	小型机具使用费	元	92.00				
QL010201	混凝土基础 C30 水下混凝土（桩基混凝土）	m^3	1205.00	541.93	653022.58		

3005004	水	m^3	1205.00				
5503005	中(粗)砂	m^3	1205.00				
5505013	碎石(4cm)	m^3	1205.00				
5509001	32.5 级水泥	t	1205.00				
7801001	其他材料费	元	1205.00				
7901001	设备摊销费	元	1205.00				
8005051	$60m^3/h$ 以内混凝土输送泵	台班	1205.00				
QL0105	混凝土承台 C30	m^3	657.20	460.55	302676.04		
2003025	钢模板	t	657.20				
2009013	螺栓	kg	657.20				
2009028	铁件	kg	657.20				
3005004	水	m^3	657.20				
5503005	中(粗)砂	m^3	657.20				
5505012	碎石(2cm)	m^3	657.20				
5509001	32.5 级水泥	t	657.20				
7801001	其他材料费	元	657.20				
8005051	$60m^3/h$ 以内混凝土输送泵	台班	657.20				
8009030	25t 以内汽车式起重机	台班	657.20				
8099001	小型机具使用费	元	657.20				
QL0105	承台垫层 C20 素混凝土	m^3	33.00	81.12	2676.96		
18	C20 水泥混凝土	m^3	33.00				
3005004	水	m^3	33.00				
7801001	其他材料费	元	33.00				
1	系梁-C30	m^3	64.30	724.38	46577.95		
2003004	型钢	t	64.30				
2003025	钢模板	t	64.30				
2009013	螺栓	kg	64.30				
2009028	铁件	kg	64.30				
3005004	水	m^3	64.30				
5503005	中(粗)砂	m^3	64.30				
5505012	碎石(2cm)	m^3	64.30				
5505013	碎石(4cm)	m^3	64.30				
5509001	32.5 级水泥	t	64.30				
7801001	其他材料费	元	64.30				

编制：　　　　　　　　　　　　复核：

建设项目名称：××水库工程复建道路建设项目　　编制范围：××水库复建道路建设项目　　数据文件编号：　　公路等级：二级公路

路线或桥梁长度（km）：　　路基或桥梁宽度（m）：　　第 15 页　共 28 页　　21-1 表

分项编号/定额代号/工料机代号	项目、定额或工料机的名称	单位	数量	输入单价（元）	输入金额（元）	分项组价类型或定额子目取费类别	定额调整情况或分项算式
8005051	$60m^3/h$ 以内混凝土输送泵	台班	64.30				
8009030	25t 以内汽车式起重机	台班	64.30				
8099001	小型机具使用费	元	64.30				
2	盖梁-C30	m^3	101.80	902.86	91911.35		
2001001	HPB300 钢筋	t	101.80				
2003004	型钢	t	101.80				
2003025	钢模板	t	101.80				
2009028	铁件	kg	101.80				
3005004	水	m^3	101.80				
4003001	原木	m^3	101.80				
4003002	锯材	m^3	101.80				
5503005	中（粗）砂	m^3	101.80				
5505012	碎石（2cm）	m^3	101.80				
5509001	32.5 级水泥	t	101.80				
5509002	42.5 级水泥	t	101.80				
7801001	其他材料费	元	101.80				
8005051	$60m^3/h$ 以内混凝土输送泵	台班	101.80				
8009030	25t 以内汽车式起重机	台班	101.80				
8099001	小型机具使用费	元	101.80				
3	盖梁-C40	m^3	232.00	902.86	209463.97		
2001001	HPB300 钢筋	t	232.00				
2003004	型钢	t	232.00				
2003025	钢模板	t	232.00				
2009028	铁件	kg	232.00				
3005004	水	m^3	232.00				
4003001	原木	m^3	232.00				
4003002	锯材	m^3	232.00				
5503005	中（粗）砂	m^3	232.00				
5505012	碎石（2cm）	m^3	232.00				
5505013	碎石（4cm）	m^3	232.00				

5509001	32.5 级水泥	t	232.00				
5509002	42.5 级水泥	t	232.00				
7801001	其他材料费	元	232.00				
8005051	60m³/h 以内混凝土输送泵	台班	232.00				
8009030	25t 以内汽车式起重机	台班	232.00				
8099001	小型机具使用费	元	232.00				
4	圆柱式墩柱-C30	m³	213.80	661.23	141371.31		
2001019	钢丝绳	t	213.80				
2003004	型钢	t	213.80				
2003005	钢板	t	213.80				
2003008	钢管	t	213.80				
2003025	钢模板	t	213.80				
2003028	安全爬梯	t	213.80				
2009013	螺栓	kg	213.80				
2009028	铁件	kg	213.80				
3005004	水	m³	213.80				
4003002	锯材	m³	213.80				
5503005	中(粗)砂	m³	213.80				
5505012	碎石(2cm)	m³	213.80				
5505013	碎石(4cm)	m³	213.80				
5509001	32.5 级水泥	t	213.80				
7801001	其他材料费	元	213.80				
8005051	60m³/h 以内混凝土输送泵	台班	213.80				
8009030	25t 以内汽车式起重机	台班	213.80				
8099001	小型机具使用费	元	213.80				
5	方柱式墩柱-C40	m³	1137.50	865.40	984395.71		
2001001	HPB300 钢筋	t	1137.50				
2003004	型钢	t	1137.50				
2003008	钢管	t	1137.50				
2003025	钢模板	t	1137.50				
2003028	安全爬梯	t	1137.50				
2009013	螺栓	kg	1137.50				
2009028	铁件	kg	1137.50				
3005004	水	m³	1137.50				

编制：　　　　　　　　　　　　复核：

建设项目名称：××水库工程复建道路建设项目　　编制范围：××水库复建道路建设项目　　数据文件编号：　　公路等级：二级公路

路线或桥梁长度（km）：　　路基或桥梁宽度（m）：　　第 16 页　共 28 页　　21-1 表

分项编号/定额代号/工料机代号	项目、定额或工料机的名称	单位	数量	输入单价（元）	输入金额（元）	分项组价类型或定额子目取费类别	定额调整情况或分项算式
4003002	锯材	m^3	1137.50				
5503005	中(粗)砂	m^3	1137.50				
5505013	碎石(4cm)	m^3	1137.50				
5509002	42.5 级水泥	t	1137.50				
7801001	其他材料费	元	1137.50				
8005051	60m^3/h 以内混凝土输送泵	台班	1137.50				
8009030	25t 以内汽车式起重机	台班	1137.50				
8009032	40t 以内汽车式起重机	台班	1137.50				
8013013	φ150mm 电动多级水泵(≤180m)	台班	1137.50				
8099001	小型机具使用费	元	1137.50				
6	耳背墙混凝土-C30	m^3	144.18	858.08	123717.39		
2003025	钢模板	t	144.18				
2009013	螺栓	kg	144.18				
2009028	铁件	kg	144.18				
3005004	水	m^3	144.18				
5503005	中(粗)砂	m^3	144.18				
5505012	碎石(2cm)	m^3	144.18				
5509001	32.5 级水泥	t	144.18				
7801001	其他材料费	元	144.18				
8009030	25t 以内汽车式起重机	台班	144.18				
8099001	小型机具使用费	元	144.18				
7	台帽-C30	m^3	20.80	844.24	17560.24		
2003008	钢管	t	20.80				
2003027	门式钢支架	t	20.80				
2003044	铁皮	m^2	20.80				
2009028	铁件	kg	20.80				
2009030	铁钉	kg	20.80				
3005004	水	m^3	20.80				
4003002	锯材	m^3	20.80				
5503005	中(粗)砂	m^3	20.80				

5505012	碎石(2cm)	m^3	20. 80				
5509001	32. 5 级水泥	t	20. 80				
7801001	其他材料费	元	20. 80				
8005051	60m^3/h 以内混凝土输送泵	台班	20. 80				
8099001	小型机具使用费	元	20. 80				
1	T 梁隔板-C50 湿接缝	m^3	252. 90	902. 86	228333. 79		
2001001	HPB300 钢筋	t	252. 90				
2003004	型钢	t	252. 90				
2003025	钢模板	t	252. 90				
2009028	铁件	kg	252. 90				
3005004	水	m^3	252. 90				
4003001	原木	m^3	252. 90				
4003002	锯材	m^3	252. 90				
5503005	中(粗)砂	m^3	252. 90				
5505012	碎石(2cm)	m^3	252. 90				
5509002	42. 5 级水泥	t	252. 90				
7801001	其他材料费	元	252. 90				
8005051	60m^3/h 以内混凝土输送泵	台班	252. 90				
8009030	25t 以内汽车式起重机	台班	252. 90				
8099001	小型机具使用费	元	252. 90				
2	防撞护栏-C30	m^3	442. 50	2346. 57	1038359. 04		
2001001	HPB300 钢筋	t	442. 50				
2003005	钢板	t	442. 50				
2003008	钢管	t	442. 50				
2003025	钢模板	t	442. 50				
2009011	焊条	kg	442. 50				
2009028	铁件	kg	442. 50				
3005004	水	m^3	442. 50				
4003001	原木	m^3	442. 50				
4003002	锯材	m^3	442. 50				
5009002	油漆	kg	442. 50				
5503005	中(粗)砂	m^3	442. 50				
5505012	碎石(2cm)	m^3	442. 50				
5509001	32. 5 级水泥	t	442. 50				

编制：　　　　　　　　　　　　　　　　　　　　　　复核：

建设项目名称：××水库工程复建道路建设项目　　编制范围：××水库复建道路建设项目　　数据文件编号：　　公路等级：二级公路

路线或桥梁长度（km）：　　路基或桥梁宽度（m）：　　第 17 页　共 28 页　　21-1 表

分项编号/定额代号/工料机代号	项目、定额或工料机的名称	单位	数量	输入单价（元）	输入金额（元）	分项组价类型或定额子目取费类别	定额调整情况或分项算式
7801001	其他材料费	元	442.50				
8005002	250L 以内强制式混凝土搅拌机	台班	442.50				
8007046	1t 以内机动翻斗车	台班	442.50				
8015028	32kV · A 内交流电弧焊机	台班	442.50				
8099001	小型机具使用费	元	442.50				
3	支座、垫石-C40	m^3	5.60	1015.98	5689.48		
2003025	钢模板	t	5.60				
2009013	螺栓	kg	5.60				
2009028	铁件	kg	5.60				
3005004	水	m^3	5.60				
5503005	中(粗)砂	m^3	5.60				
5505012	碎石(2cm)	m^3	5.60				
5509001	32.5 级水泥	t	5.60				
7801001	其他材料费	元	5.60				
8009030	25t 以内汽车式起重机	台班	5.60				
8099001	小型机具使用费	元	5.60				
1	人行道板-C30	m^3	80.60	616.89	49721.51		
2001001	HPB300 钢筋	t	80.60				
2003004	型钢	t	80.60				
2003008	钢管	t	80.60				
2003025	钢模板	t	80.60				
2009028	铁件	kg	80.60				
3005004	水	m^3	80.60				
5009012	油毛毡	m^2	80.60				
5503005	中(粗)砂	m^3	80.60				
5505012	碎石(2cm)	m^3	80.60				
5509001	32.5 级水泥	t	80.60				
7801001	其他材料费	元	80.60				
8009027	12t 以内汽车式起重机	台班	80.60				
8009030	25t 以内汽车式起重机	台班	80.60				

8099001	小型机具使用费	元	80.60				
2	人行道 M10 砂浆抹灰	m^2	1030.00	5.57	5736.12		
3005004	水	m^3	1030.00				
5503005	中(粗)砂	m^3	1030.00				
5509001	32.5 级水泥	t	1030.00				
1	搭板-C30	m^3	36.00	545.87	19651.34		
2003004	型钢	t	36.00				
2003026	组合钢模板	t	36.00				
2009028	铁件	kg	36.00				
3005004	水	m^3	36.00				
4003001	原木	m^3	36.00				
4003002	锯材	m^3	36.00				
5503005	中(粗)砂	m^3	36.00				
5505012	碎石(2cm)	m^3	36.00				
5509002	42.5 级水泥	t	36.00				
7801001	其他材料费	元	36.00				
8007046	1t 以内机动翻斗车	台班	36.00				
8099001	小型机具使用费	元	36.00				
2	搭板下垫层-C20 素混凝土	m^3	31.20	81.12	2530.94		
18	C20 水泥混凝土	m^3	31.20				
3005004	水	m^3	31.20				
7801001	其他材料费	元	31.20				
QL06	铸铁泄水管	套	112.00	63.93	7160.27		
2009033	铸铁管	kg	112.00				
7801001	其他材料费	元	112.00				
1	5 孔 20m 内	kg	1135.20	14.22	16140.88		
2001008	钢绞线	t	1135.20				
5001034	塑料波纹管 SBG-50Y	m	1135.20				
5003003	压浆料	t	1135.20				
6005005	钢绞线群锚(3 孔)	套	1135.20				
7801001	其他材料费	元	1135.20				
8005079	智能张拉系统	台班	1135.20				
8005084	智能压浆系统	台班	1135.20				
8099001	小型机具使用费	元	1135.20				

编制：　　　　　　　　　　　　复核：

建设项目名称：××水库工程复建道路建设项目　　编制范围：××水库复建道路建设项目　　数据文件编号：　　公路等级：二级公路

路线或桥梁长度（km）：　　路基或桥梁宽度（m）：　　第 18 页　共 28 页　　21-1 表

分项编号/定额代号/工料机代号	项目、定额或工料机的名称	单位	数量	输入单价（元）	输入金额（元）	分项组价类型或定额子目取费类别	定额调整情况或分项算式
2	7 孔 20m 内	kg	4244.40	14.02	59491.51		
2001008	钢绞线	t	4244.40				
5001035	塑料波纹管 SBG-60Y	m	4244.40				
5003003	压浆料	t	4244.40				
6005009	钢绞线群锚（7 孔）	套	4244.40				
7801001	其他材料费	元	4244.40				
8005079	智能张拉系统	台班	4244.40				
8005084	智能压浆系统	台班	4244.40				
8099001	小型机具使用费	元	4244.40				
3	8 孔 80m 内	kg	40661.88	9.26	376580.65		
2001008	钢绞线	t	40661.88				
5001036	塑料波纹管 SBG-75Y	m	40661.88				
5003003	压浆料	t	40661.88				
6005013	钢绞线群锚（12 孔）	套	40661.88				
7801001	其他材料费	元	40661.88				
8005079	智能张拉系统	台班	40661.88				
8005084	智能压浆系统	台班	40661.88				
8099001	小型机具使用费	元	40661.88				
1	简支 T 梁 C50 预制	m^3	1890.50	910.47	1721249.57		
2001001	HPB300 钢筋	t	1890.50				
2001019	钢丝绳	t	1890.50				
2003005	钢板	t	1890.50				
2003025	钢模板	t	1890.50				
2009011	焊条	kg	1890.50				
2009028	铁件	kg	1890.50				
3005004	水	m^3	1890.50				
4003002	锯材	m^3	1890.50				
5503005	中（粗）砂	m^3	1890.50				
5505012	碎石（2cm）	m^3	1890.50				
5509002	42.5 级水泥	t	1890.50				

7801001	其他材料费	元	1890.50				
8009081	50kN 内单筒慢动卷扬机	台班	1890.50				
8015028	32kV·A 内交流电弧焊机	台班	1890.50				
8099001	小型机具使用费	元	1890.50				
2	预制 T 梁安装	m^3	1890.50	229.97	434761.91		
2003004	型钢	t	1890.50				
2003005	钢板	t	1890.50				
2009011	焊条	kg	1890.50				
7801001	其他材料费	元	1890.50				
8009080	30kN 内单筒慢动卷扬机	台班	1890.50				
8009081	50kN 内单筒慢动卷扬机	台班	1890.50				
8015028	32kV·A 内交流电弧焊机	台班	1890.50				
8099001	小型机具使用费	元	1890.50				
1	桥台基础 C25 片石混凝土	m^3	748.50	409.90	306812.75		
2003025	钢模板	t	748.50				
2009013	螺栓	kg	748.50				
2009028	铁件	kg	748.50				
3005004	水	m^3	748.50				
5503005	中(粗)砂	m^3	748.50				
5505005	片石	m^3	748.50				
5505013	碎石(4cm)	m^3	748.50				
5509001	32.5 级水泥	t	748.50				
7801001	其他材料费	元	748.50				
8005051	60m^3/h 以内混凝土输送泵	台班	748.50				
8009030	25t 以内汽车式起重机	台班	748.50				
8099001	小型机具使用费	元	748.50				
2	台身 C25 片石混凝土	m^3	1340.60	522.74	700783.80		
2001019	钢丝绳	t	1340.60				
2001021	8~12 号钢丝	kg	1340.60				
2003008	钢管	t	1340.60				
2003025	钢模板	t	1340.60				
2009013	螺栓	kg	1340.60				
2009028	铁件	kg	1340.60				
2009030	铁钉	kg	1340.60				

编制：　　　　　　　　　　　　复核：

建设项目名称：××水库工程复建道路建设项目　　编制范围：××水库复建道路建设项目　　数据文件编号：　　公路等级：二级公路

路线或桥梁长度（km）：　　路基或桥梁宽度（m）：　　第 19 页　共 28 页　　21-1 表

分项编号/定额代号/工料机代号	项目、定额或工料机的名称	单位	数量	输入单价（元）	输入金额（元）	分项组价类型或定额子目取费类别	定额调整情况或分项算式
3005004	水	m^3	1340.60				
4003002	锯材	m^3	1340.60				
5503005	中(粗)砂	m^3	1340.60				
5505005	片石	m^3	1340.60				
5505013	碎石(4cm)	m^3	1340.60				
5509001	32.5 级水泥	t	1340.60				
7801001	其他材料费	元	1340.60				
8009030	25t 以内汽车式起重机	台班	1340.60				
8099001	小型机具使用费	元	1340.60				
1	黏层	m^2	2424.00	1.90	4599.56		
3001005	乳化沥青	t	2424.00				
8003040	8000L 以内沥青洒布车	台班	2424.00				
2	厚 40mm SBS 改性沥青混凝土 AC-13C 上面层	m^2	2424.00	34.54	83713.81		
86	细粒式沥青混凝土	m^3	2424.00				
8003059	9.0m 内沥青混合料摊铺机	台班	2424.00				
8003063	10t 以内振动压路机	台班	2424.00				
8003067	16~20t 轮胎式压路机	台班	2424.00				
8003068	20~25t 轮胎式压路机	台班	2424.00				
8007043	10000L 以内洒水汽车	台班	2424.00				
3	厚 60mm 沥青混凝土 AC-20 下面层	m^2	2424.00	34.25	83024.18		
8003059	9.0m 内沥青混合料摊铺机	台班	2424.00				
8003063	10t 以内振动压路机	台班	2424.00				
8003067	16~20t 轮胎式压路机	台班	2424.00				
8003068	20~25t 轮胎式压路机	台班	2424.00				
8007043	10000L 以内洒水汽车	台班	2424.00				
4	水性沥青基层防水涂料	m^2	2424.00	31.31	75900.17		
3001001	石油沥青	t	2424.00				
7801001	其他材料费	元	2424.00				
1	水泥混凝土桥面铺装(C40,厚 100mm)	m^2	2424.00	544.76	1320488.28		

2003004	型钢	t	2424.00				
3005004	水	m^3	2424.00				
5503005	中(粗)砂	m^3	2424.00				
5505012	碎石(2cm)	m^3	2424.00				
5509001	32.5 级水泥	t	2424.00				
7801001	其他材料费	元	2424.00				
8007046	1t 以内机动翻斗车	台班	2424.00				
8099001	小型机具使用费	元	2424.00				
2	SBS 防水卷材防水层(厚 3.5mm)	m^2	48.00	52.23	2506.95		
3001001	石油沥青	t	48.00				
5009006	防水卷材	m^2	48.00				
5009012	油毛毡	m^2	48.00				
7801001	其他材料费	元	48.00				
1	GJZ400mm×450mm×69mm	个	72.00	892.82	64283.16		
6001003	板式橡胶支座	dm^3	72.00				
7801001	其他材料费	元	72.00				
2	GJZ400mm×450mm×71mm	个	12.00	918.70	11024.41		
6001003	板式橡胶支座	dm^3	12.00				
7801001	其他材料费	元	12.00				
3	300mm×300mm×50mm 橡胶垫片	个	120.00	323.49	38818.33		
6001003	板式橡胶支座	dm^3	120.00				
7801001	其他材料费	元	120.00				
1	伸缩缝 160 型	m	26.00	656.35	17065.20		
2001019	钢丝绳	t	26.00				
2009011	焊条	kg	26.00				
6003003	模数式伸缩装置 160 型	m	26.00				
7801001	其他材料费	元	26.00				
8009027	12t 以内汽车式起重机	台班	26.00				
8015028	32kV · A 内交流电弧焊机	台班	26.00				
8099001	小型机具使用费	元	26.00				
2	伸缩缝-C50 钢纤维混凝土	m^3	2.40	840.82	2017.97		
2001020	钢纤维	t	2.40				
3005004	水	m^3	2.40				
4003002	锯材	m^3	2.40				

编制：　　　　　　　　　　　　　　　　复核：

建设项目名称：××水库工程复建道路建设项目　　编制范围：××水库复建道路建设项目　　数据文件编号：　　公路等级：二级公路

路线或桥梁长度（km）：　　路基或桥梁宽度（m）：　　第 20 页　共 28 页　　21-1 表

分项编号/定额代号/工料机代号	项目、定额或工料机的名称	单位	数量	输入单价（元）	输入金额（元）	分项组价类型或定额子目取费类别	定额调整情况或分项算式
5503005	中(粗)砂	m^3	2.40				
5505012	碎石(2cm)	m^3	2.40				
5509002	42.5 级水泥	t	2.40				
7801001	其他材料费	元	2.40				
8009027	12t 以内汽车式起重机	台班	2.40				
8099001	小型机具使用费	元	2.40				
1	钢护筒	t	54.94	1494.06	82077.68		
2003022	钢护筒	t	54.94				
5501003	黏土	m^3	54.94				
8009029	20t 以内汽车式起重机	台班	54.94				
1	混凝土搅拌	m^3	9074.81	11.92	108188.43		
8001002	75kW 以内履带式推土机	台班	9074.81				
8001045	1.0m^3 以内轮胎式装载机	台班	9074.81				
8005060	60m^3/h 以内混凝土搅拌站	台班	9074.81				
2	混凝土运输	m^3	7165.40	19.72	141326.91		
8005031	6m^3 内混凝土搅拌运输车	台班	7165.40				
3	预制 T 梁运输	m^3	1890.50	35.16	66471.27		
2009028	铁件	kg	1890.50				
4003002	锯材	m^3	1890.50				
7801001	其他材料费	元	1890.50				
8007028	60t 以内平板拖车组	台班	1890.50				
8009081	50kN 内单筒慢动卷扬机	台班	1890.50				
8099001	小型机具使用费	元	1890.50				
1	柱墩提升架	t	63.40	2326.24	147483.46		
2001019	钢丝绳	t	63.40				
2009011	焊条	kg	63.40				
2009028	铁件	kg	63.40				
2009030	铁钉	kg	63.40				
4003002	锯材	m^3	63.40				
7801001	其他材料费	元	63.40				

7901001	设备摊销费	元	63.40				
8009030	25t 以内汽车式起重机	台班	63.40				
8015028	32kV · A 内交流电弧焊机	台班	63.40				
8099001	小型机具使用费	元	63.40				
1	塔式起重机	座	1.00	210944.48	210944.48		
2001002	HRB400 钢筋	t	1.00				
2001019	钢丝绳	t	1.00				
2003004	型钢	t	1.00				
2003005	钢板	t	1.00				
2009011	焊条	kg	1.00				
2009028	铁件	kg	1.00				
4003002	锯材	m^3	1.00				
7801001	其他材料费	元	1.00				
8007024	20t 以内平板拖车组	台班	1.00				
8009032	40t 以内汽车式起重机	台班	1.00				
8009049	6t 内 80m 高塔式起重机	台班	1.00				
8015028	32kV · A 内交流电弧焊机	台班	1.00				
8099001	小型机具使用费	元	1.00				
1	吊装设备	t	165.00	1519.92	250786.97		
2001019	钢丝绳	t	165.00				
2001021	8~12 号钢丝	kg	165.00				
2009028	铁件	kg	165.00				
2009030	铁钉	kg	165.00				
4003002	锯材	m^3	165.00				
7801001	其他材料费	元	165.00				
7901001	设备摊销费	元	165.00				
8009080	30kN 内单筒慢动卷扬机	台班	165.00				
8099001	小型机具使用费	元	165.00				
H0104	墙式护栏(二号配建路)	m	80.00	588.86	47108.49		
2001001	HPB300 钢筋	t	80.00				
2001002	HRB400 钢筋	t	80.00				
2001022	20~22 号钢丝	kg	80.00				
2003025	钢模板	t	80.00				
2009028	铁件	kg	80.00				

编制：　　　　　　　　　　　　　　　　　　复核：

建设项目名称：××水库工程复建道路建设项目　　编制范围：××水库复建道路建设项目　　数据文件编号：　　公路等级：二级公路

路线或桥梁长度（km）：　　路基或桥梁宽度（m）：　　第 21 页　共 28 页　　21-1 表

分项编号/定额代号/工料机代号	项目、定额或工料机的名称	单位	数量	输入单价（元）	输入金额（元）	分项组价类型或定额子目取费类别	定额调整情况或分项算式
2009033	铸铁管	kg	80.00				
3005004	水	m^3	80.00				
4003001	原木	m^3	80.00				
4003002	锯材	m^3	80.00				
5503005	中(粗)砂	m^3	80.00				
5505013	碎石(4cm)	m^3	80.00				
5509001	32.5 级水泥	t	80.00				
7801001	其他材料费	元	80.00				
8005002	250L 以内强制式混凝土搅拌机	台班	80.00				
8005031	$6m^3$ 内混凝土搅拌运输车	台班	80.00				
8007046	1t 以内机动翻斗车	台班	80.00				
8099001	小型机具使用费	元	80.00				
1	Gr-B-2E	m	1993.00	224.41	447254.49		
2001019	钢丝绳	t	1993.00				
2003005	钢板	t	1993.00				
2003015	钢管立柱	t	1993.00				
2003017	波形钢板	t	1993.00				
2009011	焊条	kg	1993.00				
2009013	螺栓	kg	1993.00				
7801001	其他材料费	元	1993.00				
8007001	2t 以内载货汽车	台班	1993.00				
8007003	4t 以内载货汽车	台班	1993.00				
8015028	32kV · A 内交流电弧焊机	台班	1993.00				
8099001	小型机具使用费	元	1993.00				
2	Gr-B-2C	m	1816.00	217.19	394423.90		
2001019	钢丝绳	t	1816.00				
2003005	钢板	t	1816.00				
2003015	钢管立柱	t	1816.00				
2003017	波形钢板	t	1816.00				
2009011	焊条	kg	1816.00				

2009013	螺栓	kg	1816.00				
3005004	水	m^3	1816.00				
5503005	中(粗)砂	m^3	1816.00				
5505013	碎石(4cm)	m^3	1816.00				
5509001	32.5级水泥	t	1816.00				
7801001	其他材料费	元	1816.00				
8001002	75kW以内履带式推土机	台班	1816.00				
8001045	1.0m^3以内轮胎式装载机	台班	1816.00				
8005031	6m^3内混凝土搅拌运输车	台班	1816.00				
8005060	60m^3/h以内混凝土搅拌站	台班	1816.00				
8007001	2t以内载货汽车	台班	1816.00				
8007003	4t以内载货汽车	台班	1816.00				
8015028	32kV·A内交流电弧焊机	台班	1816.00				
8099001	小型机具使用费	元	1816.00				
3	Gr-B-2E(一号配建路)	m	26.00	216.52	5629.45		
2001019	钢丝绳	t	26.00				
2003005	钢板	t	26.00				
2003015	钢管立柱	t	26.00				
2003017	波形钢板	t	26.00				
2009011	焊条	kg	26.00				
2009013	螺栓	kg	26.00				
7801001	其他材料费	元	26.00				
8007001	2t以内载货汽车	台班	26.00				
8007003	4t以内载货汽车	台班	26.00				
8015028	32kV·A内交流电弧焊机	台班	26.00				
8099001	小型机具使用费	元	26.00				
4	Gr-B-2C(二号配建路)	m	40.00	226.66	9066.33		
2001019	钢丝绳	t	40.00				
2003005	钢板	t	40.00				
2003015	钢管立柱	t	40.00				
2003017	波形钢板	t	40.00				
2009011	焊条	kg	40.00				
2009013	螺栓	kg	40.00				
3005004	水	m^3	40.00				

编制： 复核：

建设项目名称：××水库工程复建道路建设项目　　编制范围：××水库复建道路建设项目　　数据文件编号：　　公路等级：二级公路

路线或桥梁长度(km)：　　路基或桥梁宽度(m)：　　第 22 页　共 28 页　　21-1 表

分项编号/定额代号/工料机代号	项目、定额或工料机的名称	单位	数量	输入单价(元)	输入金额(元)	分项组价类型或定额子目取费类别	定额调整情况或分项算式
5503005	中(粗)砂	m^3	40.00				
5505013	碎石(4cm)	m^3	40.00				
5509001	32.5 级水泥	t	40.00				
7801001	其他材料费	元	40.00				
8001002	75kW 以内履带式推土机	台班	40.00				
8001045	1.0m^3 以内轮胎式装载机	台班	40.00				
8005031	6m^3 内混凝土搅拌运输车	台班	40.00				
8005060	60m^3/h 以内混凝土搅拌站	台班	40.00				
8007001	2t 以内载货汽车	台班	40.00				
8007003	4t 以内载货汽车	台班	40.00				
8015028	32kV · A 内交流电弧焊机	台班	40.00				
8099001	小型机具使用费	元	40.00				
1	圆形，$D=80$cm	个	12.00	1902.58	22831.00		
2001001	HPB300 钢筋	t	12.00				
2001022	20~22 号钢丝	kg	12.00				
2003004	型钢	t	12.00				
2003015	钢管立柱	t	12.00				
2003026	组合钢模板	t	12.00				
2009011	焊条	kg	12.00				
2009028	铁件	kg	12.00				
2009029	镀锌铁件	kg	12.00				
3005004	水	m^3	12.00				
4003002	锯材	m^3	12.00				
5503005	中(粗)砂	m^3	12.00				
5505013	碎石(4cm)	m^3	12.00				
5509001	32.5 级水泥	t	12.00				
6007002	铝合金标志	t	12.00				
6007004	反光膜	m^2	12.00				
7801001	其他材料费	元	12.00				
8001002	75kW 以内履带式推土机	台班	12.00				

8001045	1.0m^3 以内轮胎式装载机	台班	12.00				
8005031	6m^3 内混凝土搅拌运输车	台班	12.00				
8005060	60m^3/h 以内混凝土搅拌站	台班	12.00				
8007005	6t 以内载货汽车	台班	12.00				
8009025	5t 以内汽车式起重机	台班	12.00				
8015028	32kV · A 内交流电弧焊机	台班	12.00				
8099001	小型机具使用费	元	12.00				
2	圆形,D=60cm	个	4.00	3034.37	12137.48		
2001001	HPB300 钢筋	t	4.00				
2001022	20~22 号钢丝	kg	4.00				
2003004	型钢	t	4.00				
2003015	钢管立柱	t	4.00				
2003026	组合钢模板	t	4.00				
2009011	焊条	kg	4.00				
2009028	铁件	kg	4.00				
2009029	镀锌铁件	kg	4.00				
3005004	水	m^3	4.00				
4003002	锯材	m^3	4.00				
5503005	中(粗)砂	m^3	4.00				
5505013	碎石(4cm)	m^3	4.00				
5509001	32.5 级水泥	t	4.00				
6007002	铝合金标志	t	4.00				
6007004	反光膜	m^2	4.00				
7801001	其他材料费	元	4.00				
8001002	75kW 以内履带式推土机	台班	4.00				
8001045	1.0m^3 以内轮胎式装载机	台班	4.00				
8005031	6m^3 内混凝土搅拌运输车	台班	4.00				
8005060	60m^3/h 以内混凝土搅拌站	台班	4.00				
8007005	6t 以内载货汽车	台班	4.00				
8009025	5t 以内汽车式起重机	台班	4.00				
8015028	32kV · A 内交流电弧焊机	台班	4.00				
8099001	小型机具使用费	元	4.00				
3	三角形,A=90cm	个	26.00	1829.16	47558.25		
2001001	HPB300 钢筋	t	26.00				

编制：　　　　　　　　　　　　　　　　复核：

建设项目名称：××水库工程复建道路建设项目　　编制范围：××水库复建道路建设项目　　数据文件编号：　　公路等级：二级公路

路线或桥梁长度(km)：　　路基或桥梁宽度(m)：　　第 23 页　共 28 页　21-1 表

分项编号/定额代号/工料机代号	项目、定额或工料机的名称	单位	数量	输入单价（元）	输入金额（元）	分项组价类型或定额子目取费类别	定额调整情况或分项算式
2001022	20~22 号钢丝	kg	26.00				
2003004	型钢	t	26.00				
2003015	钢管立柱	t	26.00				
2003026	组合钢模板	t	26.00				
2009011	焊条	kg	26.00				
2009028	铁件	kg	26.00				
2009029	镀锌铁件	kg	26.00				
3005004	水	m^3	26.00				
4003002	锯材	m^3	26.00				
5503005	中(粗)砂	m^3	26.00				
5505013	碎石(4cm)	m^3	26.00				
5509001	32.5 级水泥	t	26.00				
6007002	铝合金标志	t	26.00				
6007004	反光膜	m^2	26.00				
7801001	其他材料费	元	26.00				
8001002	75kW 以内履带式推土机	台班	26.00				
8001045	1.0m^3 以内轮胎式装载机	台班	26.00				
8005031	6m^3 内混凝土搅拌运输车	台班	26.00				
8005060	60m^3/h 以内混凝土搅拌站	台班	26.00				
8007005	6t 以内载货汽车	台班	26.00				
8009025	5t 以内汽车式起重机	台班	26.00				
8015028	32kV · A 内交流电弧焊机	台班	26.00				
8099001	小型机具使用费	元	26.00				
4	三角形,$A=70$cm	个	15.00	927.53	13913.01		
2001001	HPB300 钢筋	t	15.00				
2001022	20~22 号钢丝	kg	15.00				
2003004	型钢	t	15.00				
2003015	钢管立柱	t	15.00				
2003026	组合钢模板	t	15.00				
2009011	焊条	kg	15.00				

2009028	铁件	kg	15.00				
2009029	镀锌铁件	kg	15.00				
3005004	水	m^3	15.00				
4003002	锯材	m^3	15.00				
5503005	中(粗)砂	m^3	15.00				
5505013	碎石(4cm)	m^3	15.00				
5509001	32.5 级水泥	t	15.00				
6007002	铝合金标志	t	15.00				
6007004	反光膜	m^2	15.00				
7801001	其他材料费	元	15.00				
8001002	75kW 以内履带式推土机	台班	15.00				
8001045	1.0m^3 以内轮胎式装载机	台班	15.00				
8005031	6m^3 内混凝土搅拌运输车	台班	15.00				
8005060	60m^3/h 以内混凝土搅拌站	台班	15.00				
8007005	6t 以内载货汽车	台班	15.00				
8009025	5t 以内汽车式起重机	台班	15.00				
8015028	32kV · A 内交流电弧焊机	台班	15.00				
8099001	小型机具使用费	元	15.00				
5	长方形,76cm×40cm	个	20.00	1881.82	37636.49		
2001001	HPB300 钢筋	t	20.00				
2001022	20~22 号钢丝	kg	20.00				
2003004	型钢	t	20.00				
2003015	钢管立柱	t	20.00				
2003026	组合钢模板	t	20.00				
2009011	焊条	kg	20.00				
2009028	铁件	kg	20.00				
2009029	镀锌铁件	kg	20.00				
3005004	水	m^3	20.00				
4003002	锯材	m^3	20.00				
5503005	中(粗)砂	m^3	20.00				
5505013	碎石(4cm)	m^3	20.00				
5509001	32.5 级水泥	t	20.00				
6007002	铝合金标志	t	20.00				
6007004	反光膜	m^2	20.00				

编制：　　　　　　　　　　　　　　　　　　复核：

建设项目名称：××水库工程复建道路建设项目　　编制范围：××水库复建道路建设项目　　数据文件编号：　　公路等级：二级公路

路线或桥梁长度(km)：　　路基或桥梁宽度(m)：　　第 24 页　共 28 页　　21-1 表

分项编号/定额代号/工料机代号	项目、定额或工料机的名称	单位	数量	输入单价（元）	输入金额（元）	分项组价类型或定额子目取费类别	定额调整情况或分项算式
7801001	其他材料费	元	20.00				
8001002	75kW 以内履带式推土机	台班	20.00				
8001045	1.0m^3 以内轮胎式装载机	台班	20.00				
8005031	6m^3 内混凝土搅拌运输车	台班	20.00				
8005060	60m^3/h 以内混凝土搅拌站	台班	20.00				
8007005	6t 以内载货汽车	台班	20.00				
8009025	5t 以内汽车式起重机	台班	20.00				
8015028	32kV · A 内交流电弧焊机	台班	20.00				
8099001	小型机具使用费	元	20.00				
6	三角形 $A=90cm$+圆形 $D=80cm$	个	8.00	2123.29	16986.29		
2001001	HPB300 钢筋	t	8.00				
2001022	20~22 号钢丝	kg	8.00				
2003004	型钢	t	8.00				
2003015	钢管立柱	t	8.00				
2003026	组合钢模板	t	8.00				
2009011	焊条	kg	8.00				
2009028	铁件	kg	8.00				
2009029	镀锌铁件	kg	8.00				
3005004	水	m^3	8.00				
4003002	锯材	m^3	8.00				
5503005	中(粗)砂	m^3	8.00				
5505013	碎石(4cm)	m^3	8.00				
5509001	32.5 级水泥	t	8.00				
6007002	铝合金标志	t	8.00				
6007004	反光膜	m^2	8.00				
7801001	其他材料费	元	8.00				
8001002	75kW 以内履带式推土机	台班	8.00				
8001045	1.0m^3 以内轮胎式装载机	台班	8.00				
8005031	6m^3 内混凝土搅拌运输车	台班	8.00				
8005060	60m^3/h 以内混凝土搅拌站	台班	8.00				

8007005	6t 以内载货汽车	台班	8.00				
8009025	5t 以内汽车式起重机	台班	8.00				
8015028	32kV · A 内交流电弧焊机	台班	8.00				
8099001	小型机具使用费	元	8.00				
7	圆形,D=60cm(一号配建路)	个	2.00	965.66	1931.31		
2001001	HPB300 钢筋	t	2.00				
2001022	20~22 号钢丝	kg	2.00				
2003004	型钢	t	2.00				
2003015	钢管立柱	t	2.00				
2003026	组合钢模板	t	2.00				
2009011	焊条	kg	2.00				
2009028	铁件	kg	2.00				
2009029	镀锌铁件	kg	2.00				
3005004	水	m^3	2.00				
4003002	锯材	m^3	2.00				
5503005	中(粗)砂	m^3	2.00				
5505013	碎石(4cm)	m^3	2.00				
5509001	32.5 级水泥	t	2.00				
6007002	铝合金标志	t	2.00				
6007004	反光膜	m^2	2.00				
7801001	其他材料费	元	2.00				
8001002	75kW 以内履带式推土机	台班	2.00				
8001045	1.0m^3 以内轮胎式装载机	台班	2.00				
8005031	6m^3 内混凝土搅拌运输车	台班	2.00				
8005060	60m^3/h 以内混凝土搅拌站	台班	2.00				
8007005	6t 以内载货汽车	台班	2.00				
8009025	5t 以内汽车式起重机	台班	2.00				
8015028	32kV · A 内交流电弧焊机	台班	2.00				
8099001	小型机具使用费	元	2.00				
8	三角形,A=70cm(一号配建路)	个	2.00	965.66	1931.31		
2001001	HPB300 钢筋	t	2.00				
2001022	20~22 号钢丝	kg	2.00				
2003004	型钢	t	2.00				
2003015	钢管立柱	t	2.00				

编制：　　　　　　　　　　　　复核：

建设项目名称：××水库工程复建道路建设项目　　编制范围：××水库复建道路建设项目　　数据文件编号：　　公路等级：二级公路

路线或桥梁长度(km)：　　路基或桥梁宽度(m)：　　第 25 页　共 28 页　　21-1 表

分项编号/定额代号/工料机代号	项目、定额或工料机的名称	单位	数量	输入单价（元）	输入金额（元）	分项组价类型或定额子目取费类别	定额调整情况或分项算式
2003026	组合钢模板	t	2.00				
2009011	焊条	kg	2.00				
2009028	铁件	kg	2.00				
2009029	镀锌铁件	kg	2.00				
3005004	水	m^3	2.00				
4003002	锯材	m^3	2.00				
5503005	中(粗)砂	m^3	2.00				
5505013	碎石(4cm)	m^3	2.00				
5509001	32.5 级水泥	t	2.00				
6007002	铝合金标志	t	2.00				
6007004	反光膜	m^2	2.00				
7801001	其他材料费	元	2.00				
8001002	75kW 以内履带式推土机	台班	2.00				
8001045	1.0m^3 以内轮胎式装载机	台班	2.00				
8005031	6m^3 内混凝土搅拌运输车	台班	2.00				
8005060	60m^3/h 以内混凝土搅拌站	台班	2.00				
8007005	6t 以内载货汽车	台班	2.00				
8009025	5t 以内汽车式起重机	台班	2.00				
8015028	32kV · A 内交流电弧焊机	台班	2.00				
8099001	小型机具使用费	元	2.00				
9	圆形，$D=60$cm(二号配建路)	个	2.00	967.56	1935.13		
2001001	HPB300 钢筋	t	2.00				
2001022	20~22 号钢丝	kg	2.00				
2003004	型钢	t	2.00				
2003015	钢管立柱	t	2.00				
2003026	组合钢模板	t	2.00				
2009011	焊条	kg	2.00				
2009028	铁件	kg	2.00				
2009029	镀锌铁件	kg	2.00				
3005004	水	m^3	2.00				

4003002	锯材	m^3	2.00				
5503005	中(粗)砂	m^3	2.00				
5505013	碎石(4cm)	m^3	2.00				
5509001	32.5 级水泥	t	2.00				
6007002	铝合金标志	t	2.00				
6007004	反光膜	m^2	2.00				
7801001	其他材料费	元	2.00				
8001002	75kW 以内履带式推土机	台班	2.00				
8001045	1.0m^3 以内轮胎式装载机	台班	2.00				
8005031	6m^3 内混凝土搅拌运输车	台班	2.00				
8005060	60m^3/h 以内混凝土搅拌站	台班	2.00				
8007005	6t 以内载货汽车	台班	2.00				
8009025	5t 以内汽车式起重机	台班	2.00				
8015028	32kV · A 内交流电弧焊机	台班	2.00				
8099001	小型机具使用费	元	2.00				
10	三角形,A=70cm(二号配建路)	个	3.00	930.01	2790.02		
2001001	HPB300 钢筋	t	3.00				
2001022	20~22 号钢丝	kg	3.00				
2003004	型钢	t	3.00				
2003015	钢管立柱	t	3.00				
2003026	组合钢模板	t	3.00				
2009011	焊条	kg	3.00				
2009028	铁件	kg	3.00				
2009029	镀锌铁件	kg	3.00				
3005004	水	m^3	3.00				
4003002	锯材	m^3	3.00				
5503005	中(粗)砂	m^3	3.00				
5505013	碎石(4cm)	m^3	3.00				
5509001	32.5 级水泥	t	3.00				
6007002	铝合金标志	t	3.00				
6007004	反光膜	m^2	3.00				
7801001	其他材料费	元	3.00				
8001002	75kW 以内履带式推土机	台班	3.00				
8001045	1.0m^3 以内轮胎式装载机	台班	3.00				

编制：　　　　　　　　　　　　　　　　复核：

建设项目名称：××水库工程复建道路建设项目　　编制范围：××水库复建道路建设项目　　数据文件编号：　　公路等级：二级公路

路线或桥梁长度(km)：　　路基或桥梁宽度(m)：　　第 26 页　共 28 页　　21-1 表

分项编号/定额代号/工料机代号	项目、定额或工料机的名称	单位	数量	输入单价（元）	输入金额（元）	分项组价类型或定额子目取费类别	定额调整情况或分项算式
8005031	$6m^3$ 内混凝土搅拌运输车	台班	3.00				
8005060	$60m^3/h$ 以内混凝土搅拌站	台班	3.00				
8007005	6t 以内载货汽车	台班	3.00				
8009025	5t 以内汽车式起重机	台班	3.00				
8015028	32kV · A 内交流电弧焊机	台班	3.00				
8099001	小型机具使用费	元	3.00				
1	长方形,229.5cm×90cm	个	1.00	22132.98	22132.98		
2001001	HPB300 钢筋	t	1.00				
2001022	20~22 号钢丝	kg	1.00				
2003004	型钢	t	1.00				
2003015	钢管立柱	t	1.00				
2003026	组合钢模板	t	1.00				
2009011	焊条	kg	1.00				
2009028	铁件	kg	1.00				
2009029	镀锌铁件	kg	1.00				
3005004	水	m^3	1.00				
4003002	锯材	m^3	1.00				
5503005	中(粗)砂	m^3	1.00				
5505013	碎石(4cm)	m^3	1.00				
5509001	32.5 级水泥	t	1.00				
6007002	铝合金标志	t	1.00				
6007004	反光膜	m^2	1.00				
7801001	其他材料费	元	1.00				
8001002	75kW 以内履带式推土机	台班	1.00				
8001045	$1.0m^3$ 以内轮胎式装载机	台班	1.00				
8005031	$6m^3$ 内混凝土搅拌运输车	台班	1.00				
8005060	$60m^3/h$ 以内混凝土搅拌站	台班	1.00				
8007007	10t 以内载货汽车	台班	1.00				
8009026	8t 以内汽车式起重机	台班	1.00				
8009046	10m 以内高空作业车	台班	1.00				

8015028	32kV · A 内交流电弧焊机	台班	1.00				
8099001	小型机具使用费	元	1.00				
2	长方形,306cm×135cm	个	12.00	23053.37	276640.48		
2001001	HPB300 钢筋	t	12.00				
2001022	20~22 号钢丝	kg	12.00				
2003004	型钢	t	12.00				
2003015	钢管立柱	t	12.00				
2003026	组合钢模板	t	12.00				
2009011	焊条	kg	12.00				
2009028	铁件	kg	12.00				
2009029	镀锌铁件	kg	12.00				
3005004	水	m^3	12.00				
4003002	锯材	m^3	12.00				
5503005	中(粗)砂	m^3	12.00				
5505013	碎石(4cm)	m^3	12.00				
5509001	32.5 级水泥	t	12.00				
6007002	铝合金标志	t	12.00				
6007004	反光膜	m^2	12.00				
7801001	其他材料费	元	12.00				
8001002	75kW 以内履带式推土机	台班	12.00				
8001045	1.0m^3 以内轮胎式装载机	台班	12.00				
8005031	6m^3 内混凝土搅拌运输车	台班	12.00				
8005060	60m^3/h 以内混凝土搅拌站	台班	12.00				
8007007	10t 以内载货汽车	台班	12.00				
8009026	8t 以内汽车式起重机	台班	12.00				
8009046	10m 以内高空作业车	台班	12.00				
8015028	32kV · A 内交流电弧焊机	台班	12.00				
8099001	小型机具使用费	元	12.00				
3	长方形,288cm×130cm	个	4.00	22699.71	90798.85		
2001001	HPB300 钢筋	t	4.00				
2001022	20~22 号钢丝	kg	4.00				
2003004	型钢	t	4.00				
2003015	钢管立柱	t	4.00				
2003026	组合钢模板	t	4.00				

编制： 复核：

建设项目名称：××水库工程复建道路建设项目　　编制范围：××水库复建道路建设项目　　数据文件编号：　　公路等级：二级公路

路线或桥梁长度(km)：　　路基或桥梁宽度(m)：　　第 27 页　共 28 页　21-1 表

分项编号/定额代号/工料机代号	项目、定额或工料机的名称	单位	数量	输入单价（元）	输入金额（元）	分项组价类型或定额子目取费类别	定额调整情况或分项算式
2009011	焊条	kg	4.00				
2009028	铁件	kg	4.00				
2009029	镀锌铁件	kg	4.00				
3005004	水	m^3	4.00				
4003002	锯材	m^3	4.00				
5503005	中(粗)砂	m^3	4.00				
5505013	碎石(4cm)	m^3	4.00				
5509001	32.5 级水泥	t	4.00				
6007002	铝合金标志	t	4.00				
6007004	反光膜	m^2	4.00				
7801001	其他材料费	元	4.00				
8001002	75kW 以内履带式推土机	台班	4.00				
8001045	1.0m^3 以内轮胎式装载机	台班	4.00				
8005031	6m^3 内混凝土搅拌运输车	台班	4.00				
8005060	60m^3/h 以内混凝土搅拌站	台班	4.00				
8007007	10t 以内载货汽车	台班	4.00				
8009026	8t 以内汽车式起重机	台班	4.00				
8009046	10m 以内高空作业车	台班	4.00				
8015028	32kV · A 内交流电弧焊机	台班	4.00				
8099001	小型机具使用费	元	4.00				
4	长方形，170cm×75cm(一号配建路)	个	2.00	21844.57	43689.13		
2001001	HPB300 钢筋	t	2.00				
2001022	20~22 号钢丝	kg	2.00				
2003004	型钢	t	2.00				
2003015	钢管立柱	t	2.00				
2003026	组合钢模板	t	2.00				

2009011	焊条	kg	2.00				
2009028	铁件	kg	2.00				
2009029	镀锌铁件	kg	2.00				
3005004	水	m^3	2.00				
4003002	锯材	m^3	2.00				
5503005	中(粗)砂	m^3	2.00				
5505013	碎石(4cm)	m^3	2.00				
5509001	32.5 级水泥	t	2.00				
6007002	铝合金标志	t	2.00				
6007004	反光膜	m^2	2.00				
7801001	其他材料费	元	2.00				
8001002	75kW 以内履带式推土机	台班	2.00				
8001045	1.0m^3 以内轮胎式装载机	台班	2.00				
8005031	6m^3 内混凝土搅拌运输车	台班	2.00				
8005060	60m^3/h 以内混凝土搅拌站	台班	2.00				
8007007	10t 以内载货汽车	台班	2.00				
8009026	8t 以内汽车式起重机	台班	2.00				
8009046	10m 以内高空作业车	台班	2.00				
8015028	32kV · A 内交流电弧焊机	台班	2.00				
8099001	小型机具使用费	元	2.00				
1	车行道边缘白色实线	m^2	2572.86	39.55	101765.57		
5009008	热熔涂料	kg	2572.86				
6007003	反光玻璃珠	kg	2572.86				
7801001	其他材料费	元	2572.86				
8003070	热熔标线设备	台班	2572.86				
8007003	4t 以内载货汽车	台班	2572.86				
2	车行道边缘黄色实线	m^2	829.80	39.55	32821.48		
5009008	热熔涂料	kg	829.80				
6007003	反光玻璃珠	kg	829.80				

编制：　　　　　　　　　　　　　　　　复核：

建设项目名称：××水库工程复建道路建设项目　　编制范围：××水库复建道路建设项目　　数据文件编号：　　公路等级：二级公路

路线或桥梁长度(km)：　　路基或桥梁宽度(m)：　　第 28 页　共 28 页　　21-1 表

分项编号/定额代号/工料机代号	项目、定额或工料机的名称	单位	数量	输入单价(元)	输入金额(元)	分项组价类型或定额子目取费类别	定额调整情况或分项算式
7801001	其他材料费	元	829.80				
8003070	热熔标线设备	台班	829.80				
8007003	4t 以内载货汽车	台班	829.80				
3	车行道边缘黄色虚线	m^2	186.58	39.55	7379.88		
5009008	热熔涂料	kg	186.58				
6007003	反光玻璃珠	kg	186.58				
7801001	其他材料费	元	186.58				
8003070	热熔标线设备	台班	186.58				
8007003	4t 以内载货汽车	台班	186.58				
4	人行道边缘白色实线	m^2	4.86	39.55	192.23		
5009008	热熔涂料	kg	4.86				
6007003	反光玻璃珠	kg	4.86				
7801001	其他材料费	元	4.86				
8003070	热熔标线设备	台班	4.86				
8007003	4t 以内载货汽车	台班	4.86				
5	车行道边缘白色实线(一号配建路)	m^2	138.11	39.55	5462.73		
5009008	热熔涂料	kg	138.11				
6007003	反光玻璃珠	kg	138.11				
7801001	其他材料费	元	138.11				
8003070	热熔标线设备	台班	138.11				
8007003	4t 以内载货汽车	台班	138.11				
6	车行道边缘黄色实线(一号配建路)	m^2	42.00	39.55	1661.25		
5009008	热熔涂料	kg	42.00				
6007003	反光玻璃珠	kg	42.00				
7801001	其他材料费	元	42.00				
8003070	热熔标线设备	台班	42.00				
8007003	4t 以内载货汽车	台班	42.00				

7	车行道边缘黄色虚线(一号配建路)	m^2	8.40	39.55	332.25		
5009008	热熔涂料	kg	8.40				
6007003	反光玻璃珠	kg	8.40				
7801001	其他材料费	元	8.40				
8003070	热熔标线设备	台班	8.40				
8007003	4t 以内载货汽车	台班	8.40				
8	人行道边缘白色实线(二号配建路)	m^2	110.10	39.55	4354.84		
5009008	热熔涂料	kg	110.10				
6007003	反光玻璃珠	kg	110.10				
7801001	其他材料费	元	110.10				
8003070	热熔标线设备	台班	110.10				
8007003	4t 以内载货汽车	台班	110.10				
H03060303	附着式轮廓标	个	123.00	5.45	670.92		
2003012	镀锌钢板	t	123.00				
2009029	镀锌铁件	kg	123.00				
6007004	反光膜	m^2	123.00				
7801001	其他材料费	元	123.00				
QL0402	水泥混凝土铺装	m^2	1300.00	44.00	57204.63		
3005004	水	m^3	1300.00				
5503005	中(粗)砂	m^3	1300.00				
5505016	碎石	m^3	1300.00				
5509001	32.5 级水泥	t	1300.00				
7801001	其他材料费	元	1300.00				
8001058	120kW 以内自行式平地机	台班	1300.00				
8001081	12～15t 光轮压路机	台班	1300.00				
8001083	18～21t 光轮压路机	台班	1300.00				
8003005	235kW 以内稳定土拌和机	台班	1300.00				
8007043	10000L 以内洒水汽车	台班	1300.00				
H0104	石栏杆	m	110.00	1454.67	160013.26		
成品石头栏杆	成品石头栏杆	m	110.00				

编制：　　　　　　　　　　　　复核：

表 8-13　施工机械台班单价计算表

建设项目名称：××水库工程复建道路建设项目

编制范围：××水库复建道路建设项目

第 1 页　共 3 页　　24 表

序号	代号	机械规格名称	台班单价(元)	不变费用(元)		可变费用(元)															
				调整系数		机械工		重油		汽油		柴油		煤		电		水		木柴		车船税	合计
				1.0		106.28 元/工日		3.59 元/kg		8.29 元/kg		7.44 元/kg		—元/t		0.85 元/(kW·h)		—元/m^3		—元/kg			
				定额	调整值	定额	费用	定额	费用	定额	费用	定额	费用	定额	费用	定额	费用	定额	费用	定额	费用		
1	1032	2.0m^3 履带式单斗挖掘机	958.39	473.710	473.71	2.000	212.56					92.190	685.89										484.68
2	8001002	75kW 以内履带式推土机	884.21	262.670	262.67	2.000	212.56					54.970	408.98										621.54
3	8001003	90kW 以内履带式推土机	1046.80	347.890	347.89	2.000	212.56					65.370	486.35										698.91
4	8001004	105kW 以内履带式推土机	1179.91	398.040	398.04	2.000	212.56					76.520	569.31										781.87
5	8001022	8m^3 内拖式铲运机(含头)	1042.35	389.340	389.34	2.000	212.56					59.200	440.45										653.01
6	8001027	1.0m^3 以内履带式单斗挖土机	1195.01	425.120	425.12	2.000	212.56					74.910	557.33										769.89
7	8001030	2.0m^3 以内履带式单斗挖土机	1501.23	604.710	604.71	2.000	212.56					91.930	683.96										896.52
8	8001035	1.0m^3 以内履带式单斗挖土机	1052.19	358.340	358.34	2.000	212.56					64.690	481.29										693.85
9	8001037	2.0m^3 以内履带式单斗挖土机	1641.53	745.010	745.01	2.000	212.56					91.930	683.96										896.52

10	8001045	1.0m³ 以内轮胎式装载机	585.22	114.160	114.16	1.000	106.28					49.030	364.78										471.06
11	8001047	2.0m³ 以内轮胎式装载机	985.54	188.380	188.38	1.000	106.28					92.860	690.88										797.16
12	8001058	120kW 以内自行式平地机	1188.74	365.130	365.13	2.000	212.56					82.130	611.05										823.61
13	8001081	12~15t 光轮压路机	587.09	183.210	183.21	1.000	106.28					40.000	297.60										403.88
14	8001083	18~21t 光轮压路机	752.93	206.200	206.20	1.000	106.28					59.200	440.45										546.73
15	8001089	15t 以内振动压路机	1078.27	318.130	318.13	2.000	212.56					73.600	547.58										760.14
16	8001095	蛙式夯土机	29.88	15.140	15.14											17.340	14.74						14.74
17	8001 103	气腿式风动凿岩机	18.81	18.810	18.81																		
18	8001116	ϕ38~ϕ170 mm 液压锚固钻机	250.85	54.240	54.24	1.000	106.28									106.270	90.33						196.61
19	8001132	液压喷播机	347.82	85.080	85.08	1.000	106.28					21.030	156.46										262.74
20	8003005	235kW 以内稳定土拌和机	2014.07	702.470	702.47	2.000	212.56					147.720	1099.04										1311.60
21	8003030	石屑撒布机	709.42	358.290	358.29	1.000	106.28					32.910	244.85										351.13
22	8003040	8000L 以内沥青洒布车	833.88	360.290	360.29	1.000	106.28					49.370	367.31										473.59
23	8003059	9.0m 内沥青混合料摊铺机	2650.43	1617.350	1617.35	3.000	318.84					96.000	714.24										1033.08
24	8003063	10t 以内振动压路机	1095.48	478.180	478.18	2.000	212.56					54.400	404.74										617.30
25	8003066	9~16t 轮胎式压路机	650.94	294.680	294.68	1.000	106.28					33.600	249.98										356.26

编制： 复核：

建设项目名称：××水库工程复建道路建设项目

编制范围：××水库复建道路建设项目

第 2 页　共 3 页　　24 表

序号	代号	机械规格名称	台班单价（元）	不变费用(元)		可变费用(元)																车船税	合计
				调整系数		机械工		重油		汽油		柴油		煤		电		水		木柴			
				1.0		106.28 元/工日		3.59 元/kg		8.29 元/kg		7.44 元/kg		—元/t		0.85 元/(kW · h)		—元/m^3		—元/kg			
				定额	调整值	定额	费用	定额	费用	定额	费用	定额	费用	定额	费用	定额	费用	定额	费用	定额	费用		
26	8003067	16~20t 轮胎式压路机	765.52	343.780	343.78	1.000	106.28					42.400	315.46										421.74
27	8003068	20~25t 轮胎式压路机	953.74	472.480	472.48	1.000	106.28					50.400	374.98										481.26
28	8003070	热熔标线设备	792.97	204.620	204.62	2.000	212.56			45.330	375.79												588.35
29	8003079	混凝土电动真空吸水机组	141.94	21.570	21.57	1.000	106.28									16.580	14.09						120.37
30	8003085	混凝土电动切缝机	210.28	87.890	87.89	1.000	106.28									18.950	16.11						122.39
31	8003101	机动破路机	212.08	34.380	34.38	1.000	106.28					9.600	71.42										177.70
32	8005002	250L 以内强制式混凝土搅拌机	177.86	25.510	25.51	1.000	106.28									54.200	46.07						152.35
33	8005010	400L 以内灰浆搅拌机	137.79	13.230	13.23	1.000	106.28									21.510	18.28						124.56
34	8005011	混凝土喷射机	318.17	69.050	69.05	2.000	212.56									43.010	36.56						249.12
35	8005028	$3m^3$ 内混凝土搅拌运输车	819.38	413.790	413.79	1.000	106.28					40.230	299.31										405.59
36	8005031	$6m^3$ 内混凝土搅拌运输车	1312.95	795.090	795.09	1.000	106.28					55.320	411.58										517.86
37	8005051	$60m^3/h$ 以内混凝土输送泵	1260.30	837.960	837.96	1.000	106.28									371.830	316.06						422.34

38	8005056	$15m^3/h$ 以内混凝土搅拌站	804.64	269.360	269.36	3.000	318.84									254.630	216.44						535.28
39	8005060	$60m^3/h$ 以内混凝土搅拌站	1713.74	798.230	798.23	3.000	318.84									701.960	596.67						915.51
40	8005079	智能张拉系统	642.12	272.090	272.09	3.000	318.84	1.000	3.59							56.000	47.60						370.03
41	8005084	智能压浆系统	703.81	316.970	316.97	3.000	318.84									80.000	68.00						386.84
42	8007001	2t 以内载货汽车	342.11	68.870	68.87	1.000	106.28			20.140	166.96												273.24
43	8007003	4t 以内载货汽车	470.10	79.560	79.56	1.000	106.28			34.290	284.26												390.54
44	8007005	6t 以内载货汽车	492.45	94.220	94.22	1.000	106.28					39.240	291.95										398.23
45	8007007	10t 以内载货汽车	667.75	187.310	187.31	1.000	106.28					50.290	374.16										480.44
46	8007017	15t 以内自卸汽车	926.78	315.400	315.40	1.000	106.28					67.890	505.10										611.38
47	8007019	20t 以内自卸汽车	1120.52	440.540	440.54	1.000	106.28					77.110	573.70										679.98
48	8007024	20t 以内平板拖车组	949.74	400.450	400.45	2.000	212.56					45.260	336.73										549.29
49	8007028	60t 以内平板拖车组	1550.07	868.120	868.12	2.000	212.56					63.090	469.39										681.95
50	8007041	6000L 以内洒水汽车	697.93	307.390	307.39	1.000	106.28			34.290	284.26												390.54
51	8007043	10000L 以内洒水汽车	1104.87	605.760	605.76	1.000	106.28					52.800	392.83										499.11
52	8007046	1t 以内机动翻斗车	212.72	39.480	39.48	1.000	106.28					9.000	66.96										173.24

编制：　　　　　　　　　　复核：

建设项目名称：××水库工程复建道路建设项目

编制范围：××水库复建道路建设项目

第 3 页　共 3 页　　24 表

序号	代号	机械规格名称	台班单价（元）	不变费用(元)		可变费用(元)																车船税	合计
				调整系数		机械工		重油		汽油		柴油		煤		电		水		木柴			
				1.0		106.28 元/工日		3.59 元/kg		8.29 元/kg		7.44 元/kg		—元/t		0.85 元/(kW·h)		—元/m³		—元/kg			
				定额	调整值	定额	费用	定额	费用	定额	费用	定额	费用	定额	费用	定额	费用	定额	费用	定额	费用		
53	8009025	5t 以内汽车式起重机	637.22	211.280	211.28	2.000	212.56			25.740	213.38												425.94
54	8009026	8t 以内汽车式起重机	713.36	288.760	288.76	2.000	212.56					28.500	212.04										424.60
55	8009027	12t 以内汽车式起重机	848.20	408.050	408.05	2.000	212.56					30.590	227.59										440.15
56	8009028	16t 以内汽车式起重机	1023.73	546.160	546.16	2.000	212.56					35.620	265.01										477.57
57	8009029	20t 以内汽车式起重机	1208.73	709.360	709.36	2.000	212.56					38.550	286.81										499.37
58	8009030	25t 以内汽车式起重机	1356.18	841.180	841.18	2.000	212.56					40.650	302.44										515.00
59	8009032	40t 以内汽车式起重机	2225.21	1650.990	1650.99	2.000	212.56					48.610	361.66										574.22
60	8009046	10m 以内高空作业车	515.38	146.950	146.95	2.000	212.56					20.950	155.87										368.43
61	8009049	6t 内 80m 高塔式起重机	941.09	627.360	627.36	2.000	212.56									119.020	101.17						313.73
62	8009080	30kN 内单筒慢动卷扬机	154.03	16.780	16.78	1.000	106.28									36.430	30.97						137.25
63	8009081	50kN 内单筒慢动卷扬机	172.30	19.570	19.57	1.000	106.28									54.650	46.45						152.73

64	8009102	50kN 内双筒快动卷扬机	254.42	57.810	57.81	1.000	106.28									106.270	90.33						196.61
65	8011056	泥浆分离器	431.53	178.170	178.17	2.000	212.56									48.000	40.80						253.36
66	8011057	泥浆搅拌机	124.50	9.290	9.29	1.000	106.28									10.500	8.93						115.21
67	8013013	ϕ150mm 电动多级水泵（≤180m）	460.99	48.650	48.65											485.100	412.34						412.34
68	8013024	ϕ100mm 以内泥浆泵	267.63	35.790	35.79											272.750	231.84						231.84
69	8015028	32kV · A 内交流电弧焊机	184.23	5.170	5.17	1.000	106.28									85.620	72.78						179.06
70	8015029	42kV · A 内交流电弧焊机	227.82	5.420	5.42	1.000	106.28									136.610	116.12						222.40
71	8015047	75kV · A 以内交流对焊机	272.18	15.550	15.55	1.000	106.28									176.880	150.35						256.63
72	8015049	150kV · A 以内交流对焊机	494.88	21.990	21.99	1.000	106.28									431.310	366.61						472.89
73	8017047	$3m^3/min$ 内机动空压机	297.50	118.940	118.94							24.000	178.56										178.56
74	8017048	$6m^3/min$ 内机动空压机	531.25	204.710	204.71							43.890	326.54										326.54
75	8017049	$9m^3/min$ 内机动空压机	719.10	270.170	270.17							60.340	448.93										448.93

编制：　　　　　　　　　　　　　　　　　　复核：

参考文献

[1] 交通运输部职业资格中心. 公路工程造价的计价与控制 [M]. 北京: 人民交通出版社股份有限公司, 2014.

[2] 中华人民共和国交通运输部. 公路工程建设项目概算预算编制办法: JTG 3830—2018 [S]. 北京: 人民交通出版社股份有限公司, 2019.

[3] 中华人民共和国交通运输部. 公路工程建设项目投资估算编制办法: JTG 3820—2018 [S]. 北京: 人民交通出版社股份有限公司, 2019.

[4] 中华人民共和国交通运输部. 公路工程建设项目造价文件管理导则: JTG 3810—2017 [S]. 北京: 人民交通出版社股份有限公司, 2017.

[5] 中华人民共和国交通运输部. 公路工程估算指标: JTG/T 3821—2018 [S]. 北京: 人民交通出版社股份有限公司, 2019.

[6] 中华人民共和国交通运输部. 公路工程概算定额: JTG/T 3831—2018 [S]. 北京: 人民交通出版社股份有限公司, 2019.

[7] 中华人民共和国交通运输部. 公路工程预算定额: JTG/T 3832—2018 [S]. 北京: 人民交通出版社股份有限公司, 2019.

[8] 中华人民共和国交通运输部. 公路工程机械台班费用定额: JTG/T 3833—2018 [S]. 北京: 人民交通出版社股份有限公司, 2019.

[9] 中华人民共和国交通运输部. 公路工程标准施工招标文件 [M]. 北京: 人民交通出版社股份有限公司, 2018.

[10] 交通专业人员资格评价中心, 交通公路工程定额站. 公路工程造价编制与项目经济评价 [M]. 北京: 人民交通出版社, 2010.

[11] 俞素平, 丁永灿. 公路工程造价与招投标 [M]. 北京: 人民交通出版社, 2011.

[12] 李继业, 张峰. 公路工程造价与实例 [M]. 北京: 化学工业出版社, 2010.

[13] 石勇民, 支喜兰. 公路工程造价的计价与控制 [M]. 北京: 人民交通出版社, 2011.

[14] 赵晞伟. 公路工程造价编制与项目经济评价 [M]. 北京: 人民交通出版社, 2010.

[15] 邢凤岐, 徐连铭. 公路工程定额应用与概、预算编制示例 [M]. 北京: 人民交通出版社, 2008.

[16] 徐斌. 公路工程定额与管理 [M]. 北京: 人民交通出版社, 2009.

[17] 陶学明, 熊伟. 建设工程计价基础与定额原理 [M]. 北京: 机械工业出版社, 2016.

[18] 石勇民. 公路工程定额原理与估价 [M]. 北京: 人民交通出版社, 2004.

[19] 吴怀俊, 马楠. 工程造价管理 [M]. 北京: 人民交通出版社, 2001.

[20] 杨建宏, 陈志强. 透过案例学公路工程计量与计价 [M]. 北京: 中国建材工业出版社, 2011.

[21] 吴宗壮. 公路工程造价员一本通 [M]. 哈尔滨: 哈尔滨工程大学出版社, 2007.

[22] 瞿义勇. 造价员 [M]. 北京: 中国电力出版社, 2008.

[23] 杨子敏, 袁建波. 公路工程造价指南 [M]. 北京: 人民交通出版社, 1999.

[24] 范智杰, 王国伟. 公路工程计量与造价控制 [M]. 北京: 人民交通出版社, 2008.

[25] 陆春其. 公路工程造价 [M]. 北京: 人民交通出版社, 2002.

[26] 高峰, 周世生, 张求书. 公路工程造价与控制 [M]. 北京: 北京理工大学出版社, 2009.

[27] 赵莹华. 新编公路工程预算 [M]. 北京: 中国建材工业出版社, 2009.

[28] 刘燕, 涂忠仁, 沈其明. 公路工程造价编制与管理 [M]. 北京: 人民交通出版社, 2009.

[29] 刘正发. 公路工程造价 [M]. 北京: 人民交通出版社, 2010.